本书系国家社科基金"长江经济带新型农业经营主体引导农业供给侧结构性调整研究"（批准号：16XJY011）的阶段性成果。

长江经济带家庭农场
引导农业供给侧结构性调整研究

彭万勇　著

中国农业出版社

北　京

图书在版编目（CIP）数据

长江经济带家庭农场引导农业供给侧结构性调整研究/
彭万勇著. —北京：中国农业出版社，2021.2
ISBN 978-7-109-27748-9

Ⅰ.①长… Ⅱ.①彭… Ⅲ.①长江经济带—家庭农场
—农业改革—研究 Ⅳ.①F324.1

中国版本图书馆 CIP 数据核字（2021）第 012211 号

中国农业出版社出版

地址：北京市朝阳区麦子店街 18 号楼
邮编：100125
责任编辑：张　丽
责任校对：沙凯霖
印刷：北京中兴印刷有限公司
版次：2021 年 2 月第 1 版
印次：2021 年 2 月北京第 1 次印刷
发行：新华书店北京发行所
开本：700mm×1000mm　1/16
印张：19.25
字数：375 千字
定价：60.00 元

前　　言

务农重本，国之大纲。一部中华文明史就是一部农业文明史，从历史深处走来的中华农业文明，源自上古神农尝百草、种五谷，后稷教民稼穑、嫘祖栽桑养蚕，及历代帝王"籍田礼"所形成的重农传统，不仅深深地影响着执政者将农业作为最为紧要的政事，而且铸就了中华文明的基因和底蕴，更奠定了一个大国从贫穷落后向世界第二大经济体跨越发展的坚实基础。

党的十八大以来，以习近平同志为核心的党中央始终坚持把解决好"三农"问题作为全党工作重中之重毫不动摇，先后出台了农业供给侧结构性改革、精准扶贫等一系列政策措施，推动"三农"工作取得了历史性的成就。承接良好的发展态势，党的十九大进一步指出坚持农业农村优先发展，这是我们党历史性地把农业农村工作摆在了党和国家工作全局的优先位置。可以预见，在乡村振兴战略框架下，我国农业将凝聚磅礴动能而成为有奔头的产业，我国农村将格外绚丽而成为安居乐业的美丽家园，我国农民将在农村改革进程中迎来"新生"并成为有吸引力的职业。但在当下我们必须清醒地认识到，目前农业依然是"四化同步"的短腿，农村依然是全面建成小康社会的短板，依然需要国人保持战略定力、勠力同心。

一个时期以来，我国土地细碎化、农户兼业化、劳动力弱质化、农业副业化、生产非粮化，乃至农村空废化等趋势性变化明显且问题突出，并渐次诱导我国粮食生产量、进口量、库存量"三量齐增"，及发展要素物质成本、人力成本、土地成本"三本齐升"，进而盘根错节、交互影响致农业供给侧有效供给能力日渐式微。为顺应经济发展进入新常态背景下农业产业发展所面临的新形势、新任务，2015 年底中共中央审时度势作出了"推进农业供给侧结构性改革"的重大战略部署，发出了新时期深化农业农村改革的强烈信号和目标指向[1]。2016 年习近平总书记在重庆首次国内考察时指出，长江经济带农业产业结构去库存、降成本、补短板必须坚持生态优先、绿色发展的理念，即要始终"共抓大保护，不搞大开发"。2018 年习近平总书记在第二次长江经济带发展座谈会上进一步指出，"推动长江经济带探索生态优先、绿色发展的新路子，关键是要处理好绿水青山和金山银山的关系"。基于此，长江经济带农业供给侧去库存、降成本、补短板不仅要在种植面积上作"加减"法，还要改变过往粗放式发展方式和疏于长远的发展思路，大力实施"乘除"法推动流域农业产业绿色发展以实现倍增效应。

综上，本书精准阐述了农业供给侧结构性调整的内涵、目标、难点与对策，针对长江经济带经济社会发展实际、资源要素禀赋及农业供给侧基本面展开系统研究。经大量实地调研及论证分析，认为长江经济带农业供给侧所面临的诸多矛盾和难题，虽"病症"各异，但"病根"都出在结构上，推进并深化长江经济带农业供给侧结构性调整，有助于提高农业供给体系的质量和效率，使长江经济带农产品数量及质量更加契合消费市场需求，真正形成结构更加合理、保障更加有力的农产品有效供给，从根本上破解农业供给侧所存在的系列矛盾和难题。进一步研究发现，基于经营主体的家庭性、农业生产的专业性、发展规模的适度性、经营绩效的高效性、经济地位的法人性之五大特征，新型农业经营主体家庭农场与生俱有农业供给侧结构性调整的引导力，并且这一引导力体现于"调结构""扩规模""保安全""可持续""强科技"全过程。具体而言，家庭农场适度规模化就是给予"扩规模"的引导，家庭农场现代化生态

---

[1] 农业部农村经济研究中心课题组．农业供给侧结构性改革：难点与对策［M］．北京：中国农业出版社，2017：3．

化技术于生产经营环节的导入就是给予"保安全"的引导，循环农业、生态农业理论、技术及模式于家庭农场生产环节的有机架构就是给予"可持续"的引导，家庭农场现代农业技术、科学技术与传统农耕精华的巧妙结合就是给予"强科技"的引导，而上述四项内容的有机结合所形成的合力就是家庭农场视阈下给予农业供给侧"调结构"的引导。换言之，在"共抓大保护，不搞大开发"语境下，长江经济带农业供给侧结构性调整可借助适度规模化、经营主体家庭农场现代化生态化元素的植入，通过种植面积的适当增减实现种植结构的调整，通过现代化生态化技术及模式的导入加强加厚农业基础，通过适度规模经营夯实新型农业经营体系等路径的构建，推动区域农业产业去库存、降成本、补短板之农业供给侧结构性调整的实现，进而促进长江经济带农业产业生态发展、绿色发展，创造流域巨大的生态效益、经济效益和社会效益。

无疑，长江经济带农业供给侧结构性调整是一项系统工程，着眼于新型农业经营主体家庭农场引导力的构建推动经济带农业供给侧结构性调整，更是一项具体而复杂的系统工程。这项工程既需要激活家庭农场，培植与壮大推进经济带农业供给侧结构性调整的主体力量，奠定提高农业供给质量与效益的人才基础；也需要激活要素，唤醒农村沉睡的各类资源而提高作用农业供给侧结构性调整的资源利用率；还需要激活市场，借助市场的力量来引领农业供给侧结构性调整和推动改革深化。综上，家庭农场作用长江经济带农业供给侧结构性调整引导力的构建需要准确分析要素供给与需求的实际，致力于要素供需均衡配置体系的构建。基于此，在家庭农场发展内生动能培育及发展环境影响因子分析的基础上，研究表明构建家庭农场生产生态化、经营现代化、规模适度化、服务社会化、融入产业化、经济市场化、合作组织化、支持制度化"八化"政策支撑体系，有助于长江经济带家庭农场作用农业供给侧结构性调整引导力的构建，进而有助于长江经济带农业领域去库存、降成本、补短板。

综上分析，全书共七章。第一章系统梳理了供给侧研究文献，明辨了我国供给侧结构性调整与西方供给学派的实质性差异，并基于中国的实际论述了我国农业供给侧结构性调整的历史基点、内涵目标等问题；第二章系统梳理了党的十八大以来推动长江经济带经济社会发展的重大事件，长江经济带资源禀赋及农业供给侧现状；第三章靶向长江经济带农业发展现状，基于农林牧渔业量与质的静态比较，分门别类比较了长江经济带种植业、林业、牧业、渔业结构现状；第四章论及新型农业经营主体的类型、特征，乃至作用农业供给侧结构性调整的机制，并基于经济绩效、社会绩效及生态绩效的评价，就种养大户、家庭农场、农民专业合作社等新型农业经营主体对农业供给侧结构性调整的影响力展开了比较分析，同时基于绩效评价论述了家庭农场在新型农业经营体系中的主体地位；第五章首先阐明了家庭农场的理论基础，后论及长江经济带家庭农场的发展现状、基础环境、战略构想，并探讨了家庭农场转型发展的路向；第六章是研究报告的重点，在家庭农场转型发展所需技术及模式构建基础理论上，论及家庭农场现代化生态化技术的遴选与模式的建构，重点就家庭农场现代化生态化技术及模式进行了架构，并依据区域资源禀赋构建了长江经济带龙头、龙腰、龙尾三类家庭农场现代化生态化可借鉴模式，为经济带家庭农场发展现代农业提供借鉴；第七章基于家庭农场引导力构建内生需求与外源推动均衡发展的考察，构建了家庭农场生产生态化、经营现代化、规模适度化、服务社会化、融入产业化、经济市场化、合作组织化、支持制度化"八化"政策支撑体系。

推进农业供给侧结构性调整，关键在于优化配置农业资源要素，关键在于构建现代农业产业体系、生产体系、经营体系，而有质量且有效率的农业供给体系的构建，既要优化产业、宏观布局、聚集发展动能，又要采用新技术新模式接续发展动力，才能形成政策引导力、市场调控力与技术支撑力的发展矢量。本书基于家庭农场现代化生态化技术及模式的构建，尝试于微观层面解构家庭农场与农业供给侧结构性调整的引导力。本书研究框架是在充分讨论并咨询相关专家的基础上形成的，初稿形成后经过多次讨论、修改、校稿才形成最后的定稿。由于作者能力与水平有限，书中难免会存在疏漏与不当之处，恳请读者给予批评指正，作者将在后续工作中及时予以吸纳和改正，谨致谢忱！

著 者

2020 年 8 月

目　　录

前言

导论 ·· 1

    一、供需矛盾：农业生产质量走低、三量齐高、价格倒挂趋势明显 ······ 1

    二、归因缕析：浅层次供给"异化"与深层次"三力"协同作用 ········ 2

    三、调整路向：家庭农场生产经营活动过程的现代化生态化 ········ 5

    四、实现方式：家庭农场三产融合全产业链的现代化生态化 ········ 5

第一章　理论回顾与研究拓展 ·· 8

第一节　供给侧文献梳理 ·· 9

    一、供给学派文献综述 ·· 9

    二、供给侧调整的实质 ·· 11

第二节　农业供给侧结构性调整的历史基点及现实考量 ········ 14

    一、转方式：小生产衔接大市场的需要 ····························· 16

    二、促改革：农业农村农民问题的倒逼 ····························· 19

    三、广积粮：端稳端牢国人饭碗的刚需 ····························· 21

    四、化隐忧：破解未来谁来种地的急迫 ····························· 23

    五、调结构：适应消费需求变化的紧迫 ····························· 26

第三节　农业供给侧结构性调整目标 ································· 27

    一、近期目标：去库存、降成本、补短板 ························· 28

    二、远景目标：创新、协调、绿色、开放、共享 ··············· 32

第二章　长江经济带概况 ·· 36

第一节　长江经济带发展战略历程简述 ····························· 37

第二节　长江经济带资源禀赋概况 ····································· 39

    一、总体资源概况 ··· 39

二、农业资源概况 ……………………………………………………… 40

三、长江经济带农业供给侧现状 ……………………………………… 50

第三章　长江经济带农业发展现状分类及评价

　　——基于农林牧渔业"量"与"质"的静态比较 …………… 59

第一节　长江经济带种植业结构分析 …………………………………… 60

一、种植业现状描述 …………………………………………………… 60

二、种植业分类比较 …………………………………………………… 61

第二节　长江经济带林业结构分析 ……………………………………… 63

一、林业现状描述 ……………………………………………………… 63

二、林业分类比较 ……………………………………………………… 64

第三节　长江经济带牧业结构分析 ……………………………………… 65

一、牧业现状描述 ……………………………………………………… 66

二、牧业分类比较 ……………………………………………………… 67

第四节　长江经济带渔业结构分析 ……………………………………… 68

一、渔业现状描述 ……………………………………………………… 68

二、渔业发展方向 ……………………………………………………… 69

第四章　新型农业经营主体作用农业供给侧结构性调整影响力评价

　　——基于影响权值的比对 ………………………………………… 71

第一节　新型农业经营主体特点及作用农业供给侧结构性调整的机理…… 71

一、新型农业经营主体类型及特征 …………………………………… 72

二、新型农业经营主体作用农业供给侧结构性调整的机理 ………… 79

第二节　新型农业经营主体绩效评价 …………………………………… 86

一、调研情况说明 ……………………………………………………… 87

二、新型农业经营主体全要素生产率评价 …………………………… 88

三、新型农业经营主体生态绩效评价 ………………………………… 97

四、新型农业经营主体社会绩效评价 ………………………………… 107

第三节　新型农业经营主体作用农业供给侧结构性调整

　　　　影响力综合评价 ……………………………………………… 109

一、三类主体经济绩效综合评价 ……………………………………… 110

二、三类主体生态绩效综合评价 ……………………………………… 111

三、三类主体社会绩效综合评价 ⋯⋯⋯⋯⋯⋯⋯⋯⋯⋯⋯ 112

第四节　基于影响力评价的新型农业经营体系家庭农场主体

地位分析 ⋯⋯⋯⋯⋯⋯⋯⋯⋯⋯⋯⋯⋯⋯⋯⋯⋯⋯⋯ 114

一、制度设计——基于家庭经营基础性地位固化的视角 ⋯⋯ 114

二、生长发育——基于农业自然生产特性的考察与分析 ⋯⋯ 117

三、资源配置——基于农业生产要素效能最大化的考量 ⋯⋯ 118

第五章　长江经济带家庭农场发展现状及路向分析 ⋯⋯⋯⋯⋯⋯ 122

第一节　新型农业经营主体家庭农场的理论基础 ⋯⋯⋯⋯⋯⋯⋯ 123

一、制度变迁与家庭农场制度装置 ⋯⋯⋯⋯⋯⋯⋯⋯⋯⋯ 123

二、规模经营与家庭农场规模经济性 ⋯⋯⋯⋯⋯⋯⋯⋯⋯ 126

三、理性经济人与家庭农场现代化生态化选择 ⋯⋯⋯⋯⋯ 130

第二节　长江经济带家庭农场发展现状及其影响要素分析 ⋯⋯⋯ 132

一、长江经济带家庭农场发展现状 ⋯⋯⋯⋯⋯⋯⋯⋯⋯⋯ 132

二、长江经济带家庭农场发展评价 ⋯⋯⋯⋯⋯⋯⋯⋯⋯⋯ 135

三、长江经济带家庭农场可持续发展影响要素分析 ⋯⋯⋯ 142

第三节　长江经济带家庭农场现代化生态化转型发展环境基础 ⋯ 145

一、消费需求转型升级引导绿色健康燃爆热点 ⋯⋯⋯⋯⋯ 145

二、共享农业蓬勃发展促使社会化服务日趋完备 ⋯⋯⋯⋯ 146

三、日臻完善的农地制度利于规模经营发展 ⋯⋯⋯⋯⋯⋯ 148

第四节　长江经济带家庭农场转型发展战略构想 ⋯⋯⋯⋯⋯⋯⋯ 149

一、长江经济带家庭农场转型发展理念：基于技术及模式

现代化生态化的视角 ⋯⋯⋯⋯⋯⋯⋯⋯⋯⋯⋯⋯⋯⋯ 149

二、长江经济带家庭农场转型发展目标：基于宏观微观

层面的分析 ⋯⋯⋯⋯⋯⋯⋯⋯⋯⋯⋯⋯⋯⋯⋯⋯⋯⋯ 155

三、长江经济带家庭农场转型发展内容：基于健全产业链

视角的考量 ⋯⋯⋯⋯⋯⋯⋯⋯⋯⋯⋯⋯⋯⋯⋯⋯⋯⋯ 156

第六章　长江经济带农业供给侧结构性调整对策

——家庭农场现代化生态化融合技术及模式构建 ⋯⋯⋯ 159

第一节　家庭农场技术及模式构建基础理论 ⋯⋯⋯⋯⋯⋯⋯⋯⋯ 160

一、物能循环梯次降损利用内稳态 ⋯⋯⋯⋯⋯⋯⋯⋯⋯⋯ 160

二、接口技术 ……………………………………………… 165

三、加环解链 ……………………………………………… 167

第二节 家庭农场现代化生态化技术遴选及实施 ………… 167

一、生产环节主要配套技术 ……………………………… 168

二、立体农业技术 ………………………………………… 181

三、健康安全食品生产技术 ……………………………… 182

四、统筹生产与保护技术 ………………………………… 188

第三节 家庭农场现代化生态化模式遴选及实施 ………… 191

一、家庭农场一元产业模式 ……………………………… 192

二、家庭农场二元产业模式 ……………………………… 194

三、家庭农场多元产业模式 ……………………………… 198

第四节 长江经济带家庭农场生产经营三类模式集成研究 …… 212

一、微观距离家庭农场发展模式——都市型家庭农场特色

农业小镇模式 …………………………………………… 213

二、中观距离家庭农场发展模式——产业规模型农业模式 …… 228

三、宏观距离家庭农场发展模式——"互联网＋特色农业"模式 …… 236

第七章 长江经济带农业供给侧结构性调整建言
　　　　——基于家庭农场发展需求与供给均衡的视角 ………… 243

第一节 构建绿色发展体系助力家庭农场生产生态化 ……… 244

一、家庭农场生产生态化可行性分析 …………………… 245

二、长江经济带三类家庭农场生产生态化政策实现体系 …… 247

第二节 构建现代农民能力提升体系助力家庭农场经营现代化 … 250

一、三类家庭农场主之"老农"现代化经营能力分析 …… 251

二、三类家庭农场主之"新农"现代化经营能力分析 …… 253

三、三类家庭农场主之"知农"现代化经营能力分析 …… 255

四、三类家庭农场主之"新三农"经营能力提升策略 …… 257

第三节 构建服务规模经营体系助力家庭农场适度规模化 … 264

一、鹰马龙毁约退租与农业共营制规模经营绩效差异比较 …… 264

二、永川水稻种植大户引入社会化服务前后绩效比对 …… 267

三、农地规模经营与服务规模经营二重辨判 …………… 273

四、结论及建议 …………………………………………… 275

第四节　构建共享农业发展体系助力家庭农场服务社会化 …………… 278

　　一、加大三类人才培养力度，助力共享农业可持续发展 ………… 279

　　二、加大投入推动共享平台及移动智能终端使用培训力度 ……… 279

　　三、健全共享农业的激励机制及法律保障体系 …………………… 280

第五节　构建家庭农场三产融合发展的产业化体系 ………………… 281

　　一、科学编制家庭农场三产融合发展规划，做好顶层设计 ……… 282

　　二、强化三产融合发展宣传教育，实施关键技术推广普及服务 … 283

　　三、设立专项资金扶持家庭农场三产融合发展 …………………… 283

　　四、构建社会化服务体系，靶向农场"三产融合" ……………… 283

第六节　构建家庭农场靶向市场化需求的经营体系 ………………… 284

　　一、农产品市场失灵归因诊断 ……………………………………… 284

　　二、三类家庭农场市场化体系构建措施 …………………………… 285

第七节　构建农业产业化联合体推动现代农业生产组织化 ………… 288

　　一、农业生产组织化主体选择 ……………………………………… 288

　　二、探索出台《农业产业化联合体促进法》 ……………………… 289

第八节　构建靶向家庭农场发展需求的政策支撑体系 ……………… 290

　　一、构建家庭农场现代化生态化作用农业供给侧结构性调整与
　　　　乡村振兴的协机制 ………………………………………………… 292

　　二、探索建立家庭农场发展促进联合会 …………………………… 293

　　三、探索出台三类家庭农场促进专项法规 ………………………… 293

导　论

习近平总书记曾指出："农业农村农民问题是关系国计民生的根本性问题，必须始终把解决好'三农'问题作为全党工作重中之重。"当前，农业供给侧结构性调整及精准扶贫等一系列国家重大方略顺利实施并成效显著，而寄托着几亿农民对美好幸福生活期盼的乡村振兴战略亦徐徐开启，一场以乡村之全面振兴与繁荣为目标的改革大剧正在华夏大地隆重上演……但无论是农业供给侧结构性调整、精准扶贫还是乡村振兴，都必须做大做强特色优势产业，依托产业兴旺培育"三农"发展内生动能，进而驱动农业强、农村美、农民富的全面实现。而发展特色优势产业的关键是要处理好产业兴旺与生态宜居的关系，即要构建"保护生态环境就是保护生产力"的发展认知，始终高度自觉地推动绿色发展、循环发展、低碳发展的理论。绿水青山就是金山银山，只有像对待生命一样对待生态环境，把不损害生态环境作为发展的底线，才能造就产业发展之美、乡村振兴之美，进而美美与共。

从宏大的空间尺度看，无论龙头之上海或者龙腰之湖北乃至龙尾之川渝，长江经济带农业产业类型整体上可归属于山地农业范畴。这一农业类型是高山地域环境下形成的一种农业形态，是一种非常特殊的生态系统，不仅具有耕地空间分布呈现块多、面小、分布零散和存在明显的垂直带性分异的特点，而且具有山多、山大、地少、人稀以及区域自然环境复杂多样的特征，更为显著的特点是山地农业基础条件脆弱，生产条件比较恶劣，因此区域"三农"问题解决任务艰巨，绝非一朝一夕一蹴而就。如何切实有效发展区域农业经济？如何顺利推进区域农业供给侧结构性调整？借此以之为着力点如何实现乡村之全面振兴与繁荣？实则考验着国人的智慧。

一、供需矛盾：农业生产质量走低、三量齐高、价格倒挂趋势明显

自新中国成立以来，特别是改革开放 40 多年来，我国不断加大对农业的投入及开发力度，用占世界不到 10% 的耕地养活了占世界近 20% 的人口，不仅解决了 14 亿中国人的吃饭问题，而且对世界农业发展也做出了积极贡献，所取得的辉煌成就举世瞩目。2015 年，我国农业再获丰收，其中粮食产量达到 62 143.5 万吨（12 428.7 亿斤*），比 2014 年增加 1 440.8 万吨（288.2 亿

---

* 斤为非法定计量单位，1 斤＝0.5 千克。——编者注

斤），增长 2.3%[①]，实现"十二连增"，表现为棉油糖、肉蛋奶、果菜茶、水产品等重要农产品丰产丰收，供应充足，与此同时农民收入突破万元大关，增幅连续六年高于 GDP 增幅和城镇居民收入增幅。毫无疑问，随着农业生产力及农民生活水平的显著提升与改善，农业已经成为经济发展和社会稳定的压舱石。但是繁荣的表象背后却潜藏着经年累积的产业危机，如农业资源被过度开发而透支严重，资源红灯此起彼伏；再如农业面源污染持续加重，农作物品质逐渐降低，人体健康危害多元叠加，及供需矛盾日益突出，供给侧对接市场需求效率渐次低下……简而概之，现阶段我国农业供给侧存在不平衡（产品结构不平衡、品质结构不平衡）、不协调（区域结构不协调、产业结构不协调）、不适应（经营方式不适应、劳动者素质不适应、基础设施和技术装备不适应、公共服务不适应）、不可持续（资源环境不可持续、农业生产面临不可持续）4 方面问题，表现为农产品"大路货泛滥卖难，优质农产品短缺"问题突出；"高产量、高进口、高库存"三量齐高悖论明显，成本"地板"持续抬升，价格"天花板"牢固封顶，价格倒挂鲜明；一二三产业融合发展不协调，各种适度规模经营质量水平偏低，农技推广力度薄弱、农业信息系统不健全，资源环境两道紧箍咒越绷越紧。

而上述问题尤以长江经济带山地农业类型最为突出。因此长江经济带农业供给侧如何进一步满足城乡居民对高品质生活的追求，支撑农产品消费需求从"吃得饱"向"吃得好、吃得安全、吃得营养健康"快速转变，如何破解农业供给侧对接市场需求效率低下的严峻挑战，科学有效化解粮食高库存，及如何破解农业产业整体面临的成本"地板"和价格"天花板"双重挤压严峻现实，扭转价格倒挂问题，在长江经济带"共抓大保护，不搞大开发"框架下找寻行之有效的破解路径，成为当前区域农业供给侧结构性调整的攻坚任务，更是化解供需结构性突出矛盾，破解制约农业产业持续健康发展问题，推进供给侧结构性调整顺利实现的顺势而为。

二、归因缕析：浅层次供给"异化"与深层次"三力"协同作用

（一）浅层次供给的"异化"

随着经济社会的发展和人民生活水平的不断提高，人民群众（特别是农村群众）对干净的水、清新的空气、安全的食品、优美的环境等的要求越来越高，生态环境在群众生活幸福指数中的地位不断凸显，环境问题日益成为重要的社会民生问题。老百姓过去盼温饱，现在盼环保；过去求生存，现在求生态

---

① 国家统计局.国家统计局关于 2015 年粮食产量的公告 [EB/OL].［2015－12－08］.http：//www.stats.gov.cn.

意识越来越强。加之乡村振兴战略的出台，农村居民人居环境三年整治行动计划的实施，及一系列促进产业发展与环境保护相协调政策的密集出台，坚持节约优先、保护优先、低碳发展、自然恢复已经成为民之所盼、国之所为，更是成为国家系列政策制定的出发点和落脚点。

进一步地，大量迹象表明现阶段长江经济带山地农业产业所面临的上述问题，在很大程度上是一系列矛盾长期积累而集中诱变的结果，既有定价制度、补贴制度、收储制度等制度设计缺陷的因素，也有技术低下、资金短缺的瓶颈掣肘，更有劳动力成本持续提升的问题。本书进一步认为问题的实质还在于农产品供需的失调，即农业供给侧对接需求侧效率低下所致，甚至脱离市场需求变化独自生产，表现为农业生产供给的"异化"，和农业产品供给的"失市"。受传统小农经济思维影响，区域山地农业商品化、发展规模化生产尚处于培育阶段，自耕农主宰着农业自然资源的支配权，无论是农业自然资源的利用方式，还是生产经营过程的把控，自耕农自始至终自给自足，进而导致供给侧没有按照市场的需求生产农产品，而是基于自身的需要或者偏好使然，甚至于忽视市场的存在。从商品经济的角度讲，这种供给是"异化"的供给，不是建构在市场需求层面上的有效供给，所供给的农产品"卖售难"在所难免，"失市"不言而喻。市场经济条件下，市场需求不仅是农业生产的导航器，而且是农业产业稳步发展的压舱石和稳压器。因此，农业生产必须根据市场需求的趋势性变化和区域资源环境的比较优势，积极有效地进行农业产业结构性调整，即在供给侧改革上下功夫，表现为不仅要面向市场紧缺农产品作生产调整，而且要面向优质特色产品作生产调整，更要面向种养加销全产业链构建作调整，在最大限度上满足需求侧趋势性变化需求的同时，拓宽农业多功能和增值增效空间，激活区域农业产业古老而又年轻的生命力。

（二）深层次"三力"的作用

基于供需均衡的视角分析农业供给侧结构性调整的基本动因，可以发现这条政策是供给和需求动态维稳协同优化的结果，如果将农业供给侧结构性调整视为一个受力的过程，那么可以将一系列动因束概括为三种不同作用方向和效果的"三力"，即推力（"有形之手"与"无形之手"）、拉力（新需求结构倒逼供给结构性调整）与压力（供给与需求结构不匹配），如图1-1所示。

在"三力"体系中，推力束是"有形之手"与"无形之手"共同表达的函

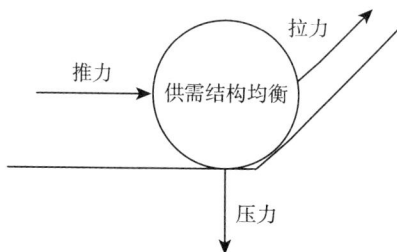

图1-1 供需结构均衡"三力"示意

数，推力强大有助于结构均衡迅速达成，反之则相对滞后；拉力束是人们对美好生活向往的集合矢量，是新需求结构对传统供给结构的倒逼；压力束则是资源要素错配所产生的一系列问题，如发展与保护的压力。在"三力"作用下，供给结构与需求结构将趋于均衡的协同，并将基于新生合力束的形成而历经否定之否定过程持续螺旋上升，如此往复持续改进。

深层次分析，长江经济带农业供给侧之所以要推进结构性调整亦是上述"三力"共同作用的结果。具体表现为：首先，受先污染后治理、先破坏后修复等旧观念影响，长江流域生态功能退化严重，长江"双肾"洞庭湖、鄱阳湖频频干旱见底，接近30%的重要湖库处于富营养化状态，长江生物完整性指数到了最差的无鱼等级……种种迹象表明"长江病了"。为此，一方面党中央、国务院高度重视这些问题，多措并举实施"共抓大保护，不搞大开发"，把修复长江生态环境摆在压倒性位置，努力把长江经济带建设成为生态更优美、交通更顺畅、经济更协调、市场更统一、机制更科学的黄金经济带。另一方面，市场经济以利益最大化为驱动力，通过供求、价格、竞争等市场机制配置社会资源和引导社会经济的经济体制模式，追求利益最大化、可持续化的求利性经济本质，建构了其内在动力机制，这有助于推动人们选择可持续的经济发展模式，摒弃杀鸡取卵、涸泽而渔。综上，在"有形之手"与"无形之手"协同作用下，长江经济带农业供给侧结构性调整是必然的趋势，并揭示只有走现代化生态化之路才可能匹配求利性经济本质，这为农业供给侧结构性调整灌注了非人为偏好的强大发展推力。其次，改革开放以来，我国城乡居民生活水平显著提高，对物质消费的提档升级和对精神消费需求的向往越来越强烈，而无论是长江经济带省份（市）还是全国其他省份（市），其供给体系和结构总体上是面向低收入群体的，表征为"……没有及时跟上国内中等收入群体迅速扩大而变化了的消费结构……过去供给体系能适应排浪式消费，但满足多样化、个性化消费的能力相对比较差……我国的供给体系，总体上是低端产品过剩，高端产品供给不足"。[①] 尽管供给体系尚处于中低端产品供给阶段，但这并不妨碍多样化、个性化消费需求异军突起，并随着对高端消费需求的逐渐扩大，催生出了新的经济增长点，并为农业经济发展、农业产业转型升级提供了强大的内生动力，即形成了长江经济带农业供给侧结构性调整的拉力。最后，推动长江经济带农业供给侧结构性调整之压力主要来自"三期叠加"的挑战，经济社会发展与环境保护的压力、民生需求的压力等方面。

---

① 吴敬琏，等. 供给侧改革 ［M］. 北京：中国文史出版社，2016：146.

三、调整路向：家庭农场生产经营活动过程的现代化生态化

"十二五"期间，流域农业发展不仅面临着农产品价格"天花板"（国际价格）的牢固封顶及生产成本"地板"的持续抬升问题，还面临着主要农产品稳定供给、新型农业经营主体培育、农产品质量安全保障、农业可持续发展及两种资源两个市场统筹利用等多重压力挑战，既显现了农业无利可图的无奈又暴露出农业产业结构性调整与绿色发展的急迫性。因此如何推动区域农业产业提质、增效，如何从根本上破解农业发展难题至关重要。本研究认为长江经济带山地农业所面临的诸多矛盾和难题，虽"病症"各异，但"病根"都出在结构方面，而通过"调结构""扩规模""保安全""可持续""强科技"5 大措施的实践，借助新型农业经营主体家庭农场的引导力作用于供给侧转变农业发展方式具有事半功倍的作用。具体而言，家庭农场适度规模化经营就是"扩规模"，家庭农场现代化生态化技术于生产经营环节的导入就是"保安全"，循环农业、生态农业理论、技术及模式于家庭农场生产环节的有机架构就是"可持续"，现代农业技术、科学技术与传统农业精华的巧妙结合就是"强科技"，而上述 4 项内容的有机结合与实践就是农业供给侧的"调结构"。以此通过家庭农场的引导力作用于供给侧结构性调整，使供给侧围绕市场的需求进行生产，确保农产品供给数量更充分，品种和质量更契合消费者需求，真正形成结构更加合理、保障更加有力的有效供给。

因此，在农业面源污染持续加剧、食品安全形势日益严峻的当下，农业供给侧转型发展方式，走现代化生态化发展之路迫在眉睫，而以新型农业经营主体家庭农场为主体推动长江经济带农业供给侧生产经营方式面向现代化生态化发展，在"共抓大保护，不搞大开发"框架下具有靶向精准的适配性，并将基于其现代化生态化因子的导入调顺调优农业供给结构，和将基于融入现代化元素的生态农业的发展而助力乡村振兴。

四、实现方式：家庭农场三产融合全产业链的现代化生态化

2007 年中央 1 号文件全面阐释了新时期农业现代化的内涵，即"用现代物质条件装备农业，用现代科学技术改造农业，用现代产业体系提升农业，用现代经营形式推进农业，用现代发展理念引领农业，用培养新型农民发展农业"。在此基础上，党的十八大进一步深化了对农业现代化的认识，提出了"四化同步"思想。孔祥智、毛飞撰文认为"新时期的农业现代化，除了农业自身的集约化、专业化、组织化、社会化，更加注重工业化、信息化、城镇化对农业现代化的拉动和影响"。而农业生态化则是借

鉴生态学原理和经济学原理，运用现代科学技术成果和现代管理手段，以及传统农耕精华所构建的一种旨在既能获得较高的经济效益，又能实现良好的生态效益和社会效益的一种农业可持续化发展实现形式，其致力于生态上能自我维持、经济上有生命力的农业生产方式的构建。以此观之，无论是内涵及外延的解读，还是具体实现方式的分析，均表明农业现代化生态化致力于农业产业的发展，在资源与环境、经济与发展上均具有高度的一致性。

鉴于此，流域农业供给侧结构性调整要实现产品结构的优化、生产体系的优化、区域布局的优化、经营体系的优化，及资源利用方式的优化，就必须实现农业生产经营过程的现代化生态化，或者说农业生产经营过程的现代化生态化是推进农业供给侧结构性调整纵深发展的有效举措。具体表现为农业经营主体认知的现代化生态化，农业技术实践的现代化生态化，种养加销模式构建的现代化生态化，即发展融入现代化元素的生态农业。统而概之，在长江经济带农业供给侧结构性调整过程中，农业现代化生态化的融合发展必须充分借助新型农业经营主体家庭农场的引导力，于农产品生产、加工、流通及销售环节上推进农场主现代化生态化观念认知的革新，家庭农场生产经营技术体系现代化生态化的融合，及生产经营模式现代化生态化的建构。如技术层面基于生态位理论的立体种养技术、基于物种相互作用的病虫害生物防治技术、基于物质能量守恒理论的测土配方施肥技术、基于现代科学技术的设施农业技术、基于物质循环理论的物能高效利用接口技术、基于"互联网＋"技术农产品销售技术的植入……或者模式层面基于以多级厌氧发酵装置为枢纽的复合产业生态模式、基于以腐生食物为纽带的农林牧渔多元产业生态模式、基于以农副产品加工为核心的多元产业生态模式、基于以生态旅游为主线的休闲农业多元产业生态模式的构建。总之，长江经济带农业供给侧结构性调整的实现方式要注重将农业现代化生态化的基因深嵌于家庭农场种养加销全产业链，以此驱动农村一二三产业融合发展，"接二连三进四"拓展农业发展空间及提升发展价值，进而对农业产业体系进行渗透、嫁接、组合与交叉，形成现代化生态化的农业产业新业态。

长江经济带山地农业供给侧结构性调整是一项系统工程，除了生产环节发力走现代化和生态化道路外，还需要加工环节、流通环节、销售环节一并植入现代化和生态化的基因共同致力于结构性调整，既需要植入"互联网＋"技术扁平化农产品销售，也需要凝练特色打造优质农产品品牌，提升农产品价值，还需要种养加销全产业链互动交融，推进一二三产业融合发展，形成一体化的农村发展格局……进而持续提升长江经济带山地农业供给侧结构性调整的有效力及可持续的内生动能，从而可持续地致力于破解区域"三农"

问题。

　　洪范八政，食为政首。农业关系人们生活，关乎国家安全，容不得丝毫松懈。全方位调顺调优农业供给侧质量效益，目的在于夯实农业之基、构筑发展动能，进而引领农业农村农民发展跑出新的加速度，进而为乡村之全面振兴与繁荣提供坚实的支撑，进而筑牢国家发展、民族强大的根本。

第一章　理论回顾与研究拓展

　　无论是古典政治经济学，还是庸俗经济学，抑或新古典经济学，及马克思主义政治经济学，其理论体系的构建均源于对供给与需求的描述，所不同的只是各流派或者将供给与需求一分为二陷于相对主义视角大加理论阐释，或者基于"两点论"的认知而将问题一分为二系统厘清问题之症结，进而以此为基石建构学说阐发理论。究其理论建构根源，在于任何一种商品市场，无论个体的或微观的选择，还是整体的或宏观的抉择，供给与需求均主导市场价格机制的形成，并进一步传导至市场主体而影响其自利而理性地做出选择，最终影响市场总供给与总需求的变化。因此，经济学对经济现象的分析及本质的探讨往往是从供给与需求开始的，离开对供给与需求趋势性变化的探讨，经济学将存无所依，即便所谓的理论能自圆其说，但以此理论建构的经济活动将免不了陷于混沌，经济社会发展沦为空谈。

　　在 2015 年 11 月 10 日召开的中央财经领导小组第十一次会议上，习近平总书记强调："在适度扩大总需求的同时，加强供给侧结构性改革，着力提高供给体系质量和效率，增强经济持续增长动力，推动我国社会生产力水平实现整体跃升。"至此，中国拉开了供给侧结构性改革的大幕。显而易见，引起社会各界热议并从理论到实践均积极响应的供给侧结构性改革着力于供给侧结构的优化、有效供给的增加，着眼于创造需求，解决需求问题，即发力供给侧兼顾需求侧实现供给与需求发展关系的协调与同步。毫无疑问，确保供给侧结构性改革这一重大战略部署的顺利推进，需要在精准判断当下我国经济发展所处的历史方位基础上，就供给与需求的趋势性变化开展系统的探究工作。

　　而在此之前，系统缕析西方经济学供给学派的理论主张，以及理论基础蕴含于中国特色社会主义政治经济学理论体系中的我国供给侧结构性改革的实质，不仅可以帮助我们分辨我国经济发展新常态背景下所实施的供给侧结构性改革这一重大方略，与西方经济学框架下的供给学派之理论及政策主张的本质区别，而且有助于从经济学的角度，即供给与需求的视角审视供给侧结构性改革的合理性、科学性，把脉供给侧结构性改革。

第一节　供给侧文献梳理

一、供给学派文献综述

（一）供给学派简况

供给学派（the supply-side school）是 20 世纪 70 年代后期西方发达国家经济普遍出现停滞性通货膨胀而出现的一个与凯恩斯主义截然对立的经济学流派。该学派主要代表人物有 1999 年诺贝尔经济学奖获得者、欧元之父、美国哥伦比亚大学经济学讲座教授罗伯特·蒙代尔（Robert A. Mundell），美国经济学家、南加利福尼亚大学教授阿瑟·拉弗（Arthur Betz Laffer），华尔街日报副主编裘德·万尼斯基（Jude Wanniski），美国众议院预算委员会经济学家、里根政府财政部助理部长保罗·克雷·罗伯茨（Paul Craig Roberts），哈佛大学肯尼迪政治学院高级研究员乔治·吉尔德（George Gilder），哈佛大学经济系教授马丁·费尔德斯坦（Martin Feldstein）等。尽管供给学派在理论、方法和政策主张等诸多方面提出了与凯恩斯主义截然不同的观点，但是供给学派主导的理论体系却非崭新的创制，其理论基础源自 1803 年法国经济学家萨伊（J. B. Say）的"萨伊定律"关于"供给自行创造需求"的著名论述。正如吴易风所言供给学派系"穿上了现代服装的古典经济学"，一语道破该学派本质。在其 30 余年存续时间内，供给学派基于对凯恩斯主义的批评与颠覆而兴起，在创造了"里根经济学"高度之后，鉴于财政赤字和外贸赤字居高不下、预期经济目标实现困难等原因，2000 年前后供给学派湮没于"凯恩斯主义复辟"浪潮之中，表现为 2001 年诺贝尔经济学奖获得者约瑟夫·斯蒂格利茨（Joseph E. Stiglitz）辞去世界银行首席经济学家一职而宣告破产。

（二）供给学派的理论及政策主张

在整个西方经济学史上，供给学派存在的时间极其短暂，犹如昙花一现。在 30 余年的时间内，鉴于供给学派没有形成严格意义上的学派群体等多方面因素，该学派缺乏严谨理论框架是不争的事实。"供给学派并没有一套完整的具有严密内在逻辑的理论体系，只是通过一些相互有一定联系的论述来表现出自己的基本理论观点和政策主张[1]"，加之实践中也并没有实现经济预期，因此，该学派因"供给自行创造需求"理论的减税等政策主张，及缺乏经济状况动态发展的考察，加之仅限于总量分析的局限而备受业界批评，但是置于特定时代背景和历史条件下，公允地讲该学派的某些理论及政策主张在某种程度上

---

[1]　吴易风．当代西方经济学流派与思潮［M］．北京：首都经济贸易大学出版社，2005：206.

也有效缓解了美国经济滞胀。

1. 税收、收入与"拉弗曲线"。在供给学派先驱罗伯特·蒙代尔最早提出的减税刺激经济增长，紧缩通货以抑制通胀理论之上，阿瑟·拉弗进一步完善并光大了该理论，并成为减税理论的集大成者。在描述税率和税收关系时，阿瑟·拉弗引入一条形似小山的纵轴表示税率、横轴表示政府税收收入的曲线，该曲线逐渐成为供给学派减税理论建构的依据及工具，同时也是供给学派对减税理论最简洁的描述。"拉弗曲线"在于描述这样一个事实：当税率超过一定高度之后，政府税收收入会随着税率的提高而减少。因此，当税率为零时，政府税收也为零；当税率逐渐提高时，政府税收收入也逐步提高；当税率达到某一基点（曲线顶端）时，政府税收则实现税收最大额；当税率越过这一基点持续提高时，政府税收收入则随着税率的提高而呈下降趋势；当税率达到极限值100%时，则政府税收收入降为零，并认为其原因在于，随着税率的增加，人们收入支配纳税的比例将逐步增加，至税率100%时意味着人们将全部收入用作纳税，届时则将无人愿意持续进行经济活动，政府税收收入也将归于零。这一曲线说明，政府税率的提高是有限度的，当税率越过基点（曲线顶端），即进入"税率禁区"时，税收将随着税率的增加不但不增加，反而呈下降态势。

2. 财政赤字、通货膨胀率及资本形成与"费尔德斯坦曲线"。与激进供给学派认为造成美国经济滞胀的原因乃供给方面边际税率过高，因此减税是有效解决滞胀问题的措施有所不同的是，温和供给学派重要代表人马丁·费尔德斯坦认为，美国经济滞胀的"病根"是过高的边际税率、财政赤字、通货膨胀、税收结构及社会保险制度等多重因素综合交叉影响的结果，"当时美国宏观经济政策的主要任务在于平衡预算、稳定并降低财政赤字和通货膨胀率，这样才能创造出一个刺激储蓄和投资的环境与条件，求得一个较高的资本形成率[①]"。为进一步简明扼要表述其观点，马丁·费尔德斯坦建立了财政赤字对通货膨胀率及资本形成的影响及作用机理表述的分析模型，这就是"费尔德斯坦曲线"。该曲线的基本含义是"在通货膨胀率不变的条件下，财政赤字的增加会引起资本形成率下降，即财政赤字与资本形成率之间存在替换关系；在保证资本形成率不变的前提下，财政赤字的增加将导致通货膨胀，即财政赤字与通货膨胀率呈正相关关系，这意味着只要存在较高水平的财政赤字，提高资本形成率和抑制通货膨胀就是政府不可兼得的事情[②]"。

此外，供给学派还考察了税率与劳动供求以及资本形成之间的关系，形成

① 王志伟. 现代西方经济学主要思潮及流派 [M]. 北京：高等教育出版社，2004：175.
② 吴宇晖. 当代西方经济学流派 [M]. 北京：科学出版社，2010：170.

了劳动、资本"楔子模型"，并在供给与生产率、通货膨胀、相对价格等方面开展了研究工作，进而在宏观经济调控、减税、就业和社会福利支出、精简规章制度、货币政策等方面提出了政策主张。

置于特定的时代背景和历史条件下，即供给学派学说理论在资本主义经济出现滞胀这一特定历史时期，其具有一定的合理性：一是对当时美国经济情况的看法和对凯恩斯主义恶果的揭露，是符合现实的；二是对经济活动中供给方面的强调，也具有合理性，这也是对古典经济学传统的继承和恢复；三是它主张减少政府对经济生活的干预，调整政府干预的内容和作用方向，更多地发挥市场机制的调节作用，鼓励储蓄、投资和工作的积极性，促进经济增长。但是供给学派的理论也存在错误和局限性：一是他们只强调"萨伊定律"的正确性，反对国家干预，信奉自由竞争，反映了一种对过时思潮的回复；二是在经济政策主张方面，他们企图通过国家干预刺激供给①。正基于供给学派理论构建上存在的漏洞及硬伤，学术界对该学派减税这一核心主张展开了激烈的学术批评，概括起来主要有两个方面：一是减税的作用可以是刺激储蓄和投资，也可以是刺激闲暇和消费，其实际影响并不是确定的；二是在供给学派的减税主张中，特别强调对税率尤其是边际税率的消减，在实际操作中削弱了税收的累进性，造成主要给富人减税的政策效应，消减政府开支的政策主张则主要消减了社会福利开支，导致出现"劫贫济富"的后果②。

二、供给侧调整的实质

1. 背景的提出。 2008 年国际金融危机爆发，世界经济遭受重创，发展速度明显放缓。尽管已过去了十余年，但在某些方面依然影响着世界经济走向。当前呈现在我们面前的世界经济总体图景是：全球经济维持低速增长，而推动增长的力量格局在改变，世界经济复苏步履维艰。表现为 2013 年世界经济继续向下滑行，为金融危机后的最低水平；2014 年发达经济体经济运行分化加剧，发展中经济体增长放缓，世界经济复苏依旧艰难曲折；2015 年世界经济仍处于阶段性筑底、蓄势上升的整固阶段。截至目前，世界经济仍呈现复苏乏力态势，发达经济体总需求不足和长期增长率不高现象并存，新兴经济体总体增长率下滑趋势难以得到有效遏制。习近平总书记对这一经济背景下的具体表征情况曾作过精准的论述："从国际上看，当前世界经济结构正在发生深刻调整。国际金融危机打破了欧美发达经济体借贷消费，东亚地区提供高储蓄、廉价劳动力和产品，俄罗斯、中东、拉丁美洲等提供能源资源的全球经济大循

---

① 王志伟. 现代西方经济学主要思潮及流派 [M]. 北京：高等教育出版社，2004：177.
② 贾康，苏京春. "供给侧"学派溯源与规律初识 [J]. 全球化，2016（2）：45.

环，国际市场有效需求急剧萎缩，经济增长远低于潜在产出水平。主要国家人口老龄化水平不断提高，劳动人口增长率持续下降，社会成本和生产成本上升较快，传统产业和增长动力不断衰减，新兴产业体量和增长动能尚未积累①。"受世界经济下滑影响及拖累，我国经济增速自 2010 年以来呈波动下行趋势，经济运行呈现出不同以往的态势和特点，即表现出"发展速度从高速增长转为中高速增长，经济结构不断优化升级，经济发展从要素驱动、投资驱动转向创新驱动"之新常态特质。基于此，习近平总书记进一步指出我国经济发展面临"四降一升"的危险，即经济增速下降、工业品价格下降、实体企业盈利下降、财政收入下降、经济风险发生概率上升。

正如习近平总书记指出的，"能不能适应新常态，关键在于全面深化改革的力度"。因此，面对经济社会发展出现的新常态，我们不仅要清醒地认识新常态，还要积极主动适应新常态，根本上要改革创新引领新常态。毕竟，"推进供给侧结构性改革，是适应和引领经济发展新常态的重大创新，是适应我国经济发展新常态的必然要求②"。故而，在这个大背景下，我国需要从供给侧发力，跨越"三期叠加"不断适应新常态，从而找准在世界供给市场上的方位，把改善供给结构作为我国经济发展的主攻方向，进而实现由低水平供需平衡向高水平供需平衡跃升。基于此，以习近平同志为核心的党中央在对世界经济长周期和我国发展阶段性特征及其相互作用做精准分析判断后，于 2015 年 11 月 10 日中央财经领导小组会议上，审时度势提出了以"供给侧结构性改革"适应和引领我国经济发展新常态的重大战略部署，至此我国拉开了供给侧结构性调整的大幕。

2. 供给侧结构性改革的政策含义。2016 年 1 月 4 日，《人民日报》刊发了署名权威人士论当前经济形势的文章，权威人士认为，供给侧结构性改革的政策含义可以用"供给侧＋结构性＋改革"这样一个公式来理解，具体含义可从提高供给质量出发，用改革的办法推进结构性调整，减少无效和低端供给，矫正要素配置扭曲，扩大有效和中高端供给，提高供给结构对需求变化的适应性和灵活性，提高全要素生产率，更好地满足广大人民群众的需要，促进经济社会持续健康发展③。对此，权威人士进一步认为正确理解供给侧结构性调整的内涵要消除"认为推进供给侧结构性改革就是实行需求紧缩"的错误认识，因为供给和需求不是非此即彼的关系，两者实则互为条件，相互转化，实践中要两手都得抓，但主次要分明、靶向发力要精准。

---

① 习近平. 在 2015 年中央经济工作会议上的讲话 [N]. 人民网-人民日报，2015 - 05 - 10.
② 习近平. 围绕贯彻党的十八届五中全会精神做好当前经济工作 [N]. 2015 - 12 - 18.
③ 七问供给侧结构性改革 [N]. 人民日报，2016 - 01 - 04 (2).

对此，马克思主义理论曾作精辟论述：生产和消费、供给和需求，是相互影响的，没有生产和供给，就没有消费和需求；反过来，没有消费和需求，也不会有生产和供给。只是要看在某一时期的主要方面在哪里。言下之意，供给与需求孰轻孰重，或者说经济的发展是着眼于供给一侧，或者需求一侧，还是两者兼而顾之？问题的关键在于特定历史时期经济领域矛盾的主要方面为何，按照辩证唯物主义的观点，要"一分为二"并坚持"两点论"予以区别对待。基于该观点审视我国供给侧结构性调整的重大战略可以得出我国供给侧结构性改革是在适度扩大总需求和调整需求结构的基础上所实施的一项重大改革。《求是》杂志 2017 年第 7 期曾发表题为《做好推进供给侧结构性改革的大文章》之评论员文章，文章转引自习近平总书记对供给侧结构性改革的精辟论述：要从生产端入手，重点促进产能过剩有效化解，促进产业优化重组，降低企业成本，发展战略性新兴产业和现代服务业，增加公共产品和服务供给，提高供给结构对需求变化的适应性和灵活性。另外，这一改革方略不是西方供给学派的翻版，本质上与之有截然不同的区别。从习近平总书记关于供给侧结构性改革的讲话中可以发现，新常态背景下所实施的供给侧结构性改革是在适度扩大总需求基础之上的结构性改革，意即在经济增长的换挡期、结构性调整的阵痛期、前期刺激政策的消化期"三期叠加"特定历史时期，这一重大改革方略着力于供给侧的改革，兼顾了需求侧的实际，实现了生产和消费、供给和需求的辩证统一。正如习近平总书记所强调的，"我们讲的供给侧结构性改革，既强调供给又关注需求，既突出发展社会生产力又注重完善生产关系，既发挥市场在资源配置中的决定性作用又更好发挥政府作用，既着眼当前又立足长远。从政治经济学的角度看，供给侧结构性改革的根本，是使我国供给能力更好满足广大人民日益增长、不断升级和个性化的物质文化和生态环境需要，从而实现社会主义生产目的"。基于此，我国"三期叠加"时期实施的供给侧结构性改革既不是需求紧缩，强调供给与需求"两点论"下的协同，也不是西方供给学派的翻版，其本质上有别于西方供给学派主导的经济改革，无论内涵还是外延均与之有本质的区别。

3. 改革的措施及重点。 已知，我国所实施的供给侧结构性调整是在适度扩大总需求基础上的，主次有别但供给与需求兼而顾之的改革。这是一场基于"两点论"的认知与实践的结构性调整，推进供给侧结构性调整，要实现从生产端入手，重点是促进产能过剩有效化解，促进产业优化重组，降低企业成本，发展战略性新兴产业和现代服务业，增加公共产品和服务供给，提高供给结构对需求变化的适应性和灵活性①等多项目标的实现，需要一系列政策举

---

① 习近平. 论坚持全面深化改革［N］. 解放军报，2018 - 12 - 30.

措，特别是推动科技创新、发展实体经济、保障和改善人民生活的政策措施，来解决我国供给侧存在的问题，实现经济结构的调整从以增量扩能为主转向调整存量、做优增量并举，发展动力从主要依靠资源和低成本劳动力等要素的投入转向创新驱动。基于此，党中央制定并出台了宏观政策要稳、产业政策要准、微观政策要活、改革政策要实、社会政策要托底为内容的五大政策支柱体系，以加大力度推动改革措施的落地，营造稳定的宏观经济环境，进而准确定位结构性改革的方向，激发企业的活力和消费潜力，守住民生保障底线。以此全面推动我国科技创新、发展实体经济、保障和改善人民生活的政策措施，有效解决我国经济供给侧存在的问题，实现去产能、去库存、去杠杆、降成本、补短板之供给侧结构性调整的攻坚重点任务。

4. 改革的"十个"转变。 在经济发展新常态背景下，中高速（经济增速换挡回落，由高速增长转为中高速增长）、优结构（产业结构、城乡结构、收入分配结构持续优化）、新动力（从要素驱动、投资驱动转向创新驱动）、多挑战（楼市风险、地方债风险、金融风险）等关键词成为经济社会发展最热门的注解。在这一背景下，我国经济如果不彻底改变传统的依赖物质投入、拼资源环境、靠外延扩张的发展方式，难能助推经济发展告别过去传统粗放的高速增长发展方式，进入高效率、低成本、可持续的发展模式。基于此，强化供给侧结构性调整，并重点围绕以下十个方面的内容转变工作重点，加大攻坚克难力度，成为破解经济发展新常态，引领经济发展由低水平供需平衡向高水平供需平衡跃升：一是推动经济发展，要更加注重提高发展质量和效益；二是稳定经济增长，要更加注重供给侧结构性改革；三是实施宏观调控，要更加注重引导市场行为和社会心理预期；四是调整产业结构，要更加注重加减乘除并举；五是推进城镇化，要更加注重以人为核心；六是促进区域发展，要更加注重人口经济和资源环境空间均衡；七是保护生态环境，要更加注重促进形成绿色生产方式和消费方式；八是保障改善民生，要更加注重对特定人群特殊困难的精准帮扶；九是进行资源配置，要更加注重市场在资源配置中的决定性作用；十是扩大对外开放，要更加注重推进高水平双向开放①。

第二节　农业供给侧结构性调整的
历史基点及现实考量

供给侧结构性调整是着眼于整个国民经济而实施的重大战略部署，与需求侧投资、消费、出口三驾马车数量结构及质量效益调整如出一辙的是，供给侧

---

① 习近平．习近平谈治国理政：第 2 卷［M］．北京：外文出版社，2017：242-244.

结构性调整框架下，涉及农业、工业、服务业三大产业基于土地、劳动力、资本、技术、制度等要素为核心的数量结构的调整，以及质量效益的优化配置。而农业供给侧结构性调整则是涉及农林牧渔业的生产，农产品的加工、流通及服务等方面的调整，即从狭义农业、传统广义农业发展至现代广义农业产前、产中、产后全产业链三产融合发展的改革与调适，致力于构建粮经饲统筹、农林牧渔结合、种养加一体、一二三产业融合发展的新业态。

2016年3月8日，习近平总书记指出："推进农业供给侧结构性改革，提高农业综合效益和竞争力，是当前和今后一个时期我国农业政策改革和完善的主要方向。"习近平总书记的重要讲话在于强调农业领域供给侧结构性改革不仅是适应农产品消费结构升级改造的重要举措，而且是提高农业竞争力、提高农业效益、增加"三农"收益、改善农业生态环境的重要实现方式，在农业生产质量走低、三量齐高、价格倒挂、面源污染加剧等趋势性变化明显背景下具有历史的重要性和紧迫性。另外，学术界就农业产业结构性调整的内涵及意义也开展了大量的研究，其中朱孔山较早前认为农业产业结构性调整的经济效益主要有4个方面：结构性调整是促进农民收入持续稳定增长的主要途径，结构性调整有利于培育有竞争力的农业产业体系，结构性调整是转移农村剩余劳动力和实现城镇化的关键，结构性调整将最终推动农业生产实现第二个飞跃[1]；孔祥智（2016）、余戎（2016）、罗必良（2017）、魏后凯（2017）、郭晓鸣（2017）认为农业供给侧结构性改革首先要培育和壮大新型农业经营主体，在去库存、调结构、降成本、补短板等方面深化改革。张占仓（2017）、卢小龙（2017）认为转变农业增长方式是农业领域在供给侧改革方面的重要体现。陈锡文认为农业供给侧结构性改革就是要通过科技创新和体制创新，解决农业科技创新能力不足及农业经营体制不适应国际市场竞争力要求的问题[2]；韩长赋认为推进农业供给侧结构性改革是适应农产品消费结构升级的迫切需要，是提高农业竞争力的迫切需要，是提高农业效益、增加农民收入的迫切需要，是改善农业生态环境的迫切需要[3]；许经勇认为农产品流通是农业供给侧结构性改革的聚焦点，提高全要素生产率是农业供给侧结构性改革的核心[4]；姜长云进一步认为，应当把加强粮食安全保障机制建设，构建现代农业产业体系、生产体系、经营体系，深化涉农重点领域和关键环节改革等作为推进农业供给侧结构性改革的重点[5]。综上，农业供给侧结构性改革不同于一般意义上的结构性

① 朱孔山. 农村产业结构性调整的效应分析 [J]. 农村经济，2002 (6)：44 - 45.
② 陈锡文. 论农业供给侧结构性改革 [J]. 中国农业大学学报，2017 (4)：6.
③ 韩长赋. 着力推进农业供给侧结构性改革 [J]. 山东农机化，2016 (6)：62.
④ 许经勇. 农业供给侧结构性改革的深层思考 [J]. 学习论坛，2016 (6)：34 - 35.
⑤ 姜长云. 推进农业供给侧结构性改革的重点 [J]. 经济纵横，2018 (2)：91.

改革，它既要考虑"量"的平衡，也要实现"质"的提升和可持续发展；既要调整结构、调整布局，又要转变方式、创新机制；既要突出发展生产力，又要注重完善生产关系，综合表现出涵盖范围广、触及层次深的特质。

此外，在粮食三量齐高、价格倒挂、环境资源硬约束等背景下，本研究认为我国着力推进农业供给侧结构性改革还基于以下历史及现实归因的考量。

一、转方式：小生产衔接大市场的需要

1978 年 11 月 24 日下午 17 时许，以严宏昌为带头人的安徽省凤阳县小岗村 18 户农民，为了"不在（再）向国家伸手要钱要粮"，为了吃饱肚皮，顶着"杀头"的风险，在从小孩作业本上撕下的一页纸上慎重地按下了"大包干"的红指印。至此，一张承载着"敢为天下先"创新精神的契约，开启了我国农村土地制度——家庭联产承包责任制的时代，拉开了中国农村经济改革乃至整个经济体制改革大幕。时至今日，家庭承包经营已经成为我国农村基本经营制度（习近平主席曾指出，农村基本经营制度是党的农村政策的基石），保障着广大农民群众跨过饥饿线、超越温饱线、走向富裕线。在几十年的发展过程中，这一制度不仅结束了 1958 年以后实行 20 余年的农业生产低效率的以队为基础的三级所有制度，彻底解决了中国粮食产量小且不足、人民难以实现温饱的危机，为改革开放打下了坚实的农业基础，而且对提高我国农民的生活水平、对推动农村经济社会的发展产生了巨大影响，对我国经济体制改革的贡献也是毋庸置疑的。更为重要的意义还在于，家庭联产承包责任制开启了我国农业生产从实际出发，按照自然规律和经济规律办事，以人民群众根本利益为重，尊重和保护人民群众民主权利的时代。

18 户村民签下包产到户"生死契约"后一年，小岗村即越过温饱线，人均年收入以火箭般的速度攀升，从 22 元突变为 400 元，激增 18 倍，全村粮食总产量 66 吨，相当于承包前 5 年的总和，一举扭转了"吃粮靠返销""用钱靠救济""生产靠贷款"三靠村形象，极大地刺激和解放了区域农村生产力。毫无疑问，在特定历史背景下，家庭联产承包责任制作为一种集体所有的农地制度，其以家庭为基本生产单元的小农生产特质的农业生产经营方式适应并促进了生产力的发展，其所蕴含的历史价值自然不容忽视。就全国农业生产情况而言，家庭联产承包责任制对解决当时国民基本温饱问题更是做出了巨大贡献。据《中国统计年鉴 2012》统计数据显示，1978 年我国粮食产量为 3.05 亿吨，1984 年则增加到 4.07 亿吨，1978—1984 年我国粮食产量增长了 1.02 亿吨，同期农民收入也增长了 2.69 倍。这一骄人成绩在生产力水平尚不发达的当时，能且也只能是基于家庭联产承包责任制所内生的动能促使农业组织结构变迁，进而适应并持续解放生产力而取得，而公社制下群体性偷懒衍生的集体机会主

义导向认知决然不能引导生产关系的调整，反而将持续恶化生产力与生产关系的关系，自然无法实现粮食的增产、农民的增收，这从侧面更进一步揭示了家庭联产承包责任制对生产力的极大适应性。

生产力和生产关系相互作用的原理告诉我们：在新的生产关系建立起来以后的一个时期内，生产关系的性质同生产力的发展要求基本相适应，生产关系则将对生产力的发展具有积极的推动作用，表现为生产社会财富速度加快。但当发展到一定程度时，原来适合于生产力发展要求的生产关系，就逐渐耗尽其内生动能而不再适应新的生产力发展要求，矛盾渐次生成并将日益激化起来，其性质也由非对抗转化为对抗，届时根本性地变革旧的生产关系就如箭在弦，于是就进入根本改变生产关系性质的阶段。小岗村包产到户的历史发展轨迹更是验证了生产力与生产关系所存在的辩证逻辑。从 1978 年包产到户越过温饱线，到 2004 年这 26 年间，小岗一直未能跨过富裕线这道坎，而同是明星村的南街村、大寨村、华西村则取得了翻天覆地的变化，实现了致富目标。从轻松跨越温饱线到难能跨越小康线的持久战，小岗的农业生产实践表明，在"大包干"初期，创新的家庭联产承包责任制适应了当时生产力发展的需求，进而极大地促进了生产力发展，但随着时间的推移和改革的深入，这种关系逐渐显露出某些局限性，即原有一成不变的生产关系对生产力的适应性渐趋疲软，最后则表现出非适应性而阻碍着生产力的发展，这也是小岗人虽率先解决了温饱，但时隔 26 年仍未能实现致富目标的根本原因。直到 2004 年沈浩空降小岗村任书记，明确提出"通过土地流转，重新把土地集中起来，成立'合作社'发展集体经济"的"沈浩思路"，小岗村才破除 26 年间阻碍生产力发展的桎梏，渐次从传统小农经济走向现代农业、从封闭的旧乡村走向城乡一体化大趋势的开放型新农村，并再成新示范。

曾经"一夜跨过温饱线，二十年没进富裕门"，但在"沈浩思路"的指导下，小岗村 2007 年人均收入达到 6 000 元，比 2006 年安徽省农民人均纯收入的 3 556 元高出 2 400 多元，比该村 2003 年的 2 300 元增加了 2 倍多，年均增长近千元。截至 2012 年，全村实现工农业总产值 5.8 亿元，村集体经济收入 410 万元，村民人均纯收入 10 200 元。分析"一夜跨过温饱线，二十年没进富裕门"，到"一步跨越二十年走进富裕门"前后的天壤之别，有观点认为 1978—2004 年的这 26 年间，小岗村走上了一条越走越窄的小农化经营道路，致使耕地细碎化态势持续加剧，不利于规模化生产经营，进而极大地束缚了生产力，而"沈浩思路"明确通过土地流转，重新把土地集中起来，成立合作社发展集体经济的做法，根本点仍着眼于土地细碎化问题的治理，为规模化生产创建规模条件，进而适应并促进生产力的发展，为"一步跨进富裕门"重构了生产关系与生产力的匹配系。

因此，当生产关系和生产力不匹配进而阻碍生产发展时，这时就需要调整生产关系，重新匹配生产关系与生产力。从公社制到"大包干"乃至规范意义上的家庭联产承包责任制，小岗的发展经验表明：家庭联产承包责任制实施前期对生产力表现出了极大的适应性，并促进了农民增产增收，但是这一历史的贡献似乎并没有抹去它制度设计深层次所存在的严重缺陷——家庭联产承包责任制小生产的内在机理，进一步表现为农地的细碎化。中国历来人多地少，人地矛盾突出，据国家统计局公布的资料显示：1982 年我国农村人均耕地面积为 2.7 亩①，2004 年则降至 1.41 亩，2016 年进一步减少到 1.35 亩，人均耕地面积呈持续减少态势。其中，666 个县人均拥有耕地面积低于国际公认的 0.795 亩警戒线，463 个县低于 0.5 亩危险线。刨去人多地少这一客观因素，在农业现代化建设背景下，土地的细碎化不仅会降低农业生产的全要素生产率、增加农业机械操作难度，导致农业生产难以实现规模经济，而且将延缓甚至阻碍农村经济的发展，使农民长期处于跨越小康线的持久战之中。正如马华、姬超等撰文认为："由于家庭联产承包责任制规模太小，在本质上属于小农经营，因而与现代农业所需要的市场化、规模化和专业化背道而驰。虽然在当时能解燃眉之急，但从长远来看，家庭联产承包责任制不仅不适应我国农业发展的未来要求，而且对我国社会建设和农业发展造成了严重的阻碍。"② 复旦大学教授石磊也表达了类似的观点："如果你面对农民要解决收入增加的问题的时候，仍然留念于普遍推行的家庭承包意义上的以土地细碎化为基础的小生产，显然跟现在的社会发展趋势，与要解决农民的困难，所要采取的措施相比，这就捉襟见肘了。"

另外，林毅夫、周其仁等专家学者在不同时段多个场合均明确表述过如下观点：从 1978—1984 年，家庭联产承包责任制是我国农业粮食增产和农业绩效提高的主要影响因素，这一制度设计极大地促进了我国农业的发展。"但是在 1985 年之后，以家庭联产承包责任制……为内容的超常规增长手段所释放的能量已基本耗尽。"③ 自此，虽然我国农业增产现象依然存在，甚至于到 2015 年我国粮食产量达到 6 214.5 亿千克，实现了"十二连增"的辉煌业绩，但是我们必须清醒地认识到，"十二连增"成绩取得的动力来源于农业支出政策和农村固定资产投资的刺激，即在很大程度上系依靠外部动源的刺激（占世界 35% 的氮肥、3 倍于全球平均值的农药施用量、70% 的国内工农

---

① 亩为非法定计量单位，1 亩≈666.7 平方米。——编者注

② 马华，姬超，等. 中国式家庭农场的发展理论与实践［M］. 北京：社会科学文献出版社，2015：7.

③ 同②9.

业与生活用水、80％的全球农膜……），而以家庭联产承包责任制为内核所形成的生产关系则对农业自身的发展缺乏持续的推动力，即"家庭联产承包责任制所蕴含的能量已基本耗尽"。换言之，家庭联产承包责任制下，以土地细碎化为特质的小生产与大市场矛盾日趋恶化，表现为难以满足市场不断变化的需求，仅停留于消费者"吃得饱"的供给，忽视了对消费者"吃得好、吃得安全、吃得营养健康"消费需求的供给，进一步导致"高产量、高进口、高库存"三量齐高，乃至"物质成本、人力成本、土地成本"三本齐升农业生产悖论的出现。

综上，因土地制度而切割形成的家庭联产承包小农经济体制及其小生产作业方式，在特定历史时期极大地激发了农业经营主体的热情，并极大地促进了生产力的发展，但随着改革的持续深入，农业小生产作业方式所固有的效能在发挥到极致之后，则难以承载持续推进农业现代化建设的重任，反而成为生产力进一步发展的羁绊，表征为制约了产业化、规模化和专业化生产的有效开展。因此经济发展新常态背景下急需破解小生产与大市场的矛盾，构建更加适应市场需求的供给关系，生产适销对路、有需求性的农产品。而基于数量调整及品质提升为内容的供给侧结构性调整则是重构小生产与大市场匹配系的重要举措，其必将构建更加合理的供给与需求关系，并进一步解放和发展农村生产力，为乡村的全面振兴与繁荣提供更加坚实的"产业兴旺"基石。

二、促改革：农业农村农民问题的倒逼

2000年3月，湖北省监利县棋盘乡党委书记李昌平致信朱镕基总理，反映湖北农村的突出问题，直言"农民真苦，农村真穷，农业真危险"。李昌平在信中列举盲流如洪水、负担如泰山、债台如珠峰、干部如蝗虫、责任制如枷锁、政策如谎言、假话如真理七大问题，恳请党中央、国务院关注农业农村农民。自此，我国"三农"问题引起中央高度关注，至2018年中央1号文件已连续15年聚焦"三农"，特别是2018年《关于实施乡村振兴战略的意见》的发布，"三农"问题被提至前所未有的高度。从李昌平致信朱镕基总理到2016年，我国不断加大"三农"工作力度，通过实施取消农业税、工业反哺农业、美丽乡村建设、精准扶贫等措施促进农村社会经济全面发展，在持续改革和深化"三农"问题解决的16年来，尽管农村改革和建设循序渐进向好的基本面推进，尽管农村生产力得到了极大的解放和发展，但"三农"基本状况并没有得到根本性的扭转和改观，表现出城乡差距继续拉大，农民增收依然缓慢且动能缺失，农业依然脆弱和低效，农业资源与环境的约束力消解依然困难，农村公共服务供给数量及质量依然落后，农民素质偏低及接受教育培训机会依然稀缺……"三农"现实问题依然突

出而严峻，"三农"依然处于全面贫困之中并呈现出恶性循环和固化世袭的趋势性变化。

2013 年习近平总书记在中央农村工作会议上指出："中国要强农业必须强，中国要美农村必须美，中国要富农民必须富。"言下之意，农村强则中国强、农村美则中国美、农村富则中国富，显示二者具有很强的内生逻辑与内在一致性。而在党的十九大报告中乡村振兴战略的提出更是告诫我们在着力推进工业化与城镇化的进程中，要防范"三农"活力的衰退，必须着力于村镇化与城镇化双轮驱动的协同发展，必须实施农业农村优先发展战略。回顾历史，中国乡村曾面临着并正在面临着突出的发展瓶颈，长江学者罗必良教授将农业领域所存在的问题概括为土地细碎化、农户兼业化、劳动力弱质化、农业副业化、生产非粮化，并指出"五化"导致农业被边缘化，进而成为我国农业安全特别是粮食安全的主要隐患[1]；几乎同期，另一位长江学者刘彦随教授基于乡村经济乏力、土地资源浪费严重、乡村社会结构失衡、精英缺失人口老弱化、农村社会重现空巢化等"乡村病"问题的研究，指出美丽乡愁无以安放源于农业生产要素高速非农化、农民社会主体过快老弱化、农村建设用地日益空废化、农村水土环境严重污损化等农业农村农民问题的长期大量存在[2]。一言以蔽之，农业被边缘化与"乡村病"折射到"三农"问题上，则体现出农业绩效边界的收窄、农村面源污染的加剧、基层治理的涣散、基础设施的匮乏、医疗和社会保障的不健全，及基于农民主体分异、农村家庭分化所引发的人口老弱化、空心化、三留守等问题导致乡村发展活力逐渐衰退，长此以往势必使农村内生发展动能消退殆尽，并产生唇亡齿寒的连锁反应制约着城市的发展，综合表现出"三农"问题的严峻性。具体而言，目前我国"三农"问题之农业问题主要表现为：一是农药、抗生素、激素大量使用及滥用，人们舌尖上的安全形势严峻；二是石油、森林、淡水、土地及生物物种资源被过度开发，加之农业资源循环梯次利用低下等原因，导致农业资源消耗殆尽，资源红灯此起彼伏；三是鉴于农药、化肥和农膜的大量使用，加之食品加工业、畜牧养殖业的污染，我国农业面源污染持续扩大，趋势性变化明显；四是鉴于人地供需矛盾紧张，加之家庭联产承包责任制致土地分散性情况突出及农村居民对土地流转认知的缺陷，土地高度碎片化现状阻碍了农业规模化生产经营；五是基于农业产业结构和产品结构的不合理性，我国农产品结构性过剩问题严峻，表现为农业生产质量走低、三量齐高、价格倒挂等趋势性变化显著。"三农"问题之农村问题则主要表现为：受城乡二元性、城市中心主义及政府偏好等因素影响，长

① 罗必良. 农业共营制：新型农业经营体系的探索与启示 [J]. 社会科学家，2015 (5)：7.
② 刘彦随，周扬. 中国美丽乡村建设的挑战与对策 [J]. 农业资源与环境学报，2015 (2)：100.

期以来我国农村居民与城镇居民不能按同等权利以及大致均等化的标准享受政府提供的就业、义务教育、公共卫生、公共文化、基本养老保险、环境以及社会救济等基本公共服务[①]，导致农村基本公共服务需求被边缘化问题长期且大量存在。"三农"问题之农民问题则基于精英的流失而主要体现在空心化严重、农民素质低下、农民比较效益偏低等方面。

毫无疑问，"三农"问题形成的原因是多方面的，既有"三农"内部认知、环境及资源的因素，也有战争年代"农村包围城市"、建设年代"农业支援工业"、改革年代"农民服务市民"等一系列"三农"支持城市建设的巨大输出因素。而正是这些因素盘根错节地导致"农民真苦，农村真穷，农业真危险"的"三农"困局长期得不到根本性的消解，甚至一些集中连片特困地区公路未通、群众看不起病、喝不上干净水、农民子女上不起学等现象还大量存在。农业供给侧结构性调整及精准扶贫既需要切实破解农村人口空心化问题，优化农村人口结构，释放农村质量型人口红利，也需要多元化农村基本公共服务供给数量及质量，提升农村现代化建设水平，同时更需要加大对农业供给侧结构性调整的力度，注重结构数量调整的同时更要注重结构质量的改进，不断提高农业供给的效能。因为，没有农民的富裕，就没有国家的富裕，毕竟"小康不小康，关键看老乡"，没有农业的现代化就没有四个现代化的全面实现，就没有国家的现代化，没有农村的小康就没有全国的小康，就没有全面建成小康社会。

综上，农业基础的更稳固与否，农村社会的更和谐与否，农村居民的更幸福与否，发自内心地呼唤着农业供给侧结构的调顺调优。"三农"问题倒逼着我国必须下大力气调整农业供给结构。故而，无论是基于激活乡村经济社会的发展动能，富裕乡村、美丽乡村的维度，还是迂回发展促进城市经济又好又快发展的维度，深化农业供给侧结构性调整无疑不是直面城市发展、农村衰落特别是一系列"乡村病"治理的重大战略部署，无疑不是极具担当、智慧及温情的历史选择，因而战略的提出及实施具有经济社会发展全域动能培育及动力接续的重要性和急迫性。

三、广积粮：端稳端牢国人饭碗的刚需

"一夫不耕，或受之饥；一女不织，或受之寒……夫积贮者，天下之大命也""手中有粮，心里不慌""深挖洞，广积粮""国以民为本，民以食为天"诸如此类警醒世人粮食安全的名言警句数不胜数，因为吃饭问题是人类的根本

[①] 谭军. 均等化的视角：绵阳市政府购买农村公共服务研究［D］. 乌鲁木齐：新疆农业大学，2016.

大计，粮食是人类赖以生存和发展的基础。故而解决好十几亿人口的吃饭问题，保障国家粮食安全，始终是我国农业发展的头等大事，任何时候都不能放松，也只有守住这条底线，农业供给侧结构性调整及乡村振兴才会有坚实的根基和强大的产业推进力。

据《中国统计年鉴 2015》统计数据显示，截至 2013 年我国人口总数为 136 072 万人，另据《2014 中国国土资源公报》显示，截至 2013 年底全国耕地面积为 13 516.34 万公顷（20.27 亿亩）。比较有关年份统计结果分析显示，1996 年我国人均耕地面积为 1.59 亩，2009 年则下降至 1.52 亩，2013 年全国人均耕地面积进一步下降至 1.5 亩，远低于世界同期人均耕地面积占有量。数据表明，我国人地供需关系紧张，农业资源约束非常大，并进一步呈扩大趋势。此外，农业资源的约束力还表现在人多淡水少、人多森林少、人多草地少等方面。因此，在资源总量有限加之区域分布不均的情况下，要供给我国城乡居民人均 682.5 千克/年（2013 年统计数据）的主要食品消费量[①]，长远地看，我国食品安全（朱信凯等认为粮食乃 food 之错译，故粮食安全之正确表述形式应该是食品安全）问题在连续"十二连增"（截至 2015 年）形势下依然严峻，这一问题的严峻性不仅在于人口数量庞大背景下的食物供给总量的平衡能力维系（业界观点综合显示，2020 年以后我国粮食消费需求将达到 7 亿吨，粮食整体供应偏紧的格局将长期存在，并难以改变），而且在于人口质量提升背景下基于膳食结构变化而产生的对蛋白质、脂肪、膳食纤维等人体每日所需营养素变化之供给能力的改善与否，同时更在于基于极端有限的耕地资源硬约束下，追求满足十几亿人口食物所需的最大化产出导致的农业化学化对生态环境的破坏抑制力构建。

此外，尽管 21 世纪国际霸权主义赤裸裸的军事干预方式已渐去渐远，但这并不表明国际关系已去霸权主义，实则军事霸权主义改头换面为食物霸权主义依然左右着国际秩序，而这其中以"食物量价供给的变化"及其"技术标准订立话语权的把控"等为手段打压他国农业产业，建立其对世界食物的控制，实现其通过对食物的控制延伸至其对他国农业产业的控制，并最终达到其对一国安全稳定控制之目的。因此将枪炮换作食物作为攻击手段的食物霸权主义其潜在的危险性更胜军事霸权主义，轻则一国国民的饭碗端在他国手上受制于人，重则影响一国之安全稳定，因为将粮食作为主导世界格局变化的手段是最有效的武器之一，制造粮荒具有更广泛的杀伤力和影响力，是任何武器都无法相比拟的。

美国前国务卿基辛格说："谁控制了粮食，谁就控制了人类。"美国前农业

---

① 国家统计局. 中国统计年鉴 2015 [M]. 北京：中国统计出版社，2015.

部长约翰·布洛克也曾说："粮食是一件武器，用法就是把各国系在我们身上，他们就不会捣乱。"在这一认知的主导下，美国制定了"粮食武器化战略"，不仅将农业部扩大成仅次于五角大楼的第二大内阁部门，还妄图插手并影响世界大宗农产品供给，并实施了"粮食换和平计划""生物能源计划""禁运"等一系列以粮食为武器的手段，诸如先后主导实施了针对苏联的谷物禁运，针对伊拉克的粮食制裁，针对古巴的粮食禁运，针对中东诸多政权的颠覆，及针对我国的贸易争端，以此妄图给那些在粮食自给的堤坝上本身就漏洞百出的新兴工业国以釜底抽薪式的打击，阻断其经济增长，进而从中谋取全球性的政治和经济利益。

2012 年我国粮食进口量为 8 025 万吨，到 2014 年进口量突破 1 亿吨，2015 年进口量持续增加，超过 1.2 亿吨，达到历史峰值，同比增长 24.2%。一方面是粮食进口量的连年增加，另一方面美国粮食霸权主义从未曾停歇，因此面对美国的粮食武器霸权政策，我国同样压力巨大，稍不留神极易受到粮食霸权主义的影响。加之在追赶型现代化建设进程中，我国赢得了国家跨越发展和民族伟大复兴的时间与空间，包括经济力量、军事力量和科技力量等在内的国家硬实力取得了艳羡世界的成绩，国际影响力与日俱增，而正是这一系列成绩的取得惊艳了世界的同时更震惊了霸权主义国家，打压中国的发展维系其超级强国的霸权主义意识时刻左右着这些国家想方设法压制中国，意图以操纵农业作为政治手段压制中国的发展。因此从数量、价格、质量等方面建立其食物霸权主义实现体系成为霸权主义国家时下惯用的伎俩。这一背景下，我国需要进一步牢固树立"食物主权"认知，将国人的饭碗端稳更端好在自己手中。

在国内农业资源约束力趋紧，国际食物霸权主义横生枝节的当下，我国必须切实强化农业效能建设，而推进农业供给侧结构性调整则是农业产业提质增效实现高质量发展的重要实现方式之一。反过来讲，资源的约束力加之食物霸权主义横行告诫我们，推进农业供给侧结构性调整，是筑牢食品安全底线应对粮食霸权主义的需要，更是中国人的饭碗必须端在自己手中的需要。中美后现代发展研究院院长、美国国家人文科学院院士小约翰·柯布（2015）面对中国如何能在一个全球不安全的世界里走向食品安全这一命题时，他提出了"缩短供给线"的建议，其本质就是要端稳端牢国人饭碗，不致受制于人。基于他人的视角及国家战略发展的需要，深入推进农业供给侧结构性调整就是我们端稳端牢国人饭碗的正确选择。

四、化隐忧：破解未来谁来种地的急迫

"50 后"还在维系，"60 后"是主力，"70 后"不愿种地，"80 后"不会种

地，"90 后"不谈种地，"00 后"无能为力！

这一调侃式的语句背后，所折射的是中国当下及未来农业从业者无人为继的窘况。据联合国有关机构确定的标准，劳动年龄人口中 45 岁及以上的劳动力为老年劳动力，当劳动年龄人口中 45 岁及以上的劳动力比重在 15% 以上时，劳动力年龄结构为老年型年龄结构。另据一组数据显示，1990 年我国农业劳动力平均年龄为 36.8 岁，2000 年增加到 40 岁，2010 年则超过 45 岁，2016 年接近 55 岁[①]。另据第三次全国农业普查主要数据显示，全国农业生产经营人员总数为 31 422 万人（女性为 14 927 万人），其中年龄在 36～54 岁的农业从业人员 14 848 万人，年龄 55 岁及以上的农业从业人员为 10 551 万人，而接受过大专及以上教育的农业从业人员仅占 1.2%，接受过高中或中专教育的农业从业人员占 7.1%，有初中文化水平的农业从业者占 48.4%，小学及未上过学的农业从业者合计占比 43.4%[②]。两组数据综合表明，我国农业从业人员越来越呈现老人化、女性化、劳动力残值化趋势，导致农业从业人员结构明显处于老年型劳动力年龄结构阶段，并且"老人农业""女性农业""农盲农业"境况十分突出，"未来谁来种地"绝非危言耸听。周立（2012）将这一现状曾做如下描述：从事农业的人员越来越呈现老人化和女性化趋势，而老人和中年女性很难从事重体力劳动，被称为是辅助劳动力，甚至可以说是具有劳动力残值的人[③]。可见，伴随着工业化和城镇化进程的加快推进，农业从业人员进一步弱势化是不可逆转的大趋势，究竟何去何从不仅关系到农业作为一个产业的兴衰，而且事关经济社会发展的方方面面，因此如何妥善解决好"谁来种地"问题不仅已经成为包括乡村振兴等重大国家战略布局的重点任务，也在全社会各个层面引发了一系列忧思，引发国人高度重视。

近年来，一方面，随着家庭承包责任制所蕴含的能量渐次消耗殆尽，加之服务规模经营的缺失，以土地碎片化为特征的小农经济之小规模生产难以扩大规模的弊端正逐渐成为农业产业提质增效的掣肘。另一方面，随着城镇化进程的加快，越来越多的农村居民（特别是新生代农民）离开土地，到城市就业定居，农村空心化问题严峻，程度持续恶化。因此，在小农经济效能低下及劳动力流失的双重制约下，农村土地（特别是山地农业）抛荒弃耕现象趋势性变化明显加快，"未来谁来种地"正逐渐成为农村经济社会发展需要重点考虑的问题。据中国第二次全国农业普查结果显示，截至 2006 年底，20 岁以下的农业

---

① 李道亮．农业 4.0：即将来临的智能农业时代 [M]．北京：机械工业出版社，2018：3.

② 国家统计局．第三次全国农业普查主要数据公报（第五号）[EB/OL]．[2017-12-16]．http://www.stats.gov.cn.

③ 温铁军．中国农业的生态化转型：社会化生态农业理论与实践 [M]．北京：中国农业出版社，2017：22.

从业人员占 5.3%，21～30 岁农业从业人员占 14.9%，50 岁以上的农业从业人员占 32.5%。据测算，2013 年农业从业人员中 50 岁以上的比重已超越 40%，并且到 2016 年农业从业人员中 50 岁以上所占比重预计将会超过 50%[①]。另据有关资料显示，2015 年中国农村的留守老人约为 5 000 万人，留守儿童已超过 6 000 万人，留守妇女达到了 4 700 多万人。综合两项数据分析，"未来谁来种地"绝不是危言耸听，而是城镇化、空心化背景下必须解决的重大时代命题，是农业供给侧结构性调整的重要内容。

农业是国民经济的基础，农民是农业发展的关键，而高素质农民则是推进农业供给侧结构性调整，及实现农业现代化的中坚力量。因为土地需要人去耕种，现代农业更需要懂知识、有文化的高素质农民去破解农业现代化的难题而实现高质量发展。很显然，在城镇化进程加快致使农村空心化趋势性变化明显的当下，"386199"部队难以担当农业现代化建设之重任，甚至难以维系传统农业耕作之路，导致大面积土地因无力或无人耕种而荒芜（张桂文课题组 2015 年初对全国 20 个省份的问卷调查显示，有近 70% 的农户没有进行土地流转，中部和西部地区被调查的农户没有进行土地流转的比重更大，分别为 78.10% 和 72.84%。官天明和石始宏对河北省"空心村"的调查显示，在受访者中有 40.0% 的人认为其承包的土地已经存在不同程度的荒置。在农地抛荒的原因中，家里人手不足占了 30% 和外出务工无暇顾及家里农地的占了 45%[②]）。因此，当前的重任是需要及时且高效破解农村人口的空心化问题，优化农村人口结构，进而释放农村质量型人口红利或者引进质量型人才以推进农业现代化建设，此成为未来农业发展的关键，也是破解未来农业由谁来经营难题的必由之路。综上，本研究认为，需要着力强化对"新三农"的培养建设：一是具备丰富农业生产实践经验和精耕细作传统经验的"老农"；二是志在沃野千里，携带大量资源立志返乡创业的"新农"；三是接受过高等教育，有知识、有文化、有创新能力的"知农"。以此针对这三类劳动者切实加大培训教育力度，实现对"老农"知识体系的改造，对"新农"有效的吸引，对"知农"多元化的引进，为农业供给侧结构性调整及农业现代化建设进程的加快源源不断地输送懂技术、会经营的人才，才能基于人才队伍的建设而增强创新动力、厚植发展优势，稳步推进农业现代化建设，扎实做好脱贫开发工作，提高乡村振兴建设水平，让农业农村成为可以大有作为的广阔天地。

---

① 李剑平．两院院士：提防人口大国无人种地［N］．中国青年报，2012 - 03 - 19 (11).
② 张桂文，徐世江，等．农业转移人口市民化与二元经济转型［M］．北京：经济科学出版社，2017：62.

五、调结构：适应消费需求变化的紧迫

受人多地少资源硬约束制约，及当前市场不完全具备调节供求和要素配置基本功能的影响，农业生产环节越追求利润就越刺激农业化学化、石油化问题循环往复。我国农药、化肥施用总量和单位面积用量世界第一，抗生素、激素广泛应用于农业生产以实现农业抗病及高产，但是过量使用这些化学品不仅导致了土壤活性和水质的下降，产生严重的生态环境危机，更为严重的是这些物质在动植物代谢过程中不能完全得以降解，未被降解的残留物则储存于生物体内并通过食物链进行转移和传递，最后逐级浓缩聚集。人类处在食物链的顶端，最易受到有害残留物富集后的危害，进而导致多种疾病甚至绝症发生。例如 2005 年英国鲑鱼体内发现孔雀石绿事件，2006 年我国苏丹红鸭蛋事件，2008 年三鹿三聚氰胺奶粉事件、青岛西瓜中毒事件、草莓除草剂超标致癌事件，到之前的香蕉致癌事件、黄瓜顶花带刺事件，再如大量化肥的使用会导致硝酸物质被人体细菌还原成亚硝酸盐，胃肠道的酸性环境则可进一步将其转化为可引起食管癌、胃癌、肝癌和大肠癌等疾病发生的亚硝胺。因此，我们应当清醒地认识到现代石化农业是把"双刃剑"，其在不到百年的发展历程中虽提高了粮食产量，但却极大地降低了农产品质量，危及了人类健康，造成各种疾病多发高发。据世界卫生组织公布的数据显示，含有有害细菌、病毒、寄生虫或化学物质的食品，可导致从腹泻到癌症等 200 多种疾病，食用这类食品将严重影响人类健康，故而如何确保舌尖上的安全越来越受到人们的高度重视。

近年来，随着人们生活水平的不断提高，居民食物消费结构经历了由以植物纤维消费为主向动物蛋白质与脂肪及高级植物纤维兼重的升级，居民消费需求也从数量满足向质量兼顾转变[①]，表现为城乡居民对高品质生活的追求越来越强烈，其中农产品消费需求正从"吃得饱"向"吃得好、吃得安全、吃得营养健康"快速转变，吃讲究"品牌""品位""档次"正逐渐成为需求侧的共同消费认知，表征为肉要吃"放心肉"，菜要吃"绿色蔬菜"，水果要吃"有机水果"，买农产品要看是否贴上了"绿色""有机""无公害"的标签等，显示出需求侧对优质农产品多元化、个性化的消费需求显著增多，农产品消费结构正悄然发生变化。其中，2016 年中国城镇居民家庭恩格尔系数为 29.3，中国农村居民家庭恩格尔系数为 32.2。全国人均消费粮食 132.8 千克、食用油 10.6 千克、蔬菜及食用菌 100.1 千克、肉类 26.1 千克、水产品 11.4 千克[②]，城乡

---

① 李显刚.新型农业经营主体实践研究［M］.北京：中国农业出版社，2018：4.
② 李显刚.新型农业经营主体实践研究［M］.北京：中国农业出版社，2018：4.

居民农产品消费个性化、多样化趋势明显。然而，现阶段需求侧鲜明的消费需求特征趋势性变化并未及时地、有效地传导至农业供给侧，进而引导供给侧调整生产，提高农业供给体系的质量和效率，确保农产品供给数量充足，确保供给的品种和质量契合需求侧对优质农产品的消费转型需求，真正形成结构合理、保障有力的农产品有效供给。而实践中却是供给侧基于小农经济惯性思维的影响导致偏离消费需求的产品泛滥，或者没有对接市场需求而兀自基于偏好发展生产，导致适销对路的优质农产品大量短缺。种种迹象表明，现阶段供给侧偏低的有效供给能力，致使需求侧消费满足率低下，供需结构性矛盾突出，制约着农业产业的持续健康发展。

当前，农业产业农产品供求结构失衡、要素配置不合理、资源环境压力大、农民收入持续增长乏力等问题突出，同时产量与品质、成本攀升与价格低迷、库存高企与销售不畅、小生产与大市场、国内外价格倒挂等矛盾此起彼伏，甚至盘根错节交互影响。这一背景下，着力推进农业供给侧结构性调整，确保农产品供给数量更充分，品种和质量更契合消费者需求，真正形成结构更加合理、保障更加有力的有效供给，实现农产品由低水平供需平衡向高水平供需平衡跃升，成为应对农产品消费结构升级的必由之路，从而显示出实施农业供给侧结构性调整的必然性及加大农业供给侧结构性调整的急迫性。

第三节　农业供给侧结构性调整目标

经过 40 年的快速发展，我国农业成就举世瞩目，不仅养活了十几亿中国人，而且对世界农业发展也做出了积极贡献，但基于以数量型为主的发展方式长期大量存在，导致农业产业积累了一些结构性的、体制性的、素质性的及认知性的突出矛盾和问题，如农业库存高企、成本攀升、效益滑坡、基础设施落后等问题，但毫无疑问这些问题只是供给侧的表征而非问题诱致的实质，而基于制度滞后与缺失并存、技术创新有待全面加强、劳动力整体素质偏低、土地流动难度加大、资本增量不够且存量未盘活[①]等要素生产率不高以及配置结构不合理才是问题背后的驱动因素。

正如 2017 年中央 1 号文件所指出的："推进农业供给侧结构性改革是一个长期过程，处理好政府和市场关系、协调好各方面利益、面临许多重大考验。"根本地，农业供给侧结构性调整"要在确保国家粮食安全的基础上，紧紧围绕市场需求变化，以增加农民收入、保障有效供给为主要目标，以提高农业供

---

① 江维国，李立清. 我国农业供给侧问题及改革 [J]. 广东财经大学学报，2016（10）：87-88.

质量为主攻方向①，以体制改革和机制创新为根本途径，优化农业产业体系、生产体系、经营体系，提高土地产出率、资源利用率、劳动生产率，促进农业农村发展由过度依赖资源消耗、主要满足量的需求，向追求绿色生态可持续、更加注重满足质的需求转变"。由此可见，农业供给侧结构性调整目标的达成是一项系统工程，具有问题解决与目标实现的长期性和过程性，非简单地消减库存，或者政策性地平抑成本，抑或突击兴建一批水利工程即可化解，实则供给侧问题的解决需要引入系统治理思维，必须从近期目标实现与远景目标达成两个方面下决心着力推进农业经济结构性改革，而找准国内外供给市场上的定位。进一步地，既要突出发展社会生产力又要注重完善农业生产关系，既要发展生产又要注重环境资源保护，既要着眼当前又要立足长远，才能使农业供给体系更适应需求结构的变化，实现农产品由低水平供需平衡向高水平供需平衡跃升，构建更高质量更高匹配水平的供需内稳态，以确保农业产业发展环境持续向好、粮食生产能力不降低、农民增收势头不逆转、农村稳定不出问题。

一、近期目标：去库存、降成本、补短板

面对"农业的主要矛盾由总量不足转变为结构性矛盾，突出表现为阶段性供过于求和供给不足并存，矛盾的主要方面在供给侧"的现实问题，2015年12月中央农村工作会议提出，必须顺应新形势新要求，坚持问题导向，调整工作重心，深入推进农业供给侧结构性改革，即要着力加强农业供给侧结构性改革，高度重视去库存、降成本、补短板，进而提高农业供给体系质量和效率，使农产品供给数量充足、品种和质量契合消费者需要，真正形成结构合理、保障有力的农产品有效供给。会议强调，要通过采取加快消化过大的农产品库存量，加快粮食加工转化等方式去库存，通过发展适度规模经营、减少化肥农药不合理使用、开展社会化服务等方式降成本，通过加强农业基础设施等农业供给的薄弱环节建设力度，及增加市场紧缺农产品的生产补短板，进而推动粮经饲统筹、农林牧渔结合、种养加一体、一二三产业融合发展，这表明近期农业供给侧结构性调整的目标，着眼于破解供给侧表征问题，并渐次过渡到提高农业供给体系质量和效率，使农产品供给数量充足、品种和质量契合消费者需要，真正形成结构合理、保障有力的农产品有效供给等根本性长远目标的解决。

1. 去库存：消化过大的农产品库存。叶圣陶先生创作的短篇小说《多收了三五斗》讲述了旧中国农民在洋米大量进入中国市场、米行垄断市场背景下

---

① 程传兴. 从粮食短缺到国人粮仓 [N]. 河南日报，2018 - 11 - 21.

只能以极低价格粜米的场景，其深刻揭露了旧中国农民的悲惨命运。仅从供给与需求层面分析，小说还揭示了贱谷伤农的经济现象，即市场上农产品供给大于消费需求则价格将面临下降，若市场价格下降幅度大于丰年农民产量增收幅度，则农民丰年经济收入将不增反降。这种规律在市场化的今天可能对产业化农民的影响更为显著。

　　2015 年 12 月 8 日，国家统计局 2015 年粮食产量公告显示，2015 年我国粮食产量达到 6 214.5 亿千克，再度丰产丰收实现"十二连增"。而当年 10 月 8 日国家粮食局发布《国家粮食局办公室关于切实做好 2015 年秋粮收购和秋季安全储粮工作并开展专项检查的通知》，连用两个"前所未有"来形容当前粮食储存形势："目前，我国粮食库存达到新高，各类粮油仓储企业储存的粮食数量之大前所未有，储存在露天和简易存储设施中的国家政策性粮食数量之多也前所未有。"资料显示，近年来随着粮食丰产高产以及临时储存收购政策的实施，尽管每年三大品种（稻谷、小麦、玉米）消费量在 9 000 亿斤左右，但是我国三大主粮仅政策性库存数量就高达 2.43 亿吨左右（截至 2015 年 4 月数据）。一边是粮食产量的连年丰收，一边则是粮仓收储压力的节节攀升，进一步暴露出我国粮食库存高企居高不下的严峻态势。姜长云统计数据更进一步揭示了我国粮食库存量形势的严峻性，"2014 年，稻谷、小麦、玉米分别产大于需 1 523 万吨、371 万吨和 3 366.6 万吨，占其当年产量的 7.4%、0.3% 和 15.6%，共 5 260.6 万吨。2015 年粮食较上年增产 2.4%，其中稻谷、小麦和玉米分别增产 0.8%、3.2% 和 4.1%，但需求量均较上年减少，产大于需规模继续扩大"。[①] 可以预见，随着丰产高产的连年增长及收储政策的持续托底，在产业结构未能实现根本性调整的情况下，我国粮食库存高企将成为常态。其影响有两方面：一方面，高库存在 14 亿人口的中国具有极高的现实意义，毕竟手中有粮心中不慌，中国人的饭碗必须端在自己人手上，而且饭碗内必须是中国人自己生产的粮。但另一方面，高库存也存隐忧，稍不留神库存之优势将反转为高企之危机。达通管理咨询有限公司首席顾问董鹏将这种库存高企的危险比作"堰塞湖"，认为高库存虽然可以较好地保证粮食供给，但也带来了许多副作用和较大的危险，也是粮食不安全的一种表现。董鹏进一步分析认为高库存具有五方面副作用：一是粮食品质下降，损耗严重；二是储存费用增加，国家财政负担加重；三是卖方市场压力加大；四是仓容不足矛盾突出，超正常建库将导致大量浪费；五是粮食库存管理难度增加[②]。一言以蔽之，库存高企物极则必反。

---

① 姜长云．关于解决当前粮食库存问题的思考 [DB/OL]．人民网，2016 - 07 - 28.
② 董鹏．粮食高库存之反思 [J]．黑龙江粮食，2015 (12)：16.

面对粮食库存高企，2015年中央农村工作会议开出了解决"药方"，即着力加强农业供给侧结构性调整，提高农业供给体系质量和效率，使农产品供给数量充足、品种和质量契合消费者需要，真正形成结构合理、保障有力的农产品有效供给。言下之意，农业供给侧结构性调整当下目标之一是加快消化过大的农产品库存量，努力实现粮食供求总量与品种的平衡。那么，在有效需求不能及时化解库存的情况下，如何消解高悬之"堰塞湖"，实现供求总量与品种的平衡？一方面，我们要加快粮食加工转化能力建设，充分发挥粮食加工业一头连着收储一头连着销售的优势，在整个粮食物能流通链条上构建起以粮食加工转化为引擎的、集产购储加销为一体的优化闭合解决路径，进而高效释放粮食经济活力，大力推动粮食产业经济发展，加速实现粮食行业转型升级。根本上，破解粮食库存高企的治本之策还在于农业供给侧结构性改革，通过农业结构性调整（一保，即保口粮保谷物；一减，即减少非玉米优势；一增，即恢复增加优质食用大豆；一稳，即稳定粮油糖自给水平）促进农业生产由以数量为主转向数量、质量并重，更加注重效益，注重市场导向，更好满足消费者需求，进而促进一二三产业融合互动，提高农业发展的质量和效益，以此实现粮食供求总量与品种的平衡，最终意义上去库存。

2. 降成本：发展适度规模经营。 众所周知，我国粮食产量"十二连增"的实现是有代价的，其中受分散小农生产，土地租金、劳动力成本和种子、肥料、农药等投入要素价格暴涨因子的推动，一些农产品生产成本"地板"越来越高（2006—2013年，稻谷、小麦、玉米三种粮食每亩平均总成本由445元上升到1 026元，增长了1.3倍，比产值增长率高出47个百分点，成本上升的速度超过产值上升的速度，直接压缩了粮食生产的利润空间。8年间，三种粮食亩平均净利润竟然从155元降低到73元。三种主粮中，稻谷的收益稍高一些，2013年稻谷亩均净利润为155元，玉米为78元，小麦居然亏13元，而大豆、棉花的亩均净利润分别为34元、－215元[①]），甚至超过了美国、巴西、澳大利亚等凯恩斯高度组织化大农场的1/3～1/2，其后果导致一些大宗农产品价格高于关税配额内的进口价格，国际农产品价格对国内价格显现出价格"天花板"的封顶效应。因此，随着农业生产成本"地板"的不断抬升，及农产品价格"天花板"的牢固封顶，我国农产品价格倒挂现象明显，农业产业整体面临着成本"地板"和价格"天花板"的双重挤压。贾晋等以稻谷为例通过与泰国大米的比较直观地呈现了我国粮食生产价格高企的态势：2004年，我国中晚籼稻的最低收购价格为1.44元/千克，泰国大米离岸价格为2.32元/千克，按每千克稻谷折合0.7千克大米计算，泰国稻谷价格为1.62元/千克。

---

① 张云华. 读懂中国农业［M］. 上海：上海远东出版社，2015：133-134.

到了 2013 年，泰国稻谷为 1.96 元/千克，我国中晚籼稻的最低收购价格为 2.70 元/千克[①]。数据显示，国内籼稻价格从 2004 年的 1.44 元/千克持续上升至 2013 年的 2.70 元/千克，9 年间上涨了 1.26 元/千克，而泰国籼稻同期仅上涨 0.34 元/千克，国内籼稻价格上涨幅度是泰国籼稻的 3.7 倍。2014 年我国稻谷、小麦、玉米、棉花、大豆每吨生产成本比美国分别高出了 39%、14.8%、112%、35.6% 和 103.3%[②]。一系列数据显示，不仅国内籼稻价格倒挂趋势性变化明显，而且国际稻谷价格对国内稻谷价格显现出牢固的封顶效应。国内农产品价格之所以倒挂于国际市场，除了国外农业发达国家农业的专业化与机械化程度高、成熟而强有力的农业补贴和支持政策等外因外，更主要的原因还在于国内农业生产成本的"地板"刚性抬升，诸如农业劳动力价格、土地流转费、农机作业费等全面持续快速上涨，而以土地碎片化为特征的小农经济阻碍规模化农业生产，进而无法从根本上消减生产成本的现状则是国内价格倒挂——价格"天花板"牢固封顶的决定性因素。

毫无疑问，以土地碎片化为表征的小农经济造成诸如农机作业困难而推高作业成本，造成土地分散而流转成本增加，造成承包户各自为政而失去对农资价格谈判的筹码，造成隐性成本累积放大为显性成本全面持续快速上涨。农业供给侧结构性调整不仅着眼于农业产业数量结构的调整，更着眼于农业产业质量效益的调整，因此降低农业生产成本切实提高农业效益和竞争力，成为农业供给侧结构性调整的重点任务之一，降成本成为农业供给侧结构性调整的重要方向。

农业成本居高不下的主要因素在于小农经济。既然矛盾的主要方面找到了就应该且必须精准聚焦，多点发力破解小农经济问题，即通过发展适度规模经营扩大农业生产规模创造规模效益。为此，2015 年底召开的中央农村工作会议高瞻远瞩地将"发展适度规模经营"作为降低生产成本、提高农业效益和竞争力的法宝，个中蕴含着党中央、国务院对现阶段农业生产成本居高不下本质清醒的认识。

3. 补短板：增加紧缺农产品生产。 国家统计局公布的数据显示，2015 年全国粮食总产量为 62 143.5 万吨，同比增长 2.4%，连续 3 年稳定在 1.2 万亿斤以上，中国粮食产量历史性地实现"十二连增"。但 2016 年 3 月 6 日，时任全国政协常委、经济委员会副主任陈锡文在全国政协举行的记者会上表示，

---

① 贾晋，申云. 农业供给侧改革：基于微观视角的经济学分析 [M]. 成都：西南财经大学出版社，2016.

② 农业部农村经济研究中心课题组. 农业供给侧结构性改革：难点与对策 [M]. 北京：中国农业出版社，2017：11.

2015 年中国粮食总需求为 12 800 亿斤以上，总产量与总需求量相减大约有 400 亿斤的需求缺口，接近 2 000 万吨。另据海关总署月度统计数据显示，2016 年 5 月中国进口小麦 439 108 吨，比上年同期增长 19.42%；进口大豆 766 万吨，进口金额 29.58 亿美元；进口玉米 1 036 856 吨，比上年同期大幅增长 156.72%；进口玉米酒糟粕（DDGs）197 000 吨……据张云华综合估算，我国进口农产品相当于进口 7 亿亩耕地，占中国耕地面积的 1/3[①]。令人费解的是：一边是粮食高产丰收达到 62 143.5 万吨，一边是全年进口粮食高达 1.2 万吨，而另一边却是粮食库存量居高不下堪称海量，仅玉米一项库存就高达 1.5 万吨，我国粮食出现生产量、进口量和库存量"三量齐增"的怪现象。通过分析可知，在需求基本恒定的情况下，一国粮食产量既然不断增长，进口量就不该保持高位，如果进口量不断增长，那么库存就不可能出现积压，毕竟高库存下无须增加进口。那么缘何边高产、边进口、边积压？除了粮食临储政策等因素外，"高产不能高用唯有高存"之现象更进一步折射出农业供给侧对接市场需求效率低下的严峻问题，表现出现阶段农业产业结构的不合理性，及现阶段农业产业发展方式的非科学性。换言之，"三量齐增"表明我国粮食虽然实现了高产，但是并没有优产而高质量发展，表现为某些农产品尽管产量高，但是鉴于农产品品质欠佳之因满足不了加工业的需求而不得不依赖进口，而某些农产品则受制于国际农产品价格低廉所形成的价格倒挂而彻底失去了竞争优势致其产能日益萎缩，综合表现出农产品品种数量的结构失衡及品种质量的结构失衡……进而形成基于价格倒挂、品质低下、产能不足等因素的农业生产短板。这一背景下，需要我国农业产业精准识别农业短板，为何致短，进而凝练补短板的策略。

2015 年中央农村工作会议强调，农业补短板，既要补数量短板（增加市场紧缺农产品的生产，保障农产品数量充足），又要补质量短板（要从过去数量为先转到质量、数量并重上来，要在质量安全上满足市场的需要），还要补竞争力短板（通过数量及质量短板的补齐发力提升农产品竞争力），推进农产品由低水平供需平衡向高水平供需平衡跃升。

二、远景目标：创新、协调、绿色、开放、共享

党的十八届五中全会分析认为，"十三五"时期我国发展的环境、条件、任务、要求等都发生了新的变化，到 2020 年全面建成小康社会，实现"两个一百年"奋斗目标的第一个百年奋斗目标，基于这一新变化必须要有新理念、新思路、新举措来认识新常态、适应新常态、引领新常态，才能保持经济社会

---

① 张云华. 读懂中国农业［M］. 上海：上海远东出版社，2015：26.

持续健康的发展。这一形势下，会议高瞻远瞩地提出了创新、协调、绿色、开放、共享的发展理念，要求全党全国人民以发展理念转变引领发展方式转变，以发展方式转变推动发展质量和效益提升。

理念是行动的先导，正确的行动必须有正确的理念来引领。农业供给侧结构性调整是国民经济的基础，在推动和实现全面建成小康社会的过程中毫无疑问必须深度贯彻创新、协调、绿色、开放、共享的发展理念。因为新发展理念是针对我国经济发展进入新常态、世界经济复苏低迷形势所提出的治本之策，集中反映了我们党对经济社会发展规律认识的深化，能切实引领和推动我国经济发展，不断开创经济发展新局面。作为国民经济的重要部门，农业经济面临着结构不合理、供给需求不匹配、农业综合效能低下等一系列问题，这是农业领域发展过程中遭遇的新常态新问题，农业供给侧结构性调整坚持新发展理念无疑理之所然。正如温铁军所指出的："党的十八届五中全会提出的创新、协调、绿色、开放、共享的发展理念，为我们以新的发展理念破解'三农'难题、推动'三农'发展提供了新的机遇。我们要以创新理念激发'三农'发展动力，以协调理念补齐'三农'发展短板，以绿色理念引导'三农'发展方向，以开放理念拓展'三农'发展空间，以共享理念增进农民福祉[①]。"借此，农业供给侧结构性调整必须以创新、协调、绿色、开放、共享为远景目标，构建起置于世界农业发展体系中仍具有竞争力的、高质量的、生态化的农业生产与经营体系。

其中，创新注重解决农业产业发展动力的问题，是农业供给侧结构性调整的动力源，实践中必须着力推进农业供给创新、农业科技创新、农业机制体制创新，加快实施藏粮于地、藏粮于技战略和创新驱动发展战略，培育供给侧结构性调整更可持续的增长动力，因此要将创新发展的动力引导至农业产业全产业链，不断推进农业制度的创新、农业科技的创新、高素质农民培养的创新、农村金融服务的创新，形成有利于进一步释放农村生产力的创新发展环境。

协调注重解决农业发展不平衡的问题，是农业供给侧结构性调整的内在要求，在"三去一降一补"工作中必须树立全面统筹的系统观，着力推进产业融合、区域统筹、主体协同，加快形成农业产业内部协调及与经济社会发展水平和资源环境承载力相适应的农业产业布局，促进农业供给水平由低水平供需平衡向高水平供需平衡跃升，因此必须将协调发展的机理内嵌农业经济，塑造要素有序自由流动、主体功能约束有效、基本公共服务均等、资源环境可承载的区域协调发展新格局。

绿色注重解决农业发展与环境保护的问题，是农业供给侧结构性调整的重

---

① 温铁军. 中国农业的生态化转型：社会化生态农业理论与实践［M］. 中国农业出版社，2017：1.

要目标，必须牢固树立绿水青山就是金山银山的理念，不断推进农业产业发展绿色化，补齐生态建设和质量安全短板，实现资源要素利用高效、生态系统运行稳定、产地环境保护良好、产品质量可靠安全，因此必须将绿色发展的基因根植于农业农村农民生产生活的方方面面，促进农业产业的生态发展、绿色发展，创造巨大的生态效益、经济效益和社会效益，形成人与自然和谐发展的农业现代化建设新格局。

开放注重解决农业产业发展内外联动的问题，这是农业供给侧结构性调整的必由之路，必须坚持双向开放、合作共赢、共同发展，着力加强农业与二、三产业对外合作，同时要统筹协调好国内国际两种资源、两个市场，特别是要利用好"一带一路"契机积极走向世界播种现代农业文明，提升农业对外开放层次和水平，因此必须将开放发展的思想导入对"三农"问题的破解，以大开放的格局和视野来审视制约"三农"发展所面临的资源要素的禁锢、体制机制的缺陷、循环经济的不配套……寻找破解村庄凋零与荒芜、环境资源污染与搁置、社会服务需求与被需求所形成的"三农"之"困"，探索出一条基于开放发展思想的更有效解决"三农"发展深层次矛盾的破局之路。

共享注重解决"三农"公平正义问题，是供给侧结构性调整的本质要求及终极目标，在结构性改革过程中要坚持改革及发展为了人民、改革与发展依靠人民，促进农民收入持续增长，着力构建机会更加公平、服务更加均等、成果更加普惠的农业发展新体制，让农民生活得更有尊严、更加体面，因此必须将共享发展的理念厚植"三农"。首先农业内部形成推动粮经饲统筹、农林牧渔结合、种养加一体、一二三产业融合发展的资源共享机制；其次要形成区域间、城乡间资源、资金、技术、人才、管理等现代要素向农业、农村、农民流动的新格局；最后要在小农户、种养大户、家庭农场、农民专业合作社、农业龙头企业等新型农业经营主体或服务主体间形成发展共享的利益链接模式，实现合作共赢。

习近平总书记在参加十二届全国人大四次会议湖南代表团审议时指出：新形势下，农业主要矛盾已经由总量不足转变为结构性矛盾，主要表现为阶段性的供过于求和供给不足并存。推进农业供给侧结构性改革，提高农业综合效益和竞争力，是当前和今后一个时期我国农业政策改革与完善的主要方向[①]。这不仅鲜明地提出了新时期我国农业发展的战略思路，更确立了我国农业改革的主要方向。在这一思想的指引下，2017 年、2018 年中央农村工作会议均对农业供给侧结构性改革进行靶向动态部署，其中 2017 年提出"坚持把推进农业

供给侧结构性改革作为主线，加快推进农业农村现代化"。其工作重点必须深化农业供给侧结构性调整，走质量兴农之路。坚持质量兴农、绿色兴农，实施质量兴农战略，加快推进农业由增产导向转向提质导向，夯实农业生产能力基础，确保国家粮食安全，构建农村一二三产业融合发展体系，积极培育新型农业经营主体，促进小农户和现代农业发展有机衔接，推进"互联网＋现代农业"加快构建现代农业产业体系、生产体系、经营体系，不断提高农业创新力、竞争力和全要素生产率，加快实现由农业大国向农业强国转变；特别是在中央经济工作会议提出的"巩固、增强、提升、畅通"八字方针指导下，2018年中央农村工作会议进一步提出要毫不放松粮食生产，深化农业供给侧结构性改革，夯实粮食生产能力和农业基础，突出优质、特色、绿色等调整优化农业结构（如实施大豆振兴计划、食用油提能提质计划、奶业振兴计划等），在去库存、降成本、补短板成果巩固，微观农业经营主体活力增强，三产融合发展产业链水平提升，国民经济循环畅通等方面构建了精准化的政策供给体系，这也成为当前和今后一个时期深化农业供给侧结构性调整、推动农业经济高质量发展的基本遵循。

第二章　长江经济带概况

　　长江（Yangtze River）是中华民族的母亲河，发源于"世界屋脊"——青藏高原的唐古拉山脉各拉丹冬峰西南侧，全长 6 300 多千米，横跨我国东部、中部和西部三大经济区，共计 11 个省、自治区、市，区内流域面积 1 782 715 平方千米，是仅次于尼罗河、亚马孙河的世界第三大河流，是货运量全球位列第一的内河黄金水道。

　　在悠久的华夏文明史中，长江被视为炎黄子孙的母亲河，表征为发育并繁荣了诸多古代文明，如长江中上游的三星堆文化、宝墩文化、十二桥文化、金沙文化、彭头山文化、城背溪文化、大溪文化、屈家岭文化、石家河文化、盘龙商城文化，下游的河姆渡文化、马家浜文化、崧泽文化、良渚文化、马桥文化、湖熟文化、罗家角文化、青莲岗文化等，这些古文明依凭长江充沛的水资源、丰富的物种多样性、适宜的环境气候之天然庇护而生息繁衍，形成了中华文明的重要分支——长江文明。其中以"稻作文明"（浙江余姚河姆渡发现了距今 7 000 年左右的水稻遗存，湖南澧县彭头山发现了距今 8 000 年左右的水稻遗存，浙江永康湖西遗址发现了距今 9 000 年的水稻遗存，更甚者湖南玉蟾岩发现了距今 10 000 年前的水稻遗存）为主体的"农业文明"影响最为深远，不仅对中华文明的构建起着重大作用，并深远地影响着东亚文明乃至世界文明。据不完全统计，长江流域及其以南地区在五六千年前已普遍种植水稻，流域发现的稻作遗址达 46 处[①]，高度发达的"稻作文明"不仅与中华先民勤劳、智慧有关，还与长江流域的适宜气候条件及良好的生态环境有密切关系。凭借天时地利条件，先民火耕水耨种植水稻，过着农耕兼渔猎采集的生活，并渐次在与"黄河文明"等中国各大区域文明相互融合中逐渐产生了中华文明，共建了中华文明五千年历史辉煌。甚至可以讲，中华文明的源远流长及生生不息在某种程度上源于长江流域适宜稻作的天时地利环境。时至今日，长江流域依然是我国重要的粮食主产区，对稳增长并端牢国人饭碗发挥着无可替代的作用。

　　长江经济带是依托长江资源禀赋而着力打造的中国经济新的支撑带。从龙头之浙上、龙腰之两湖及龙尾之川渝，长江经济带覆盖上海、江苏、浙江、安

---

　　① 梁家勉. 中国农业科学技术史稿［M］. 北京：农业出版社，1989：18.

徽、江西、湖北、湖南、重庆、四川、云南及贵州共计9省2市，所属国土面积205万平方千米，占全国土地面积的1/5，区域人口6亿人左右，占全国总人口的43.7%，区域国内生产总值为25.95万亿元，占全国总产值的45.6%。基于其横跨东中西三大区域的独特优势，及其丰富的资源禀赋，长江经济带在我国新一轮改革开放转型实施新区域开放开发战略背景下，在发展成为我国综合实力最强、战略支撑作用最大的区域之一的同时，已成为具有全球影响力的内河经济带，东中西互动合作的协调发展带，沿海沿江沿边全面推进的对内对外开放带，也是"共抓大保护，不搞大开发"之生态文明建设先行示范带。

第一节 长江经济带发展战略历程简述

为构建区域经济发展开放型新体制和机制，赋予长江流域新内涵新动力，2012年党中央、国务院根据国内外新形势、新问题和新挑战，高瞻远瞩地提出了长江经济带发展战略。这一战略的重大意义不仅有助于中西部地区积极有序对接沿海产业形成新的经济支撑带，而且对实现"两个一百年"奋斗目标、实现中华民族伟大复兴的中国梦具有重要支撑作用。

长江干流横贯东西，支流众多，流域广阔，水量丰沛，中下游地区常年无冰冻，是闻名世界的"黄金水道"。如何进一步发挥黄金水道作用，如何进一步发挥其巨大的潜力和综合优势，自1985年"七五"计划提出"加快长江中游沿岸地区的开发，大力发展同东部、西部的横向经济联系"以来，围绕赋能长江黄金水道的战略举措和布局所产生的促进区域经济社会快速发展效能日益显著，特别是2012年长江经济带正式被定位为国家重点发展战略区域后，长江经济带迎来了历史最好发展时期。2013年7月21日，习近平总书记在湖北考察时提出"长江流域要加强合作，发挥内河航运作用，把全流域打造成黄金水道"。2013年9月21日，李克强总理在国家发改委呈报件上批示："沿海、沿江先行开发，再向内陆地区梯度推进，这是区域经济发展的重要规律。请有关方面抓紧落实，深入调研形成指导意见，依托长江这条横贯东西的黄金水道，带动中上游腹地发展，促进中西部地区有序承接沿海产业转移，打造中国经济新的支撑带。"2014年4月25日，中共中央政治局会议提出"推动京津冀协同发展和长江经济带发展"，同年9月25日，国务院公布了《国务院关于依托黄金水道推动长江经济带发展的指导意见》和《长江经济带综合立体交通走廊规划（2014—2020年）》两个文件，至此长江经济带正式上升为国家重大区域发展战略。

党的十八大以来，以习近平同志为核心的党中央把生态文明建设摆在改革发展和现代化建设全局的位置，坚定贯彻新发展理念，不断深化生态文明体制改革……开创了生态文明建设和环境保护新局面①。长江经济带推动形成绿色发展方式和生活方式更是被提高到了事关国家与民族发展的层面。2016 年 1月 5 日，习近平总书记在重庆召开的推动长江经济带发展座谈会上强调，长江是中华民族的母亲河，也是中华民族发展的重要支撑。推动长江经济带发展必须从中华民族长远利益考虑，走生态优先、绿色发展之路，使绿水青山产生巨大生态效益、经济效益、社会效益，使母亲河永葆生机活力。在绿色发展理念指引下，长江经济带必须坚持走绿色发展道路，加快构建尊崇自然、绿色发展的生态体系，形成节约资源和保护环境的空间格局、产业结构、生产方式、生活方式，把经济活动、人的行为限制在自然资源和生态环境能够承受的限度内，即"当前和今后相当长一个时期，要把修复长江生态环境摆在压倒性位置，共抓大保护，不搞大开发（习近平，2016）"。在绿色发展理念指引下，2016 年 9 月，《长江经济带发展规划纲要》（以下简称《纲要》）正式印发。《纲要》明确提出："要把保护和修复长江生态环境摆在首要位置，共抓大保护，不搞大开发，全面落实主体功能区规划，明确生态功能分区，划定生态保护红线、水资源开发利用红线和水功能区限制纳污红线，强化水质跨界断面考核，推动协同治理，严格保护一江清水，努力建成上中下游相协调、人与自然相和谐的绿色生态廊道。"进一步地，2018 年 4 月 26 日，习近平总书记在武汉召开的深入推动长江经济带发展座谈会上强调，推动长江经济带发展需要正确把握五个关系：一是正确把握整体推进和重点突破的关系，全面做好长江生态环境保护修复工作；二是正确把握生态环境保护和经济发展的关系，探索协同推进生态优先和绿色发展新路子；三是正确把握总体谋划和久久为功的关系，坚定不移地将一张蓝图干到底；四是正确把握破除旧动能和培育新动能的关系，推动长江经济带建设现代化经济体系；五是正确把握自身发展和协同发展的关系，努力将长江经济带打造成为有机融合的高效经济体。五个关系的提出不仅进一步为长江经济带发展指明了发展路向，而且进一步指出绿色发展是新发展方式构建的动力源泉。

综上，长江经济带既要高质量发展，建设现代化经济体系，更要绿色发展，建立健全绿色低碳循环发展经济体系，以确保长江经济带统筹山水林田湖草系统，让长江经济带绿水青山变成金山银山，让长江经济带天更蓝、山更绿、水更清、环境更美，大踏步进入生态文明新时代。

---

① 中共中央宣传部．习近平新时代中国特色社会主义思想三十讲［M］．北京：学习出版社，2018：242.

第二节　长江经济带资源禀赋概况

长江经济带覆盖上海、江苏、浙江、安徽、江西、湖北、湖南、重庆、四川、云南及贵州11个省市，面积约205万平方千米，人口和生产总值均超过全国的40%。长江经济带总体上归属长江流域，区域属于亚热带季风气候区，区内气候温暖湿润，河网密布水系发达，年降水量800～1 600毫米，无霜期210～300天，日平均气温大于等于10℃，积温4 500～5 600℃，日照时数2 000～2 300小时，农业生产所需的光、热、水、土等自然条件优越，长期以来是我国重要的农业生产区域，是棉油糖、肉蛋奶、果菜茶、水产品等重要农产品丰产丰收，及粮食生产"十二连增"重要贡献区域，更是水热资源丰富、河网密布、水系发达的传统鱼米之乡，不仅对我国经济社会发展贡献力显著，而且对世界经济的发展也形成了极具重要的支撑。

一、总体资源概况

长江经济带幅员辽阔，地形地貌丰富，自然资源优越，特别是依托长江这一得天独厚的资源禀赋形成了特色鲜明的比较综合优势：一是交通便捷，内河黄金水道区位优势明显。长江经济带横贯我国腹心地带，经济腹地广阔，不仅将东、中、西三大地带连接起来，而且还与京沪、京九、京广、皖赣、焦柳等南北铁路干线交汇，具有承东启西、接南济北而通江达海的区域比较优势，是我国经济社会发展资源要素流动的大通道，更是比较优势明显的内河黄金要道。二是资源优势显著。经济带不仅具有极其丰沛的淡水资源，而且拥有储量大、种类多的矿产资源，还拥有闻名遐迩的众多旅游资源和丰富的农业生物资源，且可持续开发潜力巨大（2011—2015年长江经济带农林牧渔业总产值占全国农业总产值的比重保持在40%左右，2015年长江经济带水稻、马铃薯、油菜、柑橘、猪肉等优势农产品产量规模均占全国一半以上），对国内外市场供给能力持续增强。三是产业优势。长江经济带历来是我国最重要的工业走廊之一，是钢铁、汽车、电子、石化等现代工业集散地，区域聚集了一大批高耗能、大运量、高科技的工业行业和特大型企业，经济社会发展支撑力强。此外，大农业的基础地位也居全国之首，沿江9省2市粮棉油产量占全国40%以上，对消费市场的支撑能力显著。四是人力资源优势。区域人力资源丰富，产业发展后备军资源丰富且优势明显，随着改革开放的深度发展，长江经济带已成为全国著名的人才流入高地，聚集人力智力优势于一体。

二、农业资源概况

农业资源是指自然资源和社会经济资源联系到农业利用的那一部分，是农业自然资源和农业社会经济资源的总称。农业自然资源包含农业生产可以利用的自然环境要素，如土地资源、水资源、气候资源和生物资源等。农业经济资源是指直接或间接对农业生产发挥作用的社会经济因素和社会生产成果，如农业人口和劳动力的数量、质量，农业技术装备，包括交通运输、通信、文教和卫生等农业基础设施等[①]。从龙头之上海、龙腰之湖北及龙尾之川渝，在宏大的空间尺度上，长江经济带形成了既有大城市带动而形成的现代化都市农业，也有区域特色的高原农业、山地农业，既有资本密集、市场导向的外向型农业，也有劳动力密集、生存导向的农业[②]，更有诸如成都平原农业以及因长江冲积而形成的江汉平原农业、长江中下游平原农业类型。长江经济带丰富的农业类型源于区域资源禀赋的多样性，因为农业生产过程是动植物与其所处环境之间进行物能交换及转化的过程，生长环境具备何种类型及其物能丰富程度的供给，决定着动植物种类的生长及其生产量的高低，进而衍生出不同类型的农业，这表明环境及其所属的资源是农业生产的必要条件，农业生产只有依附一定的资源环境才能生生不息。因此考察长江经济带农业生产发展情况首先需要对区域农业资源环境有全面的认识，进而才能对区域农业产业构建精准的认知。本文综合国内外对农业资源的不同划分方法，依据动植物生长、发育和繁衍全生命周期所必须要素来考察长江经济农业资源环境情况，即主要从土地资源（耕地、园地、林地、草地、水域及水利设施用地等）、水资源（地表水、地下水、土壤水等）、气候资源（阳光、空气、温度、雨水等）、劳动力资源（体力、智力等）、资本资源（货币资本、物资资本）、管理资源（技术、经营）六个方面加以分类梳理考察。

1. 土地资源。土地既是万物生存的载体，又是物能储藏、供给、交换及转化的介质，也是人类社会发展的基础，更是农业生产活动的依托。在农业生产实践中，没有土地资源就没有农业生产，因为土地资源不仅是劳动对象，而且本身又是不可替代的最好、最重要的劳动资源，故而土地资源在农业生产众多要素中是第一位的。对农业生产具有决定性的作用，二者的关系恰如"皮之不存，毛将焉附"。

根据国家标准化管理委员会 2007 年发布的《土地利用现状分类》标准，及农业生产实际，本研究所称之土地资源主要指"耕地""园地""林地""草

---

① 黄云. 农业资源利用与管理［M］. 北京：中国林业出版社，2010.
② 靖学青. 长江经济带产业发展与结构转型［M］. 上海：上海社会科学院出版社，2015.

地""水域及水利设施用地"五个方面，并将以此为切入点梳理长江经济带农业生产土地资源储备情况（表2-1）。

表2-1　长江经济带土地资源情况统计

省（市）	耕地（万亩）	园地（万亩）	林地（万亩）	草地（万亩）	水域（万亩）
重庆	3 657.60	416.30	5 687.50	501.60	402.30
四川	10 080	1 150	33 303	18 348	1 546
云南	9 365.84	2 480.50	34 603.92	4 542.39	1 005.93
贵州	6 844	237	13 513	2 447	367
湖南	6 202.50	1 030.70	18 444.70	735.40	2 294.80
湖北	7 984.50	745.80	12 997.35	441.30	3 117.90
江西	4 633.70	501.70	15 633.80	455.10	1 910.60
安徽	8 860.60	534.30	5 671.10	121.20	2 789.10
浙江	2 980.03	943.52	8 530.94	155.76	1 289.53
江苏	6 932.60	481.10	396.00	66.40	4 708.80
上海	284.64	26.98	75.91	2.46	412.38
合计	67 826.01	8 547.90	148 857.22	27 816.61	19 844.34
全国总量	203 077	22 218	380 925	430 970	64 036
占全国比重	33.40%	38.47%	39.08%	6.45%	30.99%

数据来源：依据第二次全国土地调查主要数据成果进行统计。

　　统计结果显示，长江经济带土地资源类型众多且禀赋丰裕，除草地面积保有量偏低外，耕地、园地、林地、水域用地均占全国各项类别总量的30%以上，这为区域发展农林牧渔业提供了极其有利的资源条件。另据辜寄蓉等基于地理国情普查数据研究表明，长江经济带大部分区域（除上海市、重庆市主城区）可利用土地资源较丰富，其中丰富、较丰富区域占74.38%，而缺乏和较缺乏区域仅占2.68%[①]。这说明长江经济带区域内可利用土地资源总体比较丰富，农业生产开发潜力较大。进一步地鉴于土地资源自然特性的有限性、固定性，及经济特性的稀缺性、地域性所形成的区域土地资源禀赋，加之长江这条世界第三大河流经年累月冲积所造就的土质疏松及肥沃禀赋，

---

①　辜寄蓉，唐伟，郝建明，等．长江经济带资源禀赋现状分析：基于地理国情普查［J］．中国国土资源经济，2017（7）：48.

相对于其他地区而言长江经济带丰裕的土地资源蕴含着巨大的生产力，对农业、林业、牧业、渔业不同作业方式的适宜性及其程度具有显著的比较优势，对推动区域粮经饲统筹、农林牧渔结合、种养加一体、一二三产业融合发展，形成区域农业全链条、全循环、高质量、高效益模式的构建提供了农业生产生活的基地和场地，更为动植物生存发展提供了源源不断的物能供给。

2. 水资源。水是大自然最基本元素之一，是万物生生不息灵动的源泉。对生命体而言，水不仅是最重要的组成部分（生物体的含水量一般为 $60\%\sim80\%$，水母、蝌蚪等个别生物甚至可达到 90% 以上），而且承担着养分分解与输送、新陈代谢、平衡体温等作用。其作用主要有"水是原生质的组成部分""水是代谢过程中的反应物质""水是植物吸收和运输无机物和有机物的溶剂""水分能保持植物的固有姿态""水是植物从土壤中吸收水分、养分的重要动力，也是维持 CO_2 进入植物体内的重要物质""水对环境温度的变化有缓冲作用"[①]。简而言之，在山水林田湖草系统中，水是生态系统各个组分实现物质循环利用、能量多级传递的介质，就农业生产而言，水决定着生物生产力、作物产量、植被类型、生物种类及整个农业产业结构，是影响农业丰收及歉收乃至绝收的关键要素。

水丰草才能美，水穷山也尽。因此评价一个地区是否适宜农业生产，水要素至关重要。据全国水利发展统计公报显示，2012 年全国总用水量 6 131.2 亿立方米，其中农业用水 3 902.5 亿立方米，占总用水量的 63.6%，与 2010 年相比农业用水量增加 119.9 亿立方米；2013 年全国总用水量 6 183.4 亿立方米，其中农业用水 3 921.5 亿立方米，占总用水量的 63.4%，与 2012 年比较增加了 19.0 亿立方米；2014 年全国总用水量 6 095 亿立方米，农业用水 3 869 亿立方米，占总用水量的 63.5%，较 2013 年减少 53 亿立方米[②]。以此观之，在喷灌、滴灌、微喷灌及渗灌等节水技术及其高效节水模式尚未实现农业生产全覆盖，或者大面积覆盖的背景下，水资源供给的丰与歉影响并决定着农业生产的丰与歉。因此，我国当下农业生产要立足于对水资源的需求性特点，一方面要大力开展节水灌溉技术的研发及推广，另一方面要因地制宜于地区水资源的丰歉情况选择适合的农业生产类型及模式。

本研究在综合大量数据资料的基础上，系统梳理了长江经济带 9 省 2 市水资源储备情况，相关数据如表 2 - 2 所示。

---

① 董宽虎，沈益新. 饲草生产学 [M]. 北京：中国农业出版社，2016：24.

② 数据来源于中华人民共和国水利部的《2012 年全国水利发展统计公报》《2013 年全国水利发展统计公报》《2014 年全国水利发展统计公报》。

表 2 - 2 长江经济带水资源情况统计①

省（市）及项目	总量（亿立方米）	地表水（亿立方米）	地下水（亿立方米）
重庆	642.6	642.6	121.8
四川	2 557.7	2 556.5	606.2
云南	1 726.6	1 726.6	558.4
贵州	1 213.1	1 213.1	294.4
湖南	1 799.4	1 791.5	434.1
湖北	914.3	885.9	282.0
江西	1 631.8	1 613.3	397.2
安徽	778.5	712.9	178.9
浙江	1 132.1	1 118.2	231.8
江苏	399.3	296.4	118.9
上海	47.1	40.1	10.0
合计	12 842.5	12 597.1	3 233.7
全国总量	27 266.9	26 263.9	7 745.0
占全国比重	47%	48%	42%

数据来源：依据第二次水资源评价数据制作。

统计数据显示，长江经济带水资源总量为 12 842.5 亿立方米，其中地表水为 12 597.1 亿立方米，地下水为 3 233.7 亿立方米，加上长江 9 857 亿立方米年径流量源源不断的补给，长江经济带水资源累计达 22 699.5 亿立方米（2014 年），接近同期全国 27 266.9 亿立方米总量水平，发展农业生产得天独厚的优势显著。

3. 气候资源。气候资源是进行农业生产规划与布局的前提和基础，因包括光照、气温等气象要素在内的农业气候条件是农业生产的限制因子，起着促进或者制约的作用。故而每种农业生物的生长发育具有一个最适的气候条件阈值，只有处在农业生物可利用范围内的气候条件才能成为农业生产的气候资源，以此为基础才能形成不同的农业生物类型。

李勇等在刊发于《应用生态学报》2010 年第 11 期上题为《长江中下游地区农业气候资源时空变化特征》一文中连续引述影响因子靠前刊物文章表述气

---

① 国家统计局．中国统计年鉴 2015 [M]．北京：中国统计出版社，2015.

候与农业生产的关系：气候是农业生产的最主要限制因子[①]；温度、降水、风速和 CO_2 浓度等的变化直接影响作物生产力[②]；气候变暖将加速作物生长、改变光周期、增加呼吸消耗[③]；中国是农业大国，农业生产对气候变化非常敏感[④]。足见，气候对农业生产实践起着促进或者抑制的作用，是生物生长发育的关键生态影响因子，决定着区域种植、养殖业的类型及主要农产品的产出。如基于温度、光照、风向的不同，我国从南至北、由东到西形成了种植业、养殖业区域优势明显的四大地理区域农业生产类型：如北方地区种植业发达，冬小麦、棉花、花生、玉米、大豆、高粱及甜菜等农产品闻名遐迩；南方地区受季风气候影响，水稻、淡水鱼、蚕丝、甘蔗及柑橘等农产品丰富；西北地区是全国重要的畜牧业基地，以灌溉农业为主，作物有小麦、水稻、棉花、瓜果、甜菜及长绒棉等；青藏地区是一独特的地理单元，畜牧业和河谷农业发达，牦牛、藏绵羊及藏山羊等畜牧产品丰富。再如美国东北区和湖区适宜牧草、饲料作物生长，大陆性温带阔叶林气候明显的阿巴拉契亚山区适宜烟草、花生种植，热带森林气候明显的东南部地区是农业主产区，气候温和且土质肥沃的三角洲地区适宜种植大豆、水稻和棉花，而高海拔的西部山区以牧业和山地农业见长……

农业气候资源是进行农业生产规划与布局的前提和基础[⑤]，而甄别遴选恰当和准确的农业气候指标作为衡量农业气候条件作用农业生物利弊程度的量度，进而以此描述农业气候要素与农业对象之间的关系则成为农业生产首先需要考量的问题。基于此，长江经济带农业气候资源则是流域进行农业生产规划与布局的前提和基础，不仅决定着流域农业生产规划与布局，而且是农产品收获之丰抑或歉收的最重要影响因子。

众所周知，在食物链水平上动物以植物为食获取物质及能量，植物通过光合作用获取物质及能量，而光、二氧化碳、氧气及水则是植物光合作用机制及其生命代谢活动实现的基本要素。鉴于对某一地区二氧化碳、氧气浓度值的测度较为困难，加之现有数据资料缺乏等情况，因此在考察长江流域植

① KANG Y H, KHAN S H, MA X Y. Climate change impacts on crop yield, crop water productivity and food security-A review [J]. Progress in Natural Science, 2009 (19)：1665 - 1674.

② MOONEN A C, ERCOLI L, MARIOTTI M, et al. Climate change in Italy indicated by agrometeorological indices over 122 years [J]. Agricultural and Forest Meteorology, 2002 (111)：13 - 27.

③ MO X G, LIU Z H, et al. Regional crop yield, water consumption and water use efficiency and their responses to climate change in the North Plain [J]. Agriculture, Ecosystems and Environment, 2009 (134)：67 - 78.

④ WANG F T, ZHAO Z C, WANG S L, et al. The Impact of Climate change on Agroecologe [M]. Beijing：China Meteorological Press, 2003.

⑤ 黄云. 农业资源利用与管理 [M]. 北京：中国林业出版社，2010.

物光合作用过程中二氧化碳、氧气参与作用之地区总量情况时，将采取植被覆盖率这一指标反向推导流域二氧化碳、氧气浓度情况，以此测度推导长江经济带农业气候资源禀赋情况，探明流域农业气候资源作用农业生物利弊程度的关系。另外，植被覆盖率通常是指森林面积占土地总面积之比，在统计分析时一般将森林覆盖率作为绿化水平的重要指标，间接地考察地区森林覆盖情况可以便捷反映出该地区植被覆盖情况。基于此，本研究将通过对长江经济带森林覆盖情况的考察，间接得出流域植被覆盖率（绿度），进而反映区域供给光合作用要素的情况，推导出流域农业生物对区域气候条件的适应性。

下面，本研究将选取光照时长、温度、植被覆盖率（水要素在上文已提及）作为长江经济带农业气候资源禀赋情况的统计分析对象，系统考察流域农业生产气候资源的优劣。

光合作用是"地球上最重要的化学反应"，它是绿色植物和蓝细菌利用光能将二氧化碳和水合成有机物并释放氧气的过程[①]。因此，在其他条件（如水、二氧化碳供应量、温度、光照强度等）一致的情况下，光照时间越长意味着绿色植物和蓝细菌积累有机物越多，反向推导即光照时长与光合作用具有重要关联性。表 2-3 统计数据表明，长江经济带 9 省 2 市年均光照时长最短为 1 000 小时，最长为 2 503 小时，显示 9 省 2 市光照资源丰富，绿色植物、蓝细菌捕获光能转化生成化学能的概率较国内其他地区具有明显的优势。另外，长江经济带总体上属亚热带季风性湿润气候区，表 2-3 统计显示流域最高年均气温 19.6℃，最低 11.6℃，年平均温度在 15℃ 左右。农业生物生命活动只能在适宜的温度条件下生长发育，过高或者过低的温度变化将抑制其生长甚至导致其死亡。玉米、水稻、小麦三大作物生长发育不同时期对温度变化情况阈值表明，长江经济带各省市基本处于大田作物最适温度范围。表 2-4 统计显示，长江经济带 9 省 2 市森林总面积 8 466.02 万公顷，占全国总量的 40.76%。其中云南、江西、浙江 3 省森林覆盖率超过该省土地面积的 50%，重庆、四川、贵州、湖南、湖北超过该省土地面积的 30%，森林覆盖率最低的是上海，为 10.74%，就全国范围而言，上海 10.74% 的水平也超过了天津、青海、新疆森林覆盖率。由此可见，长江经济带植被覆盖率（绿度）类比全国其他地区而言资源禀赋丰硕，进而可以综合推导出流域光合作用参与要素丰富，有利于植物进行光合作用进而制造有机物质的原料，流域气候资源适宜农业生物的生长发育。

---

① 张立新，彭连伟，林荣呈，等. 光合作用研究进展与前景［J］. 中国基础科学，2016（1）：13.

表 2-3　2014 年长江经济带气候资源统计

省（市）	光照（小时/年）	年均温度（℃）
重庆	1 000～1 200	18
四川	1 000～1 600	16
云南	2 100～2 300	15
贵州	1 200～1 600	16.4
湖南	1 300～1 800	16～18
湖北	1 100～2 150	15～17
江西	1 600～2 100	11.6～19.6
安徽	1 473～2 077	14～17
浙江	1 710～2 100	15～18
江苏	1 816～2 503	13～16
上海	1 789～2 211	17.4

数据来源：综合各省市政府门户网、农业厅网站、气象局网站资料形成。

表 2-4　2014 年长江经济带森林资源情况统计

省（市）	森林面积（万公顷）	森林覆盖率（%）
重庆	316.44	38.43
四川	1 703.74	35.22
云南	1 914.19	50.03
贵州	653.35	37.09
湖南	1 011.94	47.77
湖北	713.86	38.40
江西	1 001.81	60.01
安徽	380.42	27.53
浙江	601.36	59.07
江苏	162.10	15.80
上海	6.81	10.74
合计	8 466.02	/
全国	20 768.73	21.63

数据来源：《中国统计年鉴 2015》。

综合比对表 2-5 显示，我国玉米、水稻、小麦主产区分布广泛，其中 15 个玉米主产区中，隶属长江经济带范围的就有四川、重庆、云南、贵州及江苏

5个；15个水稻主产区中，隶属长江经济带范域的有江苏、浙江、湖南、湖北、江西、安徽、四川、重庆、云南及贵州共计10个，其中湖南、湖北、江西、安徽中部4省最为重要；14个小麦主产区中，隶属长江经济带范域的有江苏、安徽、湖北、四川、重庆及云南6个。比对统计显示，长江经济带9省2市农业气候资源丰富，气候类型多样，适宜的气候资源禀赋为流域农业生产发展创造了宝贵的基础条件，有利于发展农业生产。

表 2 - 5　我国 1979—2007 年三大作物主产区分布

作物	主产区	所属长江经济带省市
玉米	东北 3 省：吉林、辽宁、黑龙江；东部 3 省：山东、河北、江苏；西部 7 省：四川、重庆、内蒙古、陕西、云南、贵州、新疆；中部 2 省：河南、陕西	四川、重庆、云南、贵州、江苏
水稻	东部 4 省：江苏、广东、浙江、福建；中部 4 省：湖南、湖北、江西、安徽；西部 5 省：四川、重庆、广西、云南、贵州；东北 2 省：黑龙江、辽宁	江苏、浙江、湖南、湖北、江西、安徽、四川、重庆、云南、贵州
小麦	东部 3 省：山东、河北、江苏；中部 4 省：河南、安徽、湖北、山西；西部 6 省：四川、重庆、陕西、甘肃、内蒙古、云南；东北 1 省：黑龙江	江苏、安徽、湖北、四川、重庆、云南

数据来源：依据《中国农村统计年鉴 2015》《中国统计年鉴 2015》数据进行统计。

4. 劳动力资源。劳动力是最具能动性和决定性的生产要素之一，是农业产业最为关键的发展要素，表征为劳动力数量的多寡及素质的高低影响并决定着生产要素中人要素与物要素的结合程度，进而关乎劳动物化的数量与质量，即劳动产品的丰裕程度及品质的高低。在传统农业向现代化农业迈进的当下，农业产业既需要数量充足的劳动力维系传统农耕精华，更需要大量具备科学知识的"新农人"吐故纳新给农业生产注入科学的基因，以推进农业现代化建设进程的加快实现，特别是在乡村振兴背景下，更需要一大批既会经营又懂管理的高素质农民融入农业生产一线，形成乡村振兴强大的人才支撑。因此，考察长江经济带9省2市农业生产劳动资源禀赋情况必须从劳动力数量及质量两个层面加以考量，才能较为科学合理地探明流域劳动力情况。借此，本研究依据《中国农村统计年鉴 2015》统计数据制作了长江经济带9省2市乡村人口及比重分布情况统计表。

表 2 - 6 显示，截至 2014 年长江经济带乡村人口合计 26 736 万人，占全国总人口的 20％，占全国乡村人口总数的 43％。经济带劳动力文化状况方面，按照 2012 年平均每百个劳动力中受教育程度百分比计算，经济带大专及大专以上乡村劳动为 783.4 万人，中专程度文化者为 711.1 万人，高中文化程度

者为 2 673.6 万人，三项合计 4 168.1 万人，占流域乡村总人口的 15.5%，鉴于 2012 年统计百分比已过去 6 年有余，按照大专三年制本科四年制计算预估，加之农业供给侧结构性改革、精准扶贫及乡村振兴等一系列国家政策的引导，截至 2018 年长江经济带乡村人口高中以上文化程度者大抵不会低于 5 000 万人。可见长江经济带无论人口总量还是质量均具有显著的比较优势，对推进传统农业向现代农业发展转型具有明显的劳动力资源禀赋优势。总体而言，长江经济带农村和农业生产中集聚了大量劳动力资源，这一资源禀赋将为经济带农业现代化生态化发展提供富足的人力资源保障。

表 2 - 6   2014 年长江经济带乡村人口分布情况统计

省（市）	乡村人口（万人）	占总人口比重（%）
重庆	1 209	40.4
四川	4 371	53.7
云南	2 747	58.3
贵州	2 104	60.0
湖南	3 417	50.7
湖北	2 578	44.3
江西	2 261	49.8
安徽	3 093	50.9
浙江	1 935	35.1
江苏	2 769	34.8
上海	252	10.4
合计	26 736	20（11 省市人口/全国总人口）

数据来源：《中国农村统计年鉴 2015》。

5. 资本资源。我国传统农业正在向现代农业、知识农业加快转变，在这一过程中，投入到农业产业相关领域以增殖为目的的货币及实物资产，对农业产业要素现代性内涵的诠释与外延价值的提升，对农村一二三产业的融合发展具有不可或缺的作用。尤其是在农业产业发展基础相对薄弱，加之产业发展面广、产业规模较大，进而对农业资本投入需求量巨大的当下，要推动农业产业发展转型升级，实现传统农业发展方式与现代农业发展方式的新旧更迭演替，给农业产业注入丰富的资本资源是提高农业产业系统竞争力的基石，甚至具有决定性的助推作用。

长江经济带农业产业既有资本资源禀赋丰硕的且发展成熟的现代农业样本，也有处于资本资源偏好盲区进而缺失外力助推的传统农业类型，但总体而

言长江经济带农业产业发展资本注入与同期国内其他省市相比略微靠前。表
2-7统计显示，在2014年长江经济带农村住户固定资产投资情况中，关于农
林牧渔业的投资合计为632.6亿元，占区域总投资4 790.6亿元的13.2%，占
全国农林牧渔业1 999.8亿元的31.6%。而针对主要农业机械拥有量的调查统
计显示，区域农业机械总动力为36 713.9万千瓦，占全国总量的33.9%，表
明区域资本投资农业的偏好较之其他区域正呈现较好的发展态势。此外，国家
财政对"三农"的支持政策构建起了"三驾马车"的格局，即主要针对大型水
利设施公共产品的支持，以财政补贴、财政贴息、以奖代补、配套投入为内容
的小范围公共产品建设支持，及以灾害补贴、贫困农民生活补贴等为内容的财
政直接补贴。进一步地，随着《国务院关于依托黄金水道推动长江经济带发展
的指导意见》《长江经济带综合立体交通走廊规划（2014—2020年）》《长江经
济带创新驱动产业转型升级方案》《长江经济带发展规划纲要》等文件的出台，
及农业农村优先发展乡村振兴战略的推进，长江经济带正成为国家政策响应及
财政资金投放的热土，加之社会资本对农村投资热潮的方兴未艾，资源要素导
向农村趋势性变化明显，长江经济带农业资本资源蓄水池效应正加快形成，区
域农业产业的发展正应着外生动力的聚集，形成农业农村优先发展的资源优
势，助力区域农业产业转型升级。

表2-7　2014年长江经济带农村住户固定资产投资情况统计

省（市）	总投资（亿元）	农林牧渔业（亿元）
重庆	144.6	21.2
四川	656.4	65.9
云南	424.7	72.2
贵州	247.3	36.5
湖南	694.4	80.7
湖北	473.6	76.2
江西	432.9	43.4
安徽	619.3	125.0
浙江	708.0	41.5
江苏	385.9	69.9
上海	3.5	0.1
合计	4 790.6	632.6

数据来源：《中国农村统计年鉴2015》。

6. 管理资源（技术、经营）。2016年习近平总书记在重庆首次国内考察时

强调，长江经济带农业产业结构去库存、降成本、补短板必须坚持生态优先、绿色发展的理念，即要始终"共抓大保护，不搞大开发"。基于此，长江经济带农业产业必须从源头上解决点面源污染问题，始终坚持生态优先与产业发展的双协同，进而推动流域农业产业实现农业生态环境恶化趋势总体得到遏制的目标，形成发展环境友好型农业的样板，就必须推动粮经饲统筹、农林牧渔结合、种养加一体、一二三产业融合发展。具体而言，就是要推进农业产业从外延扩张型增长方式向内涵开发型增长方式转变，进而生产适销对路的农产品，满足市场的需求，最大化区域"三农"经济效益，最终构建一条全链条、全循环、高质量、高效益的发展道路。而这一目标的达成，需要现代化生态化技术于生产经营环节的导入，需要循环农业、生态农业理论、技术及模式于生产环节的有机架构，需要现代农业技术、科学技术与传统农业精华的巧妙结合，需要现代经营管理理念、技术、方法于农业生产环节、流通环节、加工环节、销售环节全程导入，才能切实推动区域农业生态发展、绿色发展，持续提升区域农业的生产力。

因此，基于生产技术与经营战略为内容的管理资源是农业产业发展的内生动力，更是持续推动长江经济带农业产业结构转型升级的必由之路。纵观长江经济带9省2市农业产业管理资源要素，本研究认为现代农业发展优势区域（东部沿海先导农业区及直辖市、省会城市等大城市郊区）管理要素配置渐趋合理，而重庆、贵州等山地农业传统农业类型地区鉴于"互联网＋农业"等技术的推广，农业产业导入管理资源的意识及实践趋势性变化明显，特别是特色农产品拥抱互联网构建线上线下销售网络渠道的步伐正加速前进。

可以预见，随着全国农业现代化推进步伐的加快，长江经济带农业发达地区导入现代管理资源的频度及力度将进一步加快实现，而欠发达地区基于生态及资源禀赋的优势也将创造出新的农业产业管理业态，持续推动区域农业产业的提档升级亦指日可待。

三、长江经济带农业供给侧现状

（一）长江经济带农业产业结构演进情况

较之国内其他地区，相对优越的光、热、水、土等自然资源使长江经济带成为中国最重要的农业生产区域之一，为解决近14亿中国人的吃饭问题做出了巨大贡献。自家庭联产承包责任制实施以来，长江经济带9省2市农业产业结构历经调整，总体上看调整力度优于国内同期其他地区。朱英明、姚士谋分阶段论述了1978—1998年20年间长江经济带农业产业发展情况，并总结性描述了各个时段农业产业的结构性特点和产值结构特点（表2-8）。

表2-8 1978—1998年长江经济带（云南、贵州除外）
农业产业结构及产值结构变化情况

1978—1984年	就种植业结构而言，粮食作物播种面积下降，经济及饲料作物播种面积变化不大并略有下降，粮食与经饲作物播种面积比例呈波状下降趋势，就农林牧渔业产值结构而言，农业、牧业下降，林业、渔业上升
1985—1988年	就种植业结构而言，粮食与经饲作物播种面积比例呈波状和缓上升趋势，其产值比例则呈波状下降之势，就农林牧渔业产值结构而言，农业、林业呈和缓下降趋势，渔业呈和缓上升趋势，而牧业则呈波状上升之势
1989—1991年	就种植业结构而言，粮食与经饲作物播种面积比例呈波状和缓下降趋势，其产值比例则呈不规则的抛物线形。就农林牧渔产值而言，农业逐渐上升，林业、渔业平缓上升，牧业波状下降
1992—1994年	就种植业结构而言，粮食与经饲作物播种面积比例呈波状下降，其产值比例则呈波状上升之势。就农林牧渔业产值结构而言，农业、林业平缓上升，牧业、渔业平缓下降
1995—1998年	就种植业结构而言，粮食与经饲作物播种面积比例略呈下降之势，产值比例呈上升之势。就农林牧渔业产值结构而言，农业平缓下降，林业略为下降，牧业、渔业略为上升

其研究结果表明，长江经济带农业产业结构在1978—1998年20年间主要呈现以下几个特征：一是种植业内部结构不断调整，但合理的种植业结构尚未形成；二是农林牧渔业结构调整取得一定成效，但具有粗放性、掠夺性特点；三是农业生产尤其粮食生产的整体波动性减弱，但近（后）期又有增强趋势；四是粮食生产仍然相对薄弱，增加粮田播种面积方能促进农业健康协调发展；五是现状土地经营规划偏小，适度规模经营的潜力较大[①]。总体而论，长江经济带农作物种植业播种面积与产值结构中粮食作物所占比重持续下降，而经饲作物所占比重呈持续上升态势，2000—2014年14年间这一变化格局基本稳定，农业结构调整持续推进，非粮型主要农产品生产功能尤为突出，显示长江经济带结构调整力度大于同期水平。

2015年我国粮食总产量达6.21亿吨，已连续3年超过6亿吨，并实现了"十二连增"，与此同时我国临储玉米总库存超过2.7亿吨，即便是2016—2017年我国玉米产量为零，国储库存量也能够满足我国一年的玉米消费。此外近5年来大豆进口量连年增长居高不下，5年统算对外依存度高达83.8%。其中，2015年我国大豆进口8 169万吨，算上食用油及谷物，

---

① 朱英明，姚士谋. 长江经济带农业发展的特征研究 [J]. 地理学与国土研究，1998 (8)：33-36.

中国粮食进口超过 1.2 亿吨。同期，临储稻谷库存庞大，小麦进口量持续增加，肉类进口加速增长，糖棉以配额外关税税率的进口增势强劲等情况明显……作为全国粮食生产的重要基地，在全国粮食"三高"矛盾突出背景下，长江经济带高产量、高进口和高库存问题更为明显，从一定程度上讲长江经济带粮食"三高"诱发并持续助涨了我国粮食生产量、进口量、库存量之"三量齐增"。

长江经济带主要农作物包括稻谷、小麦、玉米、豆类、薯类、棉花、油料、烟叶及水果等，养殖业主要有鸡、鸭、猪、牛、羊等禽畜。表 2-9 统计数据显示，长江经济带玉米播种面积在 2000—2014 年呈连年递增趋势，并于2014 年达到历史峰值 6 539.30 千公顷，产量高达 3 296.80 万吨，所种植面积占长江经济带耕地总面积的 14.46%，玉米产量是全国玉米总产量的 15.29%，截至 2016 年底全国临储玉米总库存超过 2.7 亿吨。与此同时，豆类种植面积在 2005 年达到 3 916.80 千公顷后持续萎缩，2014 年为 3 499.20 千公顷，较之 2005 年下降了 417.60 千公顷，种植面积仅为经济带耕地总面积的 7.73%，但产量却为全国产量的 39.55%。综合比较玉米、豆类种植面积及产量情况，不难发现在玉米库存量连年增加的背景下，长江经济带玉米种植面积及产量依然坚挺，而在大豆进口量急速攀升的背景下，尽管长江经济带豆类产量占全国总产量的 39.55%，但是种植面积却在逐年萎缩，两相比较显示出粮食生产的非科学性及非理性，表明长江经济带农业供给侧并未依据市场及消费需求组织农业生产，导致区域及全国范围内玉米及豆类供给与需求出现结构性矛盾。就全国范围而言，玉米临储存高企的压力需要调减播种面积 3 000 万亩以上，而市场紧缺的大豆面积则要增加 900 万亩以上，显示出种植结构调整的艰巨性。除此以外，表 2-9 统计数据进一步表明，长江经济带经济作物种植面积及禽畜养殖规模供需不匹配问题严峻，综合表现出有市场需求的农产品供给不足需大量进口，而市场需求不旺盛的农产品产量却连年缔造辉煌业绩：如肉类产量虽然在 2005 年、2010 年、2013 年、2014 年基本呈现递增的趋势，但是各年份产量占全国总产量的比重均低于 2000 年产量占全国总产量之比重，显示经济带肉类产量虽然逐年增加，但是历史地看产量削弱态势明显，其中猪肉、羊肉、奶类产量下降趋势性变化明显，特别是奶类产量占全国的比重由 2000 年的 14.21% 下降至 2014 年的 8.27%，下降了 5.94 个百分点。综合表明，库存量持续增加的农产品在长江经济带的种养规模及产量正逐步增加，而具有市场需求性的农产品却呈现逐渐萎缩态势。此表明长江经济带农产品生产、进口与储存的非理性行为比较严峻，凸显了经济带农业供给侧结构性改革的急迫性和任务的艰巨性。

另据王军民（2009）基于农业产业内部农业与非农产业结构比重视角的分

表2－9 长江经济带2000—2014年主要农产品播种面积、产量及产量占全国比重变化统计

种类	2000年 面积(千公顷)	2000年 产量(万吨)	2005年 面积(千公顷)	2005年 产量(万吨)	2010年 面积(千公顷)	2010年 产量(万吨)	2013年 面积(千公顷)	2013年 产量(万吨)	2014年 面积(千公顷)	2014年 产量(万吨)	产量占全国的比重(%) 2000年	2005年	2010年	2013年	2014年
粮食	37 389.40	20 679.00	41 597.88	20 019.00	41 830.18	21 345.00	42 635.80	22 483.00	42 836.00	23 023.90	44.74	41.36	39.06	37.35	37.93
谷物	35 040.60	18 264.00	32 777.30	17 563.00	33 867.78	19 238.00	34 543.30	20 204.00	34 663.80	20 688.90	45.07	41.06	38.76	36.55	37.12
稻谷	19 662.20	12 745.00	19 107.70	12 333.00	19 303.48	12 945.00	19 451.20	13 276.00	19 524.00	13 468.50	67.82	68.29	65.13	65.20	65.22
小麦	8 615.00	2 738.00	7 172.40	2 479.00	7 729.91	3 158.00	7 851.30	3 496.00	7 780.90	3 633.40	27.48	25.44	27.42	28.67	28.79
玉米	5 287.50	2 390.00	5 350.00	2 411.00	6 055.30	2 933.00	6 413.90	3 192.00	6 539.30	3 296.80	22.55	17.30	16.55	14.61	15.29
豆类	3 512.90	620.00	3 916.80	664.00	3 546.01	597.00	3 470.30	614.00	3 499.20	642.90	30.82	30.76	31.50	38.51	39.55
薯类	5 019.70	1 796.00	4 903.70	1 792.00	4 416.38	1 509.00	4 622.30	1 665.00	4 672.70	1 692.10	48.73	51.68	48.46	50.02	50.72
棉花	1 239.20	121.00	1 398.10	136.00	1 356.18	145.00	852.40	130.00	989.80	108.50	27.39	23.72	24.40	20.56	17.56
油料	8 016.00	405.00	7 494.00	1 451.00	7 465.74	1 444.00	7 537.40	1 588.00	7 673.90	1 625.00	28.05	47.15	44.69	45.14	46.33
烟叶	905.40	161.00	929.70	181.00	973.95	213.00	1 202.70	235.00	1 084.20	209.10	63.19	67.39	70.78	69.53	69.83
水果	2 061.70	1 331.00	2 594.40	4 356.00	3 179.67	5 865.00	3 599.87	6 909.00	3 747.60	7 244.80	21.38	27.02	27.41	27.53	27.71
肉类	/	2 704.00	/	3 275.00	/	3 458.00	/	3 714.00	/	3 809.90	44.15	42.29	43.62	43.51	43.76
猪肉	/	2 044.00	/	2 485.00	/	2 552.00	/	2 752.00	/	2 844.20	50.69	49.59	50.33	50.10	41.90
牛肉	/	118.00	/	153.00	/	146.00	/	158.00	/	166.50	22.23	21.56	22.30	23.48	24.16
羊肉	/	68.00	/	97.00	/	87.00	/	90.00	/	93.60	25.00	22.33	21.90	22.08	21.86
奶类	/	131.00	/	255.00	/	310.00	/	310.00	/	317.50	14.21	8.90	8.27	8.48	8.27
禽蛋	/	676.00	/	839.00	/	841.00	/	883.00	/	891.10	30.12	29.13	30.70	30.70	30.79
水产品	/	1 556.00	/	1 908.00	/	2 093.00	/	2 422.00	/	2 541.00	36.36	37.36	38.56	39.24	39.33
海水产品	/	514.00	/	531.00	/	530.00	/	607.00	/	634.70	20.23	18.70	18.94	19.34	19.26
淡水产品	/	1 042.00	/	1 377.00	/	1 563.00	/	1 815.00	/	1 906.30	59.91	60.69	60.70	59.83	60.22

注：此表依据《中国统计年鉴》《中国农村统计年鉴 2015》，及中华人民共和国国家统计局网站资料进行综合设计。

析表明，2004—2005 年长江经济带安徽、江西两省第一产业所占比重很大，产业结构呈现"一、二、三"结构，说明还处于发展的初期阶段，而湖北、湖南两省第二产业发展较快，产业结构呈现"二、一、三"结构，不过与发达国家农业产值与非农产值 1：4 的结构相比，两省农业产业结构还相对落后。借鉴王军民农业产业纵向结构考察的思路，本研究分析了 2014 年上述四省农业产业的结构情况，具体情况如表 2 - 10 所示。

表 2 - 10　2014 年长江经济带四省三产生产总值

地区	第一产业（亿元）	第二产业（亿元）	第三产业（亿元）
安徽	2 392.39	11 077.67	7 378.68
江西	1 683.72	8 247.93	5 782.98
湖北	3 176.89	12 852.40	11 349.93
湖南	3 148.75	12 482.06	11 406.51

注：此表依据《中国统计年鉴 2015》资料进行综合设计。

　　无论是张秀生关于农村产业结构发展"原始的农业产业结构阶段、半自给交换阶段、农村商品经济替代自然经济初期的产业结构阶段、农村商品经济完全替代自然经济的产业结构阶段、高度协调型的农村产业结构阶段"五阶段论的观点，还是刘朝明"初期阶段、量变阶段、质变阶段、高级阶段"四阶段论的观点，抑或者马晓河"起步阶段、初变阶段、递转阶段、发达阶段"四阶段论的观点，农业产业结构变迁及其在三产中的地位均呈现"Ⅲ＞Ⅱ＞Ⅰ"结构模型［如美国 2017 年 GDP 达到 19.39 万亿美元，其中第三产业增加值为 15.521 9 万亿美元，占美国 GDP 总量的 80.05%，而第二产业（工业，增加值为 3.659 3 万亿美元）占比为 18.87%，第一产业（农业，增加值为 0.173 4 万亿美元）占比仅有 0.89%］，换句话讲农业产业结构调整将随着农村经济全面的增长，农产品品种、数量、质量水平的显著提高，及农民生活水平迅速而全面的改善，而在国民经济中所占比重将逐渐让位于二、三产业。该序列下，尽管农业产业排序靠后，但其综合生产能力、综合效益及竞争力将得到前所未有的提升，对经济社会发展形成强大的支撑力。

　　表 2 - 10 揭示，安徽、江西、湖北、湖南渐次呈现这一变化趋势，表征为第二产业总值明显高于第一产业，但第三产业又明显滞后于第二产业，呈现"Ⅱ＞Ⅰ＞Ⅲ"的结构形态，表明具有发展结构的可改进性。其中安徽、江西二、三产业差距较大，湖南、湖北差距逐渐趋小。综上数据表明，截至 2014 年四省农业产值与非农产值依然偏低，农业的第三产业发展明显滞后，明显不利于多产融合互动发展，进一步揭示了农业供给侧结构不合理问题的存在。

长江经济带农业产业结构性调整，就是要围绕提高农业供给体系质量和效率，通过农业资源配置的优化而实现农业产业结构的优化、农业产品结构的优化、农业区域布局的优化，进而增强供给结构的适应性和灵活性，使供给更加契合市场需求，更有利于资源优势发挥和生态环境保护，形成产出高效、产品安全、资源节约、环境友好的农业供给体系，以提高农业质量效益和竞争力。因此经济带农业供给侧结构性调整的核心是通过对农产品结构的优化，实现产业结构的优化（形成区域分工合理、比较优势充分发挥的生产力布局）、业态结构的优化（推进一二三产业融合，拉动农业产加销全产业链条，推进一体化经营，整合产业链、共享价值链，以工补农、以商补农、以游补农，发展壮大新业态、新产业）、经营体系结构的优化（发展新型农业经营主体和服务主体，提高农业规模化经营水平）①。换个提法就是要去库存、降成本、补短板，使供给侧围绕消费者的需求进行生产，确保农产品供给数量更充分，品种和质量更契合消费者需求，真正形成结构更加合理、保障更加有力的有效供给，实现农产品由低水平供需平衡向高水平供需平衡跃升。具体而言，长江经济带农业供给侧结构性调整要实现以下三方面的任务：一是实现农业生产从资源配置型增长方式向资源再生型增长方式转变，从外延扩张型增长方式向内涵开发型增长方式转变，进而生产适销对路的农产品，满足市场的需求，最大化区域"三农"经济效益；二是推动流域粮经饲统筹、农林牧渔结合、种养加一体、一二三产业融合发展，形成区域农业全链条、全循环、高质量、高效益的样板模式；三是改变农业资源开发强度过大，利用方式粗放的状况，确保流域农业生态环境恶化趋势总体得到遏制，形成发展环境友好型农业的样板。

长江经济带粮食出现"三高"问题，主要原因还在于粮食生产结构的不均衡。长期以来，包括长江经济带9省2市在内的全国各省农业生产比较重视小麦、稻谷和玉米的生产，大豆生产相对被忽视而处于弱势地位并逐渐成为短板。除此以外，在以粮为纲背景下，需要整个社会不遗余力地将粮食生产放在突出位置的惯性使然，自然而然忽视了对水果、蔬菜、肉禽蛋鱼等农产品的生产，更忽视了对食品营养与卫生及农产品特色、标准、科技等元素的注入，进而盘根错节多元因素诱致供给侧生产与需求侧消费脱节，显示出加强长江经济带农业供给侧结构性调整的急迫性和重要性。

（二）长江经济带农业产业结构演进影响要素

基于区域农业生产资源禀赋的不同，以及地区消费市场对农产品需求的差

---

① 祝卫东．关于推进农业供给侧结构性改革的几个问题［EB/OL］．［2016－09－01］．http：//theory．people．com．cn．

异性，某一区域及国度农业产业结构不仅具有明显的地域差异性特征，而且适时处于阶段性的动态调整之中。因此，影响农业产业结构演进的因素很多，如作为先决条件的生产力水平、作为前提条件的消费水平、作为基础条件的地理环境、作为内在条件的劳动力、作为基本条件的资金、作为劳动力条件的市场及科学技术等，归纳起来主要为需求、供给及产业政策三大因素①。据此，本研究将从供给侧、需求侧及产业政策三个维度分析影响长江经济带农业产业结构演进的内生动力及外在推力，以期解码经济带农业产业结构性调整的关键影响因子。

1. 需求侧：消费需求变化诱导农业产业结构演进。 2016 年 11 月 26 日在博鳌召开的"2016 中国农业机械化论坛"上，时任农业部农村经济研究中心副主任陈良彪指出，我国农产品需求呈现出"小型化""特产化"和"精致化"三个趋势性变化特点。陈良彪进一步分析认为："小型化"趋势主要是由家庭规模的变化引起的；"特产化"是优质化的代名词，表征为对食品高品质和多样性需求的日益旺盛，强调农产品安全、卫生、营养等内涵要素的构建；"精致化"则是特产化的延伸，强调美观的外形、精美的包装等外在品质的表达。

近年来，随着人们生活水平的不断提高，城乡居民对高品质生活的追求越来越强烈，其中农产品消费需求正从"吃得饱"向"吃得好、吃得安全、吃得营养健康"快速转变，农产品消费绿色安全、有机营养、个性化与品牌化的认知正逐渐成为需求侧消费主流。这一背景下，长江经济带现代农业发展和农业产业结构调整应把握并顺应这一趋势，要依据消费需求"小型化""特产化"和"精致化"的变化需求调整农业产业结构，实现靶向精准。

然而，长期以来这种需求侧的趋势性变化并没有及时且有效地传导供给侧调整生产经营活动，进而引导供给侧调整生产，及精准靶向消费需求而提高农业供给体系的质量和效率，在确保农产品供给数量充足的基础上，实现供给的品种和质量契合需求侧对优质农产品的消费转型需求，真正形成结构合理、保障有力的农产品有效供给。而实践中却是供给侧基于小农经济惯性思维根深蒂固的影响致偏离消费需求的大路货泛滥，或者"任我行"式地没有对接市场需求而兀自基于偏好发展生产，导致适销对路的优质农产品大量短缺，进而衍生出粮食高产、高库存与高进口之"三高"齐增的悖论出现。种种迹象表明，现阶段供给侧偏低的有效供给能力，致使需求侧消费满足率低下，进而诱导供需结构性矛盾突出，并将最终为农业产业持续健康发展形成制约。

因此，当前长江经济带农业产业结构调整必须精准靶向消费市场的趋势性变化，着眼于如何进一步满足城乡居民对高品质生活的追求，精准靶向城乡居

---

① 王军民. 中部地区农业产业结构调整研究［M］. 武汉：中国地质大学出版社，2009：18.

民农产品消费需求从"吃得饱"向"吃得好、吃得安全、吃得营养健康"快速转变的新变化，注重产业结构数量及质量的调整，破解农业供给侧对接市场需求效率低下的严峻挑战，科学有效化解粮食高库存，及农业产业整体性面临的"成本价格"紧箍咒双重挤压严峻现实，扭转价格倒挂等一系列问题，进而在长江经济带山地农业资源环境硬约束的框架下，推动区域粮经饲统筹、农林牧渔结合、种养加一体、一二三产业融合发展，打造区域农业全链条、全循环、高质量、高效益的发展模式，推进供给侧结构调顺调优。基于此，长江经济带现代农业发展和农业产业结构调整应把握并顺应消费需求"小型化""特产化"和"精致化"的趋势变化，着眼于产业结构数量及质量的调整而作用农业产业结构，以打造结构合理且具备旺盛生命力的农业产业。

综上，需求侧趋势性变化的态势有效传达至供给侧，并基于数量及质量的有效调控而转化为内生动力目标的实现，方才能成为消费需求引导产业结构调整的有效因子。

2. 供给侧：农业供给侧自变量变化诱导农业产业结构演进。与需求侧间接作用农业产业结构调整所不同的是，供给侧与农业产业结构的调整是最直接的表达，其内生于自然资源禀赋、社会资源配给以及思想认知水平，因此供给侧影响农业产业结构的具体因素较多，如生产力发展水平、自然资源禀赋、劳动力状况、资金、科学技术、农业经营主体认知水平等方面。长江经济带是中国新一轮改革开放转型实施新区域开放开发的重大战略区域，是具有全球影响力的内河经济带，表征为经济带依托黄金水道推动东中西互动合作协调发展，其中上海、江苏、浙江3省整体上生产力发展水平就全国范围而言处于领先地位，对推动和进一步拉动中部及西部8省市生产力发展水平有积极意义，换言之中西部8省市受惠于东部3省市相对发达生产力水平利导牵引，将进一步凝聚并形成区域生产力整体提升的发展优势，促进区域包括农业产业在内的生产力发展水平显著提升。可见，长江经济带农业产业结构将受惠于相对发达的生产力牵引而日趋合理化。上述已论及长江经济带发展农业产业自然资源天赋异禀，表征为土地肥沃、沃野千里，气候整体上属于亚热带季风气候，区域热量充足，生长季长，为经济带农业产业的发展提供了优越发展条件。此外，长江经济带劳动力充沛，农业产业发展资金涌入增长态势喜人，农业科学技术作用农业生产趋势性变化明显，加之近年来国家不断强化农业经营主体科学文化知识的普及教育，经济带对"老农"知识体系的改造，对"新农"有效的吸引，对"知农"多元化的引进效能优于国内其他地区，表征为高素质农民人才聚集高地的辐射效能正加快形成，即具备丰富农业生产实践经验和精耕细作传统经验的"老农"，志在沃野千里，且携带大量资金立志返乡创业的"新农"，接受过高等教育，有知识、有文化、有创新能力的"知农"等高素质农民数量及质量优于全国其他地区，经济带农业产业发展的综合区域优势明显增强，这些优势所聚集并辐射出的强大力量将有力促进区域农业产业生产力的发展，进而促进产业结构的良性调整。

3. 产业政策：系列利好政策构筑经济带农业产业结构调整政策基石。 自 2014 年 3 月 5 日，李克强总理在《2014 年政府工作报告》中首次提出"要依托黄金水道，建设长江经济带"始，国家层面先后出台了《国务院关于依托黄金水道推动长江经济带发展的指导意见》和《长江经济带综合立体交通走廊规划（2014—2020 年）》两个文件，将长江经济带提升到了新的发展战略层面。此外，习近平等党和国家领导人先后在多个场合指出：推动长江经济带发展必须从中华民族长远利益考虑，走生态优先、绿色发展之路，使绿水青山产生巨大生态效益、经济效益、社会效益，使母亲河永葆生机活力。并在此基础上依托长江黄金水道让长江经济带成为我国经济发展的新引擎，进而构建沿海与中西部地区良性互动的新格局，推动我国经济社会的快速持续发展。此外，区域 9 省 2 市先后制定、出台了相关配套政策，或者召开了推动经济带发展的工作会，部署了具体工作，从不同层面、角度对经济带农业产业进行扶持、保护和调整，进而整体上基本构建了宏观政策稳固、产业政策精准、微观政策鲜活、改革政策有力、社会政策托底的政策支撑体系，以切实瞄准农业供给侧结构性改革主线，适度扩大总需求，不断加强预期引导，提升预判风口能力，整合跨界协同，形成了经济带巨大的产业政策聚集效能。特别是十九大乡村振兴战略的提出及《乡村振兴战略规划（2018—2022 年）》阶段性目标任务的细化，为经济带进一步细化落实稳增长、促改革、调结构、惠民生、防风险等各项工作，全面促进经济平稳健康发展和社会和谐稳定夯实了政策基础。

第三章　长江经济带农业发展现状分类及评价

——基于农林牧渔业"量"与"质"的静态比较

中国是农业大国，农业产业历来被视为国民经济的基础，因此从本质上可以这样讲："一部中国经济的发展史，在很大程度上等同于一部中国农业经济的发展史。"中国农业经济发展的质量及水平在很大程度上决定着国民经济发展的质量及水平，尽管近年来农业产业在国民经济中的比重逐渐降低，甚至渐次让位于加工制造及服务业，但农业产业的基础作用依旧稳固，其所具有的经济社会发展支撑作用至少阶段性无可取代，换句话讲只有"做强一产"才能"做优二产做活三产"，即才可能"接二连三进四"。

就全国范围而言，受资源环境约束、劳动力成本抬升、市场竞争与博弈、农业科技应用水平低等多重因素盘根错节式的交互影响，我国农业供给侧有的农业部门产能过剩严重致粮食爆仓，而有的农业部门供给能力却严重滞后市场需求致粮食高进口连年屡创新高，表征为诸如低水平供给"卖难"、产业结构不合理"三量齐增"、农业内部产业间资源配置扭曲等问题突出。与之相对应的是，长江经济带农业供给侧同样存在上述问题，并基于其在整个农业产业中所占比重较大的缘故，长江经济带农业产业各方面问题集中诱发导致供给能力偏低的情况实则有过之而无不及。

据 2014 年农林牧渔业总产值统计数据显示，长江经济带之重庆 2014 年农林牧渔业总产值为 1 595.0 亿元，其中农业产值为 967.9 亿元，林业产值为 53.6 亿元，牧业产值为 486.4 亿元，渔业产值为 64.9 亿元；湖北农林牧渔业总产值为 5 452.8 亿元，其中农业产值为 2 761.7 亿元，林业产值为 157.0 亿元，牧业为 1 427.7 亿元，渔业为 844.2 亿元；江苏农林牧渔业总产值为 6 443.4 亿元，其中农业产值为 3 362.8 亿元，林业产值为 118.2 亿元，牧业为 1 182.7 亿元，渔业为 1 426.7 亿元。数据表明长江经济带农业产业结构尽管具有多元化的发展趋势，但是农业产业在农林牧渔业中所占比重依然保持着绝对的优势地位，其中重庆农业产值占农林牧渔业总产值的 60.7%，湖北农业产值占农林牧渔业产值的 50.6%，江苏农业产业产值占农林牧渔业总产值的 52.2%，三省产值均过总产值的一半，一方面印证了我国是农业大国的事实，但问题的关键还在于另一方面揭示了农业在整个农林牧渔业产业中所占份额过大的一面，其内生的不合理性显露无遗。另外，长江经济带"受区域自然禀赋与外部环境的影响，随着区域位置的内陆化延伸，农业发展约束不断放宽。牧业与林业的份额不断增大，与此相反，具有强约束的渔业，由于淡水资源分布问题，自东向西份额不断减少[①]"。毫无疑问，长江经济带制约农业产业发展影响因子的破除已经成为今后一个时期内必须攻克的重点任务，而推动农业发展方式的转变、结构形态的调整、发展空间的拓展则需要把脉经济带农业产业结构发展现状，进而方可基于现状发展水平的精准辨识而予以靶向调整。

第一节　长江经济带种植业结构分析

种植业不仅是农业的重要基础，而且为经济发展和改革大局提供了有力支撑，特别是在全面建成小康社会决胜阶段，种植业调整并优化其结构，全面提高发展质量，绝对保障国家粮食安全和重要农产品的有效供给起着压舱石的作用。进一步地，种植业能否支撑起经济发展和改革的大局，源于种植业内部结构的质量效益和竞争力，只有粮食作物、经济作物、蔬菜水果及其他作物在种植业内各部门所占的比重及其相互间的关系主次分明、协调统一，种植业与生俱有的支撑作用才能形成合力，才能支撑起经济社会快速而持续的发展。

一、种植业现状描述

"十二五"以来，我国先后建成了一批特色鲜明、布局集中的农产品优势产业带，如大豆优势带东北北部及黄淮海南部，小麦优势带黄淮海区域，棉花优势带新疆，玉米优势带则集中于东北和黄淮海区域，长江经济带也先后形成了水稻、油菜、糖料等优势农产品生产优势区，并闻名遐迩。农产品优势带建设充分高效整合并利用了优势区域农业自然资源禀赋，对农产品数量及质量的双重提升作用明显。但是一些区域传统种植习惯根深蒂固，加之农技推广缺失、市场要素配置或缺、观念认知革新滞后等原因，非对应农作物优势区执著于非优势农作物的种植，或者执著于非优势作物品系的种植，致区域农业结构不合理问题相当突出，并制约着区域农业产业及农业现代化发展的质量水平。

2014 年长江经济带 9 省 2 市农作物播种总面积 67 625.3×10³ 公顷，占全国农作物总播种面积的 40.87%；其中稻谷播种面积 19 524.00×10³ 公顷，占

---

① 靖学青. 长江经济带产业发展与结构转型［M］. 上海：上海社会科学院出版社，2015.

长江经济带农作物总播种面积的 28.87%；蔬菜播种面积 9 939.10×10³ 公顷，占长江经济带农作物播种总面积的 14.69%；玉米播种面积 6 539.30×10³ 公顷，占长江经济带农作物总播种面积的 9.67%；油菜籽播种面积 6 242.20×10³ 公顷，占长江经济带农作物总播种面积的 9.23%；薯类播种面积 4 672.70×10³ 公顷，占长江经济带农作物总播种面积的 6.90%；水果种植面积 3 747.60×10³ 公顷，占长江经济带农作物总播种面积的 5.54%；小麦播种面积 3 633.00×10³ 公顷，占长江经济带农作物总播种面积的 5.37%；豆类播种面积为 3 499.20×10³ 公顷，占长江经济带农作物总播种面积的 5.17%；其后分别是花生、烟叶、棉花、甘蔗及芝麻等。2014 年长江经济带农作物播种面积构成见表 3-1。

表 3-1　2014 年长江经济带主要农作物种植面积与全国水平比较统计

种类	长江经济带					全国	
	单一种植面积（×10³ 公顷）	农作物总种植面积（×10³ 公顷）	比重（%）	占全国单一种植面积的比重（%）	占全国农作物总种植面积比重（%）	单一种植面积（×10³ 公顷）	农作物总种植面积（×10³ 公顷）
稻谷	19 524.00	67 625.30	28.87	64.41	11.80	30 310.00	165 446.00
小麦	3 633.00		5.37	15.09	2.19	24 069.00	
玉米	6 539.30		9.67	17.61	3.95	37 123.00	
豆类	3 499.20		5.17	51.45	2.11	6 800.00	
薯类	4 672.70		6.90	52.26	2.82	8 940.00	
棉花	989.80		1.46	23.44	0.59	4 222.00	
油菜籽	6 242.20		9.23	82.26	3.77	7 588.00	
烟叶	1 084.20		1.60	78.62	0.65	1 379.00	
花生	1 189.40		1.76	25.83	0.71	4 604.00	
芝麻	203.20		0.30	47.36	0.12	429.00	
甘蔗	436.00		0.64	24.77	0.26	1 760.00	
水果	3 747.60		5.54	28.54	2.26	13 127.00	
蔬菜	9 939.10		14.69	46.43	6.00	21 405.00	

注：此表依据《中国统计年鉴 2015》《中国农村统计年鉴 2015》，及中华人民共和国国家统计局网站资料进行综合设计。

二、种植业分类比较

在"谷物基本自给，口粮绝对安全"原则指导下，《全国种植业结构调整规划（2016—2020 年）》提出了"稳面积与提品质并举，杂交稻与常规稻并重"的发展思路，到 2020 年全国水稻种植面积稳定在 4.5 亿亩，优质稻比例达到 80%。表 3-1 表明，2014 年长江经济带稻谷种植面积为 19 524.00×10³ 公顷，占长江经济带农作物总播种面积的 28.87%，远高于同期全国 18.32% 的结构水平，同时这一规模占到了全国比重的 64.41%，占全国主要农作物种植结构比重的 11.80%。可见长江经济带作为传统的鱼米之乡，水稻种植优势明显。"十三五"期间，长江经济带水稻种植在稳定既有数量规模的基础上，要进一步利用现代育种技术，加快常规稻品种提纯复壮，降低用种成本，发挥常规稻品质优势，提升种植效益。简言之，在稳定既有种植规模的基础上，长江经济带要切实强化水稻种植品质的提升，实现质与量的双协同发展。

表 3-1 显示，2014 年长江经济带玉米播种面积为 6 539.30×10³ 公顷，位列经济带主要农作物播种面积的第三位，是长江经济带 9 省 2 市农作物总播种面积的 9.67%，占全国玉米总播种面积的 17.61%，同时是全国农作物总播种面积的 3.95%。从前文已知，我国玉米优势产业带集中于东北和黄淮海区域，河网密布水系发达的长江经济带系水稻种植优势区域，但是长江经济带玉米种植面积却达到了 6 539.30×10³ 公顷，显示长江经济带没有依据区域农业生产自然资源禀赋种植诸如水稻、油菜等优势农产品，而是错位搭配种植了占区域农作物总播种面积 9.67% 比值的玉米，不仅造成区域及全国农业产业结构布局不合理，而且玉米作物产值仅为蔬菜产值的 3.95%，既浪费了大量人力物力财力，经济价值又偏低，更为严重的是进一步导致了全国玉米临储高库存的持续高企。因此"十三五"时期，区域玉米产业要按照"调减籽粒玉米，扩大青贮玉米，适当发展鲜食玉米"的原则优化玉米结构。

长江经济带豆类播种面积为 3 499.20×10³ 公顷，占区域农作物总播种面积的 5.17%，占全国农作物总播种面积的 2.11%，已知东北北部和黄淮海南部是大豆优势主产区，但长江经济带豆类播种面积却占到了全国豆类播种面积的 51.45%，一则显示出区域豆类种植面积越来越少，二则揭示了非优势主产区错位搭配豆类种植情况的严峻性，从侧面揭示了适当恢复大豆种植面积的必然性。

《全国种植业结构调整规划（2016—2020 年）》提出：稳定长江中下游主产区冬小麦，到 2020 年全国小麦面积稳定在 3.6 亿亩左右。作为稳定冬小麦的主产区，长江经济带无疑重任在肩。2014 年长江经济带小麦播种面积为 3 633.00×10³ 公顷，占区域农作物总播种面积的 5.37%，仅占全国水平的 1/3 左右（全国同期小麦在主要农作物种植结构中的比重为 14.55%），占比排名位列第七，占全国农作物总播种面积的 2.19%，同样位列第七，是全国小麦播种面积的 15.09%，则位列统计农作物倒数第一。数据显示出长江经济带小麦播种面积对应产业结构存在趋弱的一面。此外，区域高产优质的弱筋小麦播种面积过低，优良品系支撑小麦结构调整的力度需要进一步加强，显示区域小麦种植结构调整"稳定冬小麦、抓两头带中间"的急迫性。

新疆是棉花生产的优势产业带，到 2020 年规划播种面积稳定在 2 500 万亩作用，全国总面积稳定在 5 000 万亩左右，而表 3−1 显示 2014 年长江经济带棉花种植面积为 $989.80×10^3$ 公顷，近 1 500 万亩，占区域农作物总播种面积的 1.46%（全国同期棉花在主要农作物种植结构中的比重为 2.55%），换言之长江经济带与新疆两大棉花产区就完成了 2020 年规划面积。尽管 2014 年 $989.80×10^3$ 公顷占区域农作物总播种面积 1.46% 的规模区域性适中，但是这一种植面积却占到了全国棉花种植面积的 23.44%，从全国层面讲，长江经济带投入了过多的要素发展棉花生产，区域性种植结构不合理性显露无遗。

计划到 2020 年，我国糖料作物种植面积将稳定在 2 400 万亩左右，其中甘蔗面积稳定在 2 100 万亩左右。2014 年长江经济带甘蔗种植面积仅为 $436.00×10^3$ 公顷，仅为规划播种面积的三成，这一规模占长江经济带农作物总播种面积的 0.64%，远低于 2014 年全国主要农作物种植结构中甘蔗 1.06% 的占比，甚至落后于 1995 年甘蔗占全国主要农作物种植结构 0.11 个百分点。因此，在适当调减不具备比较优势的甘蔗产区基础上，要着力构建云南优势主产区，否则长江经济带甘蔗产业"双提双增"难能实现。

此外，就区域种植面积而言，蔬菜种植面积远高于其他经济作物，在确保"菜篮子"供给稳固的情况下，"量上"长江经济带蔬菜种植规模可适当调减，"质上"应注重绿色、健康、有机蔬菜的种植，切实提高蔬菜品质。

第二节　长江经济带林业结构分析

森林是以木本植物为主体，集其他植物、动物、微生物和土壤于一体的生物群落，具有丰富的物种，复杂的结构，多种多样的功能，被誉为"地球之肺""人类文化的摇篮""大自然的装饰美化师""天然蓄水库"。

一、林业现状描述

森林是陆地生态系统的主体，林业则是一项纵跨国民经济一二三产业的重要公益事业和基础产业，承担着生态建设和林产品供给的重要任务，做大做强林业意义十分重大，表征为"林业既是一项重要的公益事业，又是一项重要的基础产业，承担着发挥经济效益、社会效益、生态效益三大效益，生产物质、文化、生态三大产品的功能定位"①。鉴于林业的重要性，自 2002 年开始我国先后实施了退耕还林、天然林保护等林业重点工程，推动我国林业发展的规模与速度步入了快速发展的上升通道，无论产业发展实力还是产业发展层次均显著提高，为经济社会发展提供了坚实的支撑和物质保障。但是，快速发展也产生了一些不容忽视的问题，如发展规模与产业结构的问题、林产品供给与需求的问题等。其中李冉认为"产业的资源基础支撑能力较弱，进口资源依赖度较高，资源短缺成为林业产业发展的瓶颈问题"，及"产业结构不尽合理，在国民生产总值中，林业产业所占比重较低，在林业总产值中，第二、第三产业产值所占比例过低"是主要问题②。王婧撰文认为我国森林资源分布不均；现有的林业中尤其是人工造林多数是幼龄树，成熟林比较少，可开发利用的资源少；部分地区的森林结构不合理；林农对林业的投入存在不足，森林资源质量相对比较低，故而科学研究林业结构，为我国林业改造和发展提供策略，引导林业更好地担负起经济发展与优化环境的重要使命，其意义重大③。

二、林业分类比较

长江经济带森林覆盖面积 8 466.02 万公顷，占经济带国土总面积的41.29%，占全国森林总量 20 768.73 万公顷的 40.76%，形成了涵盖范围广、产业链条长的相对完整的产业体系。尽管区域规模在全国总量中的占比具有显著的比较优势，但是长江经济带林业也存在短板，即做大了林业产业，但未有做强林业产业，而原因的根本尚在于林业结构的不合理。其中重庆森林覆盖面积为 316.44 万公顷，林业产值 53.6 亿元，其中林木培养和种植产值 26.7 亿元，占林业产值的 49.8%，竹木采运产值 4.7 亿元，占林业产值的 8.7%，林产品产值 22.2 亿元，占林业产值的 41.4%；湖南森林面积 1 011.94 万公顷，林业产值 304.8 亿元，其中林木的培育和种植产值 103.6 亿元，占林业产值的34.0%，竹木采运产值 54.4 亿元，占林业产值的 17.8%，林产品产值 146.7亿元，占林业产值的 48.1%；上海森林面积为 6.81 万公顷，林业产值为 8.8亿元，其中林木的培育和种植产值为 8.4 亿元，占林业产值的 95.5%，竹木采运产值为 0.1 亿元，占林业产值的 1.1%，林产品产值为 0.2 亿元，占林产品产值的 2.3%。具体面积及产值详见表 3 - 2。

---

① 李冉．中国林业产业体系评价与增长机制研究 [D]．北京：北京林业大学，2013：9.
② 同①9 - 10.
③ 王婧．有关林业结构的优化调整策略分析 [J]．农业与技术，2013 (7)：87.

表 3-2　2014 年长江经济带森林面积及林业产值结构统计

地区	森林面积（万公顷）	林业产值（亿元）	活立木总蓄积量保有量（亿立方米）	林木的培育和种植		竹木采运		林产品		备注
				产值（亿元）	比重（%）	产值（亿元）	比重（%）	产值（亿元）	比重（%）	
全国	20 768.73	4 256.0	164.33	1 729.3	40.6	1 089.7	25.6	1 436.9	33.8	
重庆	316.44	53.6	1.74	26.7	49.8	4.7	8.7	22.2	41.4	比重值系分类项与林业产值的比值
四川	1 703.74	196.0	17.76	171.6	87.5	24.4	12.4	0	0	
云南	1 914.19	303.1	18.75	58.9	19.4	16.4	5.4	150.9	49.7	
贵州	653.35	99.6	3.44	26.4	26.5	93.3	93.6	56.6	57.0	
湖南	1 011.94	304.8	3.73	103.6	34.0	54.4	17.8	146.7	48.1	
湖北	713.86	157.0	3.13	60.8	38.7	47.3	30.1	48.9	31.1	
江西	1 001.81	274.2	4.70	88.2	32.1	71.1	25.9	114.8	41.8	
安徽	380.42	283.1	2.17	99.0	34.9	86.1	30.4	98.0	34.6	
浙江	601.36	147.0	2.42	8.1	5.5	52.5	35.7	86.4	58.7	
江苏	162.10	118.2	0.85	84.6	71.5	22.6	19.1	10.9	9.2	
上海	6.81	8.8	0.04	8.4	95.5	0.1	1.1	0.2	2.3	

注：此表依据《中国统计年鉴 2015》《中国农村统计年鉴 2015》，及中华人民共和国国家统计局网站资料进行综合设计。

2014 年统计数据显示，我国森林覆盖率为 21.63%，但同期长江经济带森林覆盖率却高达 41.29%，几近是全国水平的两倍，看似规模总量较大，但是这一水平却远低于日本的 68.5%，韩国的 64.3%，及巴西 61.9% 的覆盖率，并且也低于能维持和保护地区生态环境稳定的数值（60%），加之长江经济带 9 省 2 市森林分布不均等情况，区域森林结构的不合理性显而易见。特别是上海、江苏、四川 3 省市林木的培育和种植占比分别高达 95.4%、71.5%、87.5%，而林产品产值则分别为 2.2%、9.2% 及 0，表明区域林木的培育和种植居于主导地位，而林产品发展则相对滞后。另外，2014 年全国活立木总蓄积量为 164.33 亿立方米，长江经济带为 58.73 亿立方米，占比 35.7%，单从总量上看，区域活立木总蓄积量保有量不低，但是上海、江苏活立木总蓄积量保有量占比分别为 0.024% 及 0.517%，而四川、云南的占比则高达 10.8% 及 11.4%，显示区域林业资源的蓄积量极度不均衡，与区域土地面积不协调。

第三节　长江经济带牧业结构分析

改革开放以来，我国畜牧业稳步快速发展，在大农业中的地位日益提高，肉蛋奶等禽畜产品供应充足，并逐步成为农业农村经济社会发展的重要支柱产业，对新时代我国社会主要矛盾的破解所起的作用越来越显著。特别是近年来，畜牧业生产方式规模化、标准化、产业化、区域化和生态化发展趋势性变化明显，一个结构日趋合理且内生动能不断强大而提质增效明显的产业，正渐次显现出其磅礴的发展势头。

一、牧业现状描述

随着国家对奶牛、生猪、肉羊畜牧良种补贴政策的实施，标准化、规模化养殖场的推广建设，及冻猪肉收储措施的出台……畜牧业良性健康发展的支撑环境得以较大改善，农牧民积极性及养殖利益得到显著提高，不仅产业发展迎来了历史新机遇，而且畜牧业发展壮大解决了禽畜产品短缺的历史性问题，起到了"端稳并端牢国人饭碗"的作用。2013 年全国肉类总产量 8 536 万吨，其中猪肉产量 5 493 万吨，牛肉产量 673 万吨，羊肉产量 408 万吨，禽肉产量 1 798 万吨，畜牧业在国民经济中的地位和作用显著增强。但即便如此，中国畜牧业发展方式还比较落后，畜牧生产中小规模、低水平的散养比重还较大，其中全国有 2/5 的生猪是由年出栏 50 头以下的养殖户提供，3/5 的奶牛则是由存栏 20 头以下的养殖户饲养，近 3/5 的肉羊由存栏 100 只以下的养殖户饲养。以家庭为基本单位的小规模分散经营带来的生产粗放、标准化程度低、良种化程度参差不齐，诸多因素严重制约了中国畜牧业的持续健康发展[①]。此外，从宏观层面看，我国畜牧业还存在三方面问题：一是畜牧产品产能过剩结构不合理，即便多项产品产量位列世界前三，但高品质产品供给能力欠佳，大路货泛滥；二是农牧民盲目生产、跟风生产严重，畜牧业缺乏市场调节机制动态指导；三是畜牧业现代化生态化生产认知及能力不足，养殖业资源节约与环境保护压力山大。特别是资源环境的压力已经成为产业转变发展方式的硬指标，众所周知畜牧产品产出的增加关联着饲料投入及排泄物的增加，特别是在养殖相对粗放的情况下，导致养殖业资源浪费现象整体比较严峻，表征为既有饲料利用率偏低导致的粮食浪费，也有废弃物综合利用率不高导致的物能浪费，进一步地基于排泄物的未能有效处理和利用，给环境带来了极大的系统性风险，集中凸显出养殖业资源节约与环境保护的双重压力。据农业农村部统计资料显示，我国养殖废弃物年产量约为 38 亿吨，不仅大量的氮、磷等营养元素未被有效地资源化利用，反而基于排放处理规划不到位等原因给环境带来了严重的点面源污染危害，如中小规模养殖场"三沼产物"二次污染问题至少有三方面危害：①易产生严重的沼气中毒及爆炸事件，酿成安全事故；②易造成

---

① 陈海燕. 中国畜牧业政策支持水平研究［D］. 北京：中国农业大学，2014：1.

大气水体土壤二次污染，形成乡村振兴生态宜居肠梗阻；③物质能量未尽其用而有悖沼气工程建设目的，加倍导致资源浪费。

综上，无论是基于产业发展结构的视角，还是资源节约环境保护的考量，均凸显出产业循环发展结构转型升级与资源可持续利用的重要性，均表明畜牧业结构调整的急迫性。

二、牧业分类比较

基于面上产业发展与资源环境保护性开发利用层面的分析，畜牧业结构性调整任务艰巨，长江经济带畜牧业产值结构现状更进一步揭示了区域产业结构性调整的急迫性和任务的艰巨性，具体情况如下：2014年长江经济带农林牧渔业总产值为40 182.9亿元，其中牧业总产值为11 003亿元，占比27.4%，猪总产值为6 152.2亿元，占牧业总产值的55.9%，牛总产值为745.3亿元，占牧业总产值的6.8%，羊总产值为493.7亿元，占牧业总产值的4.5%，家禽饲养总产值为3 001.6亿元，占牧业总产值的27.3%。数据显示，猪总产值一家独大，不仅挤占了牛羊的份额，而且生猪粗放养殖作业方式于资源环境所造成的破坏力巨大。

如表3－3所示，重庆农林牧渔业总产值为1 595.0亿元，牧业产值为486.4亿元，牲畜饲养产值为39.1亿元，猪的饲养产值为247.7亿元，牛产值为27.2亿元，羊产值为9.2亿元，家禽饲养产值为168.4亿元；湖北农林牧渔业总产值为5 452.8亿元，牧业产值为1 427.7亿元，牲畜饲养产值为140.2亿元，牛产值为94.0亿元，猪的饲养产值为943.8亿元，羊的产值为30.2亿元，家禽饲养产值为336.8亿元；上海农林牧渔业总产值为322.2亿元，牲畜饲养产值为18.9亿元，猪的饲养产值为36.3亿元，牛产值为0.5亿元，羊产值为4.4亿元，家禽饲养产值为13.8亿元。据此可以推导出以下几个结论：一是长江经济带牧业产值在农林牧渔业总产值中所占比重偏低，区域依然是种植业主导型农业，在居民消费结构由"吃得饱"向"吃得好、吃得安全、吃得营养健康"快速转变的当下，区域必须优化农林牧渔业结构，加大牧业产值比重。二是牧业本身发展不均衡，表现为猪的饲养比重过大，占牧业总产值的55.9%，其中重庆、四川、云南、贵州、湖南、湖北、江西、浙江及上海9地所占比重均超过了地区牧业总产值的一半，仅安徽、江苏低于50%，但是也高达47.8%和36.7%，而长江经济带9省2市羊产业在牧业产值中平均比重仅为4.5%，其中重庆、江西所占比值均低于2%，所占比重最高的安徽，也仅仅占7.7%。尽管猪肉消费是我国居民肉类消费的主体，但从膳食合理与营养均衡角度来分析，适当降低猪肉产品的供给，扩大其他牧业产品供给是大势所趋。三是基于资源禀赋及外部力量的推动，中西部地区畜牧业相对发达，在整个经济带牧业产值中占比较大，而东部地区除浙江生猪产业，江苏生猪产业、羊产业和家禽养殖业相对具有地区优势外，其他地区其他产业则发展相对滞后，这显示出经济带牧业结构地区间发展的不平衡性。

表 3-3　2014 年长江经济带牧业产值结构统计

地区	农林牧渔业总产值（亿元）	牧业产值（亿元）	牲畜饲养		猪		牛		羊		家禽	
			产值（亿元）	比重（%）	产值（亿元）	比重（%）	产值（亿元）	比重（%）	产值（亿元）	比重（%）	产值（亿元）	比重（%）
重庆	1 595.0	486.4	39.1	8.0	247.7	51.0	27.2	5.5	9.2	1.8	168.4	34.6
四川	5 888.1	2 318.8	319.4	13.7	1 191.2	51.3	150.6	6.4	136.0	5.8	696.8	30.0
云南	3 263.3	975.8	235.9	24.1	589.1	60.3	147.1	15.0	62.6	6.4	132.4	13.5
贵州	2 118.5	569.3	142.0	25.0	331.7	58.2	95.0	16.6	43.2	7.5	168.4	29.5
湖南	5 304.8	1 503.2	115.2	7.6	996.5	66.2	64.9	4.3	46.4	3.8	342.7	22.7
湖北	5 452.8	1 427.7	140.2	9.8	943.8	66.1	94.0	6.5	30.2	2.1	336.8	23.5
江西	2 726.5	814.9	73.3	9.0	491.3	60.2	50.8	6.2	8.6	1.0	223.2	27.3
安徽	4 223.7	1 182.1	202.7	17.1	565.1	47.8	98.6	8.3	91.8	7.7	348.0	29.4
浙江	2 844.6	472.2	25.8	5.4	324.6	68.7	3.9	0.8	9.5	2.0	79.6	16.8
江苏	6 443.4	1 182.7	97.2	8.2	434.9	36.7	12.7	1.0	51.8	4.3	491.5	41.5
上海	322.2	69.9	18.9	27.0	36.3	52.0	0.5	0.7	4.4	6.2	13.8	19.7

备注：比重系分项产值与牧业产值的比值。

注：此表依据《中国统计年鉴 2015》《中国农村统计年鉴 2015》，及中华人民共和国国家统计局网站资料进行综合设计。

第四节　长江经济带渔业结构分析

渔业是人类最早的生产活动之一，是一项古老传统产业，但随着历史进程的不断发展，渔业深深融入人们生产生活的各个方面，始终发挥着重要作用。

一、渔业现状描述

长江经济带水资源总量为 12 842.5 亿立方米，其中地表水为 12 597.1 亿立方米，地下水为 3 233.7 亿立方米，加上长江 9 857 亿立方米年径流量源源不断的补给，长江经济带水资源累计达 22 699.5 亿立方米（2014 年）。丰富的水资源造就了长江经济带发达的水系、密布的河网、众多的湖泊……进而为渔业发展创造了得天独厚的条件。据《中国农村统计年鉴 2015》数据显示，2014 年长江经济带渔业总产量为 2 541 万吨，产值总量为 4 694.5 亿元，其中上海总产量为 33 万吨，产值为 62.5 亿元；江苏总产量为 518.8 万吨，总产值为 1 426.7 亿元；浙江总产量为 574.2 万吨，总产值为 779.4 亿元。可以说，长江经济带水资源禀赋造就了发达的渔业，在改善人们膳食结构、增进经济社会发展动能等方面作用显著。即便经济带渔业发展态势可圈可点，但也存在结构性的问题。比如，虽然浙江 2014 年渔业产量为经济带之首，高达 574.2 万吨，高出邻近省份江苏 55.4 万吨，但是产值却不及江苏的产值，仅约为其1/2。浙江省渔业结构不合理性显露无遗。此外，长江经济带海水产品总量为634.7 万吨，占经济带渔业总产量的 24.97%，淡水产品总量为 1 906.3 万吨，占经济带渔业总产量的 75.02%。尽管发展渔业海水产品会受制于资源条件的限制，但长江经济带海水产品与淡水产品的结构性差异是显著的，特别是在近海养殖渔业资源衰退、生态环境恶化和生态系统服务功能下降等重大生态问题日益凸显的情况下，经济带沿海省份渔业发展空间面临着深远海渔业的全新挑战，进而需要立足于我国渔业实际，构建深远海"养-捕-加"相结合、"海-岛-陆"相结合的渔业生产模式，形成规模化、工业化的深蓝渔业生产体系。否则，在环境资源硬约束持续加大背景下海水产品产量将进一步萎缩，持续拉大与淡水产品产量的差距。

此外，2013 年的农业统计年鉴资料显示，在长江经济带主要三类水产品中，甲壳类产量以湖北、江苏为重要的区域。而鱼类也呈现出这样的趋势。整个长江经济带呈现出"双中心"的水产发展模式，且存在水产品向内陆延伸递减的趋势。"双中心"的发展模式，受区域自然环境的影响，对长江经济水产的发展提出了优化难题[①]，这也是经济带水产供给侧结构优化需要重点解决的问题。

二、渔业发展方向

长江经济带渔业基础条件优越，渔业产出稳定增长成为常态，但也存在渔业基础设施薄弱，资源和环境约束力强；生产成本增加，渔产品价格普遍高于国际市场；渔产品质量安全问题日益凸显等问题。并集中诱发渔产品供求结构失衡、要素配置不合理、资源环境压力大、渔民收入持续增长乏力等一系列次生问题，以及面临着增加产量与提升品质、成本攀升与价格低迷、库存高企与销售不畅、小生产与大市场、国内外价格倒挂等矛盾的破解。此外，近年来长江经济带渔业发展的内外部环境正在发生深刻变化：一是资源与环境双重约束趋紧，资源日益衰竭，水域污染严重，濒危物种增多；二是渔业发展方式粗放，设施装备落后，生产成本上升，效益持续下滑；三是水生动物疫病增多，

---

① 靖学青. 长江经济带产业发展与结构转型 [M]. 上海：上海社会科学院出版社，2015：70.

质量安全存在隐患。这些问题正成为制约经济带渔业持续健康发展的瓶颈，而问题的妥善解决必须顺应新形势新要求，坚持矛盾的主要方面在供给侧这一问题导向，深入推进渔业供给侧结构性调整，加快培育经济带农业农村发展新动能，持续加快渔业转方式调结构，由注重产量增长转到更加注重质量效益，由注重资源利用转到更加注重生态环境保护，由注重物质投入转到更加注重科技进步和从业者素质提高上来，为渔业的可持续发展创造更具张力的平台，才能开创长江经济带渔业现代化建设的新局面。

农业农村部发布《中国农业展望报告（2018—2027）》预测，未来 10 年，随着人口规模的继续增长，人民群众生活水平的逐步提高，我国水产品人均年消费量将增加到 25 千克，其中城镇居民将超过 30 千克。随着需求量的日益增加，人们对水产品优质、安全、营养和便捷等方面的需求也提出了更高的期许，占据资源优势的长江经济带渔业转型升级自然重任在肩，而必须深度践行《"十三五"渔业科技发展规划》要求，"大力推进渔业供给侧结构性改革，以健康养殖、合理捕捞、保护资源、做强产业为方向，转变养殖发展方式，压减低效、高污染产能，大力发展标准化健康养殖；优化捕捞空间布局，调减内陆和近海，开拓外海，发展远洋；调整产业结构，不断拓展渔业功能，推进一二三产业融合发展；加强质量安全，保护资源环境，改善基础设施，提升信息装备，促进科技兴渔，强化依法治渔，加快形成产出高效、产品安全、资源节约、环境友好的现代渔业发展新格局"，方可构建起经济带有竞争力的、有质量发展的环境友好型生产经营体系，才可能不断提高满足人民群众对水产品消费需求的能力。

第四章　新型农业经营主体作用农业
供给侧结构性调整影响力评价

——基于影响权值的比对

"新型农业经营主体"这一提法在国家层面最早始于党的十八大。所谓之"新型"，是相对于传统经营方式而言，是传统农业经营方式的创新和发展，表征为具有相对较大的经营规模、较好的物质装备条件和经营管理能力，同时劳动生产、资源利用和土地产出率较高，并以商品化生产为主要目标的农业经营组织。相较于传统农业经营而言，其表征出适度规模化、专业化、集约化、组织化、商品化和市场化的特征。具体来讲，新型农业经营主体分为种养大户、家庭农场、农民专业合作社、农业龙头企业，其中种养大户和家庭农场在农业生产经营活动中主要发挥着基础性的作用，农民专业合作社具有联系农民与服务自我的功能，农业龙头企业具有带动其他新型农业经营主体衔接市场的较强优势。以此观之，新型农业经营主体是新形势下构建新型农业经营体系和发展新型农业的重要组件，也是有效应对农业经营方式粗放与分散的必然选择[①]。特别是近年来随着扶持力度的不断强化，新型农业经营主体已经成为农业经营体系构建的主体力量，被视为农业供给侧结构性调整及乡村振兴产业兴旺的支撑力量。

那么，新型农业经营主体作用农业供给侧结构性调整的机理是什么？表现形式体现在哪些方面？其农业生产经营的绩效水平如何？本章将基于对新型农业经营主体四种类型内涵外延的理解，就上述问题展开论述。

第一节　新型农业经营主体特点及作用
农业供给侧结构性调整的机理

2012年中央农村工作会议明确提出着力培养新型农业经营主体，既注重引导一般农户提高集约化、专业化水平，又扶持联户经营、专业大户、家庭农场；着力发展多种形式的新型农民合作组织和多元服务主体，通过提高组织化

---

① 王国敏，杨永清，王元聪. 新型农业经营主体培育：战略审视、逻辑辨识与制度保障［J］. 西南民族大学学报，2014（10）：204.

程度实现与市场的有效对接。会后，关于新型农业经营主体的讨论及实践如雨后春笋般蓬勃发展，极大地促进了新型农业经营体系的建设。党的十九大报告中的乡村振兴战略指出，"构建现代农业产业体系、生产体系、经营体系，完善农业支持保护制度，发展多种形式适度规模经营，培育新型农业经营主体，健全农业社会化服务体系，实现小农户和现代农业发展有机衔接"。2019年中央1号文件、《中共中央 国务院关于坚持农业农村优先发展做好"三农"工作的若干意见》进一步指出，要坚持家庭经营基础性地位，赋予双层经营体制新的内涵。突出抓好家庭农场和农民专业合作社两类新型农业经营主体，启动家庭农场培育计划，开展农民专业合作社规范提升行动，深入推进示范合作社建设，建立健全支持家庭农场、农民专业合作社发展的政策体系和管理制度。

新型农业经营主体是相对传统农业经营方式的创新和发展，是具有相对较大的经营规模、较好的物质装备条件、经营管理能力和较高的经济效益的组织，一般具有生产经营的专业化、集约化、社会化、组织化和现代化特征。新型农业经营主体分为专业大户、家庭农场、农民专业合作社、农业龙头企业。其中，种养大户和家庭农场在农业生产经营活动中发挥着基础性作用，是粮食等重要农产品生产的主力军；农民专业合作社集生产主体和服务主体于一身，融普通农户和新型主体于一体，具有联系农民、服务自我的独特功能；龙头企业和各类农业企业产权关系明晰、治理结构完善、管理效率较高，在高端农产品生产方面有显著的引导示范效应[1]，如在原料基地建设、农产品精深加工、包装、储藏及物流配送等方面具有显著的比较优势。总体而言，新型农业经营主体具有以下几方面的功能：一是发展农业现代化的客观需要，二是构建现代农业产业体系的关键环节，三是创新农村双层经营体制的主要路径，四是实现农业适度规模经营的有效方式，五是促进农业可持续发展的重要手段，六是提高农民组织化程度的基本载体[2]。

一、新型农业经营主体类型及特征

（一）家庭农场

家庭农场起源于欧美，美国、澳大利亚、新西兰等国的家庭农场历史悠久，我国的家庭农场类似于种养大户的升级版。1987年中央5号文件《把农村改革引向深入》指出，"在京、津、沪郊区、苏南地区和珠江三角洲，可分别选择一两个县，有计划地兴办具有适度规模的家庭农场……"这是我国国家层面的官方文件中第一次提及家庭农场，但届时社会反响不大，到2008年再次提及依旧

---

① 张红宇. 牢牢把握农业供给侧结构性改革的方向［J］. 农村工作通讯，2017（4）：28.
② 李显刚. 新型农业经营主体实践研究［M］. 北京：中国农业出版社，2018：43.

社会反响不大，直至 2013 年中央 1 号文件《中共中央 国务院关于加快发展现代农业进一步增强农村发展活力的若干意见》全文八次提及家庭农场，家庭农场始在华夏大地如雨后春笋般蓬勃发展。根据中央 1 号文件对家庭农场的定义，家庭农场是指以家庭成员为主要劳动力，从事农业规模化、集约化、商品化生产经营，并以农业收入为家庭主要收入来源的新型农业经营主体。

1. 家庭农场内涵。 根据官方的界定，学术界对家庭农场内涵外延进行了更加丰富的解读：黄新建（2013）认为家庭农场是以家庭经营为基础，以适度规模经营为目标，以高效的劳动生产率从事农产品的商品化生产活动，获取与农户从事非农产业收入相当甚至略高的经济利润的经济单位；浙江省农业教育培训中心（2014）进一步细化了其内涵：家庭农场是以农户家庭为基本经营单位，以家庭成员为主要劳动力，以适度规模的农、林、牧、渔等产业为劳动对象，以高效的劳动、商业化的资本和现代化的技术为生产要素，从事农业规模化、集约化、商品化生产经营，实行自主经营、自我积累、自我发展、自负盈亏和科学管理，以农业收入为家庭主要收入来源，并经工商注册登记的新型农业经营主体[①]。而在此之前的各种定义则明显更具概括性，如顾建洲（1995）认为家庭农场以市场为导向，以商品化为目标，充分发挥家庭成员的主观能动性和创造性，通过集约化提高经济效益，是在适度规模基础上具有竞争力的经济实体；房慧玲（1999）则认为家庭农场是为适应当前生产力发展水平与市场经济要求，所形成的从事农业种养活动并具有适度规模经营的农户企业；黎东升、曾令香（2000）则指出家庭农场是以农户家庭为单位，以市场化为目标追求利润最大化，从事农林牧渔的规模生产，实现自主经营、自负盈亏、科学管理的企业化经济实体。综上，这些观点认为家庭农场是以家庭成员为主要劳动力，从事农业规模化、集约化、商品化生产经营的，并以农业收入为家庭主要收入来源的新型农业经营主体。进一步地，从生产要素、经营方式、经营主体及综合性定义的视角，学界部分观点如表 4-1 所示。

表 4-1　家庭农场概念及内涵的部分观点梳理

视角	家庭农场概念及内涵
生产要素的视角	顾建洲（1995）：家庭农场是通过合理承包和利用农业资源自行组合生产要素进行生产的生产组织形式 胡书东（1996）：家庭农场是社区集体把农地使用权从分散的农户手里集聚起来，然后承包给种田大户的一种农地规模经营的形式

---

① 浙江省农业教育培训中心. 家庭农场创建与发展［M］. 北京：中国农业科学技术出版社，2014.

（续）

视角	家庭农场概念及内涵
生产要素的视角	高帆等（2013）：家庭农场是以其内部成员为主要劳动力来源，通过自有土地规模扩大或外部土地使用权来获取农业的规模化、集约化、商品化经营，并以农业收入为家庭主要收入以及资本来源的农业经营方式
经营方式的视角	房慧玲（1999）：家庭农场就是适应现有生产力水平与市场要求进行专业化生产，进而形成适度规模经营的农业种养的农户企业 朱博文（2005）：家庭农场是我国农地经营体制创新而实现适度规模经营的一种新型经济组织形式
经营主体的视角	黎东升、曾令香（2000）：家庭农场是以农户家庭为基本组织单位，面向市场，以利润最大化为目标，从事适度规模的农林牧渔的生产、加工和销售，实行自主经营、自我积累、自我发展、自负盈亏和科学管理的企业化经济实体 朱启臻（2014）：家庭农场是指以家庭成员为劳动力、以农业收入为主要来源的农业经营单位；并具有一定规模、稳定性、以家庭劳动力为主、工商注册四个特征
综合性定义视角	中央1号文件（2013）：家庭农场是以家庭成员为主要劳动力，从事农业规模化、集约化、商品化生产经营，并以农业收入为家庭主要收入来源的新型农业经营主体 高强等（2013）：家庭农场是以家庭经营为基础，融合科技、信息、农业机械、金融等现代生产因素和现代经营理念，实行专业化生产、社会化协作和规模化经营的新型微观经济组织 郭熙保（2013）：家庭农场具有四个基本特征：一是以家庭作为经营单位，二是劳动力以家庭成员为主，三是经营的农地具有长期稳定性并达到一定规模，四是农业经营收入为家庭全部和主要收入来源 黄仕伟等（2014）：是以家庭成员为主要劳动力，利用家庭承包的土地或从外部流转获取的土地，来开展规模化、集约化、商品化的农业生产经营活动，并以此为家庭收入和资本积累的主要来源，享有法人权利的独立的农业生产经营主体 李显刚（2018）：家庭农场是指以家庭为核心，以农业为主业，从事农业规模化、商品化生产经营，并以农业收入为主要收入来源的新型农业经营主体

2. 家庭农场特征。 从上述内涵界定解析可见，新型农业经营主体家庭农场具有经营主体的家庭性、农业生产的专业性、发展规模的适度性、经营绩效的高效性、经济地位的法人性之"五大特征"。

经营主体的"家庭性"。意即家庭农场的生产经营者主要是家庭成员，而不是主要以雇工从事生产经营活动，只有少量的季节性雇工，这是家庭农场最基本的特征，也正是这一特征，使家庭农场形成了激励相容的自我执行机制，有助于提高劳动生产率及实现资源的优化配置。

农业生产的"专业性"。有两方面的内涵，一是指每个家庭农场主要生产一两种农产品，集中优势力量适度规模经营，但近年来随着家庭农场规模及发展质量的提升，家庭农场多元化经营格局趋势明显，表征出粮经结合、种养结合、种养加一体化三产融合发展特质；二是指家庭农场具有种植、养殖生产或社会化服务的专业技能，即基于科学的农业技术或先进的管理知识经营家庭农场，特征明显。

发展规模的"适度性"。指农场经营规模不能太大否则可能边际效益递减，规模太小则可能要素利用不充分而不经济。适宜规模大小要依据农场所在区域自然、经济社会条件而定。如以粮食生产为例，江苏提出 100～300 亩，上海提出 100～150 亩，安徽提出 200 亩，具体标准各地区规模不一，但均注重适度性。

经济地位的"法人性"。指家庭农场依法工商注册登记，领取营业执照，取得市场主体资格。此外，家庭农场每年还需要登录"全国企业信用信息公示系统"接受年检，将其生产经营行为纳入有效监督体系。

经营绩效的"高效性"。一方面指家庭农场具有显著的适度规模经营效益优势，能为家庭农场主带来显著的经济效益，另一方面指家庭农场生产经营行为具有较好的市场需求动态调整的"变通性"，可及时依据消费市场需求变化动态调整并组织靶向生产。综上，李显刚认为，家庭农场在提高普通农户农业生产经营水平方面发挥着重要的示范效应，是小规模农户提高农业生产经营水平的示范带动者；是农机大户、植保大户等服务型专业大户的服务承载者；是组建和领办合作社的核心力量，也是农业产业化龙头企业生产资料的主要提供者[①]。

3. 家庭农场比较优势。基于新型农业经营体系的视角观察，家庭农场主体地位不仅体现为可链接农业龙头企业和农民专业合作社，还可链接种养大户和小农户，激活整个产业链，构建农业龙头企业（农民专业合作社）＋家庭农场＋种养大户（小农户）的生产经营体系，构建农业经营主体衔接发展体系。因此，家庭农场具有显著的比较优势，即边际效益最大化优势、劳动生产率最佳优势、经营方式调整灵活优势。

边际效益最大化优势。根据相关定义，某一市场经济组织为追求利润最大化，必然多次进行扩大生产，而每一次投资所产生的效益都会与上一次投资产生的效益之间有一个差，这个差就是边际效益，边际效益最大化就是这个差的最大化，即可实现边际收益的最大化。实现市场经济组织边际效益最大化的条件之一是资源要素的最优化配置，表征为每次生产投入所需资源在数量效度及结构效度上必须具有高度内在匹配性，如人力、土地、技术及资金等多要素的靶向匹配协同。家庭农场作为独立经营的市场主体，具有市场经济组织获利的内在需求，基于此家庭农场在生产经营过程中会自觉注重对资源要素的优化配置，以提高家庭经济收入。上述关于家庭农场性质及特点的分析已知，家庭农场主将主动考察区域自然经济社会发展条件，及其所能获取或利用人力、土

---

① 李显刚. 新型农业经营主体实践研究［M］. 北京：中国农业出版社，2018.

地、资金、市场信息等要素来发展适度规模，并基于天然的激励相容的自我执行机制，农场主优化配置诸要素的积极性高，进而在每一次投入农业生产资源要素最优化配置的基础上，家庭农场适度扩大生产的边际效益不仅不会递减，反而呈最大化走势，显著地提高农场的经济效益。

劳动生产率最佳优势。据《中国家庭农场发展报告（2017 年）》统计分析数据显示，2016 年粮食类家庭农场劳均年纯收入为 48 871 元，比同期外出农民工年均收入 39 300 元高出 9 571 元，表明家庭农场具有较好的劳动生产率优势。其原因在于承袭了"家庭经营"的基因，表征为家庭农场主拥有土地流转决策权、农场经营管理控制权、农场价值剩余索取权，"三权"形成了其激励相容的自我执行机制，使农场从业人员为增加家庭收入而最大限度地激发生产经营积极性，其劳动自觉性、主动性、创造性达到可能增长的最大化，助推劳动生产率达到最佳。家庭农场以家庭成员为主要劳动力，以农业收入为家庭主要收入来源。言下之意，家庭农场主及其成员不最大化"激励相容的自我执行机制"而显著地提高劳动生产率，其家庭主要收入将受到显著影响，进而循环影响其生产生活的方方面面。基于此，家庭农场从业人员更愿意投资自身能力素质建设以提高劳动生产率。据《中国家庭农场发展报告（2016 年）》针对 2 903 个有效监测样本数据分析显示，受教育程度为大专及以上的农场主占比为 11.23%，该系列报告 2017 年对 2 998 个有效监测样本数据进一步分析显示，受教育程度为大专及以上的农场主占比为 10.59%，表明家庭农场从业人员更倾向于通过提高自身能力素质，掌握科学的方法来解决生产经营问题以提高劳动生产率。另外，家庭农场从业人员从事农业生产的主观意愿强烈，进而愿意在农业生产上给予劳动及资本投资密集化，也是提高家庭农场劳动生产率的重要因子。

经营方式调整灵活优势。表征为两个方面，一是基于从业人员角度的分析，家庭农场从业人员拥有农场生产经营行为终极控制权，加之农场生产经营市场导向的特点，确保了农场主拥有经营方式调整反应的灵敏性与行动的灵活性，少去了企业经营制下层层上报的繁琐；二是从家庭农场层面讲，适度规模化经营特质使家庭农场具有"船小好调头"的优势，能最大可能地依据自然立地条件的变化，及市场供需的变化，及时作出经营调整，表征为一业出现亏损则可以迅速调整经营对象，改换利润较高的他业，甚至可以构建种养加一体化，走三产融合发展之路。基于此，宗锦耀认为，家庭农场作用农村一二三产业融合发展具有三方面的优势：一是降低计量监督等成本，二是初步实现农产品的精细化，三是便于拓展特色农产品市场销售渠道[1]，显示家庭农场具有促

---

① 宗锦耀. 农村一二三产业融合发展理论与实践 [M]. 北京：中国农业出版社，2017.

进农村一二三产业融合发展的显著优势。

（二）种养大户

种养大户是指从事种植、养殖或其他与农业相关的经营服务达到一定规模、专业化生产经营的主体。与传统分散的一家一户经营方式相比，种养大户规模化、集约化、产业化程度高，在提高农民专业化程度、建设现代农业、促进农民增收等方面发挥的作用日益显著，为现代农业发展和农业经营体制创新注入了新活力。种养大户凭借较大的经营规模、较强的生产能力和较高的综合效益，成为现代农业的一支生力军[①]，对推进农业供给侧结构性改革及乡村振兴具有重要支撑作用。

（三）农民专业合作社

合作社自诞生以来，其称谓较多，如"农业合作社"（将畜牧业排除在外）、"农民专业合作社"（将非专业的合作社排除在外）及"农民合作社"。现《中华人民共和国农民专业合作社法》使用的是"农民专业合作社"这一称谓，但从合作社特点（自愿性、专业性、规模化、服务化、法人化、机械化、标准化、市场化[②]）、定位与功能来分析，似乎"农民合作社"更贴切。

第十二届全国人民代表大会常务委员会第三十一次会议修订的《中华人民共和国农民专业合作社法》，将农民专业合作社定义如下：是指在农村家庭承包经营基础上，农产品的生产经营者或者农业生产经营服务的提供者、利用者，自愿联合、民主管理的互助性经济组织。据《2018中国新型农业经营主体发展分析报告——基于农民合作社的调查和数据》显示，截至2018年底，全国依法登记的农民专业合作社达217.3万家，是2012年的3.15倍。农民合作社带动能力不断增强。实有入社农户超过1亿户，占全国农户总数的49.1%[③]。近年来，农民专业合作社不断适应市场新需求，积极帮助农民解决单家独户办不了、办不好、办起来不划算等问题，又作为生产主体、服务主体积极运用"互联网＋"、绿色发展等新技术新模式新业态，为"三农"发展提供了源源不断的新动能，成为农业供给侧结构性改革的重要实践者，有力地促进了农业生产力的提高，并带动了农业农村生产关系的深刻变革与创新。但农民专业合作社在发展中也存在一些问题，如先天禀赋自生能力不足（小、弱、假、散问题突出），生产经营核心市场竞争力不足（产业链延长能力不足，市

---

①　王雅兰．基于新型经营主体视角的农村一二三产业融合问题研究：以福建省南安市X乡为例[D]．福州：福建农林大学，2018．

②　李显刚．新型农业经营主体实践研究[M]．北京：中国农业出版社，2018．

③　2018中国新型农业经营主体发展分析报告：基于农民合作社的调查和数据[N]．农民日报，2019－02－23．

场拓展能力不足），内部管理运作不规范（民主管理短板突出）[1]。进一步地推进农民专业合作社规范建设水平提升，对于衔接家庭农场发展并引入现代农业发展大格局、增加农民收入具有重要意义。

（四）农业龙头企业

农业龙头企业是指以农产品加工或流通为主，通过各种利益联结机制与农户相联系，带动农户进入市场，使农产品生产、加工、销售有机结合、相互促进，在规模和经营指标上达到规定标准并经政府有关部门认定的企业[2]。较之其他新型农业经营主体，其有比较完整的组织架构和产业链，发展能力较强，是适应市场能力最强的新型农业经营主体。截至 2016 年底，我国农业产业化组织数量达 41.7 万个，比 2015 年底增长 8.01%。其中，农业产业化龙头企业达 13.03 万个，同期增长了 1.27%。农业产业化龙头企业年销售收入约为9.73 万亿元，增长了 5.91%，比规模以上工业企业主营业务收入增速高 1%；大中型企业增速加快，销售收入 1 亿元以上的农业产业化龙头企业数量同比增长了 4.54%；农业产业化龙头企业固定资产约为 4.23 万亿元，增长了 3.94%[3]。

综上，四类主体综合比较如表 4-2。

表 4-2 四种主要农业组织形态对比研究[4]

形态	优势	劣势
家庭农场	有市场主体身份。土地规模较大，承包关系稳定，经营独立性强，自主性强，管理灵活，能够独立面对市场。起点新，有能力采用创新模式、先进技术和设备、文化创意来提高农业经营水平和商品化水平。政府引导的发展重点政策倾斜力度相对较大	自身资金和市场能力有限
种养大户	有一定的专业种养技能基础，小规模经营，管理方式简单灵活，经营项目容易改变。以家庭（户）为经营单位，生产、组织、协调便捷	没有经过工商注册，不具备市场主体身份，土地承包关系不稳定，资金、技术实力相对较弱，生产效率相对较低，市场信息不充分，竞争力不强，抵御市场风险的能力较弱

---

① 周加来，于璐娜，刘从九，等. 农民专业合作社发展研究报告 [J]. 中国合作经济，2019(1)：21-23.

② 杨叶峰. 浙江省新型农业经营主体发展研究 [D]. 合肥：安徽农业大学，2014.

③ 2018 中国新型农业经营主体发展分析报告：基于农业产业化龙头企业的调查和数据 [N]. 农民日报，2018-02-22.

④ 马华，姬超，等. 中国式家庭农场的发展：理论与实践 [M]. 北京：社会科学文献出版社，2015：202-203.

（续）

形态	优势	劣势
农民专业 合作社	有市场主体身份，能够有计划、有目的地组织生产，为社员提供资金、技术支持，提高其生产能力和生产效率。掌握相对较多的市场信息，能够帮助社员提高市场竞争力，增强抵御市场风险的能力	管理难度较大，需要明晰的产权关系、完善的财会制度和利润分配制度，若不具备这些条件则容易出现政社不分、社企不分的情况，引发纠纷。生产和生产组织方式相对分散，不易实现标准化管理
农业龙头 企业	有市场主体身份。土地规模较大，承包关系稳定，资金、技术、人力资源实力雄厚，生产效率高，管理水平高，产业链长，产品商品化率高，掌握市场信息充分，市场竞争力强，能够较好地抵御市场风险	企业以盈利为第一目的，其利益的扩张具有天然属性，加之强大的资本优势，可能出现生产性掠夺，损害农民利益

二、新型农业经营主体作用农业供给侧结构性调整的机理

2016 年中央 1 号文件指出，我国农业发展环境既面临农民增收缩小城乡差距的难题，也面临转变农业发展方式确保农产品有效供给的难题，更面临两个市场、两种资源协调发展的问题[①]。2017 年中央 1 号文件进一步指出，"农业的主要矛盾由总量不足转变为结构性矛盾，突出表现为阶段性供过于求和供给不足并存，矛盾的主要方面在供给侧……农产品供求结构失衡、要素配置不合理、资源环境压力大、农民收入持续增长乏力等问题仍很突出，增加产量与提升品质、成本攀升与价格低迷、库存高企与销售不畅、小生产与大市场、国内外价格倒挂等矛盾亟待破解"。就如何破解农业供给侧所存在的问题，1 号文件给出了六条解决办法：一是优化产品产业结构，着力推进农业提质增效；二是推行绿色生产方式，增强农业可持续发展能力；三是壮大新产业新业态，拓展农业产业链价值链；四是强化科技创新驱动，引领现代农业加快发展；五是补齐农业农村短板，夯实农村共享发展基础；六是加大农村改革力度，激活农业农村内生发展动力[②]。

就此，业界专家总结性地指出，推进农业供给侧结构性调整，不仅要看到新阶段的主要矛盾是结构性矛盾，更要看到解决结构性矛盾背后的体制机制问题也要一并解决，否则农业的供给质量很难提高。所以，正确理解农业供给侧

---

① 中共中央 国务院关于落实发展新理念加快农业现代化实现全面小康目标的若干意见［DB/OL］. http://www.farmer.com.cn/2020/02/12/99848311.html.

② 中共中央 国务院关于深入推进农业供给侧结构性改革加快培育农业农村发展新动能的若干意见［N］. 人民日报，2017-02-05.

结构性改革，就要做好三件事：优化供给结构、转变发展方式、培育发展新动能，概括起来就是"调结构、转方式、促改革"①。罗必良教授认为之所以农业供给侧存在粮食生产量、进口量、库存量"三量齐增"，及粮食生产物质成本、人工成本、土地成本"三本齐升"，根本上源于供给侧存在"短板"，故而改革的关键点在于补短板，努力的方向是家庭经营和分工经济②。孔祥智提出要重点关注谁来改（推进新型农业经营主体的发展、家庭农场的联合），改什么（去库存、降成本、补短板、调结构），怎样改（始终把粮食产业放在首要位置、始终坚持农民是改革的主体、始终把促进一二三产业融合发展作为改革的重要目标）③。韩长赋则认为关键是要做到"四改善、四创新"，一是改善供给体系，推进产品创新；二是改善要素使用，推进科技创新；三是改善资源配置，推进制度创新；四是改善经营方式，推进管理创新④。综合各家观点，推进农业供给侧结构性调整，就是要补齐短板、融合发展、培育主体、转变方式、调整结构，结合新型农业经营主体的特质，新型农业经营主体参与农业供给侧结构性调整的作用机理如下。

1. 补齐短板。据农业部固定观察点办公室统计数据显示，1986 年我国农户户均经营耕地 9.2 亩、分散为 8.4 块；2008 年下降到 7.4 亩，分散为 5.7 块，2011 年户均进一步减少至 5.58 亩（何秀荣，2009；罗必良，2015）；另据第三次农业普查数据显示，除黑龙江、吉林、内蒙古、宁夏、新疆以外，其他省份户均经营面积都在 10 亩以下，其中江苏户均 3.8 亩，广东户均 2.6 亩，浙江户均 1.3 亩（韩俊，2019）。

"人均不过一亩三分地，户均不过十亩田"的现实一方面揭示了"大国小农"的基本国情，更暴露出小农经济发展现代农业存在如下短板：一是小农经济农地细碎化、经营分散化现状与现代农业生产经营规模化要求的短板；二是小农经济人力老弱化、现状与现代农业高素质劳动力客观要求的短板；三是小农经济生产经营封闭自循环现状与现代农业高度市场化客观要求的短板；四是小农经济产业单一化、简单化现状与现代农业业态"接二连三进四"客观要求的短板；五是小农经济发展要素短缺现状与现代农业全要素综合利用客观要求的短板；六是小农经济农产品质量安全和农业生态环境治理的紧迫性进一步凸显的短板。因此补短板就是要补规模化缺失之短板，补质量差强人意之短板，补科技含量低之短板，补绿色发展水平低之短板……而最为关键的是补齐规模

---

① 杜鹰. 农业供给侧改革要激活农业新动能［J］. 环境经济，2018（8）：56.
② 罗必良. 农业供给侧改革的关键、难点与方向［J］. 农村经济，2017（1）：53 - 55.
③ 孔祥智. 农业供给侧结构性改革需关注三大重点［J］. 前线，2016（10）：46 - 49.
④ 韩长赋. 着力推进农业供给侧结构性改革［J］. 山东农机化，2016（6）：10 - 11.

化经营缺失之短板，切实改变传统小农经营格局。

其原因在于，农业规模经营能够表现出规模经济性（K 大于 1）。那么，为什么能生成规模经济性？对此，需要从业界关于工业领域规模经济性问题研究的学术梳理谈起：斯密（1776）指出"全部精力集中于单一任务时个人增进了熟练程度，不必从一种工作转为另一种工作从而节省了时间，促进了'节省劳动的机器'的发明，[①]有助于专业化的生产而能够表现出规模化经营的特征，但这种规模经营是否有规模经济性则取决于市场范围的大小，表征为：①分工能够通过市场来协调，②分工程度取决于市场范围的大小，③市场范围的大小又取决于运输条件[②]，进而得出了"通过分工促进经济增长"的"斯密定理"。进一步地，我们可以推导出"斯密定理"所揭示的规模经营具有规模经济性的本质取决于"劳动分工""市场范围"和"运输条件"。杨格（1928）从"①分工和专业化是报酬递增实现的机制，②市场大小决定分工，而且分工也决定市场大小，③分工是一个网络效应，三个维度对"分工"进行了解释，认为分工包含着三个方面的内容：一是个人的专业化水平，二是不同专业的种类数，三是生产的迂回度[③]，从而揭示了分工水平的高低才是经济增长的关键性驱动要素，才具有规模经济性，由此"分工一般地取决于分工"之"杨格定理"的成形。科斯在"分工理论"基因的影响下，突破斯密"劳动分工受市场范围限制"单一认知，认为企业和市场都是协调劳动分工的两种重要实现方式，由此在科斯理论体系下，规模经济边界是企业在市场上完成交易的费用与在企业内部完成交易的费用之差，换言之，规模经济性体征为交易费用的节约效能。

综上，农业规模经营易于劳动分工，而劳动分工有利于农业从业人员技能的提升，有利于节约工序转换时间，有利于农机具的发明和应用，有利于农业技术的推广扩散；农业规模经营易于市场拓展，而稳固的市场有利于议价，有利于农资采购及农产品销售，有利于市场信息畅通；农业规模经营易于仓储物流系统的完善，而仓储物流系统的完善有利于交通基础设施的建设，有利于信息网络系统的建设；农业规模经营易于交易费用的下降，而交易费用下降有利于产业链价值增值，有利于产业"接二连三进四"融合发展……因此，农业规模经营是农业现代化发展的关键，有且只有农业规模化才可能引入农业技术，才可能提高生产经营水平和农产品质量，才可能推进绿色发展，才可能实现与现代农业发展有机衔接。

基于此，农业供给侧结构性调整补规模化缺失之短板，契合了新型农业经

---

① 斯密. 国民财富的性质和原因的研究（上、下卷）[M]. 北京：商务印书馆，1994.

②③ 罗必良. 中国农业经营制度：理论框架、变迁逻辑及案例解读 [M]. 北京：中国农业出版社，2014：20.

营主体"规模化"特点。因为新型农业经营主体家庭农场一般经营规模较大，以粮食生产为例，江苏提出 100～300 亩，上海提出 100～150 亩，安徽提出 200 亩，2016 年本书作者采用 DEA 模型推导重庆永川最佳规模为 80～100 亩，此外一些合作社及农业龙头企业经营管理土地面积动则成百上千亩，甚至几千亩，土地规模化经营特质相当明显，而这一特质正好契合了农业供给侧结构性改革对规模化经营的需求，对补农业经营规模化短板作用显著。

2. 融合发展。 目前，我国现有小农户 2.3 亿户。小农户直接满足生产者自己消费（历史上还有缴纳税赋），而不是为了交换及牟利需求特点，决定了小农户生产要素简单，产业链条很短，单个农民家庭就可以掌握全部生产资料，独立自主地完成从种到收的整个生产过程，不需要很复杂的分工协作[1]。这种生产经营模式下，小农户农业要素投入特性及其规模始终被维持在仅仅为满足自身消费需求及间或的余缺调剂生产能力范畴，所投入要素数量的丰度及投入要素结构的效度浅尝辄止，在未有内部压力与外部拉力协同推拉情况下将始终深陷自我满足的均衡态，这种自我满足于小农户自身发展而言是适宜的，但于经济社会发展而言却是极为不利的。与之相反，高度的市场竞争促使现代农业已不再仅仅局限于种植和养殖环节，而是向产前、产后环节延伸，形成了包括农业生产资料投入、种植和养殖生产、农产品加工制造、农产品运销及餐饮等环节在内的产业链，构成了一个涉农产业体系[2]。在该体系下，农业产业产前产中产后各个发展阶段所需发展要素可以跨界跨时空整合，本质上基于价值链的缔造及价值的可持续增值，不同产业间不同主体间形成了分工协作、分层发展、优势互补、网络链接的新格局，远远超越了小农户单一化、产业简单化业态格局。

具体表征为，在纵向上推行产加销一体化，将农业生产资料供应、农产品生产、加工、储运、销售等环节串接成无缝高效的链条，在横向上注重与其他产业的整合、渗透、互动，构成有机的、立体的产业体系……特别是不同空间、不同产业、不同业态、不同功能的跨界链接促进了产业体系跨界融合、科技体系应用推广、经营体系主体创新创业、质量安全体系有效运作、流通体系无缝对接、金融体系相互融通的顺利进行[3]，对延伸产业链、提升价值链、拓展多功能，对"三农"高质量的发展、对乡村的全面振兴与繁荣等方面起着至关重要的作用。据测算，通过一产与二三产业的有效融合，粮油薯可增值 2～4 倍，畜牧水产品可增值 3～4 倍，果品蔬菜可增值 5～10 倍[4]。通过三产融合

---

①② 吴重庆，张慧鹏. 小农与乡村振兴：现代农业产业分工体系中小农户的结构性困境与出路 [J]. 南京农业大学学报（社会科学版），2019（1）：17.

③ 现代农业综合体：区域现代农业发展的新平台 [M]. 北京：中国农业出版社，2017：51.

④ 宗锦耀. 农村一二三产业融合发展理论与实践 [M]. 北京：中国农业出版社，2017：1.

发展显著地提高了农产品附加值，其原因在于产业的融合与业态的创新延伸了产业链，尽可能拉长了农业产业链条并细分出更多环节和空间，进而引发了涉农产业功能、形态、组织方式和经营模式的分解、重构与功能提升，创造了价值增值的更多可能性。

此外，不仅要基于产业链的视角实现农村一二三产业之间紧密相连、协同发展，最终实现农业产业链延伸、产业范围扩展和农民增加收入，更为重要的是要通过产业联动、产业集聚、技术渗透、体制创新等方式，将资本、技术以及资源要素进行跨界集约化配置，最大化资源要素作用农业供给侧结构性改革的效能，甚至可以这样理解，资源要素融合发展是一二三产业融合发展的基础。一个时期以来，受农业经营主体认知及能力偏低的制约，加之农业技术扩散渗透力欠佳，及基础设施建设滞后、市场发育迟缓等多因子的交互影响，劳动力、土地、原材料、资金、技术、信息等资源要素在农业生产经营过程中融合程度长期偏低，未能实现资源要素的最大化充分利用，进而导致资源内生效能未能得到有效开发，特别是对人均耕地不足 1.4 亩，人均水资源和亩均水资源量分别为 2 100 立方米和 1 400 立方米的农业生产实际情况而言，资源要素融合发展的低效性无疑已成为产业发展及一二三产业融合发展的致命短板。因此，农业供给侧结构性改革必须致力于农业资源要素的融合发展——跨界集约化配置。而极简理解农业"集约化"，意即通过资源要素的高效利用，获得较高的土地利用率和劳动生产率而增加农业的经济效益，可见农业资源要素的融合发展需求性与新型农业经营主体"集约化"经营特质具有高度的内在一致性。言下之意，新型农业经营主体生产经营行为集约化特征契合了农业供给侧结构性改革对资源要素融合发展的需求性，有助于资源要素的融合，或者说有助于农业资源跨界集约化配置，进而在终极意义上能获得较高的劳动生产率和土地产出率，实现农民增收致富。

3. 培育主体。 据联合国有关机构确定的标准，劳动年龄人口中 45 岁及以上的劳动力为老年劳动力，当劳动年龄人口中 45 岁及以上的劳动力比重在 15％以上时为老年型劳动力年龄结构。有统计数据显示，1990 年我国农业劳动力平均年龄为 36.8 岁，2000 年增加到 40 岁，2010 年则超过 45 岁，2016 年接近 55 岁（李道亮，2018）。另据第三次全国农业普查主要数据显示，全国农业生产经营人员总数为 31 422 万人（女性为 14 927 万人），其中年龄在 36～54 岁的农业从业人员为 14 848 万人，年龄 55 岁及以上的农业从业人员为 10 551 万人，而接受过大专及以上教育的农业从业人员仅占 1.2％，接受过高中或中专教育的农业从业人员占比 7.1％，有初中文化水平的农业从业者占比 48.4％，小学及未上过学的从业者合计高达 43.4％（国家统计局，2017）。两组数据综合表明：我国农业从业人员老人化、女性化、劳动力残值化趋势明显，导致农业从业人员结构明显处于老年型劳动力年龄结构阶段，并且"老人农业""女性农业""农盲农业"境况所诱导的无人种地问题正加速传导至"三农"各个方面，并成为乡村振兴爬坡上坎最难啃的硬骨头。

现代农业是智慧农业，是以智慧经济为主导、大健康产业为核心的自动化、个性化、艺术化、生态化、规模化、精准化农业（陈世清，2019），其内涵外延既需要生产手段的现代化、科学技术的现代化，也需要经营模式的现代化、农业服务的现代化、农业资源环境的现代化，更需要农业从业者认知及能力的现代化、农民生活及消费方式的现代化，进而才可能提高农业综合生产力，实现农业强、农民富、农村美。显然，当前"农盲"及女性化、残值化的农业从业人员导致支撑现代农业发展所需的生产型、经营型、技术服务型、社会服务型及技能带动型等各类涉农人才青黄不接，集中表征为农民科技文化水平不高，农民接受应用新技术新知识的能力不强，农民体能不佳、体力不支，对提高小农户农业经营水平和效率，对引导小农户与消费市场与现代农业发展有机衔接困难重重。

另据文献梳理发现，传统小农户主要存在的问题集中体现在如下两方面：一是小农户土地细碎化、经营兼业化、劳动力弱质化、生产经营粗放、农业基础设施薄弱（杨学成，1998；杜润生，2005；费孝通，2006；梁漱溟，2006；于金富，2014；刘彦随，2014；李铜山等，2015；罗必良，2015；李哲等，2018；韩俊，2018；石霞等，2018等）；二是小农户实力太弱难以应对市场竞争，分散经营难以参与现代农业发展，兼业经营缺乏引进先进技术的动力，再生产投入能力弱且劳动边际生产率低（温铁军，2000；刘彦随，2014；罗必良，2015；贺雪峰，2015；柯柄生，2018；刘奇，2018；郭庆海，2018等）。进一步地，可以发现上述问题诱导小农户在市场化商品化的背景下缺失一项重要的特质——生产经营行为及过程的"组织化"（诸如土地细碎分散经营难能规模化经营而组织化建构缺失），进而导致小农户难以适应现代农业"横向集中连片，纵向分工协作"规模化生产需求，揭示农业供给侧结构性改革顺利推进必须加快培育新型农业经营主体，构建组织化的生产经营体系，而这一时代发展需求性与新型农业经营主体"组织化"特性高度契合。新型农业经营主体无论种养大户、家庭农场，还是合作社、龙头企业，其生产经营行为的组织化程度比较高，因为较大规模的生产经营行为会促使经营者积极采取科学的管理方法去组织协调好全盘工作，系统规划好各阶段工作的主次而循序推进，否则可能导致各项工作陷入混乱而组织化程度偏低，进而诱发生产经营行为规模不经济。如农业龙头企业是依照《公司法》设立的具有独立主体资格的企业，农民专业合作社是依据《中华人民共和国农民专业合作社法》举办的自愿联合、民主管理的互助性经济组织，家庭农场是经营工商注册登记的市场主体，一些地区专业大户被纳入认定登记管理范畴，表明新型农业经营主体生产经营过程严格组织管理与分工，强调以组织力构建高效率。

4. 转变方式。"所谓方式即方法和形式。转变经济发展方式说到底是要解决经济为什么要发展、靠什么发展、怎样发展和实现什么样的发展等问题，聚焦发展的目标、手段和路径……"① 根据姜长云的观点，至少可以从需求结构、产业结构、要素投入结构、区域结构和产业组织结构五个维度来观察农业发展方式，其中产业组织结构维度涉及不同类型农业组织之间联结方式调整的问题，本质上讲就是关于农业经营主体生产经营行为面向社会化的问题。传统小农经营目标很大程度上是自给，不存在社会化的问题，农业供给侧结构性改革的支撑力量是有竞争力的农业经营主体，特别是专业化、规模化、集约化的新型农业经营主体，这类农业主体一改传统小农生产经营模式，或基于产业链布局的完整，或基于供应链体系的构建，或基于价值链延展的需要，而必须融入产业、融入区域、融入市场构建与其他经营主体的衔接发展，即完成资本、科技、土地、劳动力、农机具等投入要素的社会化服务采购或供给，及发展的集群化和产业链一体化协同，相反故步自封排斥社会化很难获得发展的上升空间。不同经营主体在农业产业链不同环节上具有显著的比较优势，非比较优势主体市场化背景下理所当然应该借助这类比较优势完成其价值链缔造，比较优势主体更应该充分发挥其比较优势面向其他主体提供社会化服务。这一逻辑不仅内生于市场经济，而且是农业供给侧结构性改革的本质属性。新型农业经营主体社会化特征明显，实践中新型农业经营主体农业社会化服务已经延伸至生产、金融、信息、销售四大类领域，涉及农业生产产前（如生产资料购买服务、良种引进和推广服务）、产中（如育苗育秧服务、机播机种机收等机械化服务、肥料统配统施服务、灌溉排水服务、疫病防疫和统治服务）、产后（如农产品加工服务、农产品运输及储藏服务、产品质量检测检验服务）全过程，并正基于需求与供给的不断延伸而创新发展出日益丰富的有效的农业社会化服务模式。基于此，新型农业经营主体"社会化"特征与农业供给侧结构性改革"转变方式"需求性高度契合，未来新型农业经营主体将引领农业供给侧不断优化经营主体之间的联结方式，实现衔接发展合作共赢。

5. 调整结构。经过多年的增产，我国农产品结构性短缺（如2017年大豆进口9 554万吨）与结构性过剩并存（如2017/2018年度玉米期末库存为23 118万吨），农产品大路货居多，优质高端产品短缺，真正叫得响、有影响力的品牌农产品不多。其中玉米产业，2000—2015年我国玉米播种面积由

---

① 姜长云. 多维视角下的加快转变农业发展方式研究［M］. 北京：中国社会科学出版社，2017：7.

2 305.63 万公顷增加至 3 811.95 万公顷，但其中 2012 年户均玉米经营规模却仅为 2.9 亩；与玉米播种逐年增加相反的是，大豆却呈现逐年递减趋势，如 2001—2015 年由 948.2 万公顷降为 650.6 万公顷，其中 2001 年户均由 3.2 亩降至 2003 年的 2.79 亩。两组数据比较显示，不管是玉米还是大豆种植，一家一户的非专业化小规模家庭经营特征明显，其中尤以东北冷凉区、北方农牧交错区、西北风沙干旱区、太行山沿线区及西南石漠化区之"镰刀弯"地区玉米种植结构不科学最甚，这些地区不仅生态环境脆弱，而且玉米产量低而不稳，但就是在此类"镰刀弯"土地上 2015 年玉米播种面积却高达 1.5 亿亩，不仅产量偏低而且加重了生态环境的恶化。综上，农业供给侧必须依据自然经济社会条件靶向发展生产，农产品优势区域增量提质是根本，非优势区域减量调结构是出路。新型农业经营主体"专业化"特征不仅体征为专门从事农业生产，而且体征为专注于一种或两种农产品的生产，更体征为依据自然及社会经济等生产条件布局优势品种从事专业化生产经营。实践中，相较于传统农户生产"小而全"的特征，家庭农场等新型农业经营主体无论是种养生产还是农机植保服务，都依据天时地利条件集中于农业生产经营的某一个领域、品种或环节，开展专业化的生产经营活动，极尽可能实现生产经营结构靶向区域条件，以获得经济绩效、社会绩效及生态绩效的最大化。由此可见，新型农业经营主体"专业化"特征与农业供给侧结构性改革"调整结构"具有内在一致性，作用农业供给侧结构性改革绩效明显。

新常态背景下，我国农业供给侧的结构矛盾与突出问题主要表现四个方面：一是农产品供求总量结构失衡，二是生产成本快速上升、价格倒挂趋势明显，三是农业资源过度开发问题突出，四是"看得见的手"调控不协调与"看不见的手"调节不充分问题并存。系列问题的解决既要政府调控与市场调节持续协同发力，也需要系列农业经营主体响应并落实农业供给侧结构性改革的战略部署，不断提高农业综合效益和竞争力。其中，新型农业经营主体家庭农场基于经营主体的"家庭性"、农业生产的"专业性"、发展规模的"适度性"、经营绩效的"高效性"及经济地位的"法人性"特质，更能基于制度设计的安排而有利于农业生产的集约化经营、专业化经营、规模化经营和产业化经营，具备推动农业现代化发展微观构建力量的潜质。

第二节　新型农业经营主体绩效评价

绩效评价是指运用一定的评价方法、量化指标及评价标准，对个人、集团和组织目标工作完成效率进行评价的一种测度手段。其中，立足于组织内部评估绩效，是对组织内部门或员工的绩效进行评估，主要为人力资源决策服务，为改善组织的经营管理服务，即人们常说的"绩效管理"[①]。这种绩效评价的方法很多，但认知度最广的主要有传统式特征评定法、单项综合评定法、联系行为评定法和目标定向评价法四种。而立足于组织外部的绩效评估，则是对组织整体经营业绩和运作效率所作的综合性评价，主要为组织战略规划的制定与纠偏，或者为第三方主体科学决策提供依据。这种绩效的评价方法也很多，如针对企业目标创新情况的经济价值增加值法（EVA），针对绩效评价指标选择方法创新的 KPI 法，针对企业目标实现的关键战略维度创新的 BSC 法，以及对多投入、多产出的多个决策单元的效率评价方法——数据包络分析法（data envelopment analysis，DEA）等。

2017 年 7—8 月，本书作者在重庆、四川、湖北、湖南、浙江、江苏等地针对新型农业经营主体种养大户、家庭农场、农民专业合作社、农业龙头企业的经济绩效、生态绩效及社会绩效进行了调研，通过问卷调查、田野调查等方式获取了一手信息。鉴于农业龙头企业和其他三类新型农业经营主体无论是经济绩效，还是生态绩效、社会绩效均具有显著的优势，因此在以下的绩效评价过程中，本文主要以种养大户、家庭农场和农民专业合作社为评价对象，农业龙头企业不纳入评价范畴，但相关资料将作为其他三类主体绩效评价优劣的参考标准。

一、调研情况说明

（一）问卷设计

根据新型农业经营主体调研需求，本书作者于 2016 年起草了"农民专业合作社经济绩效、社会绩效、生态绩效问卷调查表""家庭农场经济绩效、社会绩效、生态绩效问卷调查表""种养大户经济绩效、社会绩效、生态绩效问卷调查表""农业龙头企业经济绩效、社会绩效、生态绩效问卷调查表"四份问卷初稿。最终问卷经请教专家及长江经济带部分区县农委新型农业经营主体管理工作的同志反复讨论和修改定稿，在 2017 年正式启动调研之前，还对问卷进行了多次试调查和问卷填写工作培训。

（二）电话访谈

鉴于人力等资源的有限性，在田野调查的基础上，就长江经济带 9 省 2 市未能实地派人前往田野调查的地区采取了电话调查的方式，以充实调研资料，丰富资信。

（三）问卷填写

问卷填写方式有三种：一是新型农业经营主体负责人自己填写，调研人员回收；二是现场问答采集数据，调研人员记录；三是电话调研人员记录数据。

---

①　何艳桃．现代农业经营组织绩效评估体系研究［J］．西北农业科技大学学报，2012（7）：30.

所有问卷经审查通过后方为合格问卷。

(四) 抽样原则

(1) 本次调研样本重点涉及长江经济带江浙、两湖及川渝三类地区，基本覆盖长江经济带新型农业经营主体发展优中差三种情况，并充分考虑了不同地域农业资源禀赋的差异，及其所产生的新型农业经营主体生产经营现状差异。

(2) 为便于调查组织、节约时间和成本，同时由于随机抽样面临单个县域样本不足的困难，本次新型农业经营主体实地调研依据所调研人员家庭住址随机匹配，各地一般在 2～3 个县内匹配样本。电话访谈则靶向非实地田野调查县域展开。

(3) 为体征新型农业经营主体经营绩效的连贯性，本书借鉴了 2014 年重庆市农业委员会课题"粮食生产适度规模标准及经营机制研究"调查数据资料，及 2015 年重庆市永川区软科学项目"永川区家庭农场生产经营方式转型发展研究"等项目部分资料。

(4) 由于大样本问卷填写必然存在一定程度的缺失值和异常值，在做统计分析时，已做了综合考虑并进行了处理。因此，不同问卷中统计样本会等于或小于有效样本，且不同问卷的情况不尽相同。本次调研共计填写问卷 1 000份，三类地区分别 300 余份，每类地区四类新型农业经营主体分别调研量不尽一致，具体情况由调研人员自行把握，但原则上四类主体必须完备覆盖。最后回收有效样本 857 份，有效回收率 85.7%。

二、新型农业经营主体全要素生产率评价 *

(一) 概念界定

对新型农业经营主体的全要素生产率进行评价，首先需要科学界定全要素生产率的概念。而要明晰这一概念，有必要先弄清楚什么是生产率。生产率（production rate）一词起源于西方，并逐渐传入中国。西方较早的生产率理论多以使用价值的实现为主线，并聚焦于人们所创造财富的增长以及个体间的分工合作。同时，那一时期的生产率理论研究主要涵盖工农业生产领域，且生产率基本等同于劳动生产率。在此基础上，西方经济学界发展了边际生产率理论。然而，由于不同经济学者对生产率的认知存在一定差异，也导致其对生产率的定义有所不同。但总体而言，各定义所阐释的内涵均大同小异，且基本一致，即生产率是指社会生产过程中产出与投入的比率[1]。

＊ 对新型农业经营主体经济绩效的评价主要通过全要素生产率测算获得。

① 孟维华. 生产率的绿色内涵：基于生态足迹的资源生产率和全要素生产率计算［M］. 上海：同济大学出版社，2011.

鉴于所考察的生产要素或测算方法的不同，生产率可划分为以下主要类型：一是依据生产要素的种类，可将生产率细分为劳动生产率、资本生产率、原材料生产率和能源生产率等。二是依据生产要素的数量，可将生产率划分为单要素生产率、多要素生产率和总要素生产率（或称全要素生产率）。其中，单要素生产率是指仅考虑一种要素投入所得出的生产率，即产出量总和与某种要素投入量的比率。多要素生产率是指考虑多种要素投入所得出的生产率，即产出量总和与多种要素投入量的比率。总生产率是指考虑全部要素投入所得出的生产率，即产出总量与全部要素投入量的比率。三是依据测算方法，可将生产率划分为静态生产率和动态生产率。其中，静态生产率是指某一给定时期产出量与投入量的比率，也表示一个测算时期内的生产率绝对水平。动态生产率是指一个测定时期的静态生产率与基准期静态生产率的比值。这种生产率反映了不同时期生产率的变化。该指数大于 1，表示当期生产率相对于基准期是提高的；该指数小于 1，则相反。

由于在早期传统的研究中，通常采用资本和劳动生产率等单要素生产率（single factor productivity，SFP）来表征生产率效率。然而，在实际社会生产过程中，不同的生产要素之间具有一定替代性。譬如，采用劳动代替资本来生产同一数量的产出时，可能会出现因劳动投入量的增加而降低劳动生产率，资本投入量的减少而提高资本生产率的情况[①]。因而，使用 SFP 来反映实际生产情况值得商榷。于是，学术界越来越把目光聚焦到了全要素生产率上。全要素生产率（total factor productivity，TFP），也称总要素生产率，是相对于单要素生产率而言的。通常是指生产活动在一定时间内的效率，是总产量和全部要素投入量之比。其中，总投入要素涵盖了资本、劳动和自然资源等全部生产要素。借鉴已有研究成果，本文认为新型农业经营主体的全要素生产率是指新型农业经营主体在一定时间内的总产量和全部要素投入量的比率。

（二）测算方法

在明确新型农业经营主体的 TFP 概念之后，需要选择合适的方法来测算新型农业经营主体的 TFP。梳理现有文献，发现当前比较流行的 TFP 测度方法是 Malmquist 指数[②]。该指数最早由 Malmquist（1953）提出，并首次阐释了缩放因子概念，即给定消费组合为了达到某一无差异曲面所需要的缩放倍数[③]。然后运用缩放因子之比来构建消费数量指数，因而最初的 Malmquist 指

---

① 李向升. FDI 对广东省制造业全要素生产率增长的影响研究 [D]. 广州：暨南大学，2014.

② MALMQUIST S. Index Numbers and Indifference Surfaces [J]. Trabajos de Estatistica，1953（4）.

③ 章祥荪，贵斌威. 中国全要素生产率分析：Malmquist 指数法评述与应用 [J]. 数量经济技术经济研究，2008（6）：111-122.

数是以一种消费指数呈现的。而且缩放因子和 Shephard（1953）提出的用于生产分析的距离函数是对应的[①]。随后，Caves 等（1982）受到 Malmquist 消费指数的启发，将其引入到生产分析之中，通过距离函数之比构建生产率指数，并将其命名为 Malmquist 生产率指数（此后统称的 Malmquist 指数即为 Malmquist 生产率指数）。考虑到这一指数并未提出测算距离函数的方法，故其更多地体现为一种理论指数。尽管早在 1953 年 Shephard 就提出了类似构成 M 指数基础的距离函数，并且 Farrell（1957）也提出与此类似的技术效率概念[②]，但他们都未找寻到合适的测度方法，这也导致其在很长一段时期内都未得到学界的关注。直到 Charnes、Cooper 和 Rhodes 在 1978 年首次提出数据包络分析法（data envelopment analysis，DEA）并利用线性规划方法来估算技术效率之后，距离函数才得以快速发展。

DEA 主要通过包络生产过程中的所有生产决策单元，得到整个经济系统的生产前沿面，并根据距离函数计算出每个生产单元与生产前沿面的距离，从而对生产决策单元进行生产有效性评价。其具体方法如下：

首先假设有 n 个生产决策单元（Decision Making Units，DMU），每个 DMU_j 都有 m 种投入和 s 种产出，分别用 X_j 表示投入，Y_j 表示产出。

$$X_j = (x_{1j}, x_{2j}, \cdots, x_{mj})^{\mathrm{T}}$$
$$Y_j = (y_{1j}, y_{2j}, \cdots, y_{mj})^{\mathrm{T}}, j = 1, 2, \cdots, n \tag{1}$$

其中，$x_{ij} > 0$ 表示第 j 个 DMU_j 的第 i 种投入，$y_{ij} > 0$ 表示第 j 个 DMU_j 的第 r 种产出，且 $i = 1, 2, \cdots, m$；$r = 1, 2, \cdots, s$；$j = 1, 2, \cdots, n$。

评价第 $j0$ 个 DMU_{j0} 有效性的 C^2R 模型为：

$$(C^2R) \begin{cases} \min\theta = V_D \\ \sum_{j=1}^{n} \lambda_j X_j + S^- = \theta X_0 \\ \sum_{j=1}^{n} \lambda_j Y_j - S^+ = Y_0 \\ \lambda_j \geq 0, i = 1, \cdots, n \\ S^- \geq 0, S^+ \geq 0 \end{cases} \tag{2}$$

式中，X_j 和 Y_j 分别为投入和产出指标，λ_j 为单位组合系数；θ 为模型测算出的相对效率值，S^- 和 S^+ 为松弛变量，且通过这三者来判断 DMU 相对有

① SHEPHARD R W. Cost and Production Functions [M]. Princeton：Princeton University Press，1953.

② FARRELL M J. The Measurement of Production Efficiency [J]. Journal of the Royal Statistical Society，1957（120）：253-281.

效性；当 $\theta=1$，$S^{-0}=0$，$S^{+0}=0$ 时，其对应的 DMU 是 DEA 有效；当 $\theta<1$，且 S^- 和 S^+ 不全为 0 时，则对应的 DMU 是 DEA 无效[1]。

考虑到 DEA 可以直接采用线性优化给出边界生产函数和距离函数的估算，且具有不需要假定函数形式和不受量纲限制等诸多优势，因而该方法被广泛应用于生产分析中，并成为一种重要的测算方法。

在 DEA 方法的基础上，Fare 等（1994）将 Malmquist 指数从理论指数变成了实证指数，并进一步将其分解成技术效率、技术进步和规模效率[2]。基于 DEA 的 Malmquist 指数经过后续众多学者的发展并完善，现已成为一个比较成熟的 TFP 测算方法。因此，本研究采用 DEA-Malmquist 指数方法，测算并评价样本中新型农业经营主体的 TFP。其具体测算方法如下：

根据 Fare 等（1994）和尹希果（2008）[3] 的思路，从 t 期到 $t+1$ 期，测度新型农业经营主体 TFP 变动的 Malmquist 指数表示如下：

$$M_0(x_{t+1},y_{t+1},x_t,y_t)=\left[\frac{d_0^t(x_{t+1},y_{t+1}\mid C)}{d_0^t(x_t,y_t\mid C)}\times\frac{d_0^{t+1}(x_{t+1},y_{t+1}\mid C)}{d_0^{t+1}(x_t,y_t\mid C)}\right]^{1/2} \tag{3}$$

式中，$(x_{t+1}$，$y_{t+1})$、$(x_t$，$y_t)$ 分别表示 $t+1$、t 期的投入、产出向量，d_0^t、d_0^{t+1} 分别为 t 期技术 T^t 参照的 t 期和 $t+1$ 期的距离函数。

分别以 t 期和 $t+1$ 期技术 T^t 为参照，其对应的基于产出角度的 Malmquist 指数的表达式分别为：

$$M_0^t(x_{t+1},y_{t+1},x_t,y_t)=\left[\frac{d_0^t(x_{t+1},y_{t+1}\mid C)}{d_0^t(x_t,y_t\mid C)}\right] \tag{4}$$

$$M_0^{t+1}(x_{t+1},y_{t+1},x_t,y_t)=\left[\frac{d_0^{t+1}(x_{t+1},y_{t+1}\mid C)}{d_0^{t+1}(x_t,y_t\mid C)}\right] \tag{5}$$

为了规避时期选择的随意性可能造成的差异，Caves 等（1982）运用式（4）和（5）的几何均值作为 t 期和 $t+1$ 期生产率变动的 Malmquist 指数的衡量公式[4]。当该值大于 1，表示从 t 期到 $t+1$ 期 TFP 增长，小于 1 表示 TFP 下降，等于 1 表示 TFP 不变。

该指数还可进一步分解为效率提升（EC）和技术进步（TC）效应，其具体表达式如下：

① 魏权龄. 数据包络分析 [M]. 北京：科学出版社，2004.

② FARE R，GROSSKOFP S，NORRIS M，et al. Productivity Growth，Technical Progress and Efficiency Change in Industrialized Countries [J]. American Economic Review，1994（84）：66-83.

③ 尹希果、陈刚. 外商直接投资、国际贸易与中国生产率增长研究：基于非参数 Malmquist 指数的经验分析 [J]. 国际贸易问题，2008（6）：89-97.

④ CAVES D W，CHRISTENSEN L R，DIEWART W E. The Economic Theory of Index Numbers and Measurement of Input，Output and Productivity [J]. Econometrica，1982（50）.

$$M_0(x_{t+1}, y_{t+1}, x_t, y_t) = EC \times TC = \frac{d_0^{t+1}(x_{t+1}, y_{t+1} \mid C)}{d_0^t(x_t, y_t \mid C)} \times$$

$$\left[\frac{d_0^t(x_{t+1}, y_{t+1} \mid C)}{d_0^{t+1}(x_{t+1}, y_{t+1} \mid C)} \times \frac{d_0^t(x_t, y_t \mid C)}{d_0^{t+1}(x_t, y_t \mid C)} \right]^{1/2} \quad (6)$$

此外，利用线性规划方法来估算投入和产出指标各自的距离函数。即需要测算以下四个基于 DEA 的距离函数：

$$\text{函数 1：} \begin{array}{l} [d_0^t(x_t, y_t)]^{-1} = \max_{\varphi, \delta} \varphi \\ \text{s. t. :} -\varphi y_{i,t+1} + \delta Y_{t+1} \geqslant 0; x_{i,t+1} - \delta X_{t+1} \geqslant 0; \delta \geqslant 0 \end{array} \quad (7)$$

$$\text{函数 2：} \begin{array}{l} [d_0^t(x_{t+1}, y_{t+1})]^{-1} = \max_{\varphi, \delta} \varphi \\ \text{s. t. :} -\varphi y_{i,t+1} + \delta Y_t \geqslant 0; x_{i,t+1} - \delta X_t \geqslant 0; \delta \geqslant 0 \end{array} \quad (8)$$

$$\text{函数 3：} \begin{array}{l} [d_0^{t+1}(x_{t+1}, y_{t+1})]^{-1} = \max_{\varphi, \delta} \varphi \\ \text{s. t. :} -\varphi y_{i,t+1} + \delta Y_{t+1} \geqslant 0; x_{i,t+1} - \delta X_{t+1} \geqslant 0; \delta \geqslant 0 \end{array} \quad (9)$$

$$\text{函数 4：} \begin{array}{l} [d_0^{t+1}(x_t, y_t)]^{-1} = \max_{\varphi, \delta} \varphi \\ \text{s. t. :} -\varphi y_{i,t} + \delta Y_{t+1} \geqslant 0; x_{i,t} - \delta X_{t+1} \geqslant 0; \delta \geqslant 0 \end{array} \quad (10)$$

（三）指标选择

投入和产出指标选择是评价新型农业经营主体 TFP 的重要环节之一。借鉴已有的相关研究成果，并结合数据的可获取性，本研究选择的产出指标为总产值（万元）、净利润（万元），投入指标包括土地总面积（亩）、固定总资产（万元）和总支出（万元），其描述性统计见表 4-3。

此外，Cooper 等（2007）指出还需检验投入产出指标数量和样本数量之间的有效性[①]，即满足 $M \geqslant \max\{I \times N, 3 \times (I+N)\}$，其中 M 为决策单元数，I 为投入指标个数，N 为产出指标个数。本研究中 $66 \geqslant \max\{3 \times 2, 3 \times (3+2)\} = 15$，故本研究选择的投入产出指标数量和样本数量具有一定合理性。

表 4-3　投入产出指标的描述性统计（2014—2016 年）

	指标	均值	中位数	标准差	峰度	偏度	最小值	最大值	观测值
产出指标	总产值（万元）	187.259	35.000	449.981	15.598	3.770	0.800	3 000.000	198
	净利润（万元）	61.230	14.500	146.131	19.229	4.120	0.650	1 050.000	198
投入指标	土地总面积（亩）	288.716	50.000	1 009.799	54.023	7.173	2.000	8 820.000	198
	固定总资产（万元）	166.747	27.500	410.126	26.574	4.844	0.750	2 800.000	198
	总支出（万元）	117.709	15.000	317.087	18.042	4.101	0.150	2 000.000	198

---

① COOPER W W, SEIFORD L M, TONE K. Data Envelopment Analysis: Comprehensive Text with Models, Applications, References and DEA-Solver Software [M]. 2nd Edition. London: Kluwer Academic Publishers, 2007.

（四）数据说明

为了更好地评价长江经济带新型农业经营主体的 TFP，本研究根据长江经济带内部不同的区域自然、农业状况，重点对湖南、重庆和四川的新型农业经营主体进行了实地调研，通过实地走访和问卷调查，获得了一手原始调研数据，并运用描述性统计分析方法对其进行了初步整理和分析。考虑到所得数据的完整性和有效性，本研究筛选出 66 个新型农业经营主体，并对其 TFP 进行了测算和评价。

（五）结果分析

基于上述评价模型和指标选择，利用 DEAP2.1 软件对样本中新型农业经营主体的 TFP 进行测算，其测算结果如表 4-4、表 4-5 和表 4-6 所示，并从时间和截面双重维度对其进行系统分析。

1. 家庭农场的 TFP 及其分解结果分析。表 4-4 显示了 2014—2016 年家庭农场的 TFP 及其分解结果。观察表 4-4 可知，从时间维度来看，2014—2016 年样本中家庭农场的 Malmquist 指数为 1.047，增长率为 4.7%，表明考察期内家庭农场的 TFP 整体呈增长趋势，其增长主要得益于技术效率的提升，而不是技术进步。因为技术效率提升的幅度大于技术进步下降的幅度。同时，家庭农场的 TFP 又具有明显的阶段特征。2014—2015 年家庭农场的 Malmquist 指数为 1.046，大于 1，说明该阶段家庭农场的 TFP 呈现增长趋势，2015—2016 年家庭农场的 Malmquist 指数为 1.049，这一阶段家庭农场的 TFP 同样呈现增长态势，但增长幅度有所扩大。从截面维度来看，2014—2016 年凤姐家庭农场的 TFP 为 1.291，是家庭农场中最高的。重庆市永川区唐代秀蔬菜种植家庭农场的 TFP 是最低的，为 0.903。

表 4-4　2014—2016 年样本中家庭农场的 TFP 及其分解

决策单元	2014—2015 年			2015—2016 年			M 均值
	EC	TC	M	EC	TC	M	
南县欣盛花卉	1.017	1.022	1.039	1.051	0.904	0.950	0.994
白塔埠镇中正	0.967	1.034	1.000	1.067	0.988	1.054	1.027
东海县先锋	1.323	0.756	1.000	0.873	1.145	1.000	1.000
张亮种植	1.520	0.665	1.011	0.935	1.103	1.031	1.021
凤姐种植	1.592	0.785	1.250	1.160	1.149	1.333	1.291
常山县永文	1.422	0.745	1.059	0.870	1.144	0.995	1.027
常山县叶家	1.145	1.089	1.246	1.023	1.013	1.036	1.136
常山县瑞宏	1.179	0.992	1.169	1.188	1.003	1.192	1.180
常山县仙文	1.362	0.710	0.967	1.001	1.071	1.073	1.019
常山县森力	1.042	1.044	1.089	0.984	0.998	0.982	1.034

（续）

决策单元	2014—2015 年			2015—2016 年			M 均值
	EC	TC	M	EC	TC	M	
永川区丰航蜜柚	1.563	0.800	1.250	0.970	0.937	0.909	1.066
永川区唐代秀蔬菜	0.948	0.847	0.803	0.885	1.147	1.015	0.903
永川区珀琛食用菌	1.099	1.030	1.132	1.362	0.959	1.307	1.216
婷曦蔬菜	1.001	1.002	1.003	1.171	0.968	1.133	1.066
永川诸发富蔬菜	0.972	0.922	0.896	0.876	1.112	0.975	0.935
内江市青冈岭	1.166	0.763	0.889	0.971	1.031	1.001	0.943
内江市农夫子	1.249	0.680	0.849	0.904	1.106	1.000	0.921
永川区刘绍平蔬菜	1.473	0.679	1.000	0.784	1.138	0.892	0.944
永川区张钦蔬菜	1.240	0.975	1.210	1.021	1.119	1.142	1.176
永川区张如平水果	1.356	0.740	1.003	0.986	1.027	1.013	1.008
永川区蒋万清蔬菜	1.349	0.953	1.286	1.101	1.014	1.116	1.198
均值	1.221	0.857	1.046	1.001	1.048	1.049	1.047

注：表中 EC 表示技术效率，TC 表示技术进步，M 表示 Malmquist 指数，反应 TFP 水平。均值表示几何均值，因为 TFP 是比率的数据，用几何均值比算术均值更为准确。

2. 种养大户的 TFP 及其分解结果分析。表 4-5 显示了 2014—2016 年样本中种养大户的 TFP 及其分解结果。从表 4-5 来看，在总体趋势方面，2014—2016 年样本中种养大户的 Malmquist 指数为 0.948，增长率为 −5.2%，表明考察期内种养大户的 TFP 整体呈下滑态势，其下降主要源于技术进步的下滑，且技术进步下滑的幅度大于技术效率的提升幅度。同时，种养大户的 TFP 也具有明显的阶段特征。2014—2015 年种养大户的 Malmquist 指数为 0.946，小于 1，说明该阶段种养大户的 TFP 呈现下降趋势，2015—2016 年种养大户的 Malmquist 指数为 0.949，这一阶段种养大户的 TFP 同样也出现了下降态势，且下滑幅度收窄。从截面维度来看，2014—2016 年黄文明养鸭大户的 TFP 为 1.112，是种养大户中最高的。文良玖种植大户的 TFP 是最低的，为 0.732。

表 4-5 2014—2016 年样本中种养大户的 TFP 及其分解

决策单元	2014—2015 年			2015—2016 年			M 均值
	EC	TC	M	EC	TC	M	
薛三清	0.729	1.023	0.746	1.010	0.995	1.005	0.866
薛升良	0.933	1.030	0.960	1.198	0.989	1.185	1.067
杨长玖	1.535	0.800	1.228	0.869	0.938	0.814	1.000
周小龙	1.000	0.800	0.800	1.280	0.938	1.200	0.980
陈仙涛	0.848	0.874	0.741	0.846	1.102	0.933	0.831

（续）

决策单元	2014—2015 年			2015—2016 年			M 均值
	EC	TC	M	EC	TC	M	
张河村养殖大户	0.986	1.014	1.000	1.145	0.873	1.000	1.000
侯传保种植大户	0.866	1.155	1.000	0.948	0.993	0.941	0.970
侯传星种植大户	0.866	1.155	1.000	1.138	0.992	1.129	1.063
白塔养殖小区	1.000	1.000	1.000	1.000	0.695	0.695	0.834
陶国木种植大户	1.000	1.026	1.026	0.820	1.030	0.845	0.931
洪文娟种植大户	1.172	0.800	0.938	1.185	0.938	1.111	1.021
陶军华种植大户	1.003	0.997	1.000	0.995	0.985	0.980	0.990
占建华种植	0.983	1.033	1.015	1.108	0.965	1.070	1.042
杨艳西瓜种植大户	0.872	0.919	0.802	0.901	1.035	0.933	0.865
徐羊你西瓜种植大户	0.916	1.034	0.947	1.127	0.959	1.081	1.012
邹水福西瓜种植大户	1.108	1.007	1.116	1.113	0.967	1.076	1.096
徐小明种植大户	1.026	0.943	0.968	0.974	1.044	1.016	0.992
黄文明养鸭大户	1.112	1.213	1.349	1.000	0.916	0.916	1.112
洪春园种植大户	1.338	0.738	0.988	1.121	0.970	1.087	1.036
姜估春种植大户	1.000	1.029	1.029	1.000	1.060	1.060	1.044
张玉鹏山楂种植大户	1.067	0.793	0.846	0.511	0.934	0.477	0.635
廖远兴柑橘种植大户	1.000	0.755	0.755	0.813	0.968	0.786	0.770
余发成养殖	1.000	1.153	1.153	1.000	0.941	0.941	1.042
操石菊种植大户	1.091	0.780	0.851	1.000	1.090	1.090	0.963
操美玲种植大户	1.551	0.653	1.013	0.819	1.122	0.918	0.964
操和青种植大户	0.958	0.798	0.765	0.870	0.938	0.815	0.790
廖虹彩种植大户	0.938	0.800	0.750	1.600	0.938	1.500	1.061
杨发香种植大户	1.453	0.742	1.079	0.816	1.021	0.833	0.948
刘玉金种植大户	1.416	0.754	1.067	0.855	1.090	0.932	0.997
文良玖种植大户	1.000	0.798	0.798	0.667	1.006	0.671	0.732
均值	1.042	0.908	0.946	0.971	0.978	0.949	0.948

注：表中 EC 表示技术效率，TC 表示技术进步，M 表示 Malmquist 指数，反应 TFP 水平。均值表示几何均值，因为 TFP 是比率的数据，用几何均值比算术均值更为准确。

3. 农民专业合作社的 TFP 及其分解结果分析。表 4 - 6 显示了 2014—2016 年样本中农民专业合作社及农业龙头企业的 TFP 及其分解结果。观察表 4 - 6 可知，2014—2016 年样本中农民专业合作社的 Malmquist 指数为 0.963，增长率为−3.7%，表明考察期内农民专业合作社的 TFP 整体呈下滑态势，其下降主要源于技术进步的下滑，且技术进步下滑的幅度大于技术效率的提升幅度。同时，农民专业合作社的 TFP 具有明显的阶段特征。2014—2015 年农民专业合作社的 Malmquist 指数为 0.929，小于 1，说明该阶段专业合作社的 TFP 呈现下降趋势，2015—2016 年专业合作社的 Malmquist 指数为 0.999，这一阶段专业合作社的 TFP 同样也出现了下降态势，且下滑幅度缩小。从截面维度来看，2014—2016 年彭州市傲旺奶牛养殖的 TFP 为 1.130，是农民专业合作社中最高的。南县立敏农机的 TFP 是最低的，为 0.709。

表 4 - 6 2014—2016 年样本中农民专业合作社和农业龙头企业的 TFP 及其分解

决策单元	2014—2015 年			2015—2016 年			M 均值
	EC	TC	M	EC	TC	M	
南县立敏农机	1.001	0.947	0.948	0.538	0.987	0.531	0.709
南县祥和水产	1.472	0.657	0.967	1.032	1.102	1.137	1.049
东海县安锋山	0.892	1.026	0.915	0.951	0.905	0.861	0.888
东海玉峰蛋鸡	1.114	1.011	1.126	1.000	1.028	1.028	1.076
东海县白塔埠镇呈祥	0.907	1.006	0.912	1.162	1.027	1.193	1.043
常山县俊兴食用菌	1.485	0.659	0.978	0.906	1.128	1.022	1.000
常山香群翠冠梨	1.410	0.662	0.933	0.961	1.135	1.091	1.009
常山县三山果蔬	1.387	0.725	1.006	0.961	1.051	1.010	1.008
常山县良美生猪	1.279	0.742	0.950	0.770	1.151	0.886	0.917
彭州市兴欣农业资源	0.855	1.094	0.935	1.145	0.945	1.083	1.006
彭州市傲旺奶牛养殖	1.000	1.158	1.158	1.000	1.103	1.103	1.130
重庆市永川区智京蔬菜	0.992	0.670	0.665	0.938	1.120	1.050	0.836
重庆益保西瓜种植	1.088	0.919	1.000	0.886	1.060	0.939	0.969
重庆市永川区奉福蔬菜	0.656	1.009	0.662	1.034	1.059	1.094	0.851
长洲农业发展有限公司	0.978	0.947	0.926	1.240	0.968	1.200	1.054
均值	1.074	0.865	0.929	0.953	1.049	0.999	0.963

注：表中 EC 表示技术效率，TC 表示技术进步，M 表示 Malmquist 指数，反应 TFP 水平。均值表示几何均值，因为 TFP 是比率的数据，用几何均值比算术均值更为准确。

综上所述，2014—2016 年样本中新型农业经营主体的 TFP 呈现家庭农场、农民专业合作社和种养大户依次递减的格局。其中家庭农场的 TFP 最高，种养大户最低。据此建议重点推广家庭农场这一新型农业经营主体，并加快家庭农场技术进步的步伐，同时稳步提升其内部的技术效率。对于种养大户，不能简单依靠种养规模的扩大，更应注重内部效率的提升和农业生产技术的充分运用，或者升级种养大户为家庭农场，助力转型发展。

三、新型农业经营主体生态绩效评价

党的十八大以来，习近平总书记多次强调：生态兴则文明兴，生态衰则文明衰。要全面推动绿色发展，还给老百姓清水绿岸、鱼翔浅底的景象，为老百姓留住鸟语花香的田园风光。特别是在党的十九大报告中，习近平总书记总结性指出"必须树立和践行绿水青山就是金山银山的理念"，"建设生态文明是中华民族永续发展的千年大计"。而在2018年全国生态环境保护大会上，习近平总书记也曾明确指出，当前"生态文明建设正处于压力叠加、负重前行的关键期，已进入提供更多优质生态产品以满足人民日益增长的优美生态环境需要的攻坚期，也到了有条件有能力解决生态环境突出问题的窗口期"。可见，建设生态文明是关系中华民族永续发展的根本大计，功在当代、利在千秋，关系人民福祉，关乎民族未来，在各行业各领域坚持产业发展与生态保护双轮驱动已经成为国之所向、民之所盼，也只有充分尊重自然、顺应自然、保护自然，才能推动形成人与自然和谐发展现代化建设新格局，创造幸福、文明、和谐的新生活。

为确保生态文明建设系列工作顺利跨越一些常规性和非常规性关口，习近平总书记指出新时期推进生态文明建设，必须坚持好以下六个原则：一是坚持人与自然和谐共生，坚持节约优先、保护优先、自然恢复为主的方针，像保护眼睛一样保护生态环境，像对待生命一样对待生态环境，让自然生态美景永驻人间，还自然以宁静、和谐、美丽。二是绿水青山就是金山银山，贯彻创新、协调、绿色、开放、共享的发展理念，加快形成节约资源和保护环境的空间格局、产业结构、生产方式、生活方式，给自然生态留下休养生息的时间和空间。三是良好生态环境是最普惠的民生福祉，坚持生态惠民、生态利民、生态为民，重点解决损害群众健康的突出环境问题，不断满足人民日益增长的优美生态环境需要。四是山水林田湖草是生命共同体，要统筹兼顾、整体施策、多措并举，全方位、全地域、全过程开展生态文明建设。五是用最严格制度最严密法治保护生态环境，加快制度创新，强化制度执行，让制度成为刚性的约束和不可触碰的高压线。六是共谋全球生态文明建设，深度参与全球环境治理，形成世界环境保护和可持续发展的解决方案，引导应对气候变化国际合作①。

综上，加大生态系统保护力度，无疑不是建设美丽中国、为人民群众提供更多优质生态产品的重大举措，因此在推动绿色发展，全面加强生态环境保护

---

① 习近平. 新时代推进生态文明建设，习近平要求这样干［J］. 理论与当代，2018（6）：53.

上，我国建立起了生态保护红线、环境质量底线、资源利用上线和环境准入负面清单硬约束制度框架。就农业产业而言，在农业生产全过程全要素推动绿色发展，统筹山水林田湖草系统，永续利用好农业的资源宝库和生态价值，因地制宜发展生态农业、现代农业，增加农业生态产品供给，提高农业生态服务能力，让老百姓种下的"常青树"真正变成"摇钱树"，让更多的老百姓吃上"生态饭"[①]，基于此，《乡村振兴战略规划（2018—2022年）》从强化资源保护与节约利用、推进农业清洁生产、集中治理农业环境突出问题等方面提出推动形成农业绿色生产方式、实现投入品减量化、生产清洁化、废弃物资源化、产业模式生态化发展，切实提高农业生产可持续发展能力。

特别是在推动长江经济带发展关系国家发展全局，对实现"两个一百年"奋斗目标、实现中华民族伟大复兴的中国梦具有重大意义的背景下，推动和实现经济带农业产业绿色发展，探索农业产业生态优先、绿色发展的新路子，在我国经济已由高速增长阶段转向高质量发展的阶段下，更具有重大意义。2018年习近平总书记在深入推进长江经济带发展座谈会上指出，长江经济带生态环境形势依然严峻，表征为流域生态功能依然严重，长江"双肾"洞庭湖、鄱阳湖频频干旱见底，接近30%的重要湖库仍处于富营养化状态，长江生物完整性指数到了最差的"无鱼"等级。除了固体危废品跨区域违法倾倒，污染企业向上游转移等工业领域产生的污染外，农业领域的点面源污染及其农业浇灌非科学用水等问题的长期大量存在，也是长江经济带生态环境形势依然严峻的关键影响因子。基于此，长江经济带农业产业必须坚决摒弃以牺牲环境为代价换取一时农业经济发展的做法，必须走一条生态优先、绿色发展的新路子，即要破除旧动能和培育新动能，推动农业产业质量变革、效率变革、动力变革，不断推进农业供给侧结构性改革，使长江经济带天更蓝、山更绿、水更清、环境更优美，让绿水青山就是金山银山的理念在长江经济带更加充分地展现出来。

下面，本节将结合调研数据分析长江经济带家庭农场、种养大户、农民专业合作社生产经营过程的生态绩效差异，为长江经济带农业产业绿色发展提供修正参考。

针对新型农业经营主体生态绩效的评价，将从生态农产品生产、农用物资购置情况、农业资源利用情况、对自然环境的影响四个方面选取对应指标进行综合评价。其中，生态农产品生产涉及无公害农产品或绿色农产品或有机农产品的生产销售情况，农用物资购置情况包括环保型农药、化肥、农膜使用情况，农业资源利用情况主要基于农业用水的视角进行考察，对自然环境的影响

---

① 韩俊. 新时代做好"三农"工作的新旗帜和总抓手 [J]. 求是，2018 (5)：14.

包括农业废弃物资源化处置情况、周边农户感官评价等方面。

（一）生态农产品生产

生态农产品是指在保护、改善农业生态环境的前提下，遵循生态学、生态经济学规律，运用系统工程方法和现代科学技术，集约化经营的农业发展模式所生产出来的无害的、营养的、健康的农产品，如蔬菜瓜果、大米小麦、鸡鸭鱼肉等各类农产品。因此可以将生态农产品产出量作为评价农业经营主体生产经营过程生态与否的一项指标。下面，本节将以 2016 年长江经济带部分家庭农场、种养大户、农民专业合作社无公害农产品或绿色农产品或有机农产品之生产量，及其占全年农产品生产量的比重来反观及评价农业经营主体的生态绩效。

表 4-7 显示，三类新型农业经营主体生态农产品之生产量占总产出比重的关系如下：农民专业合作社优于家庭农场，家庭农场优于种养大户，其中农民专业合作社均值为 88.5%，家庭农场均值为 78.2%，种养大户均值为 31.6%。进一步推导可得出家庭农场生态绩效稍逊于农民专业合作社，但明显优于种养大户。

统计表明，家庭农场生态农产品的生产量接近农民专业合作社水平，种养大户均值则远远落后于前两者，此揭示出种养大户生产经营过程唯有数量而缺少质量，在供给侧结构性调整及 2018 年农业高质量发展年的背景下，很难再适应产业及消费市场发展的需求，必须在产业布局、经营模式革新、农业技术导入等多方面切实实现自我变革。另一方面，家庭农场与农民专业合作社均值虽然较高，但在社会主要矛盾"已经转化为人民日益增长的美好生活需要和不平衡不充分的发展之间的矛盾"之当口，人民群众对高质量棉油糖、肉蛋奶、果菜茶、水产品等重要农产品的需求日益强烈，农业供给侧必须进一步提高供给质量，其中作为供给侧重要主体，特别是起着微观构建主体力量的广大家庭农场，必须进一步趋势而为转变发展方式，优化种植、养殖结构，转换增长动能而不断提高农产品供给质量，走一条绿色发展、生态优先的农业产业化发展之路。

（二）农用物资购置情况

本文选取购买环保型农药支出、农药总支出、环保型化肥支出、化肥总支出、农膜支出几项数据比较家庭农场、种养大户、农民专业合作社生态绩效，并以 2016 年各项支出数据与年总支出数据所占比重进行分析评价（表 4-8），主要基于比重值的测度衡量环保型农药所占农药总支出大小、环保型化肥所占化肥总支出大小，及农药支出与化肥支出所占年总支出比重来衡量生态绩效，鉴于样本新主体所从事种植、养殖领域有的涉及农膜的使用，有的不涉及农膜的使用，因此该项指标仅作为一项修正指标给予参考。

表4-7 2016年样本中新型农业经营主体生态农产品生产情况（部分）

新型农业经营主体	生态农产品生产量（千克）	生态农产品占全部农产品产量的比重（%）
瑶晨蔬菜种植家庭农场	18 000	90
张亮种植家庭农场	250 000	60
常山县水文家庭农场	100 000	65
常山县那块地家庭农场	65 000	100
常山县仙文家庭农场	4 000 000	52
占建华种植大户	33 000	28
杨艳种植大户	1 500	15
邹水福种植大户	34 500	24
黄文明养殖大户	45 000	40
洪文娟种植大户	50 000	25
刘玉金种植大户	3 800	70
常山县良美生猪专业合作社	26 000	25
常山香群翠冠梨合作社	16 000	100
康宏光蔬菜合作社	250 000	90
湖北邦农粮油种植专业合作社	982 500	80
南县民信水稻种植专业合作社	2 635 500	100
港良生猪养殖家庭农场	420 000	100
凤姐种植家庭农场	15 000	70
常山县瑞宏家庭农场	35 000	45
常山县锦园家庭农场	3 000	100
常山县森力家庭农场	180 000	100
江根水稻种植大户	75 000	24
徐你你种植大户	32 500	21
徐小明种植大户	38 000	24
洪春园养殖大户	48 000	25
文良玖种植大户	3 000	60
张玉鹏种植大户	30 000	23
常山县俊兴食用菌专业合作社	7 000	100
常山县三山果蔬专业合作社	30 000	100
南县富强生态蔬菜合作社	400 000	100
南县下柴市蔬菜产销专业合作社	50 000	90
南县联旺蔬菜产销专业合作社	2 000 000	100

表 4 - 8　2016 年样本中新型农业经营主体农资购置情况（部分）

新型农业 经营主体	农药支出比重（%）		化肥支出比重（%）		农药、化肥 支出比重 合计 （%）	农膜支出 占年总支出 比重 （%）
	农药总支出 占年总支出 比重	环保型农药 支出占年总 支出比重	化肥总支出 占年总支出 比重	环保型化肥 支出占年总 支出比重		
先锋家庭农场	8.0	8.0	4.0	4.0	12.0	8.0
恒杰家庭农场	6.0	5.0	10.0	7.5	16.0	1.0
福泽家庭农场	0.8	0.4	3.0	3.0	3.8	4.0
中正家庭农场	2.0	0.8	7.0	3.8	9.0	/
锦园家庭农场	10.0	10.0	8.0	8.0	18.0	/
那块地家庭农场	13.0	12.0	14.0	14.0	27.0	/
永文家庭农场	9.0	9.0	10.0	10.0	19.0	/
凤姐家庭农场	34.0	34.0	32.0	32.0	68.0	/
张亮家庭农场	8.5	8.2	12.0	12.0	20.5	3.0
欣盛花卉农场	1.4	1.2	1.7	1.4	3.1	24.0
白塔翻水站大户	16.0	16.0	33.0	16.0	49.0	16.0
侯传保大户	7.2	4.0	10.0	8.0	17.2	1.6
侯传星大户	7.2	4.0	10.0	8.0	17.2	2.4
尹兰静大户	10.0	5.0	10.0	6.0	20.0	20.0
孙启动大户	25.0	25.0	10.0	4.0	35.0	3.0
洪春园大户	7.0	7.0	24.0	22.0	31.0	12.0
徐小明大户	27.0	23.0	61.0	58.0	88.0	24.0
姜佑春大户	0.7	0.8	57.0	14.0	57.7	0.0
张玉鹏大户	3.0	0.0	7.0	0.0	10.0	0.0
廖远兴大户	7.0	5.3	33.0	13.0	40.0	0.0
操美玲大户	4.0	3.3	0.0	0.0	4.0	0.0
操和青大户	13.0	0.0	25.0	0.0	38.0	4.0
操石菊大户	3.0	0.0	40.0	0.0	43.0	/
三山果蔬合作社	32.0	32.0	28.0	28.0	60.0	13.0
翠冠梨合作社	8.5	8.5	10.0	10.0	18.5	/
下柴稻业合作社	1.0	0.05	3.0	2.6	4.0	0.6
国平蔬菜合作社	8.1	4.5	15.4	7.2	23.5	3.6
下柴蔬菜合作社	4.6	1.7	8.4	4.4	13.0	6.6
邦农粮油合作社	1.0	1.0	7.7	7.1	8.7	0.1
富强生态蔬菜合作社	2.7	2.7	1.4	1.4	4.1	0.2

表 4-8 显示，种养大户环保型农药支出所占比重均值为 71.8%，环保型化肥支出均值为 46.6%，农民专业合作社环保型农药支出所占比重均值为 87.1%，环保型化肥支出均值为 82.1%，而家庭农场环保型农药支出所占比重均值达到了 95.6%，环保型化肥支出均值为 94.1%，两项数据综合比较，家庭农场环保型农药化肥购置支出占年总支出优于种养大户与农民专业合作社，进一步表明家庭农场生态绩效优于二者。此外，农膜支出方面，统计结果所示，种养大户支出量大于农民专业合作社，基本推定农民专业合作社大于家庭农场（家庭农场原始调查表此项部分数据缺失，另据《中国家庭农场发展报告 2017 年》针对全国 31 个省市的监测样本显示，78.34% 的种植类家庭农场及 79.74% 的粮食类家庭农场采取回收处理的方式）。另据《全国家庭农场监测报告（2016）》监测显示，在种植类家庭农场中，41.63% 的家庭农场亩均化肥施用量（农药使用量为 46.17%）低于周边农户……在粮食类家庭农场中，37.99% 的农场的亩均化肥施用量（农药使用量为 40.96%）低于周边农户……这表明，与周边农户相比，种植类（包括粮食类）家庭农场更加注重节约生产成本，更加关注农业生态效益①。综上，我们可以基本作出如下推定：基于农用物资视角的考察，家庭农场的生态绩效优于农民专业合作社，农民专业合作社优于种养大户。

据有关数据统计显示，我国化肥使用量每年大约为 5 800 万吨，但利用率不到 40%，农药使用量每年大约为 175 万吨，利用率不超过 20%，农膜 2015 年使用量为 260.4 万吨，残留平均值在 60～90 千克，最高值为每公顷 165 千克，近乎 50% 的农膜残留农地。农药过量使用，农药利用率低下及农膜残留率居高不下，造成农地、水体、大气等生态环境污染持续加剧，暴露出农业资源利用与生态环境保护的严峻问题。为此，2018 年 6 月《中共中央 国务院关于全面加强生态环境保护坚决打好污染防治攻坚战的意见》指出："……减少化肥农药使用量……严格控制高毒高风险农药使用，推进有机肥替代化肥、病虫害绿色防控替代化学防治和废弃农膜回收……到 2020 年，化肥农药使用量实现零增长。"意见显示，农药、化肥、农膜严控减量零增长是我国全面加强生态环境保护必须打赢的一场硬仗，因为这是应对农业面源污染加剧、保障人们舌尖上安全的需要，这是应对生态系统不断恶化、人为及自然灾害频发的需要，这是应对资源透支生态超载、经济社会发展受阻碍的需要，这是应对替代农业路径探索、走现代农业发展道路的需要……基于此，长江经济带新型农业经营主体必须按照高质量发展要求，以改善生态环境质量及种植、养殖动能为

---

① 农业部农村经济体制与经营管理司，中国社会科学院农村发展研究所．中国家庭农场发展报告 2017 年 [M]．北京：中国社会科学出版社，2017：71．

核心，采取坚持种植和养殖相结合，就地就近消纳利用禽畜养殖废弃物等生态发展方式，实现并恒定农药化肥减量零增长，不断增强需求侧消费者的生态环境获得感、幸福感和安全感。

（三）农业资源利用情况

在自然界中，不可再生资源是有限的，应当科学合理地加以开发利用，可再生资源的"再生"也是有条件的。对可再生资源，如果无节制地开发利用，也会使其遭到破坏甚至枯竭。因此，必须处理好农业资源开发利用与保护的关系，在自然承载限度内和确保永续利用的前提下科学合理地开发利用农业资源，争取以较少的农业资源消耗获得较高的农业生产效益。其中农业用水问题最为显著，对"用占全球 8％的淡水养活全球 22％的人口，且农业用水占全国总用水量的 60％以上，加之农业灌溉用水有效利用系数低（中国为 0.52，发达国家为 0.8 左右）"的中国而言，更具有水资源开发利用与保护的重大现实意义。基于此，本节将基于 2016 年农业灌溉用水情况考察的视角，分析评价三类主体的生态绩效。

综上，所调研区域三类新型农业经营主体节水灌溉落后，除个别主体部分耕作区实现了节水灌溉，三类主体农业生产经营过程鲜有发展节水灌溉农业（此结论与 2016 年经济日报社中国经济趋势研究院新型农业经营主体调查结论"节水灌溉技术在种植业家庭农场、种植业合作社的普及率较低"契合），沿用"大水漫灌"或"靠天浇灌"等传统方式，一方面导致农业生产效益低下，更为重要的是水资源科学利用认知及实践素养与能力低下，在水资源保护及其关联生态环境建设方面严重落后农业发达国家（以色列农业用水有效利用率为 95％以上，我国仅为 40％左右），并进一步衍生出一系列生态环境问题。尽管 2016 年我国节水灌溉超额完成新增高效节水灌溉任务，一大批节水灌溉工程切实发挥了惠民生、保生态的基础性作用，但就全国 18 亿亩耕地而言，数据显示，截至 2017 年 3 月全国节水灌溉面积仅为 4 亿多亩，其中仅 2.9 亿亩实现了高效节水，到 2020 年实现农田灌溉水有效利用系数达到 0.55 以上，任务依旧艰巨。仅就长江经济带而言，节水灌溉滞后因素大抵有四方面的原因：一是财政扶持力度薄弱（现有设备维护资金乏力，新增灌溉设备建设资金到位力有不济），二是缺乏专业技术力量支撑（表征为现在技术力量专业技术水平较低，整体素质差），三是尚未形成农业推广体系（受管理体制不健全影响，致大多数管理人员没有经过专门的技术培训，缺乏充足的管理经验，进而导致节水灌溉推广体系难以形成），四是长江经济带水资源丰富，农业经营主体节水灌溉认知薄弱（经营主体缺乏足够的水法律和节约用水的意识，尚未充分认识到水资源有限和缺水危机，大水漫灌等浇灌思维根深蒂固）（表 4-9）。

表4-9 2016年样本中新型农业经营主体农业用水情况（部分）

新型农业经营主体	耕种面积（亩）	节水灌溉面积（亩）	新型农业经营主体	耕种面积（亩）	节水灌溉面积（亩）
东海县白塔埠镇中正家庭农场	380	0	东海白塔镇福泽家庭农场	110	20
东海恒杰家庭农场	180	0	先锋家庭农场	108	0
常山县叶家庭农场	35	0	常山县文家庭农场	300	0
凤姐家庭农场	40	0	张亮家庭农场	500	0
重庆市永川区古雪陇水果种植家庭农场	60	0	重庆市永川区笑天蔬菜种植家庭农场	52	0
重庆市合川区瑶晟蔬菜种植家庭农场	60.12	43	常山县仙文蔬菜种植农场	600	0
重庆市永川区诸发富蔬菜种植家庭农场	80	0	重庆市永川区益伟贵蔬菜种植家庭农场	50	0
白塔翻水站西瓜草种植大户	10	8	孔庆云草莓西瓜种植大户	25	10
陶国木种植大户	15	0	陶军华西瓜种植大户	14	0
洪文娟种植大户	400	0	徐小明种植大户	15	0
邹水福种植大户	11	0	徐羊你种植大户	10	0
杨艳种植大户	30	0	江根水种植大户	15	0
张玉鹏种植大户	20	0	姜佑春种植大户	20	0
东海县安峰山农业合作社	1 200	0	东海泽丰稻麦种植专业合作社	2 000	0
南县菱荷源藕带产销合作社	2 000	0	南县广利源生态果园种植合作社	550	200
常山俊兴食用菌专业合作社	60	0	常山香群翠冠梨合作社	200	200
南县康宏光蔬菜产销专业合作社	1 000	0	湖北邦农粮油种植专业合作社	4 600	2 920
南县下柴市蔬菜产销专业合作社	500	0	南县下柴市稻业专业合作社	2 860	0

（四）对自然环境的影响

据农业农村部统计资料显示，我国每年秸秆产量高达 9 亿吨，但综合利用率平均不到 40%，所产生物能浪费相当于 7 亿亩土地的投入产出和 6 000 亿元的收入被白白损失掉，同时基于就地焚烧和随意丢弃等不合理处置方式，不但浪费了生物资源和能源，而且带来了更为严重的环境污染问题。与此同时，我国禽畜养殖废弃物年产量约为 38 亿吨，但综合利用率不足 60%，禽畜养殖废弃物不仅有大量的氮、磷等营养元素未被有效地资源化利用，反而基于排放处理规划不到位等原因给环境带来了严重的点面源污染危害，特别是在生态优先及农村人居环境综合整治等大背景下，生猪等禽畜养殖业在不少地方几乎就成了人人喊打的"过街老鼠"，致使产业发展基于不科学的养殖方式而备受诟病，影响着农业生产的健康发展。因此，种植、养殖农业废弃物环境友好型利用与否是衡量经营主体生产过程生态与否的一项重要指标，特别是在转变农业增长方式和自然环境保护方式，促进农业可持续发展，在实行最严格的生态环境保护制度，大力推进生态文明建设的今天，农业经营主体坚定不移走生产发展、生活富裕、生态良好的生态文明发展道路，从根本上寻找一种秸秆与禽畜排泄物资源化利用的实现方式，达成种间物能利用效能的最大化，进而协调人类和自然的关系，消解经济发展与环境保护之间的矛盾，被视为经营主体产业发展环境保护的内在担当。

统计资料显示，三类主体农业废弃物无害化、资源化处理农民专业合作社优于家庭农场、家庭农场优于种养大户。需要指出的是，三类主体统计数据较高的农业废弃物资源化利用率，大部分是低层次的利用，诸如秸秆作为能源焚烧，蔬菜边角料喂猪，禽畜排泄物水产养殖等，没有依据物质循环利用能量逐级降损实现废弃物的多层级利用，没有构建废弃物资源循环利用的食物链及其食物网络。此外，较高的满意度是主体周边农户认为该新型农业经营主体没有影响到自身生产生活而做出的感性判断，但这种判断从环境保护的角度予以考量是经不起推敲的。

综上，三类主体生产经营行为对自然环境的影响虽然问卷结果显示较为满意，但基于田野调查的资料分析，基于农业龙头企业有关数据的比对分析，及基于生态文明建设和生态环境保护层面进行系统考察，三类新型农业经营主体环境友好型发展尚需持续改进的地方还较多。正如 2016 年经济日报社中国经济趋势研究院新型农业经营主体调查结果表明："在废弃物利用与处理方面，进行废物再利用比例的家庭农场和农民专业合作社比例均不高，46.05% 的家庭农场和 37.5% 的种植业合作社有对废弃物进行回收利用，56.25% 的合作社没有对农业废弃物进行回收利用，还有 6.25% 的合作社没有听说过回收利用这一说法，"诸如直接排放禽畜粪便、就地焚烧秸秆

表4-10 2016年样本中新型农业经营主体生产经营对自然环境影响情况（部分）

新型农业经营主体	废弃物是否无害化、资源化处理	处理比例（%）	周边农户满意度
东海港良健生猪养殖场	是	100	满意
南县三仙湖常洲家庭农场	是	100	满意
常山县瑞宏家庭农场	是	80	满意
常山县锦园家庭农场	是	85	一般
重庆市合川区磊晟蔬菜种植家庭农场	否	95	满意
先锋种植家庭农场	是		一般
东海县白塔埠镇中正家庭农场	是	100	满意
重庆市永川区诸发富蔬菜种植家庭农场	是	80	满意
浙江张尧亮家庭农场	是	80	满意
薛运良种植大户	是	85	满意
廖远兴种植大户	是	80	满意
李建平养殖大户	是	80	满意
操石兵种植大户	是	50	满意
周小龙养殖小区	是	80	满意
张河村养殖小区	否	75	一般
操利青种植大户	是		满意
操合明种植大户	是	40	较满意
南县联旺蔬菜产销专业合作社	是	98	满意
南县富强生态蔬菜种植专业合作社	是	88	满意
东海玉峰蛋鸡养殖专业合作社	是	70	满意
南县下柴市稻业专业合作社	是	92	满意
湖北邦农粮油种植专业合作社	是	50	一般
常山县三山果蔬专业合作社	是	95	满意
南县广利源四季果园种植专业合作社	是	100	满意
南县浪拔河何烈家庭农场	是	84	满意
常山县森力家庭农场	是	100	满意
常山县那块地家庭农场	是	95	满意
常山县仙文家庭农场	是	100	满意
常山县叶家家庭农场	是	80	满意
东海恒杰家庭农场	是	100	满意
东海白塔镇福泽家庭农场	是	100	一般
重庆市永川区益伟贵蔬菜种植家庭农场	是		满意
凤姐家庭农场	是	75	满意
操石菊种植大户	是	80	满意
薛三清种植大户	是	92	满意
文良玖种植大户	否	20	一般
杨发香种植大户	否		满意
新元村生态园	是		一般
周文山种植大户	是	10	满意
操美玲种植大户	是	70	一般
徐千你种植大户	是	75	较满意
南县民信水稻种植专业合作社	是	99	满意
常山县良美生猪专业合作社	是	90	满意
东海县白塔埠镇呈观蔬菜种植专业合作社	是	90	满意
南县唐宏光蔬菜产销专业合作社	是	100	满意
常山香群翠冠梨专业合作社	是	100	满意
南县菱荷藕产销专业合作社	是	80	满意
	是	100	满意

等不环保处置方式还大量存在，甚至于一些主体即便建有沼气发酵设施，但鉴于三沼产物（沼渣、沼液、沼气）不能用、不会用、不给用等实际情况的存在而随意排放现象严重，并至少产生了三方面危害：一是易产生严重的沼气中毒及爆炸事件，酿成安全隐患；二是易造成大气水体土壤二次污染，形成生态宜居肠梗阻；三是物质能量未尽其用而有悖沼气工程建设目的，产生资源浪费（表 4-10）。

四、新型农业经营主体社会绩效评价

通俗地理解，社会绩效即社会责任，表征为企业为地区经济社会发展的贡献率，企业为地区人口就业率的带动情况，企业为当地政府税收的贡献情况等方面。新型农业经营主体的社会绩效就是新主体在发展农业生产过程中对区域社会责任的履行情况。下面将依据调研资料从定量与定性两个层面进行综合分析。

（一）基于调研资料的定量评价

本文考察了种养大户、家庭农场、农民专业合作社在生产发展效能、劳动力就业、技能培训、捐款及税收、农产品社会认证、组织及产品满意度等方面的社会责任履行情况，相关数据统计如下：

所调查的农民专业合作社平均常年用工 27.85 人，带动的农户数量平均为243.15 户（主要体现在生产资料购买、农产品销售、资金、技术等方面的支持），农民专业合作社面向社员开展科技文化知识培训平均 7.75 次，农产品获得各类认证平均 1.2 个，纳税及捐款平均 3.14 万元（所调研资料显示仅有35%的农民专业合作社纳税或捐款），此外市场或农产品经纪人对农民专业合作社的农产品满意度平均为 75.5%。

所调查的家庭农场常年平均用工 4.9 人，带动的农户数量平均为 22 户，农产品获得各类认证平均 0.9 个，纳税及捐款平均 525 元（所调研资料显示仅有 10%的家庭农场纳税或捐款），市场或农产品经纪人对合作社农产品满意度平均为 80%。

所调查的种养大户常年平均用工 5 人，带动的农户数量平均为 5 户，农产品获得各类认证平均 0.6 个，纳税及捐款平均 432 元（所调研资料显示仅有28%的大户纳税或捐款），市场或农产品经纪人对合作社农产品满意度平均为 80%。

（二）基于调研资料的定性评价

基于促进区域经济社会发展的视角，所调研三类新型农业经营主体在如下四项能力上有不同的社会绩效体征差异。

一是构建现代农业产业体系作用差异。构建现代农业产业体系是推进我国

农业现代化建设的重要举措，故而体系的完备与否在一定程度上体现着农业现代化建设水平。新型农业经营主体是现代农业产业体系中的重要组成部分，其对农业现代化建设的作用是显著的。显然，农民专业合作社、家庭农场、种养大户均是现代农业产业体系的重要支撑，但基于其特征及功能的不同，所具有的作用是有显著差异的。调研及相关资料分析显示，尽管农民专业合作社具有整合与延伸农业产业链，提高农业综合效益的能力，但面向整个农业产业而言，现目前 200 余万家农民专业合作社数量仍旧稍显拮据，加之"空壳社""僵尸合作社"等挂牌现象的大量存在，农民专业合作社发展质量总体不高，及一些合作社管理运行不规范，与农民的利益联结不紧密，甚至存在盘剥农民利益的情况，凡此种种给合作社整体形象带来了不利影响，进而在点上甚至某些区域面上无助于现代农业产业体系的构建。本书作者在重庆永川某镇街调研时发现，尽管花名册上该区域拥有近 10 家农民专业合作社，但实际运行的却为零，而类似情况绝非个案，尤其在长江经济带龙尾省份较为突出，其自然对进一步延长农业产业链，协调供应链，实现全产业链发展，作用于现代农业产业体系的构建力大打折扣。较之合作社数量及质量的差强人意，家庭农场基于其经营主体的家庭性、农业生产的专业性、发展规模的适度性、经营绩效的高效性、经济地位的法人性之五大特性而更具现代农业产业体系构建的支撑力，表征为"发挥着对小规模分散经营农户的示范引领作用，带动小规模分散经营农户向采用先进科技和生产手段的方向转变，提高农业生产集约化水平[①]"，进而串联农业经营主体延长产业链，构建现代农业产业体系。种养大户与家庭农场大抵具有相似的主体特征（除法人资格外），相较于传统小农户，专业大户不仅有规模，而且其技术水平、科技含量及机械化水平有明显的提高。但基于其非适度的规模性及其最大化利润价值的逐利天性，专业大户农业生产经营行为对资源环境的索取存在吃干榨净的嫌疑，导致其作用于现代农业产业体系的构建力稍逊色于家庭农场，综合显示家庭农场面向经济社会发展的社会绩效显著。

二是实现农业规模化经营作用差异。研究表明，农业生产经营规模存在一个数值的拐点，超过该数值则农业规模不经济而经营绩效内卷化，低于该数值则农业资源要素未能最大化利用，存在较大浪费，概括起来即农业生产经营行为必须依据要素数量丰度与结构效度两个变量实现适度规模化。家庭农场五大特征之一是适度规模化，从其被定义之初即内含了适度规模化特性，进而在提高普通农户的农业生产经营水平方面发挥着重要的示范效应，是小规模农户提

---

① 李显刚. 新型农业经营主体实践研究 [M]. 北京：中国农业出版社，2018：41.

高农业生产经营水平的示范带动者①。前述新型农业经营主体全要素生产绩效评价显示，2014—2016 年样本中新型农业经营主体的 TFP 呈现家庭农场、农民专业合作社和种养大户依次递减的格局，表明家庭农场适度规模化绩效优于农民专业合作社与种养大户，进而家庭农场规模化效益最优，农民专业合作社和种养大户依次次之，亦表明家庭农场基于适度规模化特质所内生的经济最大化社会效益显著。

三是促进农业可持续发展作用差异。制度健全、运行规范、服务能力好的农民专业合作社无疑有助于农业可持续发展，但目前基于管理运行不规范等问题的存在，农民专业合作社促进农业可持续发展的效能值得商榷，特别是大量"空壳社""僵尸合作社"的存在，限制了其作用的进一步发挥。种养大户一般具有较大的经营规模，在地租、人工费用等农资不断上涨的情况下，要实现盈利就必须最大限度地挖掘土地产出效益，并拒绝长远获利对土地的投资，即使采取与资源环境保护性利用相左的利用方式也在所不惜，因为土地是其流转租赁来的，这种尽乎榨取的利用方式对资源环境具有极大的伤害，自然导致农业不可持续。

四是提高农民组织化程度作用差异。农民专业合作社是新型农业经营体系的生力军，其所具有的资源要素聚合力可以解决农民办不了、办不好及其不经济的问题，其组织作用主要体现在对其他农业经营主体的"联结效能"上。家庭农场适度规模化特征促使其在各地均有显著的适应能力，并基于《关于实施家庭农场培育计划的指导意见》的实施，全国范围内家庭农场的举办数量及质量年年创历史新高，其组织作用体现在农业规模化经营在全国范围内的普及，未来将构建起以家庭农场为核心的生产、加工、服务体系，将农业生产经营行为整合在涉农产业链组织框架体系下。《关于实施家庭农场培育计划的指导意见》进一步指出，要"把符合条件的种养大户、专业大户纳入家庭农场范围"，言下之意大户仅仅是家庭农场的初级版，其所具有的组织效能势必逊色于家庭农场。可见，在农民专业合作社、家庭农场、种养大户三类主体中，家庭农场具有承上启下的作用，联结纽带作用突出，对提高农民的组织化程度也最具明显效能。

第三节　新型农业经营主体作用农业供给侧结构性调整影响力综合评价

上节基于经济绩效、生态绩效及社会绩效的评价表明，种养大户、家庭农场、农民专业合作社各有优劣，但总体而言家庭农场优势明显。本节将结合评

---

① 李显刚 . 新型农业经营主体实践研究［M］. 北京：中国农业出版社，2018：10.

价结果进一步就新型农业经营主体作用于农业供给侧结构性调整的影响力开展综合性评价。

一、三类主体经济绩效综合评价

全要素生产率评价显示，新型农业经营主体家庭农场、农民专业合作社和种养大户的 TFP 呈现依次递减的格局，其中家庭农场的 TFP 最高，种养大户最低，进一步表明家庭农场经济绩效优于农民专业合作社，农民专业合作社优于种养大户。家庭农场优于两者的原因如下：

家庭农场是以农户家庭为基本经营单位，以家庭成员为主要劳动力，以适度规模的农、林、牧、渔等产业为劳动对象，以高效的劳动、商业化的资本和现代化的技术为生产要素，从事农业规模化、集约化、商品化生产经营，实行自主经营、自我积累、自我发展、自负盈亏和科学管理，以农业收入为家庭主要收入来源，并经工商注册登记的新型农业经营主体[①]。其主要有以下几个特质：家庭经营（具有家庭经营所内生的灵活决策机制、行为相应的自觉性以及激励相容的自我执行机制）、适度规模化（边际效益最大化）、市场导向（面向市场组织生产）。自 2007 年版《中华人民共和国农民专业合作社法》公布以来，农民专业合作社如雨后春笋般蓬勃发展，并已成为现代农业建设的中坚力量（截至 2017 年 4 月底，全国依法登记农民专业合作社 188.8 万家，是 2007 年底农民专业合作社法颁布施行初期的 73 倍，平均每个行政村有近 3 家农民专业合作社，入社农户占全国农户总数的 46.1%，社均成员 60 户[②]）。但是，我们也应清醒地认识到，一些农民专业合作社存在管理不民主、凝聚力泛散、财务制度不健全、农业技术导入偏低等问题，甚至出现许多“空壳社”“挂牌社”“家庭社”，导致农民专业合作社实际运行的数量及质量偏低，影响和制约了合作社的健康发展。此外，农民专业合作社成员以小农户为主，种养大户及家庭农场偏少，导致合作社基础构建失稳，影响了农民专业合作社整体质量。种养大户存在一味追求规模的问题，忽视了质量发展，导致规模不经济。如在 2016 年一份本书作者针对重庆市永川区粮食生产适度规模标准的调研结论显示，300～500 亩适度规模化经营种粮边际效益最大化，而 50～74 亩、100～130 亩，及大于 500 亩的种粮大户明显存在规模不经济的问题，特别是大于 500 亩的种粮大户明显存在边际效益递减的内卷化态势，其中统计数据显示种

---

① 浙江省农业教育培训中心．家庭农场创建与发展［M］．北京：中国农业科学技术出版社，2014.

② 全国人大农委法案室．权威解读：农民专业合作社法修订草案解读［EB/OL］．［2017-06-28］．http://www.npc.gov.cn/npc/xinwen/2017-06/28/content_2024799.htm.

植规模大于 500 亩的 10 名大户，其规模效率为 0.7 左右，较大幅度低于 1，并且 10 名大户规模效率明显呈现随着规模的增加而规模效率递减的曲线走势。综上，大户非适度规模化经营的特点在一定程度上是导致其经济绩效偏低于家庭农场的主要诱因。此外，偏重发展的数量而轻视发展的质量也是大户普遍存在的问题，加之财务核算、科学种养等对规模发展支撑力度的乏力，种养大户经济绩效水平滞后于家庭农场不言而喻。

二、三类主体生态绩效综合评价

生态绩效之生态农产品生产情况统计分析表明，农民专业合作社优于家庭农场，家庭农场优于种养大户；环保型农药购置情况显示家庭农场优于农民专业合作社，农民专业合作社优于种养大户；节水灌溉三类主体水平均偏低；农业废弃物无害化与资源化处理农民专业合作社优于家庭农场，家庭农场优于种养大户。综合表征辨判可以得出如下结论：现有水平下家庭农场生态绩效优于农民专业合作社及种养大户，但置于一二三产业大背景下，新型农业经营主体无论种养大户、家庭农场抑或农民专业合作社之生态绩效水平均偏低，甚至局部地区成为点面源污染产生的主因。另据 2016 年《新型农业经营主体发展指数调查报告》针对全国 26 个省（自治区/直辖市），包括 321 家农民专业合作社样本，839 家家庭农场样本，114 家农业产业化龙头企业样本的调研显示：新型农业经营主体环保意识有待培养提高，表征为节水灌溉技术在种植业家庭农场、种植业合作社的普及率较低；农业废弃物循环利用家庭农场和农民专业合作社比例均不高。

深入分析新型农业经营主体环保意识认知缺位或不到位及能力短缺的原因，首先，近半个世纪以来致力于提高农产品产量的农业生产化学化、石油化生产方式的转型，是重要的影响因子；其次，在 2012 年生态文明建设被提升为国家发展战略之前，有关农业生产绿色发展的机制体制及政策环境落地效能欠佳，导致农业生产绿色发展的正向激励与负向激励融合发展水平落后，并进一步传导影响新型农业经营主体生成惯性发展认知；再次，基于市场的失灵，导致农业化学化、石油化的负外部性及生态农业绿色发展的正外部性均无法从农产品价格反映出二者本质差别，进而在逐利本能的驱动下愈加刺激了农业化学化、石油化……综上，人多地少食物需求大，资本的逐利及市场的失灵，政府调控机制力不济等原因被业界视为生成农业污染最主要的原因，这也是新型农业经营主体生态绩效低下的主要诱因。

由此可见，在生态文明建设压力叠加及负重前行的关键期，在已进入提供更多优质生态产品以满足人民日益增长的优美生态环境需要的攻坚期，及解决突出生态环境问题的窗口期，新型农业经营主体必须认知革新形成绿色发展思维，提升实践能力、科学种养技术，调整产业结构、生产方式及生活方式，给农业生产环境及诸要素留下休养生息的时间和空间。

三、三类主体社会绩效综合评价

调研数据综合显示，三类新型农业经营主体社会绩效农民专业合作社优于家庭农场，家庭农场优于种养大户。针对这个问题的分析，必须回到三类主体性质上进行辨识。

家庭农场是指依法注册的以家庭成员为主要劳动力，从事农业规模化、集约化、商品化生产经营的，并以农业收入为家庭主要收入来源的新型农业经营主体。因此家庭农场这一新型农业经营主体具有经营主体的家庭性、农业生产的专业性、发展规模的适度性、经营绩效的高效性、经济地位的法人性之"五大特征"。而种养大户是指在家庭承包责任制的基础上，农业生产经营者把其所拥有的生产要素投入到农业中去进行产业开发经营，并形成较大规模市场运作的农业经营实体单元。因此种养大户必须具有以户为单位、专业突出及有相当规模三个特点，规模性是其最鲜明的特点，但规模性越是显著就越是促使大户专注于农业生产利润的追求，而鲜少关注促进劳动力就业、农业生产技能培训、社会事业捐款等为内容的社会责任之履行。家庭农场由于需要注册登记，并在运行过程中需要每年网上年检营业执照，这给家庭农场规范化的有作为的生产经营行为形成正向约束，进而引导家庭农场经营者力所能及地积极从事其社会责任体系建设，其社会绩效自然优于种养大户。

此外，农民专业合作社是指在农村家庭承包经营基础上，农产品的生产经营者或者农业生产经营服务的提供者、利用者，自愿联合、民主管理的互助性经济组织。特别是 2018 年 7 月 1 日起所实施的新修订的《农民专业合作社法》，不仅明确合作社的市场主体地位，而且赋予了社员更多元化的出资形式，同时增加了联合社，拓展了经营范围，进而确保了合作社运行更加规范，这意味着农民专业合作社可以作为平等市场主体参与经济活动，将拥有与公司同等的市场主体资格、法律地位，使得合作社参与市场经济的行为活动有法可依。进一步地，系列特点及资源整合的能力保障了合作社具有更多的财力物力及精力参与社会责任体系建设，特别是在乡村振兴"乡风文明"及"治理有效"等总要求下，更能多元化地融入农村产业、文化、治理、民生、生态等为内容的乡村发展建设事业之中，推进农业全面升级、农村全面进步、农民全面发展。从这个角度分析，农民专业合作社社会绩效必然优于种养大户及家庭农场。

众所周知，受国内物质成本、人工成本、土地成本"三本齐升"，及近十年国际农产品价格"暴涨-暴跌-反弹-下行"过山车式走势影响，我国主要农产品连续多年的产量、进口、库存呈现"三量齐增"走势，导致农业供给侧与市场需求出现结构性错位，表现为农产品大路货泛滥而高质量农产品短缺，有需求性的农产品短缺而需求乏力的农产品库存积压严重等问题普遍存在。业界众多专家学者均指出，破解农业供给侧问题的关键在于补短板，诚然在数量型发展模式下，我国农业产业既存在农业基础设施建设之短，也存在农业生态环境之短，要实现量到质的转变，推动农业产业高质量发展，需要补齐农产品生产、销售、加工等系列环节存在的诸多短板，但关键的问题是短板由谁来补？谁是补短板的主体？农业供给侧结构性改革补短板的依靠力量如何建构？农业生产周期长、季节性强、受自然及社会环境影响明显，因此在农业供给侧结构性改革背景下，无论是破解"三量齐增"还是"三本齐增"，关键是要培育壮大新型农业经营主体。孔祥智（2014）认为新型农业经营主体是我国农业现代化的主导力量，并具有"不断提高集约化水平、提高土地生产率、劳动生产率和资金生产率，延缓农业'老龄化'进程，以及实现农业市场化、品牌化、绿色化"① 三大作用。已知新型农业经营主体有种养大户、家庭农场、农民专业合作社及农业龙头企业，那么哪一类新主体才是农业供给侧结构性调整补短板的主要依靠力量？或者说新主体间构建怎样的一种结构关系才能予以调结构坚实的支撑？罗必良（2014）指出，创新农业经营体制前提是"坚持家庭经营在农业中的基础性地位"，即家庭经营仍然是新型农业经营体系的基础，其原因在于农业活动的主体必须依据生物需要的指令来做出有效反应，而且由于生命的不可逆性所内含的极强时间性或生命节律，决定了农业组织要比工业组织必须更具有反应的灵敏性与灵活性的信息决策机制……而家庭经营所内生的灵活决策机制、行为相应的自觉性以及激励相容的自我执行机制，使其在农业生产活动中具有了天然的合理性与得天独厚的组织优势②③。可见，家庭农场基于其反应的灵敏性与灵活性而内生的信息决策机制必将成为农业现代化变革的主导力量，构建起新型农业经营体系。需要指出的是，并不是家庭农场将取代农民专业合作社或龙头企业，而是种养大户将逐渐转化为家庭农场，进而以家庭农场为基石，构建为农民专业合作社或成为龙头企业的微细胞，成为农业规模化经营的有科技元素导入、能延缓"老龄化"、能实现市场化、品牌化、绿色化的基础构建力量。

综上，基于新型农业经营主体种养大户、家庭农场、农民专业合作社经济绩效、生态绩效与社会绩效的考察，可以得出如下结论：家庭农场是种养大户

---

① 孔祥智. 新型农业经营主体的地位和顶层设计 [J]. 改革，2014 (5)：32-33.

② 罗必良. 家庭经营仍是新型农业经营体系基础 [J]. 中国合作经济，2014 (3)：5.

③ 罗必良. 论服务规模经营：从纵向分工到横向分工及连片专业化 [J]. 中国农村经济，2017 (11)：7.

的升级版，并且是构建农民专业合作社及农业龙头企业"公司＋农户"之重要的构建基石，在构建现代农业生产经营体系中是最牢固不可破的并最具有发展潜力的微观构建单元。因此，以家庭农场为改革及发力的基点，在农业供给侧结构性调整促进高质量发展的进程中，及在乡村振兴产业兴旺、生活富裕建设中，将基于家庭农场种养结构的调整、家庭经营集约化方向的转变，成为提高农业生产经营行为组织化、社会化水平最坚实的微观基础，实现乡村经济社会多元化发展，成为农业供给侧结构性调整及乡村振兴的重要支撑力量。

第四节　基于影响力评价的新型农业经营体系家庭农场主体地位分析

基于新型农业经营主体作用于农业供给侧结构性调整的综合影响力评价表明，家庭农场是种养大户的升级版，并且是农民专业合作社及农业龙头企业"公司＋农户"之重要的构建基石，在构建现代农业生产经营体系中是最牢固不可破的并最具有发展潜力的微观构建单元，被视为新型农业经营体系的构建主体。那么，为什么家庭农场被视为新型农业经营体系的构建主体？在农业供给侧结构性改革过程中将肩负怎样的作用？下面将从规模经济性理论基础、农业生产特性及资源优化配置效能三方面就家庭农场的主体地位展开论述。

一、制度设计——基于家庭经营基础性地位固化的视角

我国农村的基本经营制度是家庭联产承包责任制，该制度是农民以家庭为单位，向集体经济组织承包土地等生产资料和生产任务的农业生产制度安排。在该制度框架下，农户家庭是承包集体土地的基本单位，农民能够自主决定种什么、怎么种、如何卖、卖给谁，生产的收益则全部由自己来支配，这就使得农民家庭成了农业生产经营的真正主体[①]。家庭联产承包责任制之所以能在1991年被确定为农村的基本经营制度，并在1992年载入《宪法》，这与土地的家庭承包在农村迅速落实有直接关系。1980年11月初，全国农村实行包产到户的生产队比重占到15％，1982年6月该比重上升到67％；到1983年末，全国农村已有93％的生产队实行了这种责任制，已有1.75亿户农户实行了包产到户，包产到户在所有责任制中的比重达到97.8％；1984年末进一步上升到98.9％[②]。四年间，全国农村实行包产到户的生产队比重增加了83.9个百分点，年均以20.98个百分点的增速攀升。体现到粮食产量上，我国粮食产量从

① 陈锡文. 读懂中国农业农村农民［M］. 北京：外文出版社，2018：90-91.
② 余向东，张伟宾. 家庭联产承包：农村改革启大幕［N］. 农民日报，2018-12-07.

3.05 亿吨增加到 6.16 亿吨，特别是 1978—1984 年，我国粮食产量由 3.05 亿吨增加到 4.07 亿吨，增长了 1.02 亿吨，农民收入水平同期增长了 2.69 倍（国家统计局，2012）。种种迹象表明，家庭联产承包责任制不仅极大地促进了农民生产的积极性，提高了农业生产效率，而且为改革开放的成功奠定了坚实的基础。

综上，家庭联产承包责任制的优越性显而易见，因而必须作为农村集体经济组织的一项基本制度长期稳定下来坚持下去。但是，由于家庭联产承包责任制规模太小而不具备规模经济性，在本质上归属小农经营范畴，与现代农业发展所需的市场化、规模化和专业化南辕北辙，而渐次表现出家庭联产承包责任制基于制度优势所凝聚的内生能量已基本耗尽，这对我国经济社会的持续快速发展，特别是对农业供给侧调整、精准扶贫、乡村振兴等国家战略的实施形成了阻碍，表现为"三农"难题破解难、"三农"创新动力增强难、"三农"发展优势厚植难。因此，正如 1991 年颁布的《中共中央关于进一步加强农业和农村工作若干重大问题的决定》所指出的，"……把家庭联产承包责任制……作为我国乡村经济组织的一项基本制度长期稳定下来，并不断充实完善"。显然，在其制度优势逐渐耗尽的当下，已经到了"不断充实完善"的节点。对此，我国从理论及实践层面进行了广泛的探讨。其中实践层面我国先后两次进行改造，第一次是集体化时代的农业合作化，第二次是近年来各地积极推动的规模经营。相较于实践探索，理论研究成果可能更为丰硕，其中一类观点认为，建立和完善面向家庭联产承包责任制下小农户的农业社会化服务体系有助于实现与现代农业发展有机衔接（孔祥智，2017；陈锡文，2018；韩长赋，2018；姜长云，2018；崔红志等，2018；等）；也有观点认为家庭联产承包责任制下小农户与现代农业发展衔接是技术形态优化、组织形态优化、人力形态优化、制度形态优化、服务形态优化、产业形态优化等多要素共同表达的函数（李铜山，2015；张红宇，2018；郭庆海，2018，蒋永穆，2018；苑鹏，2018；等），表现为以"土地规模经营＋服务规模经营"，或"农民组织化＋服务规模化"，或"技术＋组织"的办法予以改造（王贵宸，1999；宋圭武，1999；吴敬琏，2004；张晓山，2007；高帆，2008；黄祖辉，2009；党国英，2015；罗必良，2016；李国祥，2017；孔祥智，2018；陈锡文，2018；郭庆海，2018；等）。

综上，无论是基于实践的探索还是理论的思辨，对家庭联产承包责任制的"不断充实完善"基本导向规模经营。其中适度规模化经营家庭农场最为引人侧目，其原因在于：家庭农场基于经营主体的家庭性、农业生产的专业性、发展规模的适度性、经营绩效的高效性、经济地位的法人性，家庭农场具备家庭联产承包责任制制度框架下替代家庭承包小农经营的绝对优势，更能基于制度设计的安排有利于农业生产的集约化经营、专业化经营、规模化经营和产业化经营，成为推动农业现代化发展的微观基础。以之为依托，我国农业产业将彻底变革传统家庭承包小农经营为基础的经营体系，改变小农经济对现代财税供给能力乏力所导致的基层组织对现代政治体系支持不力的景观，改变以家庭联产承包责任制和以农产品提价为内容的超常规增长手段所释放的能力已基本耗尽，所产生的我国农业产出自我增长能力逐渐丧失的问题，改变工业化、城镇化深入推进背景下，农村劳动力大量转移进城可能对农民家庭造成的持久性伤害，即"386199"部队不断壮大而无法满足人类个体最基本的共同生活和安居要求的问题[①]。更为重要的是，基于家庭农场的优越性，将构建起以家庭农场为微观基础，合作社为核心单元，农业企业为引领龙头的现代农业经营体系，形成"家庭农场-合作社-农业龙头企业"为主体的现代农业经营体系，全面推进农业现代化健康发展，加快补齐农业现代化短板，推动农业现代化与新型工业化、信息化、城镇化同步协同发展。

正基于家庭农场在家庭联产承包责任制下对小农经营完美替代的显著优越性，1987年中央5号文件《把农村改革引向深入》指出，"在京、津、沪郊区、苏南地区和珠江三角洲，可分别选择一两个县，有计划地兴办具有适度规模的家庭农场……"这是家庭农场在国家文件中的首次出现。2008年党的十七届三中全会通过的《中共中央关于推进农村改革发展若干重大问题的决定》再次提出，"有条件的地方可以发展专业大户、家庭农场、农民专业合作社等规模经营主体"。2013年中央1号文件《中共中央 国务院关于加快发展现代农业进一步增强农村发展活力的若干意见》全文八次提及家庭农场，家庭农场始在华夏大地如雨后春笋般蓬勃发展，也是在这份文件中，首提新型农业经营主体及构建新型农业经营体系。此后党的十八届三中全会再次强调加快构建新型农业经营体系，并将农业企业纳入新型农业经营主体范畴，形成了种养大户、家庭农场、农民专业合作社及农业企业四种主体类别。

尽管系列文件强调新型农业经营体系的构建需要借助种养大户、家庭农场、农民专业合作社及农业企业协同发力，但基于我国农业基本经营制度（家庭联产承包责任制）的设计与安排，四类主体的作用及地位具有显著的区别。党的十八届三中全会提出"坚持家庭经营在农业中的基础性地位"，进一步地《乡村振兴战略规划（2018—2022年)》第十三章"建立现代农业经营体系"指出："坚持家庭经营在农业中的基础性地位，构建家庭经营、集体经营、合作经营、企业经营等共同发展的新型农业经营体系，发展多种形式适度规模经营，发展壮大农村集体经济，提高农业的集约化、专业化、组织化、社会化水平，有效带动小农户发展。"从两份文件精神我们可以得出如下结论：我国农业经营形式

---

① 马华，姬超，等. 中国式家庭农场的发展：理论与实践［M］. 北京：社会科学文献出版社，2015.

必须坚持家庭经营的基础性地位。就种养大户、家庭农场、农民专业合作社及农业企业四类主体而言，只有种养大户和家庭农场是家庭经营，其中农民专业合作社是合作经营，农业企业是企业经营，因而两者不具备家庭经营基础性构建资格，但将在新型农业经营体系构建中发挥农业产业产前产中产后提升农业经营"社会化水平"的作用。此外，种养大户虽隶属家庭经营范畴，但基于大户土地流转的非规范性，市场主体资格的非法人性，生产行为的盲目扩张性，导致其生产绩效内卷化趋势明显而成长性不足，因而仅被视为家庭农场的初级版。

综上，家庭农场基于制度设计的安排，在四类新主体中具有显著的家庭经营基础性构建力比较优势，这也使其成为新型农业经营体系主体地位的重要原因。此外，国际经验亦表明，家庭农场也是农业经营形式的主流，是绝大多数农业发达国家的重要经营主体，如法国家庭农场在农业经营者中占比为88％，德国为77％，欧盟15国平均水平为88％，美国为86％，日本农业一直以家庭经营的农场为主体，加拿大也是以家庭农场为主①。

二、生长发育——基于农业自然生产特性的考察与分析

农业生产是自然再生产与经济再生产的统一，是人类有意识利用植物、动物和微生物等农业生物的生长发育机能，以获得生产生活所必需的农产品和其他物质资料的过程。为此农业生产必须依赖植物、动物和微生物生长发育特点靶向组织生产实践活动，导致农业生产过程人工调节很难如同工业生产一样实现程序化。罗必良曾经典论述了农业生产的这一特性，"由于农业活动是一种以生命适应生命的复杂过程，并且这一不容间断的生命连续过程所发出的信息，不但流量极大，而且极不规则，从而导致对农业的人工调节活动无法程序化……但农业活动的主体必须根据生物需要的指令来做出有效反应，而且由于生命的不可逆性所内含的极强时间性或生命节律，决定了农业组织要比工业组织必须更具有反应的灵敏性与行动的灵活性。这种灵敏性与灵活性所带来的生产不确定性，需要有灵活的信息决策机制，由此决定了与之相对应的经济组织不可能是大规模的。"② 正基于对农业生产特性的分析，罗教授得出"家庭经营具有天然合理性"的结论，这一结论内含着适度规模化经营要义。

进一步地，靶向家庭农场这一特性可以得出如下结论：一是生命生长发育的节律性决定农业生产季节性特征明显，要求有灵活的信息决策机制与激励相容的自我执行机制动态适时介入生产管理，这就决定了农业生产不可能是大规模的，而适度规模化的家庭农场不仅具备灵活的信息决策机制，同时兼具激励

---

① 张云华．读懂中国农业［M］．上海：上海远东出版社，2015：172.
② 罗必良．家庭经营的性质及其产权含义［J］．世界农业，2014（3）：193.

相容的自我执行机制，显示家庭农场与农业生产特性具有天然合理性；二是农业生产对土地的依赖性极强，土地既是农业生产的载体，也是农业生产的劳动对象和资源，但在人多地少资源约束力大的背景下，农业生产土地规模化面临农地流转的多重约束，并可能面临流转农户"逆向选择"诱导的规模经营安全感缺失或受到损害，同时基于不同生物立地条件千差万别的各异化特征，决定生命适应生命的生命连续过程必须"因地制宜"以及"分散化"处理，而不可能横向连片规模化任意扩大。这决定了农业生产必须适度规模化，而家庭农场正好契合这一需求性特点。据《中国家庭农场发展报告2017年》基于全国2 957个有效监测样本的统计表明，经营规模500亩以下的家庭农场数量累计占比为有效检查样本的80.11％，其中1 144个粮食类家庭农场中平均土地经营面积为420.56亩。此外，江苏提出粮食类家庭农场适宜规模为100～300亩，上海松江、浙江慈溪等地提出100～150亩，安徽提出200亩。实践证明，大规模农业很难做到灵活精细化生产管理，及雇工难以计量边际劳动与边际贡献，进而可能衍生监督成本攀升及诱发集体性偷懒行为，此亦反向佐证适度规模化家庭农场更适宜当前的制度安排及农业生产实践。

三、资源配置——基于农业生产要素效能最大化的考量

家庭农场在生产经营过程中是以家庭为单位实施资源配置的，主要涉及资金、劳动力、土地、农业技术等资源配置。综合比较新型农业经营主体资源配置情况，本研究认为家庭农场最具资源优化配置优势，具体情况如下：

1. 和种养大户的比较分析。种养大户是指在种植或养殖规模方面明显大于当地传统农户的专业化种植或养殖农户，其明显特征是规模经营、专业化生产、雇工经营。现阶段对种养大户认定的标准差别比较大，并没有严格的统一标准及明确的定义，且边界比较模糊。也正因为缺乏认定标准，伴随着经营规模的不断扩大，种养大户集约化水平却渐次内卷化，表征为管理传统、粗放而边际效益呈现递减趋势。

下面以重庆永川种粮大户2014年水稻种植绩效情况为例进行说明。

2014年，永川区水稻种植大户有123户，种植面积17 181.51亩、户均139.69亩。本次调查在123户规模种稻大户中，选取具有代表性的17户大户进行投入产出效益分析。按照种植规模大于等于1 000亩、500～1 000亩、300～500亩、100～300亩、50～100亩、50亩以下，及普通农户几个规模层次进行分类，其投入产出效益分析结果如表4-11所示：其中种稻大户亩平均物化成本为199.0元/亩、劳动力成本572.6元/亩、土地租金439.8元/亩、总成本1 211.4元/亩，稻谷平均单产530.9千克/亩、亩产值1 327.2元/亩、种稻直接利润115.8元/亩，各项政策性综合性补贴229.01元/亩，大户种稻

表4-11　永川区2014年水稻种植大户产量效益调查统计分析

单位：元/亩

种稻面积	种粮效益							政策性补贴							大户种稻收益
	物化成本	劳力成本	土地租金	生产总成本	亩产（千克/亩）	亩产值	亩纯利	大户补贴	良种补贴	农资综合直补	种子补贴	肥料补贴	农药补贴	补贴合计	
所有大户平均	199.0	572.6	439.8	1 211.4	530.9	1 327.2	115.8	135.21	15.0		37.6	26.2	15.0	229.01	344.81
①≥1 000亩	214.5	648.3	500.0	1 362.8	523.3	1 308.3	-54.5	147.56	15.0		54.5	16.9	15.0	248.93	194.43
②500~1 000亩	197.5	572.5	480.0	1 250.0	505.0	1 262.5	12.5	147.56	15.0		52.5	22.1	15.0	252.11	264.61
③300~500亩	192.3	591.7	520.0	1 304.0	530.0	1 325.0	21.0	147.56	15.0		54.0	31.0	15.0	262.53	283.53
④100~300亩	198.6	601.3	429.0	1 228.9	538.8	1 346.9	118.0	147.56	15.0		52.4	36.8	15.0	266.69	384.69
⑤50~100亩	188.3	478.3	380.0	1 046.7	533.3	1 333.3	286.7	124.23	15.0		0	0	15.0	154.23	440.89
⑥50亩以下	204.0	515.0	300.0	1 019.0	550.0	1 375.0	356.0	77.56	15.0		0	55.0	15.0	162.56	518.56
普通农户	160.0	515.0	0	675.0	550.0	1 375.0	700.0	0	15.0	82.4	0	0	15.0	112.44	812.44

备注：1. 土地租金稻谷支付价2.4元/千克；2. 大户稻谷收益（出售价）2.5元/千克；3. 2014年雨水较多，抽水费用较低；4. 肥料补贴与大户承租的项目重要性和是否蓄留再生稻有关。

综合利润 344.81 元/亩。

统计结果显示，随着规模的增加，水稻亩产效益呈现递减趋势，即规模大于等于 1 000 亩的大户纯获利最低（-54.5 元/亩），且远低于大户平均值 115.8 元/亩；而 50 亩以下的大户纯获利 356.0 元/亩，是大户平均亩获利值的 3 倍；普通农户最高，达到 700.0 元/亩，是大户亩平均获利值的 6 倍。即便加上政策性补贴，规模大于等于 1 000 亩的大户收益也比规模为 50 亩以下的大户收益少 173.75 元/亩，仅为其收益的 66%。比对结果表明，大户存在明显的规模不经济问题，分析规模不经济的深层次原因，可归结为资源优化配置效率偏低，表征为农业老龄化问题突出（老人务农问题突出），农民组织化程度偏低（农民专业合作社或社会化服务组织缺失），农业基础设施严重滞后（农业保灌能力差、农田细碎化坡度大），农业机械化水平低（大中型农机装备少），农村金融发展滞后（贷款融资难，农业保险覆盖面小、赔付低，保险范围难以扩大）。郑风田等撰文亦指出，制约大户发展的问题主要有两个方面：一是种养大户社会服务体系不健全，表征为农资、农技、保险、质检、用电、用地等服务不配套；二是对种养大户的金融扶持力度不足①。

家庭农场的显著特点是适度规模化经营，各地就农场规模依据区域自然及经济社会发展条件出台了相应的指导意见，努力将其规模值限定在了边际效益最大化所能最易生成的阈值范围，因此可以看出家庭农场天生就具有资源要素效能最大化的潜质，加之其经营主体的家庭性、农业生产的专业性、经济地位的法人性等特征，家庭农场成员"人人为我，我为人人"式的亲缘分工组织方式，更能最大限度地激发成员实现资源的最大化效能利用，促使家庭农场在适度规模化范围内资源利用率及获利边际效益最大化。基于此，家庭农场资源配置效率显著优于种养大户。

2. 和农业龙头企业的比较分析。 相较于其他新型农业经营主体，农业龙头企业具有较强的经济实力、先进的生产经营能力和现代化的组织管理能力，不仅可以直接与现代大市场对接交易，而且对其他农业经营主体具有引领带动作用，促进农业现代化建设绩效明显。作为企业经营型的农业组织，农业龙头企业具有现代企业的显著优点，但同时也被打上了"雇工及监督成本高"的缺点。农业龙头企业所雇劳动力一般按天计酬，换言之所雇用劳动力没有剩余索取权，只有死工资及业绩奖励绩效，因此雇用人员积极性难能被全然激发，而仅以完成任务内工作为限，甚至个中也存在诸如集体机会主义衍生的集体偷懒行为。一方面诱发劳动生产率难以提高，另一方面导致农业企业监督成本增加，

---

① 郑风田，张璟，乔慧，等. 我国新型经营主体发展现状、问题与对策：来自山东省 496 个调查样本分析 [J]. 农业经济与管理，2016（2）：32.

进一步地在监督与被监督间形成恶性循环，诱发消极效应及诚信危机，使企业资源利用率偏低。

家庭农场是以家庭成员为劳动力，以农业收入为主要来源的农业经营单位。言下之意家庭农场成员劳动绩效与农场经济绩效呈正相关关系，具有激励相容的自我执行机制，即如上所言家庭农场成员"人人为我，我为人人"式的亲缘分工组织方式，更能最大限度地激发成员实现资源的最大化效能利用，促使家庭农场在适度规模化范围内资源利用率及获利边际效益最大化。因此，这一机制原生的动力会促使家庭农场经营者积极优化资源配置，采取科学的管理手段强化生产经营行为，以实现经济效益的最大化。基于此，从资源效用最大化层面上讲，家庭农场优于农业龙头企业，这也是其构建新型农业经营体系主体地位的显著优势所在。

3. 和农民专业合作社的比较分析。农民专业合作社，是指在农村家庭承包经营基础上，农产品的生产经营者或者农业生产经营服务的提供者、利用者，自愿联合、民主管理的互助性经济组织。从其概念可知农民专业合作社是合作经营组织，是以小农户、种养大户、家庭农场等农业经营主体或服务主体为成员的联合组织，表明农民专业合作社在新型农业经营体系中不具备主体地位，不能成为新型农业经营体系的构建基石。综合比较，只有家庭农场才具备新型农业经营体系主体构建的条件及资格。

综上，基于文献梳理、家庭经营基础性地位制度设计的分析、农业生产特性及资源优化配置的考察表明，家庭农场对新型农业经营体系的构建力明显。此结论暗合了杜志雄教授基于全国家庭农场发展情况的监测和研究而关于家庭农场地位的论述，"家庭农场作为农业新型生产经营主体的主要构成成分之一，是中国现阶段众多农业新型经营主体中'最适宜'和'最合意'的农业生产经营主体。'最适宜'是说，它作为新型农业生产主体，适应了中国整体经济发展以及作为中国经济主要产业部门的农业的历史性变化，适宜于中国超小规模农业未来的发展走向，尤其适宜于农业生产的自然和经济特征；'最合意'是说，家庭农场的经营特征及其实际表现说明，家庭农场最合前面所提到的'现阶段中国现代农业发展目标和任务之意'"。①

---

① 杜志雄. 家庭农场：乡村振兴战略中的重要生产经营主体［J］. 农村经济管理，2018（2）：32.

第五章　长江经济带家庭农场发展现状及路向分析

　　为了生存，人类从事农耕；为了克服人的自然能力的局限，人类寻求协作与分工；为了安全和改进生产效率，人类寄身于不同的组织载体[①]。从 1950 年开始的土地改革到 1958 年人民公社的建立，再到 1983 年家庭联产承包责任制的出台，及 2016 年三权分置制度设计的创新，在近 70 年的农村土地制度改革进程中，我国农业生产组织形式在不断适应并促进生产力发展的同时推陈出新，先后历经农业合作化运动阶段（1949—1956 年）、人民公社阶段（1958—1983 年）及家庭联产承包责任制阶段（1978 年至今）。在三阶段农业组织变迁过程中，我国劳动人民不仅实现了"耕者有其田"的千百年夙愿，而且每次组织形式的变迁均不同程度地促进了农村经济社会的快速发展，产生了巨大的经济及社会效益，但是不可否认个中也存在诸如集体机会主义衍生的集体偷懒行为，及土地高度细碎化问题导致的劳动生产率低下等一系列问题，暴露出这些农业组织形式自身不可避免的缺陷和消极效应。当前，在着力推进农业现代化建设进程中，这些问题无疑制约着农业产业的发展，因此有必要持续推进农村经营体制即组织形式的改革与创新，进而不断提高土地产出率、劳动生产率、资源利用率，开辟有中国特色的新型农业现代化发展道路。

　　前章基于经济绩效、社会绩效、生态绩效不同层面的比较辨判，及基于其经营主体的家庭性、农业生产的专业性、发展规模的适度性、经营绩效的高效性、经济地位的法人性之五大特性的分析，以及家庭农场在新型农业经营体系中主体地位的辨判，表明家庭农场较之其他新型农业经营主体无论是制度设计的层面，还是生产经营模式构建的层面，均呈现投入与产出边际效益最大化的比较优势。进一步地，家庭农场不仅精准诠释并匹配了三权分置内涵要义，对巩固和完善农村基本经营制度作用明显，而且具备三权分置模式下替代家庭承包小农经营的绝对优势，更能基于制度设计的安排而有利于农业生产的集约化经营、专业化经营、规模化经营和产业化经营，成为推动农业现代化发展的微观基础。基于家庭农场的优越性，将构建起以家庭农场为微观基础，合作社为

---

① 石磊. 中国农业组织的结构性变迁 [M]. 太原：山西经济出版社，1999：1.

核心单元，农业企业为引领龙头的现代农业经营体系，形成"家庭农场＋合作社＋农业龙头企业"为主体的现代农业生产经营体系，全面推进农业现代化生态化健康发展，加快补齐农业现代化的短板，推动农业现代化与新型工业化、信息化、城镇化同步发展。与其他新型农业经营主体相比，家庭农场在农业现代化建设及农地三权分置制度设计框架下是最适合我国农业现代化发展需求的微观农业组织形式，并将成为农业供给侧结构性调整及乡村振兴与繁荣的重要支撑主体。

那么，长江经济带新型农业经营主体家庭农场发展现状怎样？及其与农业供给侧结构性调整的引导力及路向怎样？本章将就此问题展开论述。

第一节 新型农业经营主体家庭农场的理论基础

一、制度变迁与家庭农场制度装置

孟子《离娄章句上》有云："不以规矩，不能成方圆"，其是说凡事都得有制度安排并照章执行。因此，斯韦托扎尔·平乔维奇认为，制度（institutions）可以被定义为对人类重复交往所作的法律的、行政的、习惯性的安排[①]，道格拉斯·C·诺思则认为，制度是一个社会的博弈规则[②]，进一步地基于人类社会的演化及其发展方式的不同，制度安排必须与立地条件相适应，否则可能诱发水土不服而事倍功半，甚至引发民怨产生社会矛盾，由此生成不同时空背景的制度，从而制度变迁理论（institution change theory）被引入以解释经济制度的发展演变规律以及经济结构和制度对经济增长的影响[③]。

依据新制度经济学家的论述，制度变迁是外部利益拉动及内部压力推动共同表达的函数，涉及制度装置和制度变迁主体两个重要概念，及具有制度创新与旧制度转轨两方面内涵。制度变迁具有"路径依赖"之"利好"与"利坏"两方面特性，即在制度变迁之中通常具有一种惯性，具体来说，就是在进入一定发展路径以后，就会对这个路径形成依赖，进而造成既定路径无法被更好的路径替代[④]，但另一方面却保存了对原有制度优秀基因的继承与发扬，"利好"抑或"利坏"的关键在于制度装置（文件、方式）及制度变迁主体（两级行动团体）凝结力量的大小及基于立地条件的偏好选择。新型农业经营主体家庭农场的培育和发展，可以被视为制度变迁的过程，其不是否定家庭承包经营制

---

① 平乔维奇. 产权经济学：一种关于比较体制的理论 [M]. 蒋琳琦，译. 北京：经济科学出版社，1999.
② 诺思. 制度、制度变迁与经济绩效 [M]. 杭行，译. 上海：格致出版社，2008：3.
③ 沈满洪，张兵兵. 交易费用理论综述 [J]. 浙江大学学报（人文社会科学版），2013（1）：51.
④ 李如潇. 中国农业经营制度变迁的路径依赖及对策研究 [D]. 长春：吉林大学，2019.

度，而是保留了家庭承包经营制度的合理内核，是对家庭承包经营制度的进一步完善与发展[①]。前述已知，1987年中央5号文件《把农村改革引向深入》指出，"在京、津、沪郊区、苏南地区和珠江三角洲，可分别选择一两个县，有计划地兴办具有适度规模的家庭农场……"这是家庭农场在国家文件中的首次出现。2008年党的十七届三中全会通过的《中共中央关于推进农村改革发展若干重大问题的决定》再次提出，"有条件的地方可以发展专业大户、家庭农场、农民专业合作社等规模经营主体"。2013年中央1号文件《中共中央 关于加快发展现代农业进一步增强农村发展活力的若干意见》全文八次提及家庭农场，家庭农场开始在华夏大地如雨后春笋般蓬勃发展，也是在这份文件中，首提新型农业经营主体及构建新型农业经营体系。此后党的十八届三中全会再次强调加快构建新型农业经营体系，并将农业企业纳入新型农业经营主体范畴，形成了种养大户、家庭农场、农民专业合作社及农业企业四种主体类别。

2016年3月8日，习近平总书记参加十二届全国人大四次会议湖南代表团审议时明确指出，"要以家庭农场和农民合作社为抓手发展农业适度规模经营"，极简单的阐述却道明了家庭农场所肩负的重大历史责任。而在此前2014年10月15日联合国粮农组织总部会议上，李克强总理发言指出，"这几年，中国家庭农场已增加到87万家，平均规模达到13公顷（200亩），农民专业合作社数量超过110万家，成为农业现代化的重要力量和发展方向。以家庭经营为基础，推进适度规模经营，发展现代农业，有利于更好地'供养中国'，也会对世界粮食安全作出贡献。"据此可见，发展家庭农场是推进农村改革发展的重要抓手，不仅有利于完善农村基本经营制度，有利于构建现代农业经营体系，而且有利于推动农业供给侧结构性调整，激发经济社会发展内生动能。

在习近平等党和国家领导人一系列讲话精神的指引下，我国有关部门先后出台了一系列促进家庭农场发展的政策措施（表5-1），不仅明确了家庭农场的法律地位，而且在认定标准、性质、税收等方面出台了明确的规定，为家庭农场注册登记、土地流转、融资保险等提供了健全的法律依据，创造了家庭农场发展的良好外部环境。

表5-1 支持家庭农场发展的部分政策文件梳理

文件名称	核心内容
2013年中央1号文件	引导农村土地承包经营权有序流转，鼓励和支持承包土地向家庭农场等新型农业经营主体流转，发展多种形式的适度规模经营，同时强调家庭农场可重点享受新增补贴

---

① 李显刚. 新型农业经营主体实践研究［M］. 北京：中国农业出版社，2018：30.

（续）

文件名称	核心内容
2013年《农业部办公厅关于开展家庭农场调查工作的通知》	首次明确了家庭农场的内涵，并提出了设立家庭农场的前提
2013年《中共中央关于全面深化改革若干重大问题的决定》	强调了家庭经营在农业中的基础性地位，要求推进家庭经营方式创新
2014年《关于全面深化农村改革加快推进农业现代化的若干意见》	鼓励家庭农场按照自愿的原则进行登记注册
2014年《农业部关于促进家庭农场发展的指导意见》	从重要性、基本特征、扶持政策、土地流转、社会化服务、人才培养等十个方面系统提出了发展家庭农场的指导意见
2014年《农业综合开发推进农业适度规模经营的指导意见》	加大家庭农场对建设高标准农田的支持力度
2015年中央1号文件	明确提出"鼓励发展规模适度的农户家庭农场，完善对粮食生产规模经营主体的支持服务体系"
2015年《财政部农业部关于调整完善农业三项补贴政策的指导意见》	20%的农资综合补贴＋种粮大户补贴试点资金＋农业"三项补贴"重点向家庭农场等新型农业经营主体倾斜
2016年中央1号文件	将家庭农场纳入新型农业经营主体培育体系，推动家庭农场成为建设现代农业的骨干力量
2017年中央1号文件	完善家庭农场认定办法，扶持规模适度的家庭农场，支持农技推广人员与家庭农场开展技术合作，支持家庭农场科学储粮
2017年农业部办公厅《2017年农村经营管理工作要点》	指导各地完善家庭农场认定标准和管理办法，建立健全全国家庭农场动态名录和信息数据库。鼓励各地通过开展示范家庭农场创建，培育发展一批基础条件好、经营管理好、生产效益好的示范家庭农场。继续开展家庭农场全面统计和生产经营情况典型监测，发布年度发展报告。制定家庭农场财务收支记录示范文本，充分利用微信公众号和网站等信息化手段，加强政策宣传，加大家庭农场经营者培训力度
《乡村振兴战略规划（2018—2022年）》	实施新型农业经营主体培育工程，鼓励通过多种形式开展适度规模经营。培育发展家庭农场，提升农民专业合作社规范化水平，鼓励发展农民专业合作社联合社

此外，各省市配套出台了促进家庭农场发展的系列地方政策。例如，重庆出台了《关于培育发展家庭农场的指导性意见》《关于做好家庭农场注册登记工作的通知》，云南出台了《关于扶持发展新型农业经营主体的意见》《云南省家庭农场工商登记注册试行办法》，上海形成了家庭农场"2＋9"政策体系，其中松江出台了《上海松江关于进一步巩固家庭农场发展的指导意

见》，湖北出台了《关于做好家庭农场登记管理工作的意见》《湖北省示范家庭农场创建办法》等一系列文件，各地从政策、制度、程序和措施上对家庭农场的发展进行了指导和引导，极大地促进了家庭农场生产规模化、专业化和产业化发展。

尽管一系列文件强调新型农业经营体系的构建需要借助种养大户、家庭农场、农民专业合作社及农业龙头企业协同发力，但基于我国农业基本经营制度（家庭联产承包责任制）的设计与安排，四类主体的作用及地位具有显著的区别。党的十八届三中全会提出"坚持家庭经营在农业中的基础性地位"，进一步地《乡村振兴战略规划（2018—2022 年)》第十三章"建立现代农业经营体系"指出："坚持家庭经营在农业中的基础性地位，构建家庭经营、集体经营、合作经营、企业经营等共同发展的新型农业经营体系，发展多种形式适度规模经营，发展壮大农村集体经济，提高农业的集约化、专业化、组织化、社会化水平，有效带动小农户发展。"从两份文件精神我们可以得出如下结论：我国农业经营形式必须坚持家庭经营的基础性地位。就种养大户、家庭农场、农民专业合作社及农业龙头企业四类主体而言，只有种养大户和家庭农场是家庭经营，其中农民专业合作社是合作经营，农业龙头企业是企业经营，因而两者不具备家庭经营基础性构建资格，但将在新型农业经营体系构建中发挥农业产业产前产中产后提升农业经营"社会化水平"的作用。此外，种养大户虽隶属家庭经营范畴，但基于大户土地流转的非规范性，市场主体资格的非法人性，生产行为的盲目扩张性，导致其生产绩效内卷化趋势明显而成长性不足，因而仅被视为家庭农场的初级版。

综上，家庭农场基于制度设计的安排，在四类新主体中具有显著的家庭经营基础性构建力比较优势，这也使其成为新型农业经营体系主体地位的重要原因。此外，国际经验亦表明，家庭农场也是农业经营形式的主流，是绝大多数农业发达国家的重要经营主体，如法国家庭农场在农业经营者中占比为 88%，德国为 77%，欧盟 15 国平均水平为 88%，美国为 86%，日本农业一直以家庭经营的农场为主体，加拿大也是以家庭农场为主①。

二、规模经营与家庭农场规模经济性

家庭农场是适度规模化经营主体，其之所以在新型农业经营体系中能担当起主体地位的作用，原因在于其显著的规模经济性。下面将从文献梳理的层面就规模经济性展开论述，并为家庭农场如何生成规模经济性构建理论基石。

规模经济（Economies of Scale)，是指在满足各种约束条件的前提下单位

---

① 张云华. 读懂中国农业 [M]. 上海：上海远东出版社，2015：172.

成本随着产出的增加或者在成本即将上升的那一行为点上反而减少的一种经济现象，规模经济描述的是规模与效益的关系，反映的是生产系统或企业的生产规模在多大时，其经济效益或投资效益是最高的①。

在解释生产函数与成本函数关系范畴下，各生产要素投入的产出弹性之和 K 大于1 能表现出规模收益递增的生成机制时，虽然亚当·斯密没有明确提出规模经济的概念，但学界倾向于规模经济的思想发轫于其对扣针制造业的描述性古典解释，并认为亚当·斯密是规模经济理论的创始人。由此，历代经济学家从不同层面对规模经济进行了定义，并将规模经济视为经济增长的关键性驱动要素（特别是新古典经济学家）。如约瑟夫·斯蒂格利茨认为只要当平均成本随着生产规模的扩大而下降时，或产出增加的比例大于投入增加的比例时，就存在着规模经济②；萨缪尔森认为规模经济是由于所有生产要素的同比例增加而引起的生产率的提高或平均生产成本的降低③；曼昆更是直接将规模经济揭示为长期平均成本随产量增加而减少的特性④；英《简明不列颠百科全书》指出，规模经济也叫大规模生产的节约，是指工厂或企业规模与产品最低成本之间的关系，当工厂增大规模时，产品成本将降低，这种降低叫作规模经济⑤。

规模经营能够表现出规模经济性（K 大于 1）的内在本质是什么？亚当·斯密（1776）指出"全部精力集中于单一任务时个人增进了熟练程度，不必从一种工作转为另一种工作从而节省了时间，促进了'节省劳动的机器'的发明⑥"有助于专业化的生产而能够表现出规模化经营的特征，但这种规模经营是否有规模经济性则取决于市场范围的大小，表现为①分工能够通过市场来协调，②分工程度取决于市场范围的大小，③市场范围的大小又取决于运输条件⑦，进而得出了"通过分工促进经济增长"的"斯密定理"。进一步地，我们可以推导出"斯密定理"所揭示的规模经营具有规模经济性的本质取决于"劳动分工""市场范围"和"运输条件"。不可否认，分工及生产经营的专业化有助于生产成本的降低，再基于便利交通构建的市场交易，能够使规模经营

---

① 邓启惠. 关于规模经济理论的几个问题 [J]. 求索，1996（3）：6.

② 斯蒂格利茨. 经济学（上）[M]. 梁小明，等，译. 北京：中国人民大学出版社，1997.

③ SAMUELSON P A，NORDHAUS W D. Economics [M]. New York：Mc Graw-Hill companies，1998.

④ 曼昆. 经济学原理 [M]. 梁小明，等，译. 北京：北京大学出版社，1998.

⑤ 简明不列颠百科全书：第3卷 [M].《不列颠百科全书》国际中文版编辑部，编译. 中国大百科全书出版社，2007：572.

⑥ 斯密. 国民财富的性质和原因的研究（上、下卷）[M]. 北京：商务印书馆，1994.

⑦ 罗必良. 中国农业经营制度：理论框架、变迁逻辑及案例解读 [M]. 北京：中国农业出版社，2014：20.

表现出规模经济性，但是"斯密定理"却存在着逻辑推导的两难困境："如果劳动分工确实受到市场的限制，那么个别厂商所在产业典型的市场结构就应该是垄断市场结构；如果厂商的市场运行特征是竞争性的，那么该定理就存在缺陷，甚至是毫无意义的。"[①] 为避免重蹈"斯密定理"两难缺陷，杨格（1928）在其经典论文《报酬递增与经济进步》中指出：报酬递增取决于劳动分工的发展，劳动分工取决于市场规模，而市场规模又取决于劳动分工，经济进步就存在于上述条件之中。"杨格从"①分工和专业化是报酬递增实现的机制，②市场大小决定分工，而且分工也决定市场大小，③分工是一个网络效应"三个维度对分工进行了解释，认为分工包含着三个方面的内容，一是个人的专业化水平，二是不同专业的种类数，三是生产的迂回度[②]，从而揭示了分工水平的高低才是经济增长的关键性驱动要素，才具有规模经济性，由此"分工一般地取决于分工"之"杨格定理"成形。正如斯密所指出的，市场交易有助于分工，但由常识可知市场交易不是"零值费用"的，是伴随着交易费用甚至巨大交易费用的。故而在市场交易费用不断增加到挤压规模经济性趋零及负增长的过程中，基于分工、专业化、市场交易、交通条件等要素共同表达的规模函数就不经济了，由此可见斯密、杨格对规模经济性的解释是有边界的。科斯（1937）发现了这一学说的缺陷，并在《企业的性质》一文中首创"交易费用"来突破古典解释的困境。在"分工理论"基因的影响下，科斯突破斯密"劳动分工受市场范围限制"单一认知，认为企业和市场都是协调劳动分工的两种重要实现方式，由此在科斯理论体系下，规模经济边界是企业在市场上完成交易的费用与在企业内部完成交易的费用之差，换言之规模经济性体现为交易费用的节约效能，决定于外部交易费用和内部交易费用两个变量。显然，企业内部管理成本的降低是内部交易费用降低的关键，我们甚至可以将管理成本等同于内部交易成本，并进一步地可以得出如下关系：

$$MC=ITC<ETC \qquad 规模经济 \quad ①$$
$$MC=ITC>ETC \qquad 规模不经济 ②$$

其中，MC（manegement cost）为管理成本；ITC（internal transaction cost）为内部交易成本；ETC（external transaction cost）为外部交易成本。

当管理成本等于内部交易成本并小于外部交易成本时，则生成规模经济性，体现为①表达列式；当管理成本等于内部交易成本并大于外部交易成本时，则生成规模不经济，体征为②表达列式。

---

① 罗必良. 农业经营制度的理论轨迹及其方向创新：川省个案［J］. 改革，2014（2）：99.

② 罗必良. 中国农业经营制度：理论框架、变迁逻辑及案例解读［M］. 北京：中国农业出版社，2014：20.

　　显然，上述理论脉络的缕析有助于构建一个关于农业规模经营并生成规模经济性问题的讨论和对话基础，下面本文将转向对农业规模经济性本质问题的讨论与推定。

　　从斯密到杨格再到科斯，在整个古典经济学、新古典经济学及制度经济学理论流变进程中，关于规模经济性问题的研究从来就未曾缺席经济学家的视野，但规模经济的本质是什么，各经济学家给出的解释莫衷一是，如上述论及斯密将其归功为劳动分工、市场范围、运输条件，杨格归因于"分工一般地取决于分工"，科斯则创造性地认为是基于交易费用降低为目的的内部管理水平的高低……很明显这些解释具有其合理性的成分，但是其合理性的生成似乎是有边界的，一旦突破其边界则很难再给予规模经济性强有力的解释。那么有没有不受边界限制且具有普遍适应性的合理解释？也许西奥多·舒尔茨（Theodore W. Schultz）关于改造传统农业的论述可以为我们突破上述边界限制获得一些可靠的线索。1959年舒尔茨通过对危地马拉的帕那加撒尔及印度的塞纳普尔的研究表明，传统农业生产要素的配置是合理的（贫穷而有效率，笔者注），那么传统农业为什么不能成为经济增长的源泉？为什么不具有规模经济性？他认为"……没有通过引入其他要素，包括引入利用这些其他要素的知识来改变增加生产的机会……"此外在批评"这些社会（贫穷农业社会，笔者注）的农民对改变其支配的要素存量的发展没有做出反应"观点时，他引用雷杰·克里斯娜（Raj Krishna）关于二三十年代印度旁遮普邦（Punjab）农民对供给能及时作出反应进行了强有力的回击——"这里农民在棉花生产方面适应的时间间隔和美国的棉农差不多"。然而问题就此产生了，既然传统农业社会拥抱新要素的投入，并且要素投入是有效率的，为什么传统农业社会不具备规模经济性？显然这是一个很难得出合理解释的命题。

　　为洞悉这一问题，我们还必须回到农业规模经济学诞生之初，从古典经济学家关于土地报酬递减和要素不可分性问题的探索始点上开展缕析推定工作。在威廉·配第（Willian Petty）提出"报酬递减"理论之后，如上所述斯密认为农业领域可以通过劳动分工等要素的导入实现农业劳动生产率的提高，重农学派重要代表人物杜尔哥则运用边际分析法从投资和劳动等要素的增减变化入手，讨论了"土地报酬递减规律"（decrease of marginal returns of land）过程中各个要素的最佳投入量问题。此后，阿马蒂亚·森（Amartya Sen，1962）、舒尔茨（Theodore W. Schultz，1964）、科尼亚（Cornia，1985）等人先后论及了农业部门要素投入使劳动生产率提高的问题。由此，基于农业要素投入的视角，我们大抵可以理出这样一个思路：诱导上述"舒尔茨难题"生成的原因可能在于问题分析视角的单一化，及对关联问题的分离辨识，表征为要素投入数量丰度和要素投入结构效度协同分析视角的缺失。因此如果将要素投入之数量丰度与结构效度结合起来分析，我们会发现，生成规模经济性特别是生成农业规模经济性的本质取决于农业要素投入数量的丰度与要素投入结构的效度，规模经济是要素数量丰度与要素结构效度协同作用的结果。因此，单一要素的投入或者多要素投入结构的冗余，或许是贫穷农业社会要素投入"贫穷而有效"的根本原因，由此我们可以作出如下推定：农业规模经济的本质是农业要素投入数量之丰度与要素投入结构之效度协同表达的函数，具有数量丰度与结构效度两个变量。

综上，农业规模经济性是农业要素投入数量之丰度与要素投入结构之效度协同表达的函数，换言之经营规模越大可能存在绩效内卷化的问题，表征为边际报酬递减，特别是在要素投入结构效度未能及时跟进的情况下。基于这一逻辑，要素数量丰度与要素结构效度有一个均衡的匹配值，越是接近这一均衡值，则规模经济性越显著，越是远离这一均衡值，则将诱发规模不经济问题发生。因而，家庭农场规模经营规模经济性的生产是发展要素数量丰度与要素结构效度共同表达的函数，是要素数量丰度与要素结构效度均衡匹配的结果。进一步地，考察家庭农场、种养大户、农民专业合作社、农业龙头企业是否具有规模经济性，本质上就是观察各个主体农业生产要素投入数量丰度与要素投入结构效度的关系，只有二者无限趋近均衡匹配值，主体规模经济性才越显著。上节关于主体经济绩效、社会绩效、生态绩效的测度显示，家庭农场综合效益最优，表明家庭农场要素数量丰度与要素结构效度趋近均衡的匹配值，而其他主体则次之。故而，家庭农场在各类新型农业经营主体中具有显著的发展优势，具备新型农业经营体系主体力量的支撑效能。

三、理性经济人与家庭农场现代化生态化选择

传统观点认为，农户经济特别是小农户经济只具生存理性，进而被贴上了"落后的""静止的"等标签。实质上，自春秋战国以来的两千多年里，小农户经济始终是我国农业生产的主导力量，并且是农村经济社会长期发展的"活水源头"，是农业经济及社会经济发展的基础，具有链接商品经济与商场的"基因"，明显具有与现代农业发展衔接的优势，将始终是农业生产的主导力量（John Stuart Mill，1848；温铁军，2011；黄宗智，2012；叶敬忠，2013、2016、2017；温锐等，2013；贺雪峰等，2015；蒋永穆等，2017；姚洋，2010、2017；谭秋成，2017；崔红志等，2018；韩俊，2018；张红宇，2018；等）。因此，小农经济是理性的，不仅在历史上具有先进性，即便当下也具有高度的适应性。

正因为小农户超越历史的适应性，萨缪尔·波普金（Samuel Popkin）、西奥多·舒尔茨（Theodore W. Schultz）、施坚雅（G. William Skinner）等学者

认为，小农户是"理性小农"，无论是在经济活动中还是在其他活动中，都会权衡成本与收益做出理性经济行为选择。对于农户是否具有理性的研究，目前学术界主要由三大流派：以舒尔茨为代表的形式经济学派，以恰亚诺夫为代表的实体经济学派，以及以黄宗智为代表的历史学派。三大流派各有建树，并深深地影响着小农经济理论的研究。其中，舒尔茨《改造传统农业》分析表明，小农的经济行为是理性的，其行为和企业一样也是追求利润的，也是基于成本与产出对比做出的决策。特别是其在诺贝尔经济学奖获奖演说上讲道："全世界的农民在权衡成本、收益和风险时，心中都会有一本账。在闭塞的、孤立的、分散的范围内，他们都是精打细算的'经济人'"。施坚雅则在《中国农村的市场和社会结构》一书中指出，中国农民的经济行为并不是嵌入在社会关系中的，而是在一定程度上依附于或根植于市场体系中的，所以农民的行为是有经济理性的。正基于其经济理性及小农户农业家庭经营的天然合理性，赋予了其自我激励、自我调适、自我转化的功能，这不仅更加契合了小农户模式下"生命适应生命"之农业生产规律与家庭经营制度设计的特点，而且"活化"了小农户要素优化配置积极性及其经济理性行为，有助于其在农业现代化发展进程中不断增强对农业科学化、商品化、机械化、信息化、集约化、规模化、专业化、标准化、产业化、社会化、组织化、经济活动法制化等问题的适应性[①]，实现小农户和现代农业发展有机衔接与融合发展。

众所周知，家庭农场不仅保留了家庭承包经营制度的合理内核，不仅袭承了小农经营精耕细作、用养结合、地力常新、农牧结合等传统农业精华，更传承并光大了理性经济人特质。表现为，家庭农场基于成本与收益的核算，不仅会在农业生产环节引入现代科学技术及模式提高产量做优品质，而且会在农业经营管理过程导入现代经营管理理念及方法，不断降低成本提高绩效。在理性经济人框架下，加之系列培育和发展家庭农场之"正能量"制度供给的建立健全，家庭农场生产经营行为得以始终精准靶向市场需求，以需求侧态势变化组织农业生产经营行为。特别是2016年习近平总书记在重庆首次国内考察时强调，长江经济带农业产业结构去库存、降成本、补短板必须坚持生态优先、绿色发展理念，即要始终"共抓大保护，不搞大开发"。家庭农场牢固建立了"绿水青山就是金山银山"的发展理念，坚持现代化生态化元素的植入，通过种植类别靶向市场需求的调整，通过农业技术的导入加强加厚农业基础，通过适度规模经营夯实新型农业经营体系等路径的构建，推动农业产业去库存、降成本、补短板之农业供给侧调整的实现，进而

---

① 阮文彪．小农户和现代农业发展有机衔接：经验证据、突出矛盾与路径选择 [J]．中国农村观察，2019（1）：15．

促进长江经济带农业产业的生态发展、绿色发展，创造流域巨大的生态效益、经济效益和社会效益。

第二节　长江经济带家庭农场发展现状及其影响要素分析

尽管家庭农场是"舶来品"，但一经传入即与中国农业制度、农业产业发展需求、农业组织改革与创新，甚至于农民偏好高度契合，并迅速生根发芽成为几类重要农业经营主体之一。拥有农业自然资源及经济资源禀赋的长江经济带，在家庭农场不长的发展历程中，相较于全国其他地区，其成绩可圈可点，比如创造了全国比较成功的 5 种家庭农场发展模式（上海松江模式、湖北武汉模式、浙江宁波模式、安徽郎溪模式、吉林延边模式）中的 4 种模式（上海松江模式、湖北武汉模式、浙江宁波模式、安徽郎溪模式），同时在发展的数量规模层面和质量效益层面均具有全国领先水平。本节将在长江经济带家庭农场发展现状系统梳理层面上，运用态势分析法对家庭农场发展情况进行全面、系统而准确的辨判。

一、长江经济带家庭农场发展现状

自 2013 年中央 1 号文件明确提出发展家庭农场以来，家庭农场如雨后春笋般在大江南北茁壮成长，逐渐成长为引领适度规模经营、发展现代农业的中坚力量。作为国内家庭农场发展的优势集中区域，长江经济带 9 省 2 市发展情况更是形势喜人。具体发展情况如表 5-2 所示。

表 5-2　长江经济带 9 省 2 市家庭农场发展概况统计

省市	基本情况	典型模式
上海	1. 发展家庭农场 3 829 家，土地经营面积 49.59 亩；2. 形成了"2＋9"政策体系；3. 形成了农民专业合作联社＋家庭农场、农业龙头企业＋农民专业合作社＋家庭农场、农民专业合作社＋家庭农场、镇农投公司＋家庭农场的发展模式；4. 建立了系统的家庭农场认定制度、考核制度、报备监测制度、示范评定制度	松江模式：先将农民手中的耕地流转到集体，然后由区政府出面将耕地整治成高标准基本农田，再将耕地发包给承包者。该模式具有家庭经营、适度规模、农业专业化、集约化生产特征
江苏	1. 发展家庭农场 2.8 万家，家庭农场单体平均经营土地面积 205 亩；2. 形成了家庭农场示范名录制度、人才培训制度、金融政策支持体系、土地流转制度；3. 形成了行业协会＋家庭农场发展模式	

（续）

省市	基本情况	典型模式
浙江	1. 发展家庭农场 23 719 家，认定县级示范家庭农场 1 963 家、省级 542 家；2. 全省家庭农场土地经营面积 228.4 万亩，单体平均经营土地面积 96.3 亩；3. 家庭农场销售农产品总值 131.8 亿元；4. 1 518 家家庭农场通过农产品质量认证；5. 家庭农场人均收入达到 7.89 万元，比全省农民人均年收入 2.11 万元高出 5 万多元	宁波模式：家庭农场最早探索发展地，具有经营规模适中（50～500 亩）、农场主素质较好、管理水平较高的特点
安徽	1. 发展家庭农场 35 213 家，经营土地面积累积 645.55 万亩，单体平均经营面积 192.2 亩；2. 全年家庭农场农产品销售收入总值 173.5 亿元，平均每个家庭农场 51.65 万元；认定县级示范家庭农场 6 668 家，省级 698 家；3. 全省建立各类联合体近 900 个，推动了农业龙头企业＋合作社＋家庭农场模式的发展	郎溪模式：截至 2014 年底发展各类家庭农场 530 家，成立了郎溪县家庭农场协会，家庭农场 2013 年人均纯收入 3.4 万元，是全县农民人均纯收入的 3.9 倍①
江西	1. 发展家庭农场 23 362 家，其中养殖类家庭农场单体经营面积平均为 50 亩，种植类为 200 亩；2. 形成了覆盖种植、养殖的多类型多样化家庭农场经营模式；3. 家庭农场有力地促进了农业全程机械化的推广、推进了土地流转进程的加快、提高了生产水平和经营收入	
湖北	1. 截至 2016 年 6 月发展家庭农场 20 296 家，其中县级以上示范家庭农场 607 家；2. 在政策制定、人才培养、示范建设、金融对接、模式推广等方面积累了家庭农场发展的成功经验	武汉模式：截至 2014 年 8 月发展家庭农场 2 400 家，其中示范家庭农场 167 家，示范户最低年收入 20 万元，最高达到 90 万元②
湖南	发展家庭农场 3 万多家，土地经营面积 327 万亩，家庭农场单体平均经营面积 109 亩	
重庆	1. 发展家庭农场 1.4 万家，其中在工商部门登记的有 6 159 家，经营土地面积累积 86 万亩；2. 认定县级家庭农场 900 多家，市级 250 家；3. 2015 年全市家庭农场农产品销售总值 48.04 亿元；4. 拥有注册商标 448 个，获得质量认证 239 个	
四川	1. 发展家庭农场 23 317 家，经营土地面积累积 175.8 万亩，单体经营面积平均 75.4 亩；2.479 家家庭农场拥有注册商标，229 家通过农产品质量认定，2 065 家被县级以上家庭农场认定为示范家庭农场。3. 在规范登记、土地流转、人才培养、金融支持等方面健全了政策支撑体系	

① 利成志，谢文静. 郎溪家庭农场呈现井喷式增长态势 农场数同比增长 2.6 倍 [N]. 皖南晨报，2014－12－16.

② 曹磊. 武汉家庭农场最高年收入 90 万　发展模式成全国典范 [N]. 楚天都市报，2014－08－14.

（续）

省市	基本情况	典型模式
贵州	1. 发展家庭农场 2 444 家，其中工商部门登记 882 家，经营土地面积累积 50.8 万亩，单体经营面积平均 207.9 亩；2. 家庭农场经营收入 5.547 亿元，平均每个家庭农场 22.69 万元（年人均纯收入 23 909 万元，是普通农户的 2～3 倍）；3. 积极开展"两创"人才和"三新"技术建设，增强人才及技术对家庭农场发展的支撑力	
云南	1. 发展家庭农场 2 891 家，其中在工商部门登记 1 356 家；2. 被县级以上部门认定的示范家庭农场 672 家；3. 家庭农场经营土地面积累积 26.8 万亩，单体经营土地面积平均 92.7 亩；4. 拥有注册商标的家庭农场 63 家，通过农产品质量认证的 7 家	

注：除文本内容阐明外，本表数据资料来源 9 省 2 市农业部门截至 2015 年底各类统计数据及总结报告。

表 5-2 及相关资料统计显示，长江经济带家庭农场发展态势呈现以下几个特点：一是起步时间早，如松江区 2007 年开始试点发展家庭农场，宁波、郎溪 20 世纪 90 年代开始探索发展家庭农场，另据《2015 年全国家庭农场典型监测情况分析》报告显示，在 2 903 家家庭农场监测样本中的从事规模经营的平均年限（6.28 年）超过全国平均水平的 14 个省市中，长江经济带就有上海（7.69 年）、江苏（8.10 年）、浙江（9.10 年）、安徽（6.51 年）、湖北（7.15 年）、云南（8.74 年）6 个省（市）入榜，占比 42.8％[①]；二是发展规模大，长江经济带累计发展家庭农场 20 万余家，占全国家庭农场同期总量的 23.6％；三是经济效益高，如武汉家庭农场最低收入为 20 万元，最高为 90 万元，郎溪家庭农场人均收入是全县农民人均收入的 3.9 倍；四是"三品一标"认证多，据《2015 年全国家庭农场典型监测情况分析》报告显示，全国 2 903 个检测样本显示仅有 13.57％的家庭农场认证"三品一标"，但是长江经济带的上海（100％）、浙江（46.75％）、安徽（27.55％）、湖北（18.46％）、湖南（17.54％）、重庆（16.35％）、四川（16.67％）、贵州（17.82％）[②]认证率超过全国平均水平，显示经济带家庭农场主对发展无公害农产品、绿色食品、有机农产品和农产品地理标志的认知呈现良好的发展态势；五是农机具配置好，长江经济带有江苏（8.29）、浙江（8.91）、安徽（8.78）、湖北（7.39）、湖南（6.66）、云南（7.66）过半数省份监测家庭农场农机具持有量超过全国平均水平 5.72 台套[③]；六是农场主接受培训比重大，全国 2 903 个有效监测样本中，

---

① ② ③　农业部农村经济体制与经营管理司，中国社会科学院农村发展研究所. 中国家庭农场发展报告 2016 年［M］. 北京：中国社会科学出版社，2016：27-28.

长江经济带上海（100％）、江苏（91.46％）、安徽（96.94％）、江西（87.69％）、湖北（93.85％）、湖南（98.25％）、重庆（97.12％）、四川（97.92％）、贵州（86.14％）、云南（85.86％）9省2市家庭农场主接受过培训教育，其再教育水平高于82.60％的全国水平①，显示长江经济带家庭农场主具有较好的知识或技能储备，农业生产发展能力素质较好。另外，长江经济带家庭农场主的学历结构较好，监测样本中江苏家庭农场系大学本科毕业的占比为7.32％、浙江为6.49％，排名全国第一、第二，中专毕业则全部高于3.50％的全国水平，其中上海4.0％、江苏6.10％、浙江5.19％、安徽4.08％、江西10.77％、湖北13.85％、湖南7.02％、重庆7.69％、四川8.33％、贵州6.93％、云南6.57％②，显示长江经济带家庭农场主具有较好的文化素质，发展农业生产个人素质优于全国平均水平。综上，长江经济带家庭农场在发展时间、发展规模、经济效益、"三品一标"、农机具配置、素质能力等方面具有发展的比较优势，成为区域家庭农场可持续发展的坚实实践基础。

二、长江经济带家庭农场发展评价

在问卷调查及资料查阅基础上，本部分将采用态势分析法就长江经济带家庭农场发展所面临的内部优势、劣势和外部机会和威胁展开全面、系统、准确的辨判，为家庭农场作用于农业供给侧结构性调整提供更加翔实的基础资料。

（一）优势分析（strength analysis）

1. 长江经济带区位优势。 长江经济带作为中国新一轮改革开放转型实施新区域开放开发战略，不仅是具有全球影响力的内河经济带、东中西互动合作的协调发展带、沿海沿江沿边全面推进的对内对外开放带，更是生态文明建设先行示范带。经济带覆盖上海、江苏、浙江、安徽、江西、湖北、湖南、重庆、四川、云南及贵州9省2市。其显著优势体现在以下几个方面：一是交通便捷，具有明显的区位优势。长江经济带横贯我国腹心地带，经济腹地广阔，不仅把东、中、西三大地带连接起来，而且还与京沪、京九、京广、皖赣、焦柳等南北铁路干线交汇，承东启西，接南济北，通江达海，发达的交通设施使区域家庭农场优质农产品得以便捷运往全国各地，所服务或供给的市场得以大大拓展，有助于解决农产品可能供大于求的问题。二是资源优势。长江经济带不仅具有极其丰沛的淡水资源，极其肥沃的土壤资源，数量众多的生物资源，以及光热条件充分的气候条件，而且农业生产立地条件优良，开发潜力巨大，这是区域家庭农场种植业、养殖业在全国优势凸显的根本原因。三是产业优

---

①②　农业部农村经济体制与经营管理司，中国社会科学院农村发展研究所．中国家庭农场发展报告2016年［M］．北京：中国社会科学出版社，2016：27-28．

势。长江经济带占据河道经济天时地利，历来就是我国最重要的工业走廊之一，一大批钢铁、汽车、电子、石化、信息、金融等现代工业、服务业的精华大部分汇集于此，不仅聚力形成了多元化的农产品消费市场，农产品区域自我消费能力显著，而且为农业产业的现代化生态化发展提供了发展理念及技术支撑，推动农业现代化可持续发展作用明显。四是生态发展优势。2016 年 1 月 5 日，在重庆召开的推动长江经济带发展座谈会上，国家主席习近平指出，"当前和今后相当长一个时期，要把修复长江生态环境摆在压倒性位置，共抓大保护，不搞大开发"。这是就长江抑或发展还是保护的首次明确定位。2016 年 1 月 26 日，习近平总书记在中央财经领导小组会议上进一步指出，要发挥长江黄金水道作用，产业发展要体现绿色循环低碳发展要求；3 月 25 日，中共中央政治局会议要求，把长江经济带建成环境更优美、交通更顺畅、经济更协调、市场更统一、机制更科学的黄金经济带。2017 年 12 月，中央经济工作会议强调，推进长江经济带发展要以生态优先、绿色发展为引领。2018 年 4 月 24 日，习近平总书记在宜昌考察时强调，"不搞大开发不是不要开发，而是不搞破坏性开发，要走生态优先、绿色发展之路"。4 月 26 日，习近平总书记在其主持召开的第二次长江经济带发展座谈会上再次强调"共抓大保护，不搞大开发，努力把长江经济带建设成为生态更优美、交通更顺畅、经济更协调、市场更统一、机制更科学的黄金经济带，探索出一条生态优先、绿色发展新路子"。2019 年党的十九大报告又将"以共抓大保护，不搞大开发为导向推动长江经济带发展"纳入新时代实施区域协调发展战略的重要内容。上述关于长江经济带"生态优先，绿色发展"的定位一脉相承且不断深化，始终致力于使绿水青山产生巨大生态效益、经济效益、社会效益，使母亲河永葆生机活力。"共抓大保护，不搞大开发"不仅在宏大的时空范域内定义了长江经济带绿色发展模式，细化到各个产业、行业，甚至各个市场主体，亦为其指明了发展方向，进而全面擘画了长江经济带生产发展、生活富裕、生态良好的美丽蓝图与科学路径。作为新型农业经营体系的主体构建力量，长江经济带家庭农场置身于绿色发展硬要求的外部环境中，具有现代化生态化转型发展认知构建与能力提升的外部推力与内部拉力，并将在二力协同作用下培育并释放家庭农场创新发展、协调发展、绿色发展、开放发展、共享发展的内生动能，并形成认知及能力发展的长效机制，源源不断地推动经济带农业产业可持续健康绿色发展。

因此，长江经济带战略宏观层面的重大意义不仅有利于范长江流域走出一条生态优先、绿色发展之路，让中华民族的母亲河永葆生机活力，真正使黄金水道产生黄金效益；而且有利于挖掘中上游广阔腹地蕴含的巨大内需潜力，促进经济增长空间从沿海向沿江内陆拓展，形成上中下游优势互补、协作互动格局，缩小东中西部发展差距；同时有利于打破行政分割和市场壁垒，推动经济要素有序自由流动、资源高效配置、市场统一融合，促进区域经济协同发展①。微观层面将对区域一二三产业融合发展创造得天独厚的区位优势，特别是区域农业部门将得力于生态文明建设力度的空前强化而实现发展战略的根本性转型，其中以资源环境承载能力为基础，以自然规律为准则，以可持续发展、人与自然和谐为目标的绿色农业发展模式、循环农业发展模式、低碳农业发展模式将彻底改变农业发展格局，在极大提升农业经济效益的同时，更实现生态文明建设及生态宜居目标的达成，这无疑为经济带家庭农场现代化生态化转型发展创造良好的外部环境，并将创造现代农业适度规模化经营的新业态。

2. 长江经济带农业资源禀赋。第二章长江经济带概况已全面论述了区域农业资源禀赋，此处不再赘述。

（二）劣势分析（weakness analysis）

主要有三个方面，一是自身资金有限。区域家庭农场从业人员一般是当地农民就地转化，其先天存在资金短缺的问题，加之家庭农场经营土地流转、农机购置、农资采购等对资金量要求较大，同时鉴于融资渠道的非完备性，家庭农场劣势明显。二是市场拓展能力有限。总览长江经济带家庭农场从业人员市场拓展能力情况，经济带之上海、江苏、浙江、安徽家庭农场从业人员受发达的市场环境影响能力最优，经济带之中部江西、湖北、湖南次之，经济带尾部之重庆、四川、云南、贵州家庭农场从业人员市场拓展能力最弱，表征为市场供需变化感知能力差，市场新需求刺激能力欠佳，及市场需求变化预判能力较弱。三是现代化生态化种养技术能力欠佳，及区域技术渗透扩散机制不健全，影响了农业现代化生态化发展速率。

（三）机会分析（opportunities analysis）

1. 政策环境机会。自 2013 年以来，从中央到地方关于促进家庭农场发展的文件相继出台，涉及土地流转、"三品一标"认证、培训教育、金融支持、社会保障等诸多方面，强有力地构建起了家庭农场发展的政策支撑体系（前文详细梳理了中央到地方的系列政策，此处不再赘述）。

2. 技术环境机会。一是随着大数据、云计算、物联网及第三方支付等技术的广泛应用，"共享经济"在农业领域已经催生了一种基于"使用但不拥有，分享替代私有"价值理念为内核的共享农业模式，这一模式借助数字化平台将供给方闲散物品（或服务）暂时性转移，其价值意义在于通过对存量资产的让渡使用，在为需求方创造价值的同时也为供给方获取收益，进而基于搜索成本、联系成本和签约成本等交易成本的大幅度降低，实现了生产要素的社会化

---

① 长江经济带发展规划纲要：武汉、上海、重庆被列为超大城市［EB/OL］．［2016－09－12］. https：//www.sohu.com/a/114175326－119717.

和效益的最大化，显著地促进了农业经济社会的协调发展，为家庭农场发展创造了广阔的空间，如基于"农机帮"平台撮合链接形成的大型农机具共享，基于"农民贡"平台撮合链接形成的农村富余技能型劳动力转移人力共享，基于"云种养"平台撮合链接形成的农技问诊为内核的农技共享，基于"土流网"平台撮合链接形成的土地共享，基于"乡间货"平台撮合链接形成的乡村货主和车主信息沟通为内容的物流共享。二是随着绿色循环农业技术，立体种养技术，病虫害生物防治技术，测土配方施肥技术，设施农业技术及综合利用构建模式技术，农产品产地初加工技术，农产品精深加工技术，农产品及加工副产品循环、全值、梯次利用技术的发展与运用，农业科技已经成为农业发展的第一推动力，极大地释放了农业生产内生效能，家庭农场受惠于农业技术环境的极大改善正渐次促成其技术内生，为自身的跨越式发展创造了良好的机会。三是生物技术大发展的机会。生物技术作为一项高新技术，被广泛应用于农林牧渔、食品、医药卫生、轻工、化工和能源等领域，对人类生活产生了深远的革命性影响。按照发展阶段来分，生物技术包括传统生物技术（如酱、醋、酒、奶酪等食品制造技术）和现代生物技术（如基因工程、细胞工程、酶工程、发酵工程、蛋白质工程等）。生物技术对传统产业的技术改造及新兴产业的形成具有重大推动力。就农业领域而言，生物技术具有以下几方面作用：培育抗逆的作物优良品系、植物种苗的工程化生产、提高粮食品质、生物固氮减少化肥使用、动物的大量快速无性繁殖、培育动物优良品系，及环境保护。毫无疑问，伴随着生物技术大发展所产生的对农业生产革命性的影响，家庭农场将得益于上述技术的推动而实现经济绩效、生态绩效、社会绩效的协同跨越发展。

3. 消费需求转型机会。随着经济社会的发展，人们物质生活水平不断提高，其显著的趋势变化是城乡居民农产品消费需求正从"吃得饱"向"吃得好、吃得安全、吃得营养健康"快速转变，一场基于安全、卫生、营养、生态为总基调的消费需求变革正在或者已经不可逆转地发生，进而引导供给侧必须全面满足消费需要变化，即在深入研究市场变化及理解现实需求和潜在需求的基础上，不断解放和发展生产力以更好地满足人民群众日益增长的物质性需求及精神性需求。而这一消费需求的变化及所引发的生产经营模式的变革，正为家庭农场现代化生态化之转型发展营造良好的外部环境，即消费者对农产品多元化消费、个性化需求的变化，促使家庭农场必须立足于两个市场、两种资源而优化品种品质发展优势特色产业，打造农产品知名品牌以提高品牌农产品销售比例，才能为消费者提供丰富多样、质量优良的产品供给，才能使农产品在品种和质量上更加契合消费需求，进一步地才能做大做强家庭农场，否则将面临被市场淘汰出局的可能，因此消费需求的变化为家庭农场的转型发展既形成了压力环境，但又构筑动力机制。

(四) 威胁分析 (threats analysis)

1. 来自区域其他农业经营主体的威胁。 在区域消费市场规模约束既定情况下，家庭农场生产经营行为来自农民专业合作社、农业龙头企业等其他新型农业经营主体的竞争威胁将日趋加大，并将基于时空竞争的高度重叠加剧这种竞争威胁致白热化，而充斥于生产（农产品品类及质量的竞争）、加工（农产品分选、包装等产地初加工的竞争）、运输（农产品物流渠道的竞争）、销售（农产品"三品一标"品牌化经营的竞争）、售后（终端消费市场信息收集整理及预判的竞争）等多环节多领域。鉴于农民专业合作社、农业龙头企业具有生产经营行为的规模性及专业性，其更具信息搜集与处理的比较优势，进而更具经营活动反应的灵敏性与行动的灵活性和可执行性，而家庭农场鉴于生产经营全要素（如土地、劳动力、资本、技术、信息、认知、能力）的部分缺失，自然很难与之同台竞争，唯有退而求其次错峰而行，而这恰恰又可能导致家庭农场丧失进一步提质增效的机会。

2. 来自其他地区家庭农场的竞争威胁。 据 2013 年摸底调查数据显示，全国共有符合调查条件的家庭农场 87.7 万家，另据《中国家庭农场发展报告 2016 年》统计数据显示，长江经济带 9 省 2 市累计培育家庭农场约为 20.7 万家，如果比对 2013 年全国总数，长江经济带家庭农场数量仅占全国总量的 23.6%，如果比对 2016 年全国数据则长江经济带家庭农场总量所占全国总量的比重势必将进一步缩减。长江经济带家庭农场生产经营行为来自全国同行的竞争压力激烈，其竞争区域表现在三个层面上，一是宏观层面上对全国消费市场的竞争，二是中观层面对长江经济带以外其他属家庭农场区域消费市场的竞争，三是微观层面对长江经济带消费市场的竞争。长江经济带家庭农场具备区域消费市场把控的竞争比较优势，但对另两类市场的竞争则明显力有不济，显示其外向型消费市场拓展能力偏低。

此外，来自长江经济带内外部的威胁还表征在如下几方面：农场经营主体能力素质偏低，社会化服务体系不健全，产业融合发展效能有待提升，适度规模化经营特征需要进一步彰显，农业经营主体衔接发展机制不明显等方面。

(五) 改进战略

综上，根据 SWOT 矩阵（表 5 - 3）分析，长江经济带家庭农场质量发展改进战略如下。

1. SO 战略。

S①、O①组合：基于长江经济带天赋异禀的交通优势、资源优势、产业优势、人力资源优势、市场优势，高效整合中央到地方在土地流转、"三品一标"认证、培训教育、金融支持、社会保障等方面给予家庭农场的扶持政策，及乡村振兴系列政策，在农产品生产环节、加工环节、运输环节、销售环节、售后环节等方面加强家庭农场发展基础，培育内生发展动能。

表 5-3　长江经济带家庭农场 SWOT 矩阵

外部因素	内部能力	
	优势（strength）①长江经济带交通优势、资源优势、产业优势、人力资源优势、市场优势；②长江经济带水量充沛、土地肥沃、农业气候适宜，农业自然资源天赋异禀	劣势（weakness）①市场观念淡薄；②多元化的商营销价值观不健全；③知识经济观念未深入人心；④规模效益观念与协同发展观念滞后；⑤现代农业技术有机内嵌家庭农场缓慢；⑥生产模式的构建简单且粗放；⑦家庭农场经营管理现代性不足，传统桎梏严重
机会（opportunities）①中央到地方在土地流转、"三品一标"认证、培训教育、金融支持、社会保障等方面大力扶持家庭农场发展；②大数据、云计算、第三方支付，农业技术、生物技术的大发展为家庭农场的发展提供了技术支撑；③消费市场对绿色安全营养农产品需求的转变为家庭农场现代化生态化转型发展创造了条件	SO 战略　利用区域政策、资源优势发展农业生产（S①、O①；S②、O②；S①②、O①②③）	WO 战略　利用长江经济带战略、乡村振兴战略及中央地方关于发展家庭农场的政策优势发展家庭农场（W①②、O①③；W③④⑤、O②；W⑥⑦、O①）
威胁（threats）①来自区域其他农业经营主体的竞争压力；②来自其他地区家庭农场的竞争压力	ST 战略　利用长江经济带战略、乡村振兴战略及中央与地方关于促进家庭农场发展的政策优势差异化发展，构建差异化产品竞争战略，提升服务水平（S①、T①②）；利用资源禀赋构建绿色生产模式发展生态农业（S②、T①②）	WT 战略　利用外部与内部生产的竞争压力，推动农场自我变革，从观念更新、技术提升、规模经营、现代管理等方面全面提升生产经营绩效，提高在行业当中的竞争地位（W①②③④⑤⑥⑦、T①②）

S②、O②组合：长江经济带集水资源优势、土地资源优势、农业气候资源优势、多物种资源优势及生物技术成果于一身，可大力发展绿色循环农业技术，立体种养技术，病虫害生物防治技术，测土配方施肥技术，设施农业技术及综合利用构建模式技术，农产品产地初加工技术，农产品精深加工技术，农产品及加工副产品循环、全值、梯次利用技术，及利用互联网技术发展共享农业，在多层次利用区域资源禀赋的基础上，时空分异共享更大范围内的资源要素。

S①②、O①②③组合：基于城乡居民农产品消费需求正从"吃得饱"向"吃得好、吃得安全、吃得营养健康"快速转变的趋势性变化，及长江经济带"共抓大保护，不搞大开发"生态文明建设的战略定位，和乡村振兴生态宜居的总要求，充分利用生物技术、农业技术、"互联网＋农业技术"大力发展现代农业、生态农业，不断提升满足消费市场对安全、卫生、营养、生态农产品及生态保护需求的能力。

2. WO战略。

W①②、O①③组合。针对农场主市场预见能力有限实际，一方面要充分利用全媒体、自媒体、农民学院、田间学校、乡村能人带头示范等途径引导农场主对接市场按需生产，培育其较强的市场导向意识；二是要加大农产品"三品一标"的认证与监管，做大品牌效应，提升农产品附加值；三是要引导品牌咨询服务机构深入农村，对接农产品品牌化需求，为家庭农场品牌战略提供品牌打造定制服务；四是政府有关职能部门要从政策、资金等方面给予家庭农场农产品品牌化与市场化按需生产扶持，及供给农产品品牌化专项补贴，而有针对性地予以利导。

W③④⑤、O②组合。针对家庭农场传统经验型生产或过度依赖石化要素生产问题，要积极架构并运用"移动互联网＋农业"模式、"大数据＋农业"模式、"第三方支付＋农业"模式，及推进农业生产经营过程农业技术、生物技术的有机嵌入，助推家庭农场生产经营行为有技术、有质量地发展。一是要完善农村基础设施建设，完善信息接入软硬件条件；二是要组织开展好"互联网＋农业"等现代信息技术及农业技术的运用培训；三是要加大对智慧农业设备采购的补贴力度，或者培育壮大共享农业实现设备共享；四是要培育或引入农业服务组织，深化农业生产经营过程中设备、技术、信息、渠道等要素的分工合作，做大农业经营规模及服务规模；五是更具实效性地做好农民手机培训工作。

W⑥⑦、O①。针对家庭农场生产经营模式简单粗放且管理水平低下的问题，要引导农场主用现代管理科学及新技术来经营农业，加强经济核算，突出经济效益，重点是要用管理现代企业的方法来管理大农业生产，用发展工业的思维来经营家庭农场农业生产。一是要充分利用乡村振兴战略组织开展好高素质农民系列培训工作，构建高素质农民终身教育培训服务体系，及其培训教育软硬件资源的建设，同时建立教育培训的保障机制，形成政府主导和社会参与相结合的扶持体系，特别是要丰富培训内容，创新培训形式，增强培训吸引力。同时要构筑机制完善、资源完备、功能齐全、定向培养农村人才的专业化和专门化农民培训机构及体系，助力乡村人才振兴，加快培育懂农业、爱农村、爱农民的"三农"工作队伍，打造乡村人才强区。二是要完善家庭农场社会化服务体系，确保生产、流通、加工、销售等各环节均有完备的服务机构供给有效服务，表现为大力发展共享农业，不断提高发展要素的跨时空整合力度。

3. ST 战略。

S①、T①②组合。面对来自内部与外部的竞争压力，长江经济带家庭农场要充分利用长江经济带战略、乡村振兴战略及中央与地方关于促进家庭农场发展的政策优势差异化发展，构建差异化产品竞争战略，如主打绿色、有机农产品的生产，或集产品生产与农事体验观光为一体的田园综合体建设。

S②、T①②组合。长江经济带农业生产天赋异禀，表现为土地肥沃、水量充沛、气候适宜、生物多样性丰富……区域家庭农场要充分利用其资源要素，并借助农场规模适中特质，瞄准市场需求靶向供给，比如利用资源禀赋构建绿色生产模式发展生态农业。

4. WT 战略。

W①②③④⑤⑥⑦、T①②组合。利用外部与内部生成的竞争压力，从观念更新、技术提升、规模经营、现代管理、生态发展等方面不断提升绿色发展与生产经营绩效，提高经济带家庭农场在行业中的竞争地位。

三、长江经济带家庭农场可持续发展影响要素分析

前述关于新型农业经营主体作用农业供给侧结构性调整影响力分析表明，家庭农场具有相对比较优势，加之得天独厚的天时地利条件，长江经济带家庭农场对区域农业经济的引导应该更具发展优势，但实际调研表明，经济带家庭农场所具有的比较优势发挥并不明显（与农民专业合作社、农业龙头企业的比较），特别是川渝黔滇地区部分家庭农场先后面临经营倒闭风险。深入调研及综合上述态势分析法之劣势及威胁分析，制约家庭农场比较优势发挥的主要原因有如下几方面：

（一）沿袭化学农业作业方式态势明显，产品同质化严重区分度低

鉴于化学农业显著的高产优势及生态农业较高的生产成本（物质成本、技术成本、人力成本、交易成本等），加之生态产品在市场上有差别性标识的缺失及获得政策法规支持的瓶颈尚未突破等原因，生态农业尚未走向普及，生态农产品尚未走向大众①等多种原因，长江经济带家庭农场农业生产方式以化学农业为主导，所产出的农产品流于一般大路货而不能吸引更不能满足消费市场的需求，特别是在农产品同质化日益严重的当下，很大比例的家庭农场农产品既无品质特色又无品牌优势，仅靠生产量游走于起伏不定的价格大小年间赚取

---

① 骆世明. 生态农业确认体系的构建［J］. 农业现代化研究，2020（1）：2.

微薄收益或遭遇一蹶不振的"滑铁卢"，其引导区域农业经济发展的优势不仅难以凸显，甚至从来就挣扎在生存与破产的边缘。故而，沿袭化学农业生产经营模式而导致农产品品质欠佳，不能满足消费市场对健康安全食品的需求，及"无品无牌"经营模式导致农产品市场区分度低而不能满足消费市场对品牌农产品消费的需求等一系列问题，综合导致长江经济带家庭农场引导力不济。调研中发现，只有在一些种养结合的家庭农场才使用农家肥、沤肥或沼肥，但即便如此也大量使用农药、激素、抗生素、农膜等化工产品，而纯粹的种植或养殖家庭农场对化工产品的依赖更甚。此外，基于认知的局限，为农场或农产品树立品牌也仅仅是个案，如重庆永川能为消费者熟知的家庭农场及其农产品不到 10 家，而且其中大部分还是消费者口口相传的乡村品牌，非家庭农场主动而为树立的。

（二）服务社会化及发展组织化欠佳，资源要素短缺是硬伤

由于农产品生长时间长、投资回收慢、气候因素制约大等天生的弱质性，加之农村对城市资源吸附的涓滴效应远不如城市对农村资源吸附的虹吸效应来得迅猛和彻底，导致农业内卷化趋势显著，长江经济带龙腰、龙尾家庭农场尤其明显，因此适度规模化经营主体家庭农场迫切希望获得社会化服务助力发展。众所周知，专业社会组织集聚人才、资金、技术等要素，是各类资源汇聚整合的重要通道，也是破除各类障碍助力家庭农场发展的重要力量。然后，调研发现，很多家庭农场主（尤其是龙腰、龙尾家庭农场主）普遍反映农业社会化服务组织发展相对迟缓，远远不能满足家庭农场发展需求（家庭农场从事适度规模化、集约化农业生产经营，对生产经营各个环节的专业化服务需求较大），表现为基层农技服务力量相对较弱，家庭农场在专业化、适度规模化生产经营中所迫切需要的农机、植保、购销、金融、信息等服务供给不足，而据《全国家庭农场监测报告（2016）》也显示，在机耕、机收、机播、机械植保、机械烘干等环节，从市场购买农机服务的农场占比分别为 28.82%、28.09%、14.78%、12.11%、9.44%[①]。一方面，揭示家庭农场社会化服务资源要素整合效能低下，另一方面更暴露出农业社会服务体系不健全，公益性组织服务缺位，经营性组织服务单薄，合作性服务组织乏力等一系列问题，进而服务需求与供给不匹配导致区域家庭农场发展能力有限。

（三）"接二连三进四"融合发展程度低，产业链拓展能力偏低

调研样本显示，长江经济带家庭农场（尤其是龙腰、龙尾家庭农场）似乎"偏爱"单一化的种植或养殖，基于食物链或产业链的种养融合家庭农场所占

---

① 农业部农村经济体制与经营管理司，中国社会科学院农村发展研究所. 中国家庭农场发展报告 2016 年 [M]. 中国社会科学出版社，2017：109.

比例仅为调研样本的12.3%，这在一定程度上解释了为什么家庭农场内生效能未能最大化发挥的问题。一般而言，家庭农场提高经营效率至少有两种途径，一是多元化经营规避市场风险，二是丰富食物链或产业链降低生产成本，但无论是前者还是后者，其本质均是产业链的拓展、多产的融合。反观长江经济带家庭农场，单一化的种植或养殖既无法有效规避市场价格涨跌带来的风险，又无法基于食物链的加环解链或产业链的延展而最大化资源要素利用价值，换言之家庭农场抵御市场风险的能力及降低生产成本的能力均不佳，进而导致其效能发挥有限，引导区域经济社会发展绩效不充分。

（四）现代管理及科学技术运用偏低，农场主素质能力不高

家庭农场是自我发展、自主经营、自负盈亏和科学管理的新型农业经营主体，换言之家庭农场生产经营过程必须充分运用现代科学技术及经营管理知识，才可能在激烈竞争的市场环境中实现自我发展。实践中，长江经济带家庭农场主尽管具备一定的素质和经验，但基本还是以掌握传统农业技术为主，更迫切需要加强有关经营管理和市场营销方面的培训和指导，及多数农场主还不能准确把握政策趋势和运营规则，整体表现出科技素质较低，文化程度普遍不高，农场生产经营管理粗放、市场意识、品牌意识和风险规避意识不强等现状。特别是"老农"知识贫瘠、眼界狭隘而现代农业生产、经营管理知识欠缺，"新农"现代农业生产知识，现代企业管理知识，市场拓展知识及获得和处理生产、经营与销售信息的知识缺乏，"知农"传统农耕精华或缺，且侧重于某一领域知识的掌握，系统的产前产中产后之三产融合发展知识短缺……进而导致家庭农场作用区域经济社会发展的表现力有待持续提升。

（五）支持制度设计系统化缺失，碎片化政策供给效能欠佳

为培育和发展家庭农场，长江经济带各省市先后出台了各有侧重点的系列支持政策，但是所出台的政策协同性不够，政策组合效益力度有限。如浙江出台了引导促进土地流转的文件、支持家庭农场注册登记的文件及开展示范家庭农场创建的文件，但是急需进一步围绕完善新型农业经营主体培育政策支持体系建设与落实，加大对家庭农场的支持力度，如靶向三权分置的土地流转措施的细化，靶向资源要素共享的生产性服务业的扶持与发展；江西各地纷纷出台了充分发挥职能鼓励家庭农场发展的意见，但急需尽快研究出台切合实际的、操作性强的、鼓励发展家庭农场的一系列政策措施，给予家庭农场自产自销的农副产品减免税收待遇，及新增农业补贴、财政奖补资金、农业保险保费补贴倾斜等措施；四川省出台了《关于培育和发展家庭农场的意见》《关于进一步引导农村土地经营权有序流转发展农业适度规模经营的实施意见》等文件，但是在实施过程中却存在扶持政策落实不足的问题，需要进一步切实加大资金扶

持力度，并着力改善家庭农场基础设施条件，并推动工商登记、金融保险、税收优惠、用地用电等扶持落实而优化家庭农场发展环境。

第三节　长江经济带家庭农场现代化 生态化转型发展环境基础

家庭农场现代化生态化转型发展既需要农场内生的动力机制形成动能由内而外激发，即内因驱动，也需要基于政策、需求、市场等多要素构建的外部环境协同助推，即外因推动。本节将着重论述长江经济带家庭农场现代化生态化转型发展的基础环境，辨明家庭农场转型发展的外部环境。

一、消费需求转型升级引导绿色健康燃爆热点

习近平总书记在十九大报告上指出，中国特色社会主义进入新时代，我国社会主要矛盾已经转化为人民日益增长的美好生活需要和不平衡不充分的发展之间的矛盾。具体而言，自新中国成立以来，特别是改革开放 40 年来，我国不断加大对农业资源要素大规模的投入及开发力度，不仅解决了十几亿中国人的吃饭问题，而且对世界农业也做出了积极的贡献，取得的辉煌成就举世瞩目。2015 年，我国粮食产量达到 6 214.5 亿千克，实现"十二连增"。"棉油糖、肉蛋奶、果菜茶、水产品等重要农产品丰产丰收，供应充足"①，与此同时农民收入突破万元大关，增幅连续 6 年高于 GDP 和城镇居民收入增幅。毫无疑问，随着农业生产力及农民生活水平的显著提升与改善，农业已经成为经济发展和社会稳定的压舱石。然而繁荣的表象背后却潜藏着经年累积的产业危机，不仅农业资源被过度开发透支严重，资源环境"红灯"此起彼伏，而且农业面源污染持续加重，农作物品质逐渐降低，人体健康危害多元叠加，更为严重的是供需矛盾日益突出，供给侧对接市场需求效率渐次低下，越来越不适应需求侧的变化，导致投资的边际效应持续递减……简而概之，现阶段我国农业供给侧农产品"大路货泛滥卖难，优质农产品短缺买难"问题突出，呈现质量不佳之隐忧，加之高产量、高进口、高库存"三量齐高"悖论明显，呈现数量阵痛之侧忧，以及"成本地板持续抬升，价格天花板牢固封顶"价格倒挂鲜明，呈现价格走弱之烦恼。

而上述问题尤以长江经济带山地农业类型最为突出，区域供给与需求远离动态发展的平衡态趋势性变化显著。因此长江经济带农业供给侧如何进一步满足城乡居民对高品质生活的追求，支撑农产品消费需求从"吃得饱"向"吃得

---

① 乔金亮. 农业农村经济实现稳中提质 [N]. 经济日报，2015 - 12 - 26 (01).

好、吃得安全、吃得营养健康"快速转变，如何破解农业供给侧对接市场需求效率低下的严峻挑战，科学有效化解粮食高库存，及如何破解农业产业整体性面临的成本"地板"和价格"天花板"紧箍咒双重挤压的严峻现实，扭转价格倒挂问题，在长江经济带山地农业资源环境硬约束的框架下找寻行之有效的路径，让"要素再流动起来，让资源从低效率领域转移到高效率领域，从已过剩领域转移到更有需求的领域①"，成为当前区域农业供给侧结构性调整的攻坚任务，更是化解供需结构性突出矛盾，破解制约农业产业持续健康发展的难题，推进供给侧结构性调整顺利实现的顺势而为。这一消费结构及需求的变化势必引发农业产业结构的战略性调整，无疑将为家庭农场生产经营行为现代化生态化的转型发展创造良好的发展空间，是为需求侧给予供给侧家庭农场转型发展的源生动力。

二、共享农业蓬勃发展促使社会化服务日趋完备

近年来，随着 Airbnb、Uber、阿里巴巴等为代表的商业模式在全球范围内的成功和扩散，"共享经济"不仅拉开了一切物质和人力的、时间和空间的、有形和无形的、商业和非商业的资源进行分享的序幕，更是宣告了共享经济的崛起（Zervas et al.，2014）②。在这场分享经济的盛宴中，基于季节性明显造就的农作物耕种管收相对集中，而区域性迥异造成的农作物呈现梯次分布的特点，使农业产业产前、产中、产后均具备了广泛的共享可能性，进而催生了共享农业的发展。例如以旋耕机、播种机、收割机等大型设备为共享点的设备共享；以绿色循环农业技术，立体种养技术，病虫害生物防治技术，测土配方施肥技术，设施农业技术及综合利用构建模式技术，农产品产地初加工技术，农产品精深加工技术，农产品及加工副产品循环、全值、梯次利用技术，及"互联网＋技术"、农产品品牌化经营技术为共享点的农技共享；以农村富余技能型劳动力转移为共享点的人力共享；以土地为共享点的土地共享；及致力于农村配货、为车主找货、货主找车信息为共享点的物流共享……具体共享点如基于"农机帮"平台撮合链接形成的大型农机具共享，基于"农民贡"平台撮合链接形成的农村富余技能型劳动力转移人力共享，基于"云种养"平台撮合链接形成的农技问诊为内核的农技共享，基于"土流网"平台撮合链接形成的土地共享，基于"乡间货的"平台撮合链接形成的乡村货主和车主信息沟通为内容的物流共享……随着大数据、云计算之"互联网＋农业"的深度发展及第三方支付等技术的广泛应用，"共享农业"已经催生了一种基于"使用但不拥有，

---

① 周秀芝．"供给侧改革"面面观（下）[J]．改革与开放，2016（5）：37．
② 刘奕，夏杰长．共享经济理论与政策研究动态 [J]．经济学动态，2016（4）：116．

分享替代私有"价值理念为内核的席卷农业领域的生产经营模式，这一模式借助数字化平台将供给方闲散物品（或服务）暂时性转移，其价值意义在于通过对存量资产的让渡使用，在为需求方创造价值的同时也为供给方获取收益，进而基于搜索成本、联系成本和签约成本等交易成本的大幅度降低，实现了生产要素的社会化和效益的最大化，更显著的意义还在于共享农业具有全要素时空分异整合的能力，对经济社会的协调发展具有重要的要素整合与配给能力。由此可见，强大的资源要素时空分异整合能力赋予了共享农业广阔的发展空间，这为家庭农场发展弥补要素短缺提供了一种全新的发展范式，无疑将极大地促进家庭农场的发展。

　　与此同时，中央 1 号文件先后多次大篇幅提出了加快发展农业社会化服务体系建设的意见，极大地促进了我国农业社会化服务体系的建设（表 5-4）。

表 5-4　历年中央 1 号文件关于促进农业社会化服务建设的意见

文件名称	核心内容
2013 年中央 1 号文件	要坚持主体多元化、服务专业化、运行市场化的方向，充分发挥公共服务机构作用，加快构建公益性服务与经营性服务相结合、专项服务与综合服务相协调的新型农业社会化服务体系，一是强化农业公益性服务体系，二是培育农业经营性服务组织，三是创新服务方式和手段
2014 年中央 1 号文件	稳定农业公共服务机构，健全经费保障、绩效考核激励机制。采取财政扶持、税费优惠、信贷支持等措施，大力发展主体多元、形式多样、竞争充分的社会化服务，推行合作式、订单式、托管式等服务模式，扩大农业生产全程社会化试点范围。通过政府购买服务等方式，支持具有资质的经营性服务组织从事农业公益性服务
2015 年中央 1 号文件	抓好农业生产全程社会化服务机制创新试点，重点支持为农户提供代耕代收、统防统治、烘干储藏等服务。稳定和加强基层农技推广等公益性服务机构，健全经费保障和激励机制，改善基层农技推广人员工作和生活条件。发挥农村专业技术协会在农技推广中的作用。采取购买服务等方式，鼓励和引导社会力量参与公益性服务
2016 年中央 1 号文件	健全适应现代农业发展要求的农业科技推广体系，对基层农技推广公益性与经营性服务机构提供精准支持，引导高等学校、科研院所开展农技服务。推行科技特派员制度，鼓励支持科技特派员深入一线创新创业。发挥农村专业技术协会的作用。鼓励发展农业高新技术企业。深化国家现代农业示范区、国家农业科技园区建设
2017 年中央 1 号文件	创新公益性农技推广服务方式，引入项目管理机制，推行政府购买服务，支持各类社会力量广泛参与农业科技推广
2018 年中央 1 号文件	培育各类专业化、市场化服务组织，推进农业生产全程社会化服务
2019 年中央 1 号文件	加快培育各类社会化服务组织，为一家一户提供全程社会化服务

　　在一系列政策的推动下，我国目前已经初步形成了以县、乡（镇）、村、

农户组成的多层次、全方位农业社会化服务网络，特别是以公共服务机构为依托、合作经济组织为基础、龙头企业为骨干、其他社会力量为补充，公益性服务和经营性服务相结合、专项服务和综合服务相协调的，为农业生产提供产前、产中、产后全过程综合配套服务的新型农业社会化服务体系日臻完善。如农村中介组织、农业机械化组织、农业信息化服务、农业科技服务、农业物流服务等社会化服务体系的建设，对农业经济的发展起到了极大的促进作用，特别是为新型农业经营主体家庭农场生产经营全过程物质、技术、信息等全要素的整合利用，创设了良好的外部发展基础环境。

三、日臻完善的农地制度利于规模经营发展

农业部的数据显示，1986 年农户户均经营耕地 9.2 亩、分散为 8.4 块；2008 年下降到 7.4 亩，分散为 5.7 块；2011 年全国承包经营的耕地面积 12.77 亿亩，经营农户 2.29 亿户，户均仅 5.58 亩[①]。数据表明，我国农户户均经营土地面积呈逐年减少趋势，其直接导致土地分散化、细碎化态势不断加剧，衍生出罗必良教授指出的农户兼业化、劳动力弱质化、农业副业化和生产非粮化农业经营格局问题，并渐次成为我国农业安全特别是粮食安全的重大隐患。在农业供给侧结构性调整背景下，要去除农业领域存在的重大隐患，根本上需要着力推进农地的流转与集中，确保同一经营主体农地集中连片成规模，才能进一步探讨规模经济的问题，"农业边缘化"等一系列问题才能根本上得以解决。基于这一背景，2013 年中央 1 号文件提出用 5 年时间基本完成农村土地承包经营权确权登记颁证工作，妥善解决农户承包地块面积不准、四至不清等问题。2016 年，中共中央办公厅、国务院办公厅印发《关于完善农村土地所有权承包权经营权分置办法的意见》，明确提出农村土地所有权、承包权、经营权分置并行，构建新型工业化、信息化、城镇化及农业现代化同步发展背景下的生产关系适应生产力发展客观规律的经营体制。毫无疑问，两个政策的先后出台是有严密内在逻辑关系的：农地确权是三权分置的基础，有助于农地集中连片整治构成农业规模经营的基础。因为农地确权不仅对提升农户产权强度具有积极作用，而且可以理顺混乱的权属关系，及农民预期收益增加，减少土地流转过程中可能产生的中间成本，同时释放离地农户土地流转意愿（时农业部统计显示，截至 2017 年 8 月全国家庭承包耕地流转面积超过 4.7 亿亩，已经占到家庭承包经营耕地总面积的 35.1%）。而三权分置不仅有利于明晰土地产权关系，更好地维护农民集体、承包农户、经营主体权益，而且有利于促进土地资源的优化配置，让土地作为市场要素流动起来，进而培育新型农业经

---

① 罗必良. 农业共营制：新型农业经营体系的探索与启示［J］. 社会科学家，2015（5）：7.

营主体发展多种形式适度规模化经营，推动现代农业大发展。因此，农地确权与三权分置的目的均在于创设农业规模化经营的基础环境。很显然，这有利于家庭农场的适度规模化发展，表现为有利于家庭农场规模发展做大、权属约束的减少，及其非必要资源要素耗散的减少。

第四节　长江经济带家庭农场转型发展战略构想

一、长江经济带家庭农场转型发展理念：基于技术及模式现代化生态化的视角

2015年10月26日，中国共产党十八届五中全会基于"十三五"时期我国发展环境的基本特征、战略机遇、叠加矛盾、风险隐患和严峻挑战等问题的分析，提出了创新、协调、绿色、开放、共享的发展理念。创新、协调、绿色、开放、共享之五大发展理念——对应于新常态背景下经济活动、自然活动、社会活动的方方面面，正如创新、协调之于经济规律，绿色之于自然规律，开放、共享之于社会规律，彼此之间进一步地形成一个有联系、成结构的体系。作为新时期破解发展难题厚植发展优势的一项重大理论成果，五大发展理念一方面丰富了中国共产党对发展规律的认识，而极具理论价值，被视为我国经济社会发展适应内外部环境、条件、任务、要求的重要理论，对全面建成小康社会，实现"两个一百年"奋斗目标均将产生重大影响；另一方面五大发展理念也是五把尺子，全面建成小康社会，必须用它们来全面度量、评判和验收，以形成一个综合的评定测度指标，以改变过往"唯GDP一把尺子是命"检验经济社会发展可行与否的方式。

毫无疑问，长江经济带家庭农场的发展也必须以创新、协调、绿色、开放、共享发展理念为指导，通过内生动能的培育打造家庭农场适度规模化经营创新发展、协调发展、绿色发展、开放发展、共享发展新五位一体的实践模式。第一，要激发家庭农场创新创业活力，推动大众创业、万众创新，释放新需求，创造新供给，推动新技术、新产业、新业态蓬勃发展，在此基础上全面促成家庭农场发展方式从资源配置型增长方式向资源再生型增长方式转变，从外延扩张型增长方式向内涵开发型增长方式转变，推进粮经饲统筹、农林牧渔结合、三产融合、种养加一体化进程。第二，农业生产要素投入结构决定了农业经济增长方式和效率，粗放型增长方式主要依靠物质资本、劳动力等量的投入及扩张，集约型增长方式则主要依靠生产要素质量的提高和生产要素投入的优化组合。显而易见，两种要素投入的结构性差异所带来的效率边界是不同的，并且是有根本性差异的。因此，农业边际效益的递增并不单一地由某一要素（如土地）决定，而是资本、劳动力、技术、制度、信息、渠道

等多种要素共同表达的效率函数，但长期以来我国农业经济过度倚重单一要素驱动有限动能谋发展的范式，在农业点面源污染加剧、农地地力衰退及土地的细碎化问题长期得不到根本性治理的新常态背景下，农业边际效应递减趋势性变化日趋显现并不断累加恶化。因此长江经济带家庭农场转型发展必须协调好多要素的利用，既有农场内部要素的靶向配置，也包括农场外部资源要素时空分异整合协调，以充分利用并扩大要素功能价值促进农场跨越式发展。第三，自然界是人类社会产生、存在和发展的基础，人类各种社会实践活动对自然的利用与改造都必须符合自然规律，这决定了人类实践活动要像对待生命一样对待生态环境。但过去的高速发展，在获得经济增长带来的巨大利益同时，也极大地破坏了这个基本条件，表现为不但经济发展越来越受到资源短缺、资源告罄约束而难以持续，而且基本生活条件也受到严重威胁，人们已经身陷其中、深受其害、难以忍受，如农药、化肥、农膜、抗生素、激素的大量使用以实现农业抗病及高产，但是这些物质在动植物代谢过程中不能完全得以降解，未被降解的残留物则储存于生物体内并通过食物链进行转移和传递，最后逐级浓缩聚集。人类处在食物链的顶端，最易受到有害残留物富集后的危害，进而导致多种疾病甚至绝症的发生，诱发诸多食品安全事件（孔雀石绿事件、苏丹红鸭蛋事件、三聚氰胺奶粉事件、青岛西瓜中毒事件、草莓除草剂超标致癌事件、海南毒豇豆事件、山东毒生姜事件等），因此消费市场对绿色安全卫生农产品的需求日益迫切。以之为鉴，长江经济带家庭农场务必牢固坚持绿色发展理念，走现代化生态化转型发展之路，才可能凝聚动能实现动力的接续，才可能具备进一步的可持续发展空间。第四，作为一个微量经济体，家庭农场在一系列经济活动中要以开放的姿态拥抱要素市场、产品市场、消费市场，才能持续吐故纳新而不至于故步自封失去发展活力。第五，共享语境下，家庭农场发展有两层含义，一是产前、产中、产后要大力引入共享经济思维发展共享农业，跨时空实现设备的共享、农技的共享、人力的共享、土地的共享、物流的共享、信息的共享、渠道的共享、金融的共享……建立起农业生产全要素时空分异整合的发展认知与接入能力，最大限度地分享经济社会发展成果；二是家庭农场要积极参与乡村经济治理和公共产品供给，主动肩负力所能及的责任，以增强乡村发展动力，富裕乡村繁荣乡村振兴乡村。

综上可见，发展理念框架下家庭农场生产经营行为必须致力于发展的生态化现代化。进一步地，家庭农场生产经营行为的现代化生态化作用于农业供给侧结构性调顺调优的内生逻辑如下：众所周知，从供给侧调控经济比从需求侧调控经济难得多，同时风险也大得多，其最大的风险在于失业人数的增加，因为如果长期存在大量的人员失业则社会可能失稳，因此工业领域从供给侧发力通常是增加供给，而不是关停企业。基于此，农业领域的供给侧调整也应当是增加工作岗位供给（如培育新型农业经营主体家庭农场），而且是就地增加有吸引力的工作岗位（大力发展生态农业有助于吸纳劳动力就业），特别是在乡村振兴背景下，更应该增加有吸引力的工作岗位回流进城务工人员返乡创业。而问题的关键是怎样创造有吸引力的工作岗位？是采用盎格鲁-撒克逊模式？或者莱茵模式？还是东亚模式？纵观各种模式的优劣，本研究认为应该采用有中国特色的现代化生态农业模式，因为生态农业是高效的，可以带动农民在家门口就业，而且是高质量的就业。为什么这样讲呢？以美国为代表的农业模式是集约化、规模化、化学化农业，其不仅容易造成环境污染、生物多样性下降及舌尖上的安全等问题，而且该模式基于工业元素的导入而不再需要大量的劳动力致使农民大量失业，失业农民涌入工业车间流水线或建筑工地，这确实解决了用工难问题，但这也仅仅是阶段性的需求与被需求的契合。因为长远地看，随着用工成本的逐渐抬升，工业流水线工人被机器替代越来越普及，届时涌入车间的打工一族失业则注定是必然的结果。因此，随着工业的突飞猛进一日千里，在我国农村人口众多且农村耕地有限的情况下，特别是在乡村振兴之农村空心化问题迫切需要治理的情况下，我们应当发展优质高效生态农业，因为生态农业不仅可以丰富生物多样性，生产出符合中外有机认证标准的安全食品，同时需要大量劳动力在家门口就业。发展高效生态农业既解决了化学农业带来的生态环境问题，也解决了乡村振兴的问题，还解决了工业产业缩减用工可能带来的失业问题，可谓一举三得。

在中国发展高效生态农业，关键是要解决生产与销售之间的矛盾，也就是要解决消费者能放心买到优质生态农产品，优质生态农产品能顺利卖出去，让生产者获得合理收益。实践中，这个问题的解决必须借助现代化的技术，如基于"互联网＋技术"及有中国特色的社会主义制度，构建有中国特色的高效生态农业模式，用社会主义的制度优势（靶向生态农业采取定向调控、扶持新型农业经营主体发展生态农业、举全国之力研发生态农业技术及模式、加强高素质农民培训提高劳动者素质……）及现代化的技术支撑破解生产与销售之间的矛盾。基于此，农业发展模式的现代化生态化与农业供给侧结构性调整具有很强的内在联系，从家庭农场的角度来看，家庭农场的现代化生态化与农业供给侧结构性调整所存在的内在逻辑关系主要体现在如下几方面：

一是家庭农场生态化发展与去库存逻辑关联阐释。农业去库存既不是"丰收包袱论"主张的简单调低粮食目标产量，也不是"农业代价论"认为的消减国内粮食产能，农业去库存实则既要持续稳定和提升粮食产能，更要合理调配农业各部门、各领域、各类别目标产量，实现需求与供给均衡发展。当前，我国生态环境保护形势依然非常严峻，人民群众对清新空气、干净饮水、安全食品、优美环境的要求越来越强烈①，加之大量农药化肥不合理使用日益危及生态环境，诱发一系列生态环境问题，导致农业资源长期透支、过度开发而复种指数节节攀升，且四海无闲田致资源利用的弦越绷越紧，而且使食品安全问题日益突出。这一背景下，农业生产必须坚持绿水青山就是金山银山的理念，加快推进农业绿色发展，使绷得过紧的资源压力得到缓解，加快推进生态农业发展，不断提升农产品质量确保舌尖上的安全。基于此，在新型农业经营体系中具有主体地位的家庭农场摒弃拼环境、拼资源的发展"老"路，基于创新、协调、绿色、开放、共享发展理念指导走绿色发展"新"路，在生产中不使用（或合理科学使用）农药、肥料、生长调节剂、饲料添加剂等物质，遵循自然规律和生态学基本原理，构建一系列可持续发展的农业生产经营技术及模式，以稳定农业生产体系及整个生态环境，将极大地推动整个农业产业绿色发展方式转型，使农业生产环境更加契合自然生态规律，使农产品更加绿色健康，使农业供给侧更加契合需求侧诉求，进而基于家庭农场主导地位力量的引导，推动农业供给侧去掉库存，而将农业生产能力储存于可持续的自然生态系统之中稳健运行。因此，家庭农场生态化发展作用农业供给侧去库存，不仅源于绿色健康农产品生产需要层面的逻辑，还源于整个生态环境稳健可持续发展层面的逻辑需要。

二是家庭农场现代化发展与去库存逻辑关联阐释。我国农业面临的主要问题是农产品数量多但产品质量不高，特别是农业生产经营各环节农药化肥等化学物质的滥用，不仅导致环境备受污染，而且化学物质沿着食物链逐级富集累积严重影响人们舌尖上的安全，同时鉴于 2.3 亿户小规模农户的长期大量存在，导致现代农业技术、模式及装备适用性差，整个农业生产经营系统现代性缺失或严重不足。农业供给侧调整去库存根本上就是要基于现代经营理念及科学技术的导入，改变传统农业藏粮于库、藏粮于民的做法，构建藏粮于地、藏粮于技的生产经营思路及格局。家庭农场是从事农业规模化、集约化、商品化生产经营，实行自主经营、自我积累、自我发展、自负盈亏和科学管理的新型农业经营主体，其自负盈亏和科学管理的特质促使其格外关注现代理念及先进技术对农业生产经营行为的改造，也乐于将其导入农业生产实践，构建起基于现代化技术力量的农业生产经营体系，如采用大数据精准推测消费市场需求组织农业生产，引入生态农业、有机农业理念，不使用化工物质生产绿色高质量农产品，导入现代资源要素致力于农产品数量及质量效益最大化的共赢……可见其农业生产经营行为不仅是理性的而且是科学的，更是靶向消费市场需求变

---

① 中共中央宣传部．习近平新时代中国特色社会主义思想三十讲［M］．北京：学习出版社，2018：108．

化的。由此观之，家庭农场鲜有基于偏好或惯性或基于条件或缺而组织农业生产经营的行为，显示无传统小农户所存在的明显推高库存高企的非理性行为。单一家庭农场若此，放大至整个家庭农场亦如此，故而可以预见，基于家庭农场现代化的理性和科学的生产经营行为的作用，势必将引导整个农业产业聚焦消费市场而予以精准生产，届时将无所谓库存的存在。基于此，家庭农场的现代化作用于农业供给侧结构性调整之去库存具有助力农产品质量提升与数量均衡匹配的内生逻辑。

三是家庭农场生态化发展与降成本逻辑关联阐释。农业生态化发展就是在农业生产经营各环节重视物质循环与能量的多级梯次利用，此不仅有助于农业生态环境的保护，更有助于农业生产经营成本的消减。家庭农场生产经营行为生态化就是通过调整和优化农业产业结构，基于生态位原理及生态经济学原理通过加环解链等技术措施延长产业链条，采用清洁生产方式不断提高农业系统内物质能量的多级循环梯次利用效率，进而最大限度地利用农业生物质资源，实现农业生态的良性循环，并基于多级循环利用模式的成功构建实现生产成本的降耗。如"稻-萍-鱼"生态模式下，构建了"鱼吃萍除草除害、鱼排泄物肥田利稻、稻香肥鱼护鱼、萍肥田助稻"立体种养模式，最大化了物质循环与能量多级转换梯次利用效能，进而降低系列生产经营成本。首先，水稻根茎叶花等残部是微生物、硅藻繁殖的物质来源，也是鱼饵料的重要来源，稻花尤其是鱼最喜食饵料。其次，蛋白质含量丰富的红萍具有很强的固氮富钾功能，是食草鱼类的优质饵料。最后，生长迅速的鱼具有控萍除草、松土增肥、灭虫减病及水体增氧的作用，进而又利于水稻生长。这一模式下，基于降成本的视角，"稻-萍-鱼"不仅减少了水稻种植肥料的施用量，而且显著减少了稻田人工除草劳务支出，及减免了生物制农药的开支，同时基于一田多产（水稻、鱼、红萍等）而显著增加了经济收入，如果再计量该模式所产生的生态效益，"稻-萍-鱼"模式不仅显著降低了成本，而且减缓甚至消除了生产发展与环境保护的问题，使环境保护与经济发展相协调。已知家庭农场是自主经营、自我积累、自我发展、自负盈亏和科学管理的新型农业经营主体，其最显著的本质特点就是要尽可能减少投入而最大化经济效益，进而顺利实现自我积累而自我发展。基于此，家庭农场生态化发展作用农业供给侧降成本内生逻辑严密，并且是面向食物链或产业链层级的致力于物质循环与能量多级转换梯次利用的降成本，这种类别的降成本更具彻底性、系统性、科学性及生态性，并且是靶向自然规律的无损耗反增值式的降成本，对供给侧结构性调整之降成本具有生态化的降成本意义。

四是家庭农场现代化发展与降成本逻辑关联阐释。家庭农场本质特征决定其不仅要集约化生产更要科学化经营管理。其中，集约化就是生产经营行为须最充分利用一切资源，更集中合理地运用现代管理与技术，以提高工作效益和效率，科学化是指全程导入现代科学理念及技术使生产经营行为符合客观规律的程度逐步提高，或基本达到符合客观规律的程度。概括起来，家庭农场集约化、科学化体现于生产经营行为现代化层面，就是要在农业生产经营各环节重视现代科学技术及新产品的运用，以不断提高经营能力的现代化水平，进而表征出具有更高的土地产出率、资源利用率和劳动生产率。如基于共享农业理念及模式的导入，家庭农场农业生产无论产前、产中、产后均可跨时空高效整合农机具、农业技术、农业资本……最大程度地基于"拥有但不占有"实现对或缺资源的整合利用，而不是农机具或缺则购买之徒增经营成本，渠道或缺则新建之徒增经营成本，或者是基于现代农业科学技术的导入，推进农业生产由平面式向立体式发展（在某一时空进行错落组合、综合搭配，构建多层次、多功能、多途径的高效生产系统）以降低生产成本，或者是基于生态农业技术的导入，实现农业生产高输入和大量消耗能源模式向生态型发展，构建起生态系统内物质循环转化和能量逐级梯次降损，达到降低生产成本目的。综上，家庭农场生产经营行为的现代化言外之意即降低生产成本提高效率，二者具有高度的适配逻辑。

五是家庭农场生态化发展与补短板逻辑关联阐释。现代石化农业是以高输入和大量消耗能源为特征的农业，其先后导致资源缺乏、环境污染、生态破坏、食品安全等一系列问题出现，综合表现出这种农业模式的不可持续性，具有环境友好型协同发展缺失的短板，而急需谋求"自然资源得到合理开发利用，生态环境向良好循环发展"农业模式，急需导入绿色发展理念改造传统农业生产方式。作为新型农业经营体系的主导力量，家庭农场生产经营行为生态化靶向现代农业短板，致力于农业生产经济效益、社会效益、生态效益的协同最大化，显示家庭农场生态化发展与农业供给侧补短板关系密切。

六是家庭农场现代化发展与补短板逻辑关联阐释。概括地讲，农业供给侧存在现代农业产业体系、生产体系、经营体系不健全三大短板，并突出表现为产业体系存在结构不合理而导致现代农业结构骨架待构建，生产体系存在物质装备和科技创新不足导致现代农业动力支撑乏力，经营体系存在规模偏小和新型经营主体缺乏导致现代农业运行保障不力。如何破解系列短板？2013年习近平总书记在山东农科院召开座谈会时曾指出："农业出路在现代化，农业现代化关键在科技进步。我们必须比以往任何时候都更加重视和依靠农业科技进步，走内涵式发展道路。"习近平主席讲话有两层含义，一是当下农业现代性不够，现代科学技术推动农业高质量发展的效能还有差距；二是必须将现代科学理念及技术有机植入农业生产全过程，用现代科学技术改造传统农业生产方式。故而，家庭农场农业生产的集约化经营、专业化经营、规模化经营和产业化经营，成为推动农业现代化发展的微观基础。以之为依托，我国农业产业将彻底变革传统家庭承包小农经营为基础的经营体系，改变小农经济对现代财税供给能力乏力所导致的基层组织对现代政治体系支持不力的境况，改变以家庭联产承包责任制和以农产品提价为内容的超常规增长手段所释放的能力已基本耗尽局面，及其综合诱导产生的我国农业产出自我增长能力逐渐丧失问题，乃至改变在工业化、城镇化深入推进背景下，农村劳动力大量转移进城可能对农民家庭造成的持久性伤害。更为重要的是，基于家庭农场的优越性，将构建起以家庭农场为微观基础、合作社为核心单元、农业企业为引领龙头的现代农业经营体系，形成"家庭农场-合作社-农业龙头企业"为主体的现代农业生产体系经营体系，全面推进农业现代化健康发展，加快补齐农业现代化短板，推动农业现代化与新型工业化、信息化、城镇化同步发展，并基于生产体系经营体系的日益完备，反向助力农业产业体系渐趋完善。从这个层面来讲，家庭农场现代化有助于农业供给侧补短板目标的达成。

二、长江经济带家庭农场转型发展目标：基于宏观微观层面的分析

主要有两个层级的发展目标：

一是宏观层面要全面实践"产业兴旺、生态宜居、乡风文明、治理有效、生活富裕"的总要求振兴乡村。正如习近平总书记指出的"坚持中国特色社会主义政治发展道路，关键是以保证人民当家做主为根本，保证人民共同建设，共同享有，共同发展"，意即人人参与、人人尽力，才能人人享有，因此发展成果共享的潜台词是发展责任共担。基于此，作为"三农"最具活力的装置之一，家庭农场在追求经济绩效边界持续拓展的生产经营过程中，理所当然肩负着生态绩效、社会绩效最大化的应有职责。表征为，一方面要在立足绿水青山建设生态宜居环境的基础上，瞄准消费市场需求变化以产业兴旺三产融合发展为基石发展生态农业；另一方面要积极参与乡村社会建设，力所能及健全自治、法治、德治相结合的乡村治理体系，促进乡村美、农民富，加快推进新时代新农村建设进程。唯有如此，才能让乡村成为人们向往的美好家园，才能让城镇化成为记得住乡愁的城镇化，才能让现代化成为有根有魂的现代化。

二是微观层面要实现家庭农场生产经营方式现代化生态化转型发展。基本的共识是，建设生态文明是关系人民福祉、关乎民族未来的大计，因此要按照绿色发展理念，以资源环境承载能力为基础，以自然规律为准则，以可持续发展、人与自然和谐为目标，在建设生产发展、生活富裕过程中不断导入现代科学技术和先进管理理念，以此不断推动家庭农场跨越式发展。具体而言，家庭农场在生产经营过程中要不断推进其产品结构的优化、生产体系的优化、区域布局的优化、经营体系的优化，及资源利用方式的优化，以此加快实现农业生

产经营过程的现代化生态化，表现为家庭农场主认知的现代化生态化，农业技术实践的现代化生态化，种养加销模式构建的现代化生态化，即发展现代农业和生态农业。

三、长江经济带家庭农场转型发展内容：基于健全产业链视角的考量

长江经济带家庭农场现代化生态化转型发展的着力点有生产环节、运输环节、销售环节及市场反馈环节四方面，进而以此为基础构筑家庭农场转型发展的内容体系。

一是生产环节通过现代农业、生态农业相关理论的引入，发展效益农业，推动家庭农场由"刀耕火种"向"现代农业"转型发展，由"化学农业"向"物理农业"转型，生产科技含量高的绿色有机农产品，从生产源头促进家庭农场有质量的发展。如，通过对食物链通道两侧营养物质传递增值及能量消耗降损技术的研究及适配物种的选育，拟构建一种从根本上不依赖农药化肥投入来确保农业高产且生态化的无公害农业生产模式，或者研究具备共生固氮功能的豆科作物与上下级物种间物质传递的技术及适配物种选育，研究利于物质及能量汇集与交换的接口技术及物种选育，研究相邻两营养级物种的选配和数量控制技术，研究提高上一营养级物种对下一营养级的利用效率，研究食物链系统中科学加环解链技术及物种选育，研究提高能量转化效率的技术模式……以此在生态化农业生产实践中，于食物链通道上能更加有效地进行物能的多途径利用，实现营养物质于食物链通道上流转的增值，能量传递的梯次降损，确保这一系统远离农药化肥，进而生产安全食品，提高产品品质，应对农业面源污染加剧，危及人类舌尖上安全等问题。再比如通过充分吸收中国传统农业的精华，并注重与现代科学技术的结合，以整体、协调、循环、再生为核心，根据物质及能量在食物链通道传递具有沿着特定途径，从周围环境到生物体，再从生物体回到周围环境的流转规律，采取多种生态化及现代化农业技术，减少营养物质的外流，并尽可能于食物链中加环实现物质增值及能量的梯次降损，以此实现农业生产系统去农药去化肥，从源头上截断农业点源及面源污染，防止人为及自然灾害的发生，以应对生态系统不断恶化，人为及自然灾害频发等问题。对依凭食物链本身资源禀赋，力促食物链通道上种间物质及能量循环往复路径的完整性、无阻性构建，并适时加环多元化循环路径，进而提高资源利用率，保护农业资源，构建不再于食物链界域外消耗其他资源而获取物质及能量的模式，促进农业生产的减耗降损有效路径的构建，以应对资源透支生态超载，经济社会发展受阻碍问题。进一步地基于食物链通道上物能利用率最大化技术及适配物种选育的研究，一方面实现物质、能量的多层次多途径梯次利

用，减少营养物质的外流，促进物质传递的增值，能量消耗的降损，切实提高农业资源的利用率，即物能流转的生态效率。另一方面通过对农业生产部门及组分结构与功能的优化，在注重农业生产经济效益的同时，兼顾环境效应，不对环境施加负面影响，创造长期的、稳定的、可持续的生态农业发展模式。

二是运输环节要通过物流管理理论与实践经验的引入，及其基础设施的完善构建完备的无缝对接的农产品流通体系，进而从物流运输环节促进家庭农场有质量的发展。长期以来，农产品流通都是农业经济发展的短板，特别是针对有资源禀赋但交通不便的山地农业而言更是短板之短板。当前，基于交通、信息等多种要素的或缺致农产品流通组织化程度低、流通环节多，在增加了产后损耗、推高了城市物价的同时，还恶化了产销对接，导致菜贱伤农、菜贵伤民问题频频发生。为此，首先，要依据《国务院办公厅关于加强鲜活农产品流通体系建设的意见》《长江经济带发展规划纲要》《全国优势农产品区域布局规划（2008—2015 年）》《长江经济带综合立体交通走廊规划（2014—2020 年）》《乡村振兴战略规划（2018—2022 年）》等文件，做好长江经济带家庭农场农产品流通布局规划，缩短运输距离，加快产销地之间农产品流通速度，降低农产品流通成本，实现农产品供需有效配置。如制定经济带农产品批发市场发展指导文件，明确指导思想、发展目标、主要任务和政策措施；依据城市总体规划和城市商业网点规划，制定并完善本地区农产品批发市场、农贸市场、菜市场等鲜活农产品网点发展规划，逐步形成布局合理、功能完善、竞争有序的鲜活农产品市场网络。其次，要在农产品流通主体组织化程度强化及其流通主体间利益均衡配置基础上，优化家庭农场农产品流通主体，实现物流多要素的资源共享。如鼓励家庭农场参与农产品流通活动，积极推动农超对接、农校对接、农批对接等多种形式的产销衔接，同时促成其积极向公司、行业协会、合作社、交易中心、批发市场等经营实体发展，提高农产品流通主体组织化程度；或者通过培育一批大型鲜活农产品流通企业、农业产业化龙头企业、运输企业和农民专业合作社及其他农业合作经济组织，促其做大做强而提高竞争力。再次，加强物流基础设施建设，提升流通现代化水平。如加强鲜活农产品产地预冷、预选分级、加工配送、冷藏冷冻、冷链运输、包装仓储、电子结算、检验检测和安全监控等设施建设。此外，尚需引导各类投资主体投资建设和改造农产品批发市场和农贸市场、菜市场、社区菜店、生鲜超市、平价商店等鲜活农产品零售网点，进一步发展电子商务，扩大网上交易规模。最后，要加强部门协作，健全覆盖生产、流通、消费的农产品信息网络，实现对农产品生产、包装、加工、仓储、运输、配送、价格信息的详细呈现，以联通主要城市大型农产品批发市场实时交易系统，加强供给与需求的监测预警体系建设。

三是销售环节要通过现代技术和管理科学理论及方法的引入，推动家庭农场由小农经济经营思维向市场经济经营思维转变，从营销手段层面促进家庭农场有质量的发展。家庭农场农产品传统销售方式是农场主肩挑背驮至菜市场售卖为主，在这一销售过程中，农场主既承担了农业生产者、管理者的工作，也承担了销售者的工作，但是鉴于农场主眼界、知识、能力素质的非全面适配性，及农产品销售信息的短缺，农场主难能胜任生产者、管理者和销售者三重身份之重，以致农产品滞销、贱卖及烂在田间地头时有发生，造成巨大的经济损失。特别是家庭农场适度规模化经营模式下，菜市场"提篮小买"或者"守株待兔"式的销售方式已然不再适应其适度规模化的发展。因此在市场经济环境下，"三农"拓展民生渠道、发展现代农业，不仅需要专业的、有实力的生产主体、管理主体、加工主体，尤其需要能无缝对接市场的销售主体。为此创新农产品销售模式，改造落后的农产品销售平台，搭建新型的长江经济带农产品销售平台是破解当前经济带家庭农场销售之困的关键。如基于 STP 战略、4PS 策略为内核的农产品营销策略研究，基于绿色农产品市场体系建设及绿色农产品品牌战略的农产品绿色营销模式构建，基于"互联网＋农业"为内核的农产品电子商务模式构建，基于感官、情感和情绪考量的农产品体验营销模式构建。

四是市场反馈环节要通过消费者满意度评价反馈机制的引入，推动家庭农场农产品销售由"我要卖"卖方主导型向"要我卖"买方主导型的转变，提高服务意识改善服务质量，从顾客满意层面促进家庭农场有质量的发展。农产品终端市场信息脱节有三个方面的危害，一是容易导致家庭农场不能获得有效的市场信息，盲目生产、跟风生产酿成农产品掉价伤农；二是容易诱导消费逆向选择与道德风险生成，损害消费者的利益，购买行为高价不一定高质成为常态，加剧人们日益增长的美好生活需要和不平衡不充分的发展之间的矛盾；三是资源配置耗损较大，不能实现农业生产资源要素的优化配置。为此需要完善两方面的工作，一是建立规范的信息对接流程机制及完善信息采集、传导标准与规范，二是搭建终端市场信息服务平台，闭合供给与需求信息链条。

进一步地，基于现状分析、发展环境分析、发展构想分析，长江经济带家庭农场现代化生态化发展效能的提升，适度规模化特征的进一步凝练，社会化服务支撑体系的进一步完善，三产融合与主体衔接发展力度的进一步强化，支撑家庭农场发展的制度设计需要进一步提高靶向性等问题是当前及今后一个时期内必破之题，也只有系列问题得以妥善解决，长江经济带家庭农场内生发展动能才可能被激活，动力接续机制才能形成，才能构建作用于农业供给侧结构性调整强有力的支撑。

第六章 长江经济带农业供给侧结构性调整对策

——家庭农场现代化生态化融合技术及模式构建*

对农业现代化内涵及外延的理解是随着生产力的发展而不断演替的，由此农业现代化是一个动态的概念，具有明显的时代性、世界性。目前业界基本的共识是，农业现代化是指农业生产投入现代化的生产要素，运用先进的科学技术和方法对农业进行改造和管理，提高农民的整体素质，培养高素质农民，有效增加农产品的供给和农民的经济收入，不断提高农业经济效益、社会效益和生态效益，走农业可持续发展道路的过程，是传统农业向现代农业转变的过程和手段。而农业生态化则是指依据自然生态规律、区域自然条件和经济发展水平，按照"整体、协调、循环、再生"的原则，系统规划、合理组织农业生产经营活动，因地制宜运用现代科学技术，充分吸收传统农业技艺和农事精华，因势利导开发利用自然资源，努力争取生产、生活及生态和谐共存的一种农业发展技术及模式业态。

张红宇等撰文认为，中国推进农业现代化需要把握一个定位（找准大国农业定位）、两大目标（发展速度要稳，有效满足刚性增长的市场需求；发展质量要高，平衡经济效益、生态效益、社会效益三大效益）、三项任务（保供给、保增收、可持续）①，表明农业现代化生态化既要平衡发展质量与数量的关系，又要平衡生态保护与生产发展之间的关系，更要不断提高破解人民日益增长的美好生活需要和不平衡不充分的发展之间的矛盾之新时期我国社会主要矛盾的能力，因此在农业供给侧结构性调整及乡村振兴背景下，农业领域的现代化实

---

* 由于现代农业包括绿色农业、有机农业、可持续农业、循环农业、物理农业、生态农业等遵循自然规律、生态学原理及经济学原理，运用物质循环利用与能量多级传递降损等技术，以协调种植业、养殖业及加工业的平衡，旨在保护、改善农业生态环境和保障农产品安全的多种生产经营形态，因此现代农业是上位概念，而生态农业乃属下位概念，推而广之农业现代化亦基本囊括了农业的生态化问题，因此在下文的论述中农业生态化问题将被有机整合到农业现代化视角下综合论述。之所以标题要列出"生态化"字眼，意在强调乡村振兴背景下强化生态文明建设着力推进绿色发展，则农业生态化必须统领农业现代化建设，并须贯穿其始终。

① 张红宇，张海阳，李伟毅，等. 中国特色农业现代化：目标定位与改革创新［J］. 中国农村经济，2015（1）：7-9.

现程度、推进情况事关新时期经济社会的全面发展。那么农业现代化技术层面的着力点有哪些？我们认为农业生产环节要通过现代农业、生态农业相关理论的引入，发展效益农业，研究家庭农场由"刀耕火种"向"现代农业"转型发展，由"化学农业"向"物理农业"转型发展的理论体系及实践模式，生产科技含量高的绿色食品、有机农产品；农产品加工环节要以完善利益联结机制和保障农民分享二、三产业增值收益为核心，以制度、技术和商业模式创新为动力，强化农产品加工业等供给侧结构性改革，着力推进全产业链和全价值链建设①，开发农业多种功能，推动要素集聚优化，大力推进农产品加工业与农村产业交叉融合互动发展，为转变农业发展方式、促进农业现代化形成城乡一体化发展的新格局；农产品流通环节要通过物流管理理论及实践经验的引入，对物流基础设施建设、终端多元布点建设的系统分析，构建完备的无缝对接的农产品流通体系；销售环节要通过现代技术和管理科学理论及方法的引入，研究家庭农场由小农经济经营模式向市场经济经营模式转变的实现路径……进而通过系列现代化生态化元素的导入，不断推动农业提质增效，实现农业强起来、农村美起来、农民富起来，进而实现乡村的全面振兴与繁荣。

基于新型农业经营主体经济绩效、生态绩效及社会绩效的分析，及家庭农场在新型农业经营体系中主体地位的分析，已然得出家庭农场最具农业供给侧结构性调整的引导力，农业供给侧结构性调整现代化生态化等系列目标的达成必须以家庭农场为基石予以构建。基于此，以下内容将以家庭农场为立足点，较全面地讨论家庭农场现代化生态化目标实现的技术及模式，以构建家庭农场作为新型农业经营体系主体力量支撑农业供给侧结构性调整的内生力。

第一节 家庭农场技术及模式构建基础理论

在具体论述现代农业生态农业融合技术及模式之前，对物能循环梯次降损利用内稳态、接口技术、加环解链理论内涵外延进行探讨是必要的，因此该系列理论是构建各类技术及模式的关键，是整合种间关系、不同组分的"连接部件"，是不同产业间物质循环与能量降损梯次转化的连接技术，是现代农业生产高效生态发展的核心机理。

一、物能循环梯次降损利用内稳态

农业生产的本质是对物能的高效利用。热力学第二定律揭示，流经食物链的能量只有一小部分被有效转化至下一营养级有机体中，此意味着在梯次最大

---

① 系列政策"组合拳"促农增收〔N〕. 江西日报，2016 - 12 - 07.

化产出的同时，农业生产返还系统的有机物质随着食物链的延长而越来越少。基于此，农业生产系统中，必须通过向生态系统增施物能方可平衡生产系统的稳定性，否则将可能导致环境污染、生物多样性消失、土壤板结及地力退化、食品安全等威胁农业可持续发展问题发生。由此涉及物能循环梯次降损内稳态这一概念及其机理。

（一）物能循环梯次降损内稳态内涵及特点

生物学及其分支生理学认为，机体有内环境（internal environment）与外环境（external environment）两种生存环境类别，其中"内环境的稳定性乃是自由和独立的条件""所有生命机制，尽管多种多样，但只有一个目标，就是保持内环境中生活条件的稳定"（C. Bernard），"外界环境的变化使生物体内部产生扰乱，正常情况下这种扰乱，保持在很狭窄的范围，因为系统内的自动调整装置表现出作用，从而防止了大的波动，内部条件得以保持住相当的恒定"（W. B. Cannon），进一步地 Cannon 创造性地将 homeo（相同）与 stasis（静止的）合成 homeostasis（动态平衡），以特指这种"可变的而又保持恒定的状态"而意为稳态[1]，至此历经发展完善，内稳态已成为贯穿生物学、生理学、医学、控制论及哲学等学科体系的一大基本概念，引导着众多领域的革新及发展。

从系统论层面分析，农业生态系统是由多种相互有关系和彼此互为影响的部分组成的有机统一体，并基于系统的整体性、开放性、自组织性及稳定性等系统基本特性而始终处于一种可变的而又保持恒定的状态——内稳态之中。若要维持系统的稳定性，农业生态系统产前（产业发展所需物能的整合）、产中（生产过程）、产后（农产品的深度开发利用及禽畜养殖废弃物的综合利用）三个层级就必须实现物能循环梯次降损利用，并在整体上始终处于可变的而又保持恒定的状态之中。因此从这个意义上讲，农业生态系统物能循环梯次降损利用内稳态，是指基于系统理论及循环生态经济理论的，含农业生产产前、产中、产后物质循环利用能量梯次降损的一种相对恒定的动态平衡状。进一步地，农业生态系统物能循环梯次利用内稳态是产业发展经济效益、生态效益、社会效益等多个产业绩效不断优化所共同表达的函数，是共筑农业生态系统生态可持续发展的内生需求所决定的。农业生态系统发展要求运用系统工程方法，并基于生态接口技术在农业生产过程中的科学加环解链，以实现物能的高效利用而充分挖掘生产潜力，达到扩大积累实现高产，且获得长期稳定的生态效益及经济效益之目的。

综上，物能循环梯次降损内稳态具有如下主要特征：

---

① Langley L L. Homeostasis: Origins of the Concept [M]. Dowden: Hutchinson & Ross, 1973.

1. 开放性。基于耗散的存在，系统具有不断与外界环境进行物资、能量及信息交换的性质和功能，故而向环境开放是系统得以向上发展的前提，也是系统得以稳定存在的条件。农业生态系统存在的根本意义是生产农产品，本质上是实现物能基于农产品及废弃物等介质的富集与转移，因此该系统的升级发展变化，必须经由内因与外因的相互作用及相互转化，故而系统与环境之间必须构建起总是处于相互联系和相互作用的机制，这种机制就是系统的开放性。可见，农业生态系统物能循环梯次降损内稳态这一开放系统的构建，既需要借助饲料、水等介质向外界环境进行蛋白质、矿物质、维生素等物质及能量的摄取以获得农产品，也需要通过禽畜粪尿排泄、呼吸与运动、未利用不可食等方式实现对外界环境部分物能的归还。在物能获取与归还之间，系统必须始终保持开放，进一步引导内因与外因相互作用，并引起农业生产系统发生质量互变，实现物能的高效利用。综上，只有可持续地保持这种获取与归还的动态恒定，表现为农业生态系统与外界环境物能交换具有稳定的开放机制存续，农业生态系统才可能整体维持其动态的恒定，不断推动产业的提质跃升。

2. 稳定性。系统理论观点认为系统的稳定性是一种开放中的稳定性，耗散结构理论认为系统的稳定是在与环境的动态交互作用中才能得以保持。可见，开放系统在外环境作用下具有排除偏差、迅速恢复和保持原来有序状态下结构和功能的自我调节机制。但即便如此，所谓的稳定性也绝非是具有绝对意义上的稳定，因为系统总是存在正态的不稳定因素，一定条件下经逐级放大可使系统整体性面临失稳，进而促成系统结构和功能不断升级演化，系统从而进入到新的稳定态。因此在远离平衡态的系统中，农业生态系统要保持可变的而又恒定的状态，在生产周期内对外环境物能的"取"及与外环境物能的"予"，必须在数量及效用上保持大体恒定，如果"取"大于"予"则农业生产可能存在饲料、淡水的粗放使用及生态环境的破坏，如果"予"大于"取"则系统可能存在系统性崩溃风险，并将导致食品安全、产业可持续发展等问题出现，进而综合表现出农业生态系统物能循环梯次降损内稳态"负反馈"机制的阻断而导致系统失稳。综上，农业生态系统物能循环梯次降损内稳态的稳定特质是保持系统结构和功能动态调整的重要机制，是畜牧业可持续发展的重要内在条件。

3. 目的性。系统目的性原理是指组织系统在与环境的相互作用中，在一定范围内其发展变化不受或少受条件变化或途径经历的影响，坚持表现出某种趋向预先确定的状态之特性。进一步地，由于系统是开放的，在与外界进行物能交换过程中，系统会适时针对环境的实际情况作出反应、调整、选择，以引导系统的结构及功能倾向某一方面的选择，进而表现出选择性的适应性而给予外界环境相适应的物能输出。当前，在人口增加及人们对干净的水、清新的空气、安全的食品、优美的环境等的要求越来越高的背景下，农业生态系统物能循环梯次降损内稳态机制的构建，必须基于物质的循环梯次利用及其能量的多级传递降损加以构建，进而实现自然资源的最大限度生物利用，使农业生态系统现存量达到最大，同时确保生态环境安全而产业绿色发展，即在有限的自然与社会条件制约下，最大限度满足人类生存、致富和持续发展需要。在充分尊重自然规律的前提下，这一特质的生成及凝练，即揭示了农业生态系统物能循环梯次利用内稳态的目的性。

（二）物能循环梯次降损内稳态构建机理

已知内稳态绝非是具有绝对意义上的稳定，而是一种可变的而又保持恒定的状态，农业生态系统物能循环梯次降损内稳态则体现于物质循环利用的增减变化过程中，及能量梯次利用的降损变化过程中，但二者总量及效能始终处于波态的基本恒定之中。基于此，农业生态系统物能循环梯次降损内稳态最优实现要素就必须立足于物质的循环利用及能量的梯次降损这一着眼点，并在相互耦合之中给予探讨。

1. 物质循环利用最优理论。碳、氢、氧、氮等各种化学元素是维系禽畜生命系统不可或缺的物质，这些元素最初经生产者于大气、水体及土壤中吸收，途经消费者取食，或构成消费者机体组织器官，或经排泄物归还环境，完成一个食物链的物质循环。从总量上讲，物质元素从环境中被吸收到被归还是恒定的，只是基于归还方式的不同可能存在不同库间物质的增加或者减少，即单位时间或单位面积物质转移的流通量库间存在差异，这种差异是基于物质的性质、生长速度、分解速率三方面因素造成的。很显然，这三方面因素很大程度上是基于生命机体及物质化学特性所决定而无从更改，但在某种情况下，我们可基于食物链加环及解链过程的引入，形成阻断机制而动态地恒定流通量。

禽畜养殖需要在具体单元一定养殖周期内获得物能的高效利用，但在实践中往往是较难实现的。但正如上帝关上门的时候总是留有一扇窗之仁慈，通过加环解链改变周转率和周转时间创造靶向禽畜机体需求偏好的物质利用方式，能切实改善禽畜对物质的吸收速度和物质在食物链中的运动速度，及机体物质释放速度。如添加 2% 黄粉虫于基础日粮中，三黄鸡对饲料的消化率为71.01%，但对照组的基础料中未添加黄粉虫，三黄鸡的消化率为 56.41%[①]，而稍早前 Sebastian 等（1996）利用铬指示剂法测得 17 日龄肉仔鸡对正常钙水平的玉米-豆粕型饲粮的表观钙、磷、铜、锰或锌利用率分别为 51.1%、57.5%、-1.0%、25.8% 及 5.5%[②]。无论是同一实验的结果比对，还是不同

---

① 申红. 高蛋白黄粉虫营养价值评定及其养殖利用研究 [D]. 石河子：石河子大学，2005：27.
② 刘松柏. 肉仔鸡对饲料标准磷利用率、可利用磷需要量及小肠磷吸收机制研究 [D]. 北京：中国农业科学院，2012：24.

实验的结果比对，均佐证：于禽畜养殖食物链加环黄粉虫养殖转化物质元素，能显著地提高鸡的生长速度，即基于加环提高了鸡机体对物质的吸收速度和物质在食物链中的运动速度。此外，在畜牧业养殖过程中通过引入厌氧发酵技术，利用沼渣养殖蚯蚓，同样能实现物质的循环利用并加速物质的周转速度。基于此，在物质于不同库间被吸收、固定、转化为各种产物或产品而导致特定系统物质减少的情况下，要保持农业生态系统物质循环利用总量的均衡，就必须引入新的"环"将其他库物质引进而转化利用。借此，可以将加环前食物链系统物质总量用 Mq 表示，加环后物质总量用 Mh 表示，并将第一营养级物质总量定义为 100%，并可以推演出如下物质恒定关系式：

$$Mq（100\%）＋加环＝Mh（100\%）$$

2. 能量梯次降损最优理论。 Lindeman R L 在通过对 50 万平方米的赛达伯格湖泊野外调查和研究后，认为生物量从绿色植物向食草动物、食肉动物等按食物链的顺序在不同营养级上转移时，有稳定的数量级比例关系，通常后一级生物量只等于或者小于前一级生物量的 1/10（后续研究进一步证实众多生态系统的林德曼效率为 10%～20%），这就是经典的"十分之一定律"。该定律指出：在一个生态系统中，从绿色植物开始的能量流动，后一营养级获得的能量约为前一营养级能量的 10%，其余 90% 的能量因呼吸作用或分解作用而以热能的形式耗散，或以未被利用形式存在。据此我们可以得出如下结论：①后一营养级能量利用率为前一营养级的 10%；②由于有效转化率太低的问题，食物链不能太长，营养层级不能太多。

"十分之一定律"表明，通过控制营养层级可以提高农业生态系统能量梯次降损利用效率，具体到实践中则表现为食物链的解链。如家禽粪便所含能量的利用，传统利用方式是将粪便用作肥料供给牧草生长，再收获产品与畜牧业实现能量利用。在这一食物链系统中共有家禽、牧草、家畜三个营养级，按照"十分之一定律"，第三层级可利用的能量仅为第一层级能量的 1%，利用效能远远低于原始能量。但基于高温干燥、微波干燥、气流干燥等机械干燥法的运用，及病菌消杀及与重金属提取等方法的利用，解链去除牧草种植环节，通过现代科学技术加工处理家禽粪便直接用作生猪养殖，在保证无毒无害的基础上可实现营养层级的减少，提高 1/10 能量利用率，进而有助于畜牧业能量利用内稳态机制的构建。借此，可以将加环前食物链系统能量总量用 Eq 表示，加环后能量总量用 Eh 表示，并将第一营养级能量总量定义为 100%，则可推演出如下能量恒定关系式：

$$Eq（100\%）＋解链≥Eh（10\%）$$

综上，农业生态系统物能循环梯次利用内稳态机制的构建，必须基于加环实现物质的循环利用，及解链实现能量的降损利用。进一步地，物质循环利用关系式与能量梯次降损关系式左右两侧相加，便可得出如下物质循环利用能量梯次降损最优关系式：

Mq（100％）＋Eq（100％）＋加环＋解链≥Mh（100％）＋Eh（10％）

这一关系式显示，构建农业生态系统物质循环利用能量梯次降损内稳态，即要实现第一营养级物质（100％）及能量（100％）的多层级高效转化利用，于物质循环利用层面加环，同时于能量梯次降损层面解链似乎是一种不错的选择。需要指出的是，同一食物链既加环又解链，从效能上看似乎在做无用功，但实则不然。基于内稳态的考量，所加之环必须具备物质增殖的作用，所解之链必须着眼于能量的梯次降损，即加环解链自始至终必须精准靶向"物质增益能量降损"这一目标而开展，绝非简单意义上"加"或"解"，其实现途径必须精准靶向"扩源""强库""截流""减耗"等目标而开展。

二、接口技术

按照农业生态学下的定义，接口是指物质、能量和信息汇聚以及交换的场所，而接口技术则是实现物质、能量和信息汇聚及交换的技术。生态农业接口技术是指不同产业或不同组分之间物质循环与能量转换的连接技术，其技术示意图如图6-1。

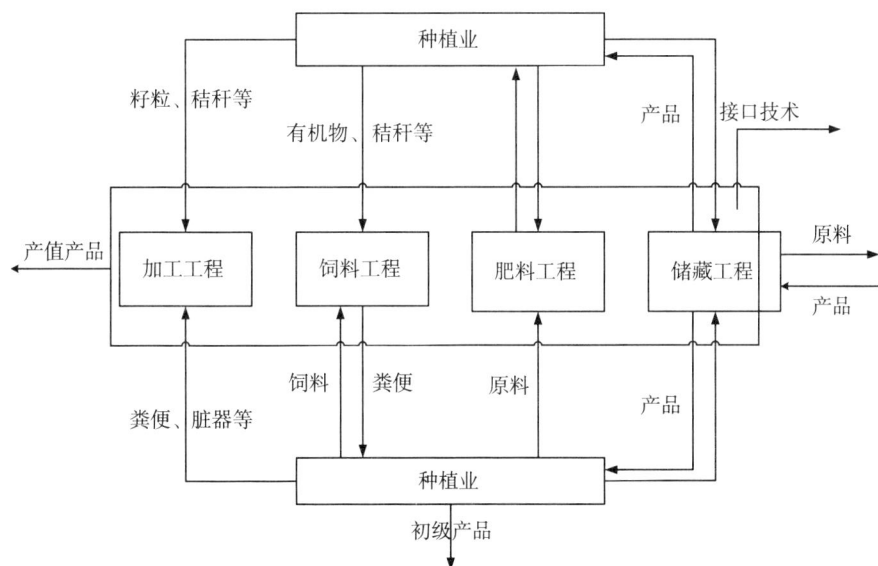

图6-1　生态农业接口技术①

①　李世峰. 生态农业技术与产业化［M］. 北京：中国轻工业出版社，2010：35.

在生态农业内部，基于物质、能量及信息汇集及交换的需要，可以将接口技术分为饲料接口技术、肥料接口技术、加工接口技术及储藏接口技术四类。

1. 饲料接口技术。饲料接口技术是将种植业的主副农产品加工处理，或者将加工工程环节的废弃物加工处理，为养殖业提供饲料，完成物质、能量由种植业向养殖业转移的系列技术。生态农业具体饲料接口技术有常规加工技术（混合、造粒、膨化技术等）、非常规饲料加工处理技术（碱化、氨化、青贮等秸秆加工技术，热风烘干、热喷、微波、膨化、发酵等禽畜粪便加工技术）[①]。在农业产业结构性调整"粮改饲"的当下，秸秆饲料青贮加工技术备受青睐。

秸秆青贮饲料加工技术也称自然发酵饲料加工技术，是把新鲜的秸秆（玉米秸秆、红苕藤等）切断、装填入密闭的青贮窖或池子内，经微生物发酵作用，达到长期保存其青绿、多汁、营养丰富和适口性好的目的。秸秆青贮技术分为三阶段：好氧发酵期（0.5～2 天），使饲料变为酸性；酸化成熟期（2～15 天），以耐酸、厌氧的乳酸菌为主，pH 下降到 4.2；稳定期（15～25 天），青贮料在厌氧和酸性环境下成熟，秸秆柔软，营养分布均匀。青贮饲料制作关键技术要点如下：其一，掌握好秸秆青贮料的刈割期（整株玉米青贮应在蜡黄期，即干物质含量为 25%～35% 时收割为宜；红苕藤应在霜前或收薯前 1～2 天完成）。其二，要做好秸秆水分含量的调节（一般含水率以 70% 左右为宜），刚刈割的秸秆含水量一般较高，可适当晾干以降低水分。其三，切碎至 0.5 厘米为宜。其四，装填与压实，将秸秆压实排出容器内的空气，以每层 15～20 厘米厚度填装为宜。其五，密封防止漏气，将秸秆填装至高于窖面 70 厘米左右，再用塑料薄膜覆盖密封，上覆盖稀泥压实似小山即可。

2. 肥料接口技术。肥料接口技术是将禽畜粪便加工成种植业的肥料，完成物质、能量向种植业转移的系列接口技术。肥料接口技术主要包括堆肥处理技术、沤肥处理技术和沼气池技术等方面。其中沤肥、堆肥、沼肥制作技术下文将详细提及，此处不赘述。

3. 加工接口技术。加工接口技术是将种植业、养殖业的产品加工后投放到市场，完成农业生产系统物质能量向外环境转移的系列技术。主要包括农产品产地初加工技术、农副食品加工技术、饮料制造技术以及深加工技术等。鉴于长江经济带家庭农场在农业生产领域居于上游，即深耕生产环节的实际，应当着重加强产地的深加工。产地深加工技术将在下文做详细论述，此处略过。

4. 储藏接口技术。储藏接口技术可以贮藏生产原料，又可对农产品起保存（鲜）、后熟作用，实现种、养二业之间以及农业生产系统向外环境物质、

---

① 李文华，等. 生态农业的技术与模式 [M]. 北京：化学工业出版社，2005.

能量转移系列技术。如常温储藏技术、低温储藏技术、气调技术、辐射保藏技术及传统储藏技术。

三、加环解链

生态农业模式实质是食物链的加环和解链，即农业生产实践中依据过程产物及目标产品的生产情况，人为增加生产环、引入转化环、增设抑制环，将非目标或非经济产品转化为经济产品，所引入的生产环、增益环、减耗环、复合环均能构建一定的物质、能量和信息汇集与交换的接口，从而实现物能的高效利用。因此，生态农业模式的构建必须基于加环、解链的合理利用而开展，了解相关知识尤显必要和重要。其中，食物链的生产环是利用人类不能直接利用或者利用价值偏低的生物产品，通过加入一个新的生物种群进行物质、能量的再转换，以增加一种或多种产品输出的技术体系；食物链增益环是指针对农业废弃物特性，选定适应的靶向生物种群对其进行物质能量的转化和富集的技术体系，如黑水虻之幼虫将餐厨垃圾转化为优质有机肥及富含抗菌肽、多糖、不饱和脂肪、维生素等成分的全价营养饲料；食物链减耗环则是指通过引入一个新的物能转换环或通过引入新生物种群增大一个已有的环节，从而减少系统生产耗损，增加系统生产力，取得成本降低而又不会造成环境污染的技术系统；食物链复合环是指将两个以上的食物链通过接口技术有机整合在一起而增加系统过程及目标产出的技术系统。而食物链的解链则是基于农药化肥的大量使用所引发的生态超载问题，及人类处在食物链顶端最易受到有害残留物富集后危害的现实，所提出的一种有毒有害物质降解或脱离的技术体系。

第二节　家庭农场现代化生态化技术遴选及实施

统而概之，在农业供给侧结构性调整过程中，家庭农场必须着力构建精准农产品生产、加工、流通、销售特点的现代化生态化技术及模式。如技术层面基于生态位理论的立体种养技术、基于物种相互作用的病虫害生物防治技术、基于物质能量守恒理论的测土配方施肥技术、基于现代科学技术的设施农业技术、基于物质循环理论的物能高效利用接口技术、基于"互联网＋"农产品销售技术……或者模式层面基于沼气为枢纽的复合产业生态模式、基于腐生食物为纽带的农林牧渔多元产业生态模式、基于农副产品加工为核心的多元产业生态模式、基于生态旅游为主线的休闲农业多元产业生态模式的构建。总之，家庭农场在现代化生态化转型发展过程中，要注重将农业现代化生态化的基因深嵌家庭农场种养加销全产业链，以此驱动农村一二三产业融合发展，"接二连三进四"实现农业发展空间的拓展及其价值的提升，打造现代化生态化的农业产业新业态，以助力供给侧结构性调整。

农业现代化包括生产经营实践认知的现代化、生产技术的现代化、经济组织构建的现代化和经营管理方式的现代化等多项内容，但助推农业现代化实现的关键乃是生产技术的现代化。王雅鹏主编的《现代农业经济学》认为农业生产技术的现代化主要包括三个方面：一是运用现代科学技术，培育优良品种，实现良种化；二是合理采用化学技术和化工产品，促进农业生产的发展；三是改革耕作技术①。进一步地，我们可以作出如下理解与拓展，生产技术的现代化是指通过现代生物科学、现代工程技术和现代生产手段在农业科学技术领域的全面渗透和广泛应用，包括改善动物、植物生产的环境条件，使其更利于生物生长发育，以及改进生物体本身，使其更能适应和充分利用环境条件，至改变劳动条件、减轻劳动强度、节约劳动力资源而产生的以动物、植物、微生物遗传改良生物技术、农业信息技术为支撑的主导技术，如以农业生物工程技术、农业工程技术、农业节水技术、海洋牧业技术、农业空间利用技术、农用新材料新能源技术及农业耕作技术等为相关技术体系的新型农业科学技术体系。

依据长江经济带家庭农场适度规模化生产特点，及乡村振兴背景下农业供给侧结构性调整去产能、去库存、去杠杆、降成本、补短板调控目标，本节将从生产环节主要配套技术、立体农业技术、健康安全食品生产技术、统筹生产与保护技术四个向度就家庭农场生产环节农业技术、现代化生态化问题展开论述。

一、生产环节主要配套技术

（一）生态养地技术

土壤是家庭农场农业生产的基本材料，肥力是土壤的基本特性。如果只是一味地只用不养或用多于养，随着作物的每次收获，必然要从土壤中带走一部分养分，随着复种指数及收获次数的增加，土壤养分会越来越少，如不及时归还土壤中失去的养分，不仅土壤肥力会逐渐下降，产量会越来越低，而且品质也会日趋低劣化。德国化学家尤斯图斯·冯·李比希提出的"养分归还学说"明确指出了用地和养地之间的必然联系。此外，基于化肥的大量使用及大水漫灌等不科学耕作方式所带来的耕地板结程度的加剧、土壤酸化等现象日益严重，长此以往势必将地无所产，同时也将导致农作物的品质受到影响，人们舌尖上的安全存无所依。

---

① 王雅鹏. 现代农业经济学［M］. 3版. 北京：中国农业出版社，2014：248.

因此，为了平衡养分、保持产量、提高品质，家庭农场应该且必须用养结合，走生态养地之路。依据种植过程特点及土地物理化学性质，生态养地主要包括土壤识别、培肥、耕作、施肥、灌溉、除害及改良等步骤。

1. 土壤"肥瘦"性状识别。土壤"肥瘦"与作物生长发育、开花结实水平息息相关，因此土壤供给作物正常生长发育所需的水、肥、气、热性状如何，家庭农场主必须时刻了然于心。土壤理化性状运用专业设备检测一目了然，但鉴于长江经济带家庭农场整体上还不具备设备检测的条件，在参考相关资料及农业生产实践经验的基础上，本文介绍十种"土法"以辨别土壤性状。一看土壤颜色：肥土土色较深，瘦土土色偏浅；二看土层深浅：肥土土层一般大于 60 厘米，而瘦土相对较浅；三看土壤适耕性：肥土土层疏松易于耕作，瘦土板结耕作困难；四看土壤淀浆性及裂纹：肥土不易淀浆，土壤裂纹多而小，瘦土则易淀浆，易板结，土壤裂纹少而大；五看土壤保水能力：肥土水分渗透慢，灌一次水可保持 1 周左右，瘦土水不下渗或者会沿裂纹快速下渗；六看水质：肥土水滑腻黏性大，日照或搅拌后冒大泡，瘦土则水质清淡无色，日照或搅拌后起小泡；七看夜潮现象：肥土有夜潮，干湿反复，瘦土反之；八看保肥能力：肥土供肥力强且持久，瘦土反之；九看植物：红头酱、鹅毛草、茅草喜肥土，牛毛草、鸭舌草、三棱草、野兰花、野葱喜瘦土；十看栖息动物：田螺、泥鳅、蚯蚓、大蚂蟥喜栖息肥土，蚂蚁则喜瘦土。

2. 土壤培肥技术。土壤培肥就是家庭农场采取人为措施提高土壤肥力的过程，系列措施主要有合理施用化学肥料、施用有机肥、禽畜粪肥、绿肥还田、秸秆还田、施用微生物肥料、施用生物质灰渣。主要技术措施如下：一是通过作物产量需肥量、土壤供肥量、肥料利用率等要素确定土壤施肥量，其中计划施肥量计算公式为：计划施肥量＝（作物计划产量所需养分总量－土壤供肥量）／（肥料养分含量×肥料利用率）[①]；二是根据土壤性质施肥（沙性土壤要多施沼渣肥和土杂肥，黏重土壤要多施秸秆、山草、厩肥类、泥炭类等有机肥料，强酸性土壤适当施用石灰进行调节）；三是根据有机肥的特性施肥（农家肥之猪粪多作基肥，秋或早春施；鸡粪氮磷较多，可作基肥追肥用；人粪尿含氮量较高，适合作追肥使用，堆肥、沤肥、沼渣肥等含有大量的腐殖质，宜作基肥使用）；四是根据作物品种特性和生长规律施用基肥、种肥、追肥（基肥用量大，种肥与种子同播，追肥生长盛期施用）；五是依据不同作物特性及种植制度采取撒施、条施、穴施、环施、放射状施等方法；六是合理轮作、间作制度，提高土壤自身的培肥能力。

---

① 曹志平，乔玉辉. 有机农业 ［M］. 北京：化学工业出版社，2015.

3. 土壤耕作技术。 土壤耕作是指家庭农场采取深耕翻、深松耕、旋耕、浅耕灭茬等方式，实现对土壤环境中水、肥、气、热等因子的调节和管理，进而统一作物与土壤环境之间矛盾的一种农业技术措施。自 1982 年土地包产到户以来，长江经济带大多数土地多年来没有深翻深松，加之农药化肥农膜的大量使用，土壤环境及其理化性能呈日趋恶化趋势。因此在土壤"肥瘦性状"识别的基础上，需要对土壤进行科学治理，以恢复土壤高产性能。对土壤进行生态耕作主要有以下两种方式：

（1）机械化深松技术。该技术是疏松土层而不翻转土层，是保持原土层不乱的一种土壤耕作方法。不仅可以加深耕层，增强雨水渗入速度和数量，使土壤吸纳更多的雨水，而且有利于保墒减少风蚀，还可以延缓土表径流的产生，削弱径流强度，缓解地表径流对土壤的冲刷，减少水土流失，有效保护土壤。按照深松的面积大小，又可分为全面深松和局部深松两种方法。全面深松是用深松机在工作幅宽上全面耕松土地，局部深松是用杆齿、凿形铲进行间隔的局部松土。深松既可以作为秋季主要耕作措施，也可用于春播前的耕地、休闲地松土、草场更新等。具体形式有：全面深松、间隔深松、浅翻深松、灭茬深松、中耕深松、垄作深松、垄沟深松等。深松深度视耕作层的厚度而定，一般中耕深松深度为 20～30 厘米，深松整地为 25～35 厘米，垄作深松为 25～30 厘米。

（2）机械深翻技术。深翻是土壤耕作的重要内容之一，是农业生产中经常运用的重要技术措施。深翻（确切说是深耕翻）就是利用机械的作用，加深耕层，疏松土壤，增加土壤的孔隙度，形成土壤水库，增强雨水渗入速度和数量，避免产生地面径流，打破犁底层，熟化土壤，使耕层厚而疏松，结构良好，通气性强，土壤中水、肥、气、热相互协调，利于种子发芽及作物根系生长。深翻作业质量应达到：深、平、透、直、齐、无、小七字要求（深：达到规定深度、深浅一致；平：地表平坦、犁底平稳；透：开墒无生埂，翻垡碎土好；直：开墒要直，耕幅一致，耕得整齐；齐：犁到头，耕到边，地头、地边整齐；无：无重耕、漏耕，无斜子、三角、无"桃形"；小：墒沟小、伏脊小[①]）。

4. 土壤施肥技术。 随着科学技术的发展，施肥技术越来越多元化，如基于灌水施肥技术的喷灌施肥、滴灌施肥，基于施肥方式划分的环状施肥、放射施肥、条沟状施肥、盘状沟施肥、撒播施肥，基于现代科学技术的灌溉施肥、免耕施肥、机械化与自动化施肥、飞机施肥、精准施肥，及平衡施肥技术、有机无机肥配施技术等。下面靶向家庭农场的特点介绍三种施肥技术：

---

① 王广良. 大型农业机械深松深翻技术要点［J］. 农民致富之友，2011（9）：46.

（1）秸秆还田养地技术。秸秆还田的方式主要有直接还田、粉碎翻压还田、覆盖还田、堆沤还田和过腹还田。其中秸秆粉碎翻压还田是把秸秆通过机械粉碎至 10 厘米左右，耕地时直接翻压在土壤里；秸秆覆盖还田是将秸秆粉碎后直接覆盖在地表或整株倒伏于地表，这样可以减少土壤水分的蒸发，达到保墒的目的；堆沤还田是通过家畜粪，或加上生物菌剂、水等进行高温腐熟，腐熟后，施入土壤，以利于植物体吸收，高温腐熟时还可以杀死部分有害的微生物；过腹还田是将秸秆作为饲料，在动物腹中经消化吸收，一部分转化为人们需要的营养物质，一部分转化为粪便，有机肥施入土壤，培肥地力，无副作用[①]。

（2）水肥一体化技术。水肥一体化技术是一种将肥料（生态化种植倡导使用沼液等易于流转且无阻塞的有机肥）溶于水配成肥液，通过管道将肥液及灌溉水喷洒到作物叶面或者滴入作物根部，进而实现水肥同步补给管理的一套灌溉和施肥合并运行的系统。水肥一体化技术可大幅度提高水资源和肥料利用率，促进土壤环境的生态化保护。其技术要点如下：首先，选择适宜的灌溉、施肥设备。灌溉设备主要根据作物种类、土壤性质和当地设备供应情况而定。其次，要布设合理的系统管线。管线布设要综合考虑地形、水源条件、作物种类和灌水器类型等情况。干、支管的布置形式取决于地形、水源、作物分布和毛管的布置，应力求达到管理方便、工程费用少的要求。再次，制定合理的灌溉制度。包括作物全生育期灌水次数、灌水时间、灌水定额和灌溉定额，同时应根据农作物根系状况确定计划湿润层深度，力求水肥耦合，提高水分、养分利用率。最后，加强系统的有效维护。要定期检查、及时维护和保养过滤设备。确保部件连接牢固、承压部位密封，压力表灵敏，阀门启闭灵活，接口位置正确[②]。如中国中化集团有限公司开发的"水肥一体化系统"生产上由农业物联网系统与高效灌溉系统相结合，从而定位、定时、定量地实施了一整套现代化灌溉施肥及温室气候调控技术与管理的系统，可实现节水 $50\%\sim100\%$，在特殊干旱年份能提高作物产量 50% 以上[③]。

（3）测土配方施肥技术。是指根据作物生长需肥规律、土壤供肥性能及肥料效应释放规律，所制定的产前作物营养元素的适用量和比例的有机肥配方，以及相应的施肥方式的一套基于现代农业科技成果为基础的施肥技术。配方施肥可以划分为地力分区配方法、目标产量配方法、肥料效应函数法三种，鉴于

---

① 刘娣，范丙全，龚明波．秸秆还田技术在中国生态农业发展中的作用［J］．中国农学通报，2008（6）：405.

② 杨林林，王成志，韩敏琦，等．我国水肥一体化技术发展前景及技术要点分析［J］．北京农业，2016（1）：51.

③ 测土配方一键下单精准施肥手机操控［N］．河南日报农村版，2016-05-16.

家庭农场土地较为集中，和对长江经济带家庭农场主素质能力的考量，本文推介地力分区配方法。该方法按土壤肥力高低分为若干等级，或划分出一个肥力均等的田片作为配方区，利用土壤普查资料和过去田间试验成果，结合过往实践经验，估算出一个配方区内比较适宜的肥料种类及其施用量。这种方法的优点是针对性强，提出的用量和措施接近当地经验，农场主易于接受，推广阻力较小，缺点是精确性偏低。

5. 土壤节水技术。 农业生产节水技术众多，如集雨灌溉农业技术、节水灌溉工程技术、旱作农艺节水技术，前述论及的水肥一体化技术就是节水灌溉工程技术的一种。这些技术措施精准灌溉效率较高，但也存在成本较大、技术复杂及管理维护困难等问题，为此下面将结合长江经济带家庭农场实际，着重介绍地膜覆盖技术、秸秆覆盖技术。

（1）地膜覆盖技术。①分类。按覆膜位置，地膜覆盖有行间覆盖和根区覆盖两种方式；根据作物栽培方式又可以分为畦作覆盖、垄作覆盖、平作覆盖和沟作覆盖；根据播种与覆盖程序还可以分为先播后覆膜和先盖膜后播种两种。②技术要点。家庭农场首先选择肥力较高的土地，精细整地；其次施足基肥早起空，喷施生态除草剂或人工除草；再次抓好覆盖质量，防止风吹揭膜；最后加强田间管理，防止生长后期早衰。另外，收获后还应及时捡净收回残膜，防止地膜污染（推荐使用全降解地膜）。

（2）秸秆覆盖技术。秸秆覆盖技术是指基于蔬菜、果树、苗木等农作物生产的需要而将秸秆直接覆盖在农地上，形成保护层的农业生产技术。秸秆覆盖技术操作简单，但功效显著，不仅可以减少土壤水分的蒸发，达到保墒的目的，腐烂后能增加土壤有机质，改善土壤理化生性能，而且可以抵抗风蚀，增加近地面空气中二氧化碳的含量，有利于补充光合作用所需的碳源，增进土壤表层微生物的活性，减少土壤有机质的分解。同时秸秆覆盖还可以抑制田间杂草，达到除草的效果。但是秸秆覆盖也存在增加病虫害发生概率、秸秆腐解时间相对较长的缺点。

6. 土传病虫害综合防治技术。 在早期自然农业生产条件下，只使用农家肥，并有轮作换茬的传统，土壤病虫害尤其根病不存在严重危害问题。现代农业大幅度提高了复种指数，连年大面积连作，且大量使用化肥和农药，加之水浇条件进一步改善，创造了有利于土壤病虫害发生蔓延的土壤生态条件。鉴于此，土壤病虫害的发生蔓延，归根结底是土壤生态失衡的结果。从这个意义上讲，土壤生态控制是土壤病虫害防治和研究的立足点及出发点。故而，增加土壤有机质，提高土壤活性，改善土壤生态环境，创造有利于拮抗微生物生存的空间，是家庭农场控制土壤病虫害的基础。其原因在于土壤中有大量的真菌、细菌、病毒、线虫，对土壤病虫害具有一定的抑制作用。如利用土壤细菌假单胞杆菌和芽孢杆菌防治小麦全蚀病已在生产上开始应用；利用鳃金龟臀钩土蜂和日本丽金龟臀钩土蜂防治蛴螬也在生产上开始应用。其他的真菌如木霉、青霉、曲霉等以及克氏线虫，DD－136线虫等土壤生物，对土壤病害均具有重要作用。通过进一步研究开发，土壤生态控制将会在土壤病虫害防治中发挥作用[①]。此外，根据实际情况适时开展轮作、间作、套作，创造生物多样性，阻断病虫害的迁徙路径，破坏其适应性环境，也是土传病虫害代际阻断的有效防治措施。

7. 土壤改良技术。 土壤改良，是指运用土壤学、生物学及生态学等多学科的理论与技术，排除或防治影响农作物生育和引起土壤退化等不利因素，改善土壤性状，提高土壤肥力，为农作物创造良好土壤环境条件的一系列技术措施的统称。实践中，土壤改良方法众多，如土壤水利改良法、土壤工程改良法、土壤生物改良法、土壤耕作改良法、土壤化学改良法、土壤有机质改良法等。

同一地块随着耕作频次的增加，及大量施用化肥等不科学的耕作方式交互作用，将逐渐导致地力贫瘠性状加重而低产甚至绝产，改良土壤重新恢复地力就显得尤为必要和重要。土壤改良主要目的是增加土壤有机质含量，而家庭农场最简单最廉价且效果最富持久力的办法就是将杂草、秸秆、禽畜排泄物、塘泥等按比例堆积发酵成堆肥施用。

堆肥是一种深褐色、质地疏松、氮磷钾以阳离子态存在的，并带有泥土气味的腐殖土，将这种松软多孔且富含微生物的堆肥施入土壤中，能显著改善土壤物理、化学、生物性质，明显有助于作物根系的发育和生长。堆肥制作包括混合及水分控制、堆积、覆盖、摊开等环节。关键技术包括堆肥原料的矿化和腐殖化过程。堆肥可分为升温（温度达到 $25\sim50℃$，中温性微生物占优势，将单糖、淀粉、蛋白质等有机物分解）、高温（$60\sim70℃$，易分解物继续被分解、纤维素、木质素等难分解物也被分解，并经过反复温升温降过程）、降温（$40℃$左右，腐熟物已熟）和腐熟（温度继续下降，有机物处于厌氧状态）四个阶段。影响堆肥的因素有四点：C\N比（最佳比例为 25∶1）、含水率（$45\%\sim65\%$，手握成团落地开花为宜）、含氧量（$8\%\sim15\%$）、接种剂量（占总量的 $10\%\sim20\%$）、酸碱度（pH6.5）。

（二）种植业间作、套作及轮作技术

1. 间作。 间作（row intercropping）在我国有着悠久的耕作传统，早在公元前1世纪汜胜之的《汜胜之书》中已有关于瓜豆间作的记载，公元6世纪贾

---

①　高兴文，孔繁华，徐加利，等．泰安市土壤病虫害发生现状与防治对策［J］．山东农业大学学报（自然科学版），2001（6）：186.

思勰的《齐民要术》详细叙述了桑与绿豆或小豆间作、葱与胡荽间作的经验，明代以后麦豆间作、棉薯间作等已较普遍，其他作物的间作也得到发展。具体而言，间作是指在同一田地上于同一生长期内，分行或分带相间种植两种或两种以上作物的种植方式，间作包括农作物与农作物之间间作和农作物与林果等多年生木本作物的间作。间作不仅可以提高土地利用率，由间作形成的作物复合群体可增加对阳光的截取与吸收，减少光能的浪费；同时，两种作物间作还可产生互补作用，如宽窄行间作或带状间作中的高秆作物有一定的边行优势、豆科与禾本科间作有利于补充土壤氮元素的消耗等，间作也存在不同作物间对阳光、水分、养分等元素的激烈竞争。因此家庭农场间作必须遵循一定的设计原则：一是近期与远期效益，经济效益、生态效益与社会效益相结合的原则。二是时空结构相结合的原则（指各种生物生育期和气候节律的匹配，及作物群体在田间的水平排列和垂直分布）。三是合理的种群结构和物质的多层次利用原则（依据生物对生境需求之不同而供给物能）。四是注重种群之间的相生相克关系，充分发挥种间互补作用（即对株型高矮不一、生育期长短稍有参差的作物进行合理搭配和在田间配置宽窄不等的种植行距，有助于提高间作效果）。五是充分发挥边缘效应，高秆和矮秆作物相间种植。六是适合组合的作物外观关系（株型要"一高一矮"，枝型要"一胖一瘦"，叶型要"一圆一尖"，根系要"一深一浅"，适应性要"一阴一阳""一湿一旱"，生育期要"一长一短""一早一晚"，种植规格要"一宽一窄"，直立型要间作蔓生型，秆型作物间作缠绕型作物）[①]。

2. 套作。 套作（relay intercropping）是在前季作物生长后期的株、行或畦间播种或栽植后季作物的种植方式。套作的两种或两种以上作物的共生期只占生育期的一小部分时间，是一种解决前后季作物间季节矛盾的复种方式。套作在我国起源甚早，公元前 1 世纪的氾胜之的《氾胜之书》已有黍和桑套种的记载，明代麦、棉套种和早、晚稻套种等已有一定发展。套作的主要作用是争取时间以提高光能和土地的利用率，多应用于一年可种 2 季或 3 季作物；套作有利于后作的适时播种和壮苗全苗；在一些地方采用套作还可以躲避旱涝或低温灾害，及缓和农忙期间用工矛盾的作用。长江经济带家庭农场套作方式有：小麦套玉米，麦、油菜或蚕豆套棉花，稻套紫云英以及水稻套甘蔗、黄麻、甘薯，小麦套种玉米再套甘薯或大白菜等。

生产实践中，适宜长江经济带家庭农场主要农作物间作套作的方式及效益如下（表 6－1）：

---

① 骆世明. 生态农业的模式与技术 ［M］. 北京：化学工业出版社，2009：39－40.

表6-1　长江经济带家庭农场主要农作物间作套作方式及效益

间作方式	间作效益
玉米＋黄瓜	玉米间种黄瓜可减少黄瓜病毒病发生。在玉米行内种黄瓜，可使黄瓜花叶病减少61.6%。还能利用玉米秸秆做黄瓜架条，省钱省工
玉米＋红薯	这两种作物枝叶一个是纵向生长一个是横向生长，有利于通风透光，加强光合作用
玉米＋南瓜（花生）	玉米间种南瓜或花生可有效减轻玉米螟害。另外，玉米间作花生也可使玉米螟的危害明显减轻。玉米尖形叶，花生圆形叶，一起种植不会互相挡光，提供光能利用率
玉米＋辣（青）椒	玉米与辣（青）椒间作可减轻辣（青）椒病害。由于玉米的遮阴作用，辣椒日灼病和病毒病比单作田减少72%；玉米与青椒隔行种植，可使青椒病毒病减轻56.9%
玉米＋白菜	玉米间作白菜可减少白菜多种病害。玉米间作白菜田，由于田间气温比单作田降低0.5℃、地面温度降低2℃，可使白菜病毒病减少20%以上，白斑病减少18%，白菜软腐病、霜霉病的发生也明显减轻
玉米＋豌豆	玉米和豌豆混种能做到双获丰收。玉米和豌豆两者种在一起会相互得益，双双增产
玉米＋大豆	大豆根瘤菌可以固氮，为玉米提供氮肥。玉米分泌的物质也能促进根瘤菌繁殖
玉米＋蚕豆	玉米种植密度大，蚕豆小，间作种植便于通风
马铃薯＋大蒜	马铃薯与大蒜间作可抑制马铃薯晚疫病发生
大蒜＋玉米	大蒜的刺激性气味，可抑制玉米螟、蚜虫等虫害的发生
大蒜＋油菜	大蒜的刺激性气味，可减轻菜蚜危害。大蒜间作其他作物也能减少虫害发生
茄子＋小白菜	小白菜长到8厘米左右时，套作栽种茄子，可以减少地老虎对茄子的危害
韭菜＋豇豆	韭菜吸收部分营养，使豇豆不会徒长而多结荚。豇豆也会为韭菜遮阳，促进韭菜生长
四季豆＋小葱	浅根和深根套种，合理利用土壤空间，充分利用土壤养分
大白菜＋小菜心	大白菜植株较大，株间空隙大，间作小菜心可合理利用土地
生姜＋西瓜	生姜喜阴，西瓜喜阳，搭配种植可减轻高温对生姜的危害
冬瓜＋番茄	番茄畦边套种冬瓜，可防止番茄日烧病的发生
十字花科蔬菜＋莴苣（番茄或薄荷）	十字花科蔬菜间种莴苣、番茄或薄荷可驱避菜白蝶。莴苣、番茄或薄荷放出的刺激性气味可使到甘蓝、白菜等十字花科蔬菜上产卵的菜白蝶避而远之

3. 轮作。轮作（crop rotation）是指在同一地块上有顺序地轮换种植不同作物的种植方式，是相对于在同一地块上长期连年种植一种作物或一种复种形式之连作的种植制度。我国早在西汉时就实行休闲轮作。"地久耕则耗费"，在

源远流长的农业生态文明中，我国先民总结出了"地力常新状"等理论指导农事，如北魏《齐民要术》中有"谷田必须岁易""麻欲得良田，不用故墟""凡谷田，绿豆、小豆底为上，麻、黍、故麻次之，芜菁、大豆为下"等记载。生产实践中具体有单一作物轮作之一年一熟的"大豆→小麦→玉米"三年期轮作，或"绿肥—水稻—水稻→油菜—水稻—水稻→小麦—水稻—水稻"之复种轮作。近年来，随着耕地轮作休耕试点的推进，试点区探索建立了玉米与大豆等"轮作倒茬"的用养结合模式，生态退化区建立了"一季或全年休耕"的生态修复型模式，重金属污染区建立了"休治培"同步推进的综合治理型模式，地下水漏斗区建立了"一季休耕一季雨养"等资源节约型模式[①]，这些根植于地域特点建立的轮作模式，在促进农业产业丰产丰收的同时，将有助于进一步深入推进轮作制度的发展。

　　长期以来我国旱地多采用以禾谷类为主或禾谷类作物、经济作物与豆类作物的轮换，或与绿肥作物的轮换，有的水稻田实行与旱作物轮换种植的水旱轮作[②]，切实提高了农业生产的比较效益。不仅仅在于能切实提高产量或者改善品质，轮作制度的重大意义还在于如下诸多方面：合理利用土壤中的养分，提高土壤肥力；改变土壤物理性质；提高作物的产量和经济效益；克服连作物固有的病虫草害。总之，轮作之所以具有诸多作用，其发生的机制是前作通过影响土壤的水分和养分供应、环境状况及切断病害发生源对后作产生效应，达到高产优产的目的。正基于轮作显著的功能，2018 年我国中央财政补助的轮作试点规模进一步扩大到 2 000 万亩，比上年翻一番，同时安排相关地区自行开展试点面积 600 万亩，并将中央财政补助的试点区域由 9 省区扩大到 12 省区，即在现有轮作试点区域基础上，鼓励长江流域小麦稻谷低质低效区开展稻油、稻菜、稻肥轮作，此为长江经济带土地轮作制度的推广创造了良好的政策环境。

　　下面摘录骆世明列举的几种作物套作实例以为参考：

　　1. 长江以南丘陵旱地复种分带轮作。在南方丘陵地区，通过将不同特性的农作物进行合理轮作搭配，用养结合，提高土地的肥力和生产性能（表 6-2）。

　　2. 玉米、大蒜分带轮作（贵州毕节）。带宽 2 厘米，大蒜、玉米各占 1 厘米，分别种植 3 行大蒜和 2 行玉米。玉米收货后，全田翻耕，上季玉米种植带改种大蒜，两种作物交替种植，实现轮作。大蒜于 8 月中下旬直播。整地作畦，畦宽 80～90 厘米，高 10 厘米，行距 25～27 厘米，株距 12～14 厘米，每穴播种 2 瓣，保苗 13 333～16 000 株/亩。菜玉米播期选择在 3 月中下旬，待

---

① 耕地轮作休耕试点有力推进 [N]. 农民日报，2018-09-03.
② 休耕：让土地休息一会儿 [N]. 农民日报. 2016-08-17.

表 6 - 2　长江以南丘陵旱地复种分带轮作

年份	季节	月份	种植带1	种植带2
第一年	春	2 3 4	小麦	冬绿肥 / 春玉米、大豆
	夏	5 6 7	甘薯	春玉米、大豆
	秋	8 9 10	秋绿肥	秋绿肥
	冬	11 12 1	冬绿肥	小麦
第二年	春	2 3 4	春玉米、大豆	小麦
	夏	5 6 7	甘薯	甘薯
	秋	8 9 10	秋绿肥	甘薯
	冬	11 12 1	小麦	冬绿肥
第三年	春	2 3 4	春玉米、大豆	春玉米、大豆
	夏	5 6 7	甘薯	甘薯
	秋	8 9 10	秋绿肥	秋绿肥
	冬	11 12 1	小麦	冬绿肥

苗长到 3 叶 1 心时移栽。种植密度：（45～50）厘米×（24～26）厘米，每亩保苗 2 467～2 667 株。平均每亩收获蒜头 625.3 千克，产值 750 元，纯收入 500 元。两季作物供给纯收入 1 237 元/亩，比常规栽培平均纯收入 648 元/亩增加 90.8%。

3. 白菜、大蒜、辣椒、花生宽幅分带轮作模式（湖北宜昌）。一年四熟，高产高效，亩经济效益达 10 000～12 000 元，可解决海拔 800 米以下"望天收"田因秧苗迟栽或小麦迟播造成的低产减产问题。种植方法：水稻收获后，按照 334 厘米划厢分带，按 167 厘米一带栽种白菜。收获后种绿肥，翻春后，重施底肥栽辣椒，辣椒收后栽大蒜；按 167 厘米一带栽种大蒜，收获后种花生，花生收获后栽白菜[1]。

另外许昌的李彦增、庞占杰介绍了一种"春玉米、甘蔗、黑木耳、草菇、平菇"套作技术。3 月中旬进行甘蔗保护地育苗，亩需优质种茎 2 400 根。4 月上旬在施足基肥、春耕妥善地块上选用早熟玉米种，按一宽二窄点播（宽行行距 120 厘米，窄行行距 40 厘米，株距 20 厘米）。"同时，应在行间施肥浇水。4 月下旬，在玉米宽行间，两边等距玉米边行 40 厘米处移栽已长出 4 个叶的蔗苗，株距 18 厘米，形成 3 行玉米 2 行甘蔗模式，并覆地膜增温。8 月中下旬尽早收获春玉米（最好先售嫩玉米），整理蔗行。然后将提前 5 天准备好的草菇培养料铺入蔗行浅沟内，并播入菌种，控制料温 33℃左右，空气相对湿度 70%～90%，12 天后即可采收头潮菇。亩投料 1 500 千克，产值可达 1 800 元左右。9 月中旬用草菇下脚料作平菇培养料，采用"补养法"袋栽（即在常规培养料配方中加入 1% 的过氧化钙）、床栽、菌砖栽三种形式均可。10 月上旬收平菇，亩投料 1 900 千克，产值达 1 470 元左右。9 月下旬在蔗行间吊袋栽培黑木耳，每亩吊袋 950 袋，折干料 280 千克，可收干木耳 19.6 千克，产值 567 元左右[2]。

（三）现代生态养殖实用技术

家庭农场无论是规模化圈养，还是山地放养，抑或水域养殖，现代养殖业都必须注重养殖场地的建设、适当品种的搭配、饲料-排泄物的多级利用以提高物质循环梯次利用的效率，实现节能高产高效之目的。

1. 养殖场地——生态化建造。家庭农场生态化环境友好型养殖场地建造主要有两个目的，一是满足动物福利的需要，二是环境保护的需要。生产实践中较多养殖场地要么是环境污染成为首要问题，要么是选址或者布局得不够科

---

① 骆世明. 生态农业的模式与技术 [M]. 北京：化学工业出版社，2009：45-46.

② 李彦增，庞占杰. 春玉米、甘蔗、黑木耳、草菇、平菇套作技术 [J]. 河南农业，1993（3）：37.

学造成禽畜疫病传播风险增大，动物福利更是没有得到应有的保障。实践中，养殖场地的建造需要注意以下几个环节：一是农场圈舍场址的选择。建设场址的选择是养殖场地建设的首要任务，在选择养殖场地址的时候一定要考虑四个因素：①要充分考虑环境保护与动物防疫的要求，建设地要远离居民生活区、名胜风景区及水源地，不可破坏周围的生态环境。②要充分考虑农业循环发展规划，场地要选在交通便利、设施完善的区域，以方便粪便等废弃物的利用与处理。③要充分考虑环境因素，尽可能选在阳光充足、冬暖夏凉、水源充足的背风环境。④要远离其他的公共场所和养殖场，并要与屠宰场、禽畜产品加工厂及交易场相距一千米以上。二是农场圈舍的建设要按照不同养殖对象参照相应国家标准予以建设，如牛羊舍间距要保持在 20 米以上，两圈舍墙间距不小于 8 米，圈舍与围墙的距离要大于 3 米等。另外圈舍四周必须有完善的绿化设施，一则绿化环境，二则调节区域小气候，三则消纳禽畜排泄的二氧化碳，吐纳新鲜氧气。三是农场粪便处理。规模化养殖会产生大量粪便，不仅污染环境，而且可能成为各类疾病传播的载体，因此切实强化牲畜粪便的科学处理极为重要。遵循资源化、无害化处理原则，本研究建议家庭农场建设沼气池集中处理粪便。一则产生的沼气可以作为能源使用，二则沼渣沼液可以供给作物营养，三则沼气池技术环保，具有美化环境的作用。

2. 繁育技术——杂交育种。 遗传因素是畜牧业生产效率高低最主要的影响因子，通过杂交或者更为先进的基因技术培育优势品种是现代畜牧业可持续发展的重要技术选择。针对长江经济带家庭农场实际，在育种方法日趋多元化的今天，本研究认为杂交育种仍然是区域家庭农场养殖业育种的首选。所谓杂交育种就是用两个或者两个以上的品种进行各种形式的杂交，使彼此的优点结合在一起，从而创造新品种的杂交方法。其内核是指利用具有不同基因组成的同种（或不同）生物个体进行杂交，以获得所需要表现型品种的育种方法，原理是基因重组。这种方法的优点是能根据人的预见把位于两个生物体上的优良性状集于一身，不仅可以培育出适应性强、生产力高的品种，而且所选育的品种抗病、抗逆性强，饲料利用率高。但这种方法耗时长，需及时发现优良性状。生产实践中，杂交育种应遵循以下几条原则：一是所选择的禽畜品种除了应有较快的生长速度外，还应具备对环境的适应能力，各种疾病的抵抗能力。二是确保基因遗传的多样性，杂交选育出品种类别丰富的品种。三是禁止纯种繁育，提倡基因多样性语境下的杂交。

3. 饲料管理——有机饲料。 生态养殖条件下，家庭农场饲料管理建议采用有机养殖的标准进行管理，即借鉴或者采用有机饲料生产及管理流程组织生产。其原料来源必须符合国家食品卫生标准和有机食品技术规范要求，并经国家有机食品认证机构认证、许可使用，表现为在生态饲养过程中不添加人工合成的生长激素或微量元素，不添加开胃剂、防腐剂和色素，也不使用纯氨基酸和基因工程生物或其产品。鉴于长江经济带家庭农场生态养殖与有机养殖在技术、条件及认知上的差距，以及长江经济带粮食主产的类别，建议使用如下四类：一是谷物类农产品，如玉米、大麦、稻谷、小麦、高粱。二是使用块根类及其农产品，如红苕。三是蛋白质饲料，如大豆、油菜籽，或者各类豆粕物料类。四是各类秸秆青贮产品。特别是在农业产业供给侧结构性调整中，要大力发展饲草业，推动草业向商品化、专业化、现代化方向发展，形成饲草生产、加工、销售、有机结合和相互促进的融合发展机制。

4. 疾病防控技术——自然疗法。 家庭农场养殖业自然疗法是指通过各种自然手段来预防和治疗禽畜疾病的治疗方法，即为充分利用与禽畜生活有直接关系的食物、空气、水、阳光等元素，以及通过合理的运动、科学的作息规律来调节与改善禽畜体质，达到预防疾病及保持其健康的一种无为而为的防控方法。具体有植物疗法、顺势疗法、酸疗法。植物疗法是应用植物作为药物防病治病的一种方法。顺势疗法是使用可以诱发健康禽畜有机体产生某种疾病的药物来治疗患有该病的禽畜的一种方法。酸疗法是使用特定的有机酸以改善身体内部酸的运用，使器官运转更有效率，并在禽畜四周创造一个微酸性的环境使疾病原菌的存活率降低的治疗方法[①]。根本性地，禽畜疾病防控需要动物福利环境的改善，养殖过程给予动物充分而完备的生命尊重。

5. 粪肥管理——资源化处理。 家庭农场禽畜排泄物处置不当易产生环境卫生问题，并加重农村点面源污染程度，在农村人居环境三年整治行动及乡村振兴生态宜居要求下，妥善处置养殖排泄物是产业可持续发展的基本前提。另外，禽畜粪便不是无用之物，而是放错地方的资源，合理地资源化利用可将其变废为宝，产生可观的经济效益及生态效益，诸如在饲料化利用、能源化利用及肥料化利用等方面将发挥极大的效益。

（1）饲料化利用技术。这一方法主要针对鸡粪、鸽粪等禽畜类粪便的处理，可以分为自然干燥法和机械干燥法两种。自然干燥法是在粪便中加入一定比例（20％～30％）的谷物产品边角料，如米糠、麦麸等，然后通过自然曝晒至含水率低于15％以下即可。该方法适用于中小家庭农场养殖规模。机械干燥法通过高温干燥、微波干燥、气流干燥等设备的机械作用促使鸡粪干燥，这一方法适用于大型养殖场。禽类粪便饲料化利用的弊端也是显而易见的，不仅易使重金属等有毒有害物质在不同种间富集累加，而且增加了疫病种间传染概率，或产生系统性风险。

（2）能源化利用技术。即以禽畜粪便为原料，利用微生物在厌氧条件下以

---

① 曹志平，乔玉辉. 有机农业［M］. 北京：化学工业出版社，2015：175.

发酵的方式分解有机物，最终产出沼气供给炊事照明的一种方法。沼气池常用池型按贮气方式主要分为水压式沼气池、浮罩式沼气池、气袋式沼气池。沼气发酵关键工艺技术如下：其一，原料选择。发酵原料要保障充分，种植、养殖兼顾家庭农场之人畜粪便、作物秸秆、杂草树叶等均可入池做原料，总之要选择含氮量较高的原料。其二，发酵温度的控制。最佳发酵温度区间为中温30～40℃，高温50～60℃。其三，pH 控制。甲烷细菌最佳适应 pH 范围为6.8～7.4，要实时监测并调控发酵池 pH，使之保持在最佳发酵区间，以提高甲烷细菌的活性，增加产气量。其四，进出料方式。主要有批量进出料、连续进出料和半连续进出料三种方式。但实践中，基于农村生产生活实际一般采用半连续进出料方式。这种方式介于批量和连续进出料方式之间，是在沼气池启动时一次性加入较多原料，正常产气后，不定期不定量添加新料，并在发酵过程中根据生产实际不定期出料，到发酵后期则将大部分料液取出的一种方式。这种方式一方面能保证产气量，另一方面还能满足家庭农场农业生产过程对肥源的适时需求。

（3）肥料化利用技术。主要包括堆肥处理技术和沤肥处理技术。沤肥制作步骤如下：以草塘泥为例，材料以塘泥为主，搭配稻草、绿肥和猪厩肥，也可加入脱谷场上的秸秆等有机废弃物沤制。在冬、春季节取塘（河）泥，拌入切成 20～30 厘米长的稻草，堆放田边或河边，风化一段时间。在田边、地角挖坑，坑的大小和深度根据需要而定，挖出的泥可作埂，增大坑的容积，并防止肥液外流或雨水入坑。坑底及土埂要夯实防漏。经风化的稻草、塘（河）泥按比例加入绿肥或猪厩肥等材料，于 3—4 月运到坑中沤制，混合肥上要保持浅水层。经过 1～2 个月沤制，当坑内的水层由浅色变成红棕色并有臭味时，表明沤制的肥料已经腐熟，可以用来施用。在制作过程中坑内宜保持 4～6 厘米浅水，使有机物在低温厌氧条件下持续分解，如果水层太深、温度低、不易分解。坑内不应时干时湿，防止生成硝态氮而遭受淋洗或反硝化脱氮。材料合理配比：塘（河）泥占 65%～70%，稻草占 2%～3%，豆科绿肥 10%～15%，猪厩肥 20%左右，其中秸秆、杂草等应加入适量人畜粪尿调节酸碱度。定期翻堆，每半个月翻 1 次，使上下物料受热一致，分解均匀[①]。

二、立体农业技术

立体农业是传统农业和现代农业科技相结合的新业态，是传统农业精华的优化组合。一般认为，立体农业技术是指在一定空间、时间和功能上致力于资

---

① 佚名. 制作蔬菜有机肥：沤肥 [EB/OL].［2018－07－27］. nyncj. mdj. gov. cn/sczl/1146286. jhtml.

源要素多层次综合利用的高效农业结构，而实现区域植物、动物、微生物相互协调、相互联系的生产技术体系。这一技术体系侧重于垂直空间资源的最大化利用以实现对光、热、水、肥的高效利用，特别适宜山地农业类型，长江经济带山地、丘陵、缓坡、水田、园地、庭院均有广泛的适应性。长江经济带家庭农场可采用的主要技术有立体种植技术、立体养殖技术、立体种养结合技术。

1. 立体种植技术。 立体种植就是家庭农场合理布局间种、套种、混种、复种、轮种等配套种植制度，形成多种作物共生、多层次协同、多时序搭配的差序格局种植方式。要点是靶向配置高秆和低秆作物、深根和浅根作物、喜光和耐阴作物，以避免和减少作物间相互竞争而实现对资源要素的和谐充分利用，达成优质、高产、高效、节能、环保农业种植技术模式的构建。常见的有"粮-经"型如马铃薯与向日葵套作、"粮-木"型如泡桐间作大麦、小麦等。

2. 立体养殖技术。 立体养殖指家庭农场充分利用环境各部分的不同属性，将目标对象有机结合在一起的一种养殖方式。如"鸡-猪-牛"型用饲料喂鸡，鸡粪处理后喂猪，猪粪处理后喂牛；"牛-鱼"型用饲料或者草料喂牛，牛粪处理后喂鱼，池塘淤泥作为农田的肥料；"鸡-猪-鱼"型用饲料喂鸡，鸡粪处理后喂猪，猪粪处理后喂鱼，及池塘分层养鱼技术等。

3. 立体种养结合技术。 该技术是家庭农场在同一空间单元内通过植物、动物、微生物的分层空间利用，实现种植和养殖多元结合的一种生产技术。在该系统中，生产者、消费者、分解者构成了一个完整的能量多级转化和物质循环传递再生链条，不仅有助于资源要素的高效利用，而且创造了生产发展与环境保护的双赢。其典型技术模式有桑基鱼塘、稻田养鱼等。其中"鱼-桑-蚕-鸡"型在长江经济带农业生产实践中尤为常见，该技术在池塘养鱼、塘堤种桑养蚕、桑树林下养鸡，形成基面种桑，塘泥供给桑树肥料、桑叶养蚕、喂鸡，蚕沙、鸡粪供给桑树肥料、肥水养鱼，蚕蛹养鸡喂鱼的闭环链条，进而实现了物能的高效利用。

三、健康安全食品生产技术

(一)健康安全食品

健康安全食品是指安全、健康、环保的食品，主要包括无公害农产品、绿色食品及有机农产品。

1. 无公害农产品。 是指产地环境、生产和加工过程，及产品质量均符合《无公害农产品标准》及有关规范的要求，经认证合格获得相关证书，能够满足人们消费需求的初级农产品及加工品。其关键生产技术有如下几方面。第一，生产地块的选择要坚持三个原则：一是地块周边远离点面源污染。二是尽可能地遵循自然规律，并选择适配该生物的主产区、高产区。三是地块肥沃疏松，理化生性质满足生物生长需求。第二，养分供给以有机肥为主，兼顾使用化肥实现平衡施肥。第三，采用物理生物的办法防治虫害，禁用化学农药，适当采用生物农药。第四，确保饲料环保化、添加剂生物化、排泄物资源化处理。

2. 绿色食品。是指产自优良生态环境、按照绿色食品标准生产、实行全程质量控制并获得绿色食品标志使用权的安全、优质食用农产品及相关产品[①]。绿色食品主要有三方面特征：一是产品或产品原料产地必须符合绿色食品生态环境质量标准，强调产品出自最佳的生态环境；二是包括农作物种植、禽畜养殖、水产养殖在内的农产品生产、加工、运输、储藏、销售实行"产地到餐桌"的全程质量监督管理；三是对产品实行标志管理，即产品的包装除必须符合国家食品标签通用标志外，还必须符合绿色食品包装和标签标准。其生产关键技术在于生产过程的控制，包括绿色食品生产资料使用准则和绿色食品生产技术操作规程两部分。其中绿色食品生产资料使用准则是对生产绿色食品过程中物质投入的一个原则性规定，它包括生产绿色食品的农药、肥料、食品添加剂、饲料添加剂、兽药和水产养殖药的使用准则，对允许、限制和禁止使用的生产资料及其使用方法、使用剂量、使用次数和休药期等做出了明确规定；而绿色食品生产技术操作规程则是以上述准则为依据，按作物种类、畜牧种类和不同农业区域的生产特性分别制定的，用于指导绿色食品生产活动。规范绿色食品生产技术的规定，包括农产品种植、禽畜饲养、水产养殖和食品加工等技术操作规程。其中病虫害防治严禁使用人工合成的化学农药和化学类、石油类以及氨基酸类除草剂、增效剂，而主要采用生物防治（以虫治虫、微生物治虫）、农业防治（合理利用土地、田园卫生、耕作制度）及物理与机械防治技术。

3. 有机农产品。是指按照有机农业的生产标准，通过有机农业生产体系进行生产和加工，由相关认证机构独立认证，达到有机生产标准要求的一系列产品。其有机生产过程不允许采用基因工程获得生物及其产物，不使用化学合成的农药、肥料、生长调节剂、饲料添加剂等物质，遵循自然规律和生态学原理，协调种植业和养殖业的平衡，采用一系列可持续发展农业技术以维持稳定的农业生产体系的一种农业生产方式[②]。

（二）健康安全食品生产技术

李文华认为，健康安全食品是指产自良好的生态环境，严格按照健康安全

---

① 农业部. 绿色食品标志管理办法（2012 年第 6 号）[EB/OL].［2012 - 07 - 30］. jiuban. moa. gov. cn/zwllm/tzgg/bl/201208/t20120802＿2814698. htm.

② 曹志平，乔玉辉. 有机农业［M］. 北京：化学工业出版社，2015：10.

食品生产技术规程组织生产或加工，产品质量符合国家相关的安全卫生标准，并经专门机构检验认定，获准使用健康安全食品标志的初级农产品及其加工产品。从该定义可知，生产环节健康安全与否是健康安全食品的关键，因此健康安全食品生产技术则是整个健康安全食品生产及加工的源头，注重健康安全生产技术的运用是关键。具体到农业生产实践中，主要有植保技术和无公害农产品生产技术两大方面。

1. 植保技术。 据有关统计显示，严重危害农作物的病虫害有 270 多种，其中危害小麦、玉米的有 128 种，危害甜菜的有 100 种……据刘万才等（2016）近 10 年农作物主要病虫害发生危害情况的统计和分析显示，2006—2015 年我国农作物病虫草鼠害总体处于严重发生状态，各类病虫害年发生面积在 4.603 5 亿～5.075 3 亿公顷次，年均挽回粮食损失 9 684.68 万吨，占全国粮食总产的 17.35%；年均实际损失粮食 1 965.49 万吨，占全国粮食总产的 3.53%[①]。病虫害高发不仅导致农作物低产及其品质下降，严重的甚至导致农业系统崩溃而绝收，据联合国粮农组织统计数据显示，有害生物造成的损失，平均占到各种农作物潜在产量的 30%。为防止这种可能性的发生，农业生产大量使用农药成为一项明知不可为而又不得不为的无奈选择，其结果不仅增强了病害的农药抗性致防治效果欠佳（每一次的农药喷施灭杀实际上都是在帮助害虫选育高抗性的后代），而且这些农药在动植物代谢过程中不能完全得以降解，未被降解的残留物则储存于生物体内并通过食物链进行转移和传递，最后逐级浓缩聚集。人类处在食物链的顶端，最易受到有害残留物富集后的危害，进而导致多种疾病甚至绝症的发生。因此，大量施用农药不仅虫害防治效果不明显，而且极大地降低了农产品质量，危及了人类健康，造成各种疾病多发高发，同时也造成了严重的生态危害，其潜在的危害一旦显性集中爆发，其后果以人类目前的认知及能力可能难以承受。

基于化学农药为核心的病虫害防治技术容易陷入这样一个悖论：农药用多了会影响农产品质量安全，农药用少了虫害得不到有效防控而影响产量。特别是在"营养、安全、健康、绿色、环保"大背景下，农药防控病虫害的生产作业方式已暴露出诸多问题，采用生态、安全、有效的病虫害防控办法已经成为产业发展必须迈过去的坎。显然，在病虫害种类及结构变化的情况下，与大量使用化学农药相比，生态病虫害防治技术能够在生产源头上避免或降低农产品农药残留，并且环境无污染，同时使害虫不容易产生抗药性，确保作物安全生产，保障人们舌尖上的安全。

---

① 刘万才，刘振东，黄冲，等. 近 10 年农作物主要病虫害发生危害情况的统计和分析［J］. 植物保护，2016（9）：1.

因此在农业生产实践中，利用生态的、物理的植保技术预防和杀灭虫害是最安全可靠的措施。生态农业病虫害防治关键在于采用适当的农艺措施，建立合理的作物生长体系和平衡的生态环境，提高系统内自然生物防治的能力，并在借助生物防治技术和物理防治技术的基础上达到抑制病虫害爆发的目的。其技术体系如下：一是选用健康作物和抗性品种。对病虫害具有耐性的作物品种能发挥自身对病虫害的调控作用，是经济有效的防治措施。二是增加作物品种多样性。既包括品种选择的多样性，也包括时间与空间上的多样化种植。三是基于合理施肥、合理修剪、改善作物生长条件等内容的栽培管理措施。四是采用以虫治虫、以菌治虫、以菌治病为内容的生物防治技术。如利用智利小绥螨、巴氏新小绥螨防治叶螨、丽蚜小蜂防治粉虱、东亚小花蝽防治蓟马等天敌昆虫防治害虫。五是通过环境调节、设施防护、诱杀技术、防虫网隔离，以及光电磁声热等为内容的物理防治技术。六是采用轮作、间作、套作等种植技术，以丰富作物种植的多样性，抵抗病虫害的发生。

2. 无公害农产品生产技术。下面以家庭农场无公害萝卜种植及生猪养殖为例进行论述。

（1）重庆永川黄瓜山家庭农场无公害萝卜种植技术。

①品种选择：该地区土层深厚疏松、排水良好、肥力优异，适宜种植品种有云南半截红萝卜、成都春不老、泸州砂锅地、涪陵中坝萝卜、云南水萝卜、贵州青头萝卜、万萝 1 号、春秋红水萝卜、泸优 2 号白萝卜等。

②整地：播前深耕 20～30 厘米，耕耙三次而畦面细碎平整，施足有机基肥，标准是每亩施用腐熟猪粪 3 000 千克，辅施磷矿粉 60 千克和硫酸钾 10 千克，施用方法为沟施或穴施。

③播种：采用直播法，每亩用种 150～250 克，播种深度为 1～2 厘米，穴距 20～30 厘米，播种前 5 天浇水造墒，播后泥土轻覆，并铺设滴灌设备，夏秋播种后宜覆盖遮阳网保墒，若播种后天气干旱应立即浇水，保证种子吸足水分。

④间苗定苗：长出 2 片基生叶即可间苗，除去不需要的孱弱苗，保留健壮苗（每穴留 3～4 株壮苗；第 3～4 片真叶长出开始第二次间苗，每穴保留 2～3 株壮苗；第 5～6 片真叶长出时最后一次定苗，每穴留一株壮苗）。

⑤水分管理：萝卜缺水则质硬辛辣，且肉质根生长不整齐或开裂，水太多则容易使肉质根发育不良或腐烂，生长后期缺水则易出现糠心、味辣、肉硬，降低品质和产量。因此萝卜种植最好采用滴灌技术，可以精准控水。萝卜生育期需水情况如下：播种后浇水 1 次，蹲苗前一次浇足水，蹲苗期结束后开始浇水直至采收前 7 天。

⑥中耕除草：时机选在间苗和定苗后进行，其中幼苗期宜浅中耕，莲坐期

宜深中耕，封行后宜停止中耕（即第一次中耕锄头松动地皮即可，第二次则需浅锄耕，以切断土壤毛细管水及萝卜侧根，降低萝卜吸肥水和代谢水平，但切勿碰伤苗根）。

⑦施肥管理：第一次施追肥在定苗后浇水前，幼苗长出 2 片真叶时，以亩有机腐熟厩肥 1 000 千克为宜。第二次应该在第一次追肥半个月后进行，以亩有机腐熟厩肥 1 000 千克为宜。第三次应该在第二次追肥 20 天后进行，以亩有机腐熟厩肥 1 500 千克为宜。

⑧虫害防控：宜轮作防治土传病毒，并采用生物防治和物理防治技术（高频振式杀虫灯、黑光灯、高压汞灯诱杀害虫）。

（2）家庭农场生态化生猪养殖技术。

①家庭农场圈舍的建设。现代化生态化生猪养殖场设计的基本理念是尽最大可能利用自然资源（阳光、空气、气流、风向），尽可能减少对水、电、煤等物能的需求，同时要尽可能地利用生物性、物理性转化，尽可能地减少或者避免化学性转化。具体建设细节必须注意五方面问题：一是农场圈舍场址选择要干燥有缓坡，同时偏重透气性强、毛细管作用弱、吸湿性和导热性小、质地均匀、抗压性强的土壤；二是农场水源务求水质良好无污染，且水源充足；三是农场必须设置管理区、生产区和废弃物处理区；四是场内道路、给排水及绿化要依据规划设计进行完善；五是猪场必须完善保温防寒及隔热防暑设计（现代化猪舍采用集中供暖和局部供暖两种方式，系列设备有热水锅炉、供水管路、散热器、回水管、水泵、电热地板、电热灯等；常用降温设施有水帘、喷雾、遮阴、风扇、空调、水池、滴水等）。

②家庭农场养殖饲料选择。廖新俤、陈玉林主编的《家畜生态学》提出运用生态营养学理论强化饲料安全：一是饲料原料的合理选择与加工（选择原料时首先要注意选购消化率高、营养变异小的原料，这样可减少粪尿中氮的排出量；其次要注意选择有毒有害成分低、安全性高的原料，以避免或减少有毒有害成分在禽畜体内累积和排出后污染环境）；二是饲料配方技术改进（尽量按照动物的不同种类、不同性别、不同生长阶段的营养需要，尽可能准确估算动物各阶段、不同环境下的营养需要及各种营养物质的利用率，设计出营养水平与动物生理需要基本一致的日粮）。此外，青饲料建议选用热研 4 号王草（由美洲狼尾草和珍珠粟杂交成的禾本科牧草，多年生，最高可以长到 4 米，一年可割 10～15 次，每亩产鲜草均在 20 吨以上，其茎秆含糖分，脆甜多汁，是牛、羊、猪、鸡、鹅等理想的青饲料），粗饲料选择如秸秆、荚壳、干草等，精饲料宜选择谷类、豆类、饼粕等。

③家庭农场圈舍生态消毒灭虫。生态学理论认为，猪患病是因其与生活环境之间所存在的平衡被破坏，因此猪场必须尽力营造或维系这种生态平衡，猪

场疫病防控更必须遵循这一原则，通过探寻病原菌生长、传播规律而实现其彻底的灭杀。实践中，猪场致病微生物及其体内外寄生虫是生猪染患各种疾病的关键诱因，生态化养殖要特别强调猪场的消毒灭虫工作。猪场一般采用物理及化学方法消杀各种病原菌，如通风换气、紫外线照射之空气消毒法，煮沸或选用二氧化氯进行物理及化学针对水的消杀，采用清扫、紫外线照射、化学消毒等针对猪场设施设备的消毒，采用掩埋、焚烧等针对污染粪便及废弃物的消毒处理。针对猪体内寄生虫问题，猪场一般开展定期预防驱虫、注重环境卫生等方法进行防治。而体外寄生虫则一般采用物理（机械拍打、火焰焚烧、灯具诱杀）、生物（病原微生物感染寄生虫使其死亡）、化学（有机磷、昆虫生长调节剂）技术进行灭杀。此外，改造圈舍环境，人为切断病原菌生长及传播的链条，使疫病失去生存的基础也是一种行之有效的生态防治措施。

④家庭农场猪福利条件供给。生态化养殖必须注重动物福利的供给，猪的福利就是猪适应其所处的环境后所达到的状态，具体表征为：生理福利，即无饥渴之忧虑；环境福利，即要让动物有适当的居所；卫生福利，即减少动物的伤病；行为福利，即应保证动物表达天性的自由；心理福利，即减少动物恐惧和焦虑的心情。其中，由英国农场动物福利委员会（1968）提出的"五大自由"具象化了动物福利内容：一是不受饥渴的自由，二是不受痛苦伤害和疾病威胁的自由，三是生活舒适的自由，四是生活无恐惧和应激的自由，五是表达天性的自由。养殖过程要供给这"五大自由"，则家庭农场必须切实做好以下几方面的工作：一是保证每头猪都有所需要的生活空间，即要合理配置养殖密度，同时在任何时候都应保证圈舍清洁、干爽、通风良好，创造其适宜的生活环境；二是通过铺设圈舍垫料等方式满足猪的行为表达；三是保证有充足、干净的饲料和饮水，满足猪最佳的营养和饮水需求；四是勤于巡检圈舍，对发现的问题及时处理，进行精细化管理。

⑤家庭农场猪场排泄物处理。据有关报道显示，一个万头猪场每年至少向猪场周围排污3万吨（粪约1.3万吨、尿约1.7万吨），但我国大部分猪场的排泄物都是未经任何处理而直接排放，造成空气污染、土壤和水体污染、饲料和食物污染、有害病原微生物污染，给生态环境带来了极大压力。家庭农场生态化养殖必须注重对排泄物的集中无害化处理，并最大可能变废为宝增加养殖经济效益。生产实践中，家庭农场猪场排泄物处理主要有饲料化处理、肥料化处理、基料化处理、能源化处理等多种方式。

沼气发酵装置及蚯蚓养殖床主要是针对猪排泄物而言，而农场圈舍冲洗污水可采用多级氧化塘模式予以处理：污水引入种植水葫芦（吸收污水中的氮）与绿萍（吸收污水中的磷与钾）的第一级氧化塘，待水质初步净化后进入鱼塘

（肥水繁育甲藻、绿藻、水蚤、轮虫等浮游动植物喂养鱼类），进一步净化的水再进入水稻田用作水稻种植，经曝晒、水稻根系及农田生态系统进一步作用后，冲洗猪圈污水氧化还原为洁净的自然水，可再次用于猪圈冲洗，实现家庭农场圈舍冲洗用水的良性循环。

四、统筹生产与保护技术*

统筹生产与保护技术主要包括水土流失治理技术、荒漠化治理技术、水资源高效利用技术、防洪治涝技术、农业面源污染治理技术，依据长江经济带地理位置及家庭农场生产经营实际情况，本研究将着重阐述水资源高效利用技术和农业面源污染治理技术。

（一）家庭农场水资源高效利用技术

我国虽然水资源总量丰富，居全世界第六位，但人均占有年径流量却仅为2 558立方米，只相当于世界平均水平10 800立方米的1/4，美国的1/5，印度尼西亚的1/7，俄罗斯的1/10，加拿大的1/50，显示我国并不是一个水资源富饶的国家。中国是农业大国，更是农业需水大国，其中农业用水约占全国用水量的70%，但鉴于管理粗放、配套不完善等原因，占全国70%的农业用水量的效率却仅为40%，60%农业用水系无效用水，在水资源严重缺乏的当下，不啻为巨大的浪费。

所谓水资源高效利用技术是指采取水利工程、农艺措施、管理创新等办法充分合理利用自然降水或各种可用水资源，并确保农业高产增效的系列水资源利用技术。家庭农场可采用的现代农业水资源高效利用技术主要有集雨灌溉技术（雨水汇集灌溉技术、地面改进灌溉技术）、节水灌溉技术（喷灌技术、滴灌技术）。

1. 雨水汇集灌溉技术。该技术适用于干旱、半干旱丘陵地区（如重庆渝西地区）。其内核是选择经过防渗处理的具有一定倾斜面的坡面、路面、屋面作为雨水汇集平面，在一定坡面下修建水窖或池塘截留地表径流备用的一种集水措施。所汇集雨水一方面可直接排灌农业生产，另一方面经过净化处理亦可用作禽畜饮水及家庭农场日常水。此技术简单投资少，但回报率高实用性强。

2. 地面改进灌溉技术。包括长畦改短畦、宽畦改窄畦、大畦改小畦之"三改"技术，长畦分段灌溉技术（把一条长畦分为若干个没有横行畦埂的小畦，用塑料软管或者地面纵向输水沟将灌溉水送入畦内，自上而下或自下而上

---

* 本节内容参照李文华的《生态农业的技术与模式》及王昌龙的《现代农业实用节水技术》相关内容编写，在此给予感谢。

进行灌水的方法)、膜上灌节水技术(即将地膜栽培的陇上覆膜改为垄间覆膜,灌水时水由膜上推进,提高水流运动速率,水由放水孔渗入土壤和作物根部)、涌流灌节水技术(有别于连续向沟、畦田输入一个大致不变的水量而直至一个沟、畦田灌满为止的传统地面灌溉方式,该方法以一定的或变化的周期交替向几个沟、畦田供水)。

3. 喷灌节水技术。喷灌节水技术是指由喷灌系统(水源、机泵、管道系统及田间喷灌设备)将水加压送到喷灌地段,并将水分散洒落田间地块的一种灌溉方法。该方法基于田间小气候的调节不仅能提高农作物产量和质量,增加经济效益,而且能节约用水和劳动力,同时具有占地少、实用性强等特点。

4. 滴灌工程技术。该技术是通过有压供水管道系统与安装在末级管道上的灌水器(滴头、滴灌管等),将水和植物生长所需的养分以较小的流量,均匀准确地直接输送到作物根部附近的土壤表面和土层中或作物叶面,实现局部灌溉,使作物叶面或根部经常保持在最佳水、肥、气状态的灌水方法。通常滴灌器置于地面者被称为地表滴灌,地下者为地下滴灌。其特点是灌水量小,一次灌水延续时间长,周期短,能够较精确地控制灌水量,把水和养分直接输送到作物根部附近的土壤或叶面,进而能显著地减少病虫害和杂草。其缺点是滴头容易堵塞,对水质要求高,不适于粪肥浇灌。

(二)家庭农场农业面源污染治理技术

农业面源污染由农业行为造成,主要包括种植业的过量化学投入和养殖业禽畜粪便的不当处理和处置[①]。金书泰等撰文进一步分析认为,化学投入量和排放量并不是农业面源的决定性因素,并基于农业行为到面源污染中间有较复杂的转化过程考量,认为传统农耕文化的迅速瓦解、制度环境、农业经营方式、市场的逆向激励等因素是面源污染产生的制度原因。基于此,本部分对家庭农场农业面源污染治理技术的论述涉及生产性治理技术和制度性治理技术两个向度。

1. 生产性治理技术[*]。总体而言,调整农业结构,去高投入高污染农业,发展生态农业,并从源头上控制农用化学品(化肥、农药、农膜、抗生素、激素等)投入量,建立农业生产废弃物(禽畜粪便、秸秆)资源化利用方式是农业面源污染的主攻方向。家庭农场具体防治技术有:基于生态位理论的立体种养技术,基于物种相互作用的病虫害生物防治技术,基于物质能量守恒理论的

---

　① 金书秦,沈贵银,魏珣,等. 论农业面源污染的产生和应对 [J]. 农业经济问题,2013 (11):98.

　* 鉴于本章节所论述内容均为生态化种养及治理技术,农业面源污染相关技术已杂糅在文中,故本部分不再赘述,仅点到为止。

测土配方施肥技术，基于现代科学技术的设施农业技术，基于物质循环理论的物能高效利用接口技术，基于活性污泥法、氧化塘为内容的好氧悬浮生长处理技术，基于厌氧发酵、好氧堆肥为内容的农村生活垃圾堆肥技术，及平衡施肥技术、有机无机肥配施技术、灌溉施肥技术。

2. 制度性治理技术。与工业污染排放主体及受体很大程度上相互分离不同的是，农业排放中主体即受体，基于舒尔茨"理性小农"理论分析表明，农民生产经营过程排污不仅无利可图，甚至是一种极度不合理的农业行为。以"理性小农"考察农业行为、面源污染、土地制度的关系，可以得出如下逻辑：一是"理性"假说表明，内源性利益驱使农民不会自我陷于危地，即农民农业行为与面源污染缺乏必然的内在联系，除非有外在因素推动；二是土地承包关系越稳固，农民越愿意善待土地，科学化增加对土地的投入，生态化培肥地力以提高农业生产能力，而土地承包关系失稳则导致农民对土地的过度开发利用趋势性变化明显。其原因在于土地承包关系稳固则农民可以长期获利，土地关系失稳则农民获利机会偏少，受理性思维左右必然加大对土地的开发强度，甚至是掠夺式开发力度以弥补短期获利的遗憾。金书秦（2011）也认为，经营者对资源的开采或利用程度取决于其对该项资源的贴现率评价，产权的安排则决定经营者对土地的贴现率评价，产权状况越稳定，贴现率越低，有利于可持续的利用，反之不稳定的产权安排则容易使经营者倾向于在短期内获利。

综上，基于制度性治理技术层面的分析，影响农业行为面源污染发生的制度性缺陷主要有市场的逆向激励机制与土地承包关系。

（1）市场的逆向激励机制。基于供需关系的变化，市场会阶段性动态化地形成一套应对机制，这套机制是一种拟人化的特殊制度安排，或为正向的激容机制（激励相容机制），或为逆向的诱导行为。市场机制恰如"无形之手"左右着农民的生产行为，渐次影响农民的决策行为，而不当的逆向诱导可能引发甚至加剧农业面源污染发生。不当的逆向诱导表现为农产品供给短缺背景下的高投入高产出引发面源污染，劳动力弱质化背景下的化学要素过度使用引发面源污染，粗放农业生产模式下的禽畜养殖排泄物不当处置引发面源污染，及市场竞争道德失范破坏力下，绿色农产品应有价值及其生产过程的正向外部性无法在市场价格中得到体现，从而导致生态种养行为绿色发展动力不足，并阻碍环境友好型农业发展，以致引发面源污染。基于此，农业面源污染之制度治理技术必须从稳定播种面积及粮食产量、劳动力提能强质、高分贝的生态农产品市场辨识度构建、农业技术推广服务等方面设计并构建全方位的制度治理技术体系。

（2）土地承包关系。2018 年 12 月 29 日，《中华人民共和国农村土地承包法修正案（草案）》经十三届全国人大常委会第七次会议表决通过。所通过的修正案规定："耕地的承包期为三十年。草地的承包期为三十年至五十年。林地的承包期为三十年至七十年。"同时"前款规定的耕地承包期届满后再延长三十年，草地、林地承包期届满后依照前款规定相应延长"。法案对承包期限的延长无疑给农民吃上了定心丸，有助于农民对土地开展长期投资，培肥地力，提高农业生产能力，减少农业面源污染。下一步，各个层面还需进一步加强农村土地制度创新和制度供给研究，建立多元化投入保障机制，着力让农村土地资源要素活化起来，包括落实承包地三权分置制度并完善所有权、承包权的权能内容、强化耕地保护制度、改革农村土地征收及补偿制度、建立农村集体经营性建设用地入市制度，及探索建立土地承包权依法、自愿、有偿退出制度，让农村土地制度更稳固更灵活，进一步激发其改革发展的强大内生动能。唯有如此，农民才能倍加珍惜土地，家庭农场才将精耕细作予以生态化种养，农业面源污染才能从源头上得到治理。

第三节　家庭农场现代化生态化模式遴选及实施

农业生产系统，特别是生态农业系统功能的强或弱，在很大程度上与系统结构状况呈正相关关系，甚至可以讲是结构决定功能，在遵循经济规律及自然规律的前提下，不同生产要素的组合与搭配是系统生产力提高的基本前提。故而，家庭农场优化结构，着眼于不同要素的合理搭配，构建既有显著生态价值功能又具可持续经济价值效益的生产模式，特别是构建具有生产发展与环境保护双重价值意义的生态农业模式，是家庭农场现代化生态化的重要体现方式。

生态农业模式（ecological agriculture model）是一种在农业生产实践中形成的兼顾农业经济效益、社会效益和生态效益，结构和功能优化了的经常使用且相对稳定的农业生态系统。模式内涵表现为：规划层面需要规划当地适宜使用的生态农业模式；经营管理层面要以消费需求为驱动，以市场为导向，构建具有市场活力成长性强的商业模式；生态系统水平层面，需要建立有各种循环功能的生态农业模式；种群和群落以下的层面，需要将物种和基因多样性丰富的生物于生态农业系统中靶向配置生态位。

2002年农业部总结提炼出了十大生态农业模式：即北方"四位一体"生态模式及配套技术、南方猪-沼-果生态模式及配套技术、平原农林牧复合生态模式及配套技术、草地生态恢复与持续利用模式及配套技术、生态种植模式及配套技术、生态畜牧业生产模式及配套技术、生态渔业模式及配套技术、丘陵山区小流域综合治理模式及配套技术、设施生态农业模式及配套技术、观光生态农业模式及配套技术①。再如李文华等（2005）总结了十二种模式：丘陵山区立体开发利用模式，小流域综合开发模式，边缘效应模式，城郊商品生产生态农业模式，庭院生态农业模式，山区水土保持型生态农业模式，农林复合系统模式，农畜结合和农田用地、养地结合模式，生态食物链模式，节水和净水型生态农业模式，生物质多层再生利用和农村多能互补系统模式，贸工农综合经营模式②。综上可见，按照不同的分类标准，我国生态农业发展模式有非常丰富的类型，表现为按照自然地理条件，可以分为平原型、山区型、丘陵型、水域型、草原型、庭院型、沿海型、城郊型。按照主产品或主要产业类型，可以划分为综合型和专业型，其中综合型又可分为农林牧副渔综合发展型、农林牧型、林农牧型、农渔型、农副型等；专业型又分为粮食户型、蘑菇养殖户型、养猪养羊养牛养鸡养鸭户型、养鱼户型等。按照生态农业建设的区域规模和行政级别又可划分为生态农业市、生态农业县、生态农业园区、生态农业乡、生态农业村、生态农业户等③，总体呈现模式多、杂、乱等现象。一方面，这不利于生态农业模式的研究与系统总结，另一方面不利于各地区家庭农场对生态农业模式的推广和采用。基于此，依据长江经济带环境条件及家庭农场整体发展需求，本研究按照骆世明生态农业分类模式，将长江经济带生态农业模式分为一元产业构成的生态农业模式（在作物、林木、禽畜或者水产生物内组合形成的模式）、二元产业构成的生态农业模式（指作物-林木、作物-禽畜、作物-水产、林木-禽畜、林木-水产、禽畜-水产构成的生态农业模式）、多元产业构成的生态农业模式（指作物-林木-禽畜、作物-林木-水产、林木-禽畜-水产、作物-林木-禽畜-水产构成的模式）④，并结合家庭农场生产实践需求展开论述。

一、家庭农场一元产业模式

1. 种植业现代化生态化模式。轮作、间作、套作、混种作为一种栽培制度和栽培方法，在农业生产实践中是一种有效的耕作方法，并由此所构建的生态农业模式较之单一的连作生产模式，于农业生产中不仅在土壤养分均衡利用上、土壤理化性能调节上、病虫危害减轻上、田间杂草危害减少上及光能高效利用上均有诸多的优点，进而能显著地增强作物的抗逆性能，而且对减少化肥农药激素的使用，及实现产业的高质量稳产保收作用突出。前文已论及种植业

①　骆世明. 农业生态学 [M]. 北京：中国农业出版社，2014.

②　李文华，闵庆文，张壬午. 生态农业的技术与模式 [M]. 北京：化学工业出版社，2005：186-197.

③　赵博勇. 生态农业及其发展模式研究 [D]. 西安：西北大学，2009.

④　骆世明. 生态农业的模式与技术 [M]. 北京：化学工业出版社，2010：39.

轮作、间作、套作、混种具体实现技术，本节种植业现代化生态化模式仅仅是所述系列技术的有机组合，故此处不再赘述。

2. 养殖业现代化生态化模式。

（1）池塘分层混养生态模式：池塘分层混养是指充分利用池塘水体和饵料以提高鱼产量的一种渔业养殖措施或制度。依据不同鱼的食性及栖息特性，可将鱼大致分为以浮游动植物为食的上层水鱼（鲢鱼、鳙鱼等），以浮萍、水草等为食的中层水鱼（草鱼、鳊鱼、团头鲂等），和以底栖动物、有机碎屑等杂物为食的底层水鱼（青鱼、鲤鱼、鲫鱼、罗非鱼等），据此进一步地可以分为三种养殖模式，一是同种异龄鱼混养，二是异种鱼混养，三是异种异龄鱼混养。如以草食性鱼类为主体鱼的分层混养模式，即给草鱼等中层水鱼投食浮萍、黑麦草等草类，利用其排泄物肥水、繁殖微生物饲养鲢鱼等上层水非主体鱼，利用投食有机碎屑物饲养鲫鱼等底层水非主体鱼，并切实起到了防止水质过肥创造清新水质的效果。以此实现在同一水体不同层面分层混养，增加池塘单位面积放养量，提高水体利用率及产量。具体混养关系如图6-2所示：

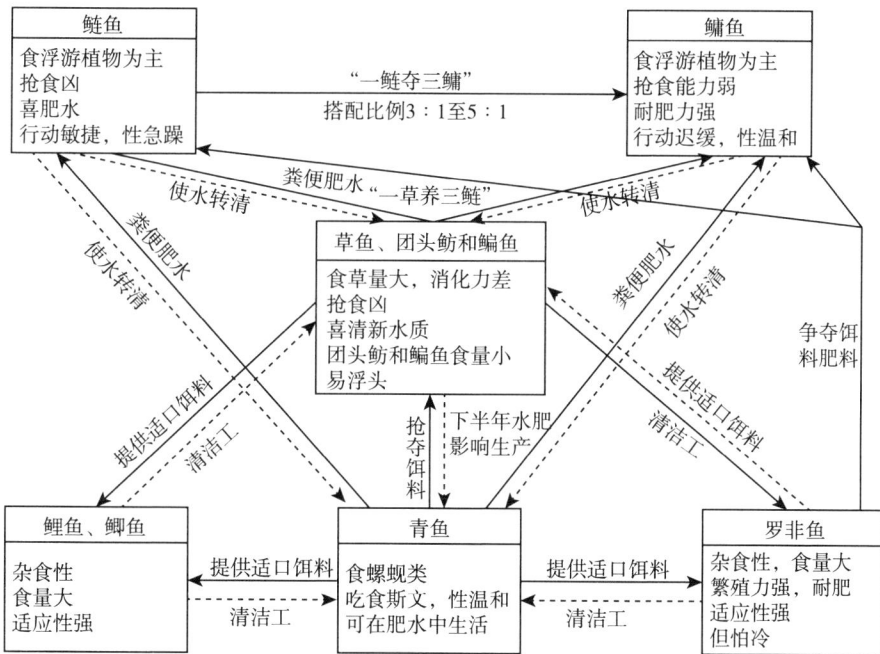

图6-2 池塘混养关系①

此外，除鱼的分层放养外，同一水体亦可开展混养模式，如鱼鸭混养、鱼

---

① 王武. 鱼类增养殖学 [M]. 北京：中国农业出版社，2014：269.

蚌混养、鱼鳖混养及鱼龟混养等，具体养殖模式以家庭农场产业发展规划、区域经济社会发展情况及自然立地资源而定。

（2）鸡-猪-鱼养殖模式：鸡体长与消化道长度之比是 1∶7，故鸡的消化道较短，进而对饲料的利用率不高（如对玉米的消化率为 80%，麦麸为 48%），未被消化的营养成分随鸡粪被排出体外。王晓明（2013）实验数据表明鸡粪具有较高的营养价值：风干蛋鸡粪中含粗蛋白 22.34%、粗脂肪 2.44%、粗纤维 10.72%、粗灰分 31.03%、钙 10.00%、磷 2.36%……特别是钙含量分别是豆粕和玉米的 31.25 倍和 476.19 倍①，因此鸡粪作为饲料资源开发具有一定的经济价值。基于此，可以构建饲料-养鸡-鸡粪-养猪-猪粪-养鱼循环链条。模式具体内涵如下：一是池塘养鱼，以猪粪混合其他饲料肥水养殖；二是塘基上建猪圈，猪粪排入池塘肥水养鱼；三是塘基或猪圈上建鸡舍，鸡粪供给猪食料，或进入池塘肥水养鱼。此模式较好地实现了养殖业物质的多级传递利用及能量的降损利用，有利于种间物能利用效能的最大化，能切实提高养殖经济效益。需要强调的是，该模式下家庭农场必须注重粪传疾病的灭杀处置工作，否则可能带来系统性的风险，危及生态链。

（3）家畜（猪）-蛆-家禽（鸡）模式：蛆是一种高蛋白、高脂肪、氨基酸含量较全面的昆虫资源，其中蛆蛋白含量约为 60.53%，被誉为"动物的营养宝库"。蛆既可以鲜投生喂，亦可加工制备。如蛆可直接投喂鸡、鸭、猪、鱼、蛙、鳝等，及特种经济动物如虾、龟、山鸡、鹌鹑及各种观赏鸟类、鱼类等；此外亦可经烘烤、焙干制成高蛋白复合饲料饲喂畜、禽、鱼、蟹、鳖、虾、鳗、鳝、蛙等，不仅生长见效快而且成本低廉。因此，以蛆养殖为关键接口，可以构建起家畜-蛆-家禽系列物能循环利用多级传递降损模式，如猪-蛆-鸡模式、鸡-蛆-鱼模式。在这系列模式中，蛆的无公害生态化养殖最为关键，其关键技术首先需要制备蝇笼，蝇笼高 1.5 米（其中笼脚 50 厘米），宽 60 厘米，长 100 厘米。笼的底面可用三合板，四周用 12 目的铅纱窗钉上。在长方形的一面开 10 厘米×10 厘米大的洞口，缝上裤脚以便投食及其他操作，笼中配备 4 个盘（饲料盆、饮水盘、产卵盘、羽化盘）。其次修建育蛆平台，平台砌成 10 厘米一个斜坡形，要求平台内用水泥抹光滑。最后采用 EM 菌处理培养料并接种红头苍蝇即可。

二、家庭农场二元产业模式

二元产业构成的生态农业模式主要指种植业、畜牧业、渔业、林业、农产品加工业等单一产业，通过内部组分、结构和功能的调整而组合的两两结合经

---

① 王晓明. 鸡粪常规营养成分分析及其开发利用［J］. 湖北农业科学，2013（11）：5314.

营模式，主要包括农牧结合、农林复合、林牧结合、林渔结合、农产品加工与养殖业结合等生态农业模式①。下面将逐一例证论述。

1. 农牧结合。 农业与畜牧业的关系就是饲料与肥料的关系，表现为农业为畜牧业提供饲料，畜牧业为农业提供肥料。梁业森、周旭英（1995）在调研与实验的基础上总结出了八种农牧结合模式：一是粮、饲、经三元种植结构，以农养牧、以牧促农的农牧结合模式；二是利用冬闲田种草，发展草食畜的农牧结合模式；三是草田轮作，以草养畜，治理盐碱沙荒地农牧结合模式；四是种养复合式农牧结合模式，即有多种植物参加形成生态农业复合循环系统；五是肉牛异地育肥农牧结合模式；六是农林牧多方位结合，走生态农业之路；七是以沼气为纽带，养猪、养鸡、种菜（果）四位一体庭院生产模式；八是低湿地种养结合立体开发模式②。实践中在上述八种模式的基础上进一步演化出了类型丰富的农牧结合模式，如稻-鸭共生模式。该模式的机理，首先，鸭以田间杂草及鱼虾贝类为食，减少饲料投放量，排出粪便肥田供给水稻营养，减少肥料供给量；其次，鸭子在水稻间穿行游弋，有助于驱赶并捕食害虫，同时有助于增强水稻抗倒伏及分蘖能力，不仅减少了农药的施用量，而且创造了有生态种养殖模式机理的有机稻作生产体系。农业生产实践中，这一模式在长江经济带普适性较强，优点在于很好地结合了水稻田的生态特征和水禽的生长习惯，既解决了人禽争粮的矛盾，获得粮禽双丰收，而且实现了化肥、农药施用减量化，有助于保护自然生态平衡。其关键技术如下：一是在稻鸭共生区周围的田埂设置围栏防止鸭子外逃（具体大小视水稻田面积及鸭子多少酌定），在田埂边搭建简易鸭棚作为役用鸭喂食、休息、躲避暴风雨等恶劣天气及产蛋的场所；二是在鸭棚一侧开挖一个5～10平方米且水深1米左右的嬉戏池；三是在鸭棚后的田埂上栽种藤蔓作物（如丝瓜），并引导其藤蔓攀缘至鸭棚，一方面充分利用地理及空间，种植攀缘类农产品增加经济收益，另一方面为鸭子遮阴蔽日创设生长环境；四是水稻移栽活棵后，保持稻田5～10厘米深水层，按每亩放养雏鸭20只标准投放，稻田放养后半个月内早中晚适当补给精料，当稻田郁闭或役用鸭长到1斤左右，则改为早、晚投料；在水稻抽穗前15～20天，则对鸭进行田间育肥催壮，水稻抽穗后7～10天，则及时将鸭从稻田中收回上市出售或继续择他地育肥。如此，构建了鸭稻共生、生态种养双赢模式。

2. 农林复合。 农林复合经营是指在同一土地经营单元上，按照生态经济学的原理，将林农牧副渔等多种产业相结合，实行多物种共栖、多层次配置、

---

①　骆世明. 生态农业的模式与技术［M］. 北京：化学工业出版社，2010：51.

②　梁业森，周旭英. 我国的农牧结合模式［J］. 中国农业资源与区划，1995（4）：26-29.

多时序组合、物质多级循环利用的高效生产体系，其具有复合性、系统性、集约性、灵活性、地域性、产业性、木质性、最优性等特点①。黄枢等（1993）将我国农林复合经营分为林-农、林-牧、农-林-牧 3 类结合型和特种农林复合经营型，在此基础上划分出 16 个类型组、215 个类型②。实践中，人为把多年生木本植物（乔木、灌木、棕榈、竹类等）与其他栽培植物（农作物、牧草、药用植物、经济植物、真菌等）相结合，创造了农林复合系统丰富的类型及模式。如在我国亚热带区域最为普遍的桑-粮复合模式。该模式在田埂及其他非粮适宜种植地段种植桑树，发展蚕桑养殖，最大限度地利用地块环境资源，实现栽桑养蚕与产粮两不误。再如以苹果、梨、李、桃、毛竹等为林，柴胡、知母、地黄等为农的林药复合模式，不仅林木的庇护作用为药材的生长创造了良好的生态环境（减弱光强、改变光质、改变土壤湿度、提供固氮等作用），而且基于林木与药用植物化感作用的存在，将相互影响受体细胞膜的透性、营养元素的吸收和运输、有机物质的代谢，甚至光合作用效率，进而显著地影响农林受体生长发育而提高模式的经济效益及生态效益。

3. 林牧结合。 林牧结合模式是家畜家禽养殖与林业的结合，具有林牧互补周期短、退耕还林效益高、养殖业排泄物污染少、林牧疾病防控高效等优点。如桑-鸡模式，栽桑养蚕，林下养鸡，以此为基础并可进一步串联多元产业，实现一二三产业融合发展。如桑叶喂蚕，林下养鸡，蚕沙鸡粪养桑，蚕蛹深加工水解蛋白、核苷酸、球蛋白、亚油酸等，蚕蛾是食疗、养生、保健补益于一体的药食同源佳品，可用于深加工滋补保健酒；废蚕丝可深加工成具有良好的护肤保湿和护发作用的丝肽；蚕沙入药治疗主风湿痹痛、肢体不遂、风疹瘙痒、吐泻转筋、闭经、崩漏等疾病，甚至可以深加工为治疗缺铁性贫血药物；桑葚富含维生素 A、B 族维生素、维生素 C 和钙、镁、铁、铜等人体生长必需的元素，特别有助于儿童的生长发育，因此可开发为无公害农产品，进一步可深加工为桑葚汁、桑葚酒和桑葚膏；桑叶可以降低血糖、抑制动脉硬化，因此可深加工制成桑叶茶；桑条可粉碎种植真菌（如林芝），创造经济价值；桑根具有清热定惊、祛风通络之功效，可深加工为惊痫、目赤、牙痛、筋骨疼痛类疗效药；桑皮可深加工为驱除人体内蛔虫药物；蚕沙及林芝下脚料可养鸡。总之，科学合理的林下养殖模式可以创造并延长产业链，助推家庭农场获得丰厚的经济效益与生态效益。

4. 林渔结合。 林渔结合是利用池塘空间，形成水、陆、空立体生产模式，

① 程鹏，曹福亮，汪贵斌 . 农林复合经营的研究进展［J］. 南京林业大学学报（自然科学版），2010（5）：151.

② 黄枢，沈国舫 . 中国造林技术［M］. 北京：中国林业出版社，1993.

实行生态养殖，提高渔业生产经济效益、环境效益的一种养殖方式，也是促进农业增效、农民增收的重要措施之一①。胡兴宜等（2013）以江汉平原公安县北湖渔场为实验地进行三类林渔结合实验，实验表明三种类型的结合经营模式承担的风险较小，投资比较合理，均为理想模型，其中块状鱼池林渔结合效益最好，条状鱼池林渔结合次之，网状鱼池林渔结合效益第三②。林渔结合模式最为有名的系统是桑基鱼塘，即池塘内养鱼，塘四周种桑树，鱼池淤泥作桑树肥料，蚕蛹、桑叶、蚕粪喂鱼，使桑、鱼形成良好的生态循环。叶显恩、周兆晴（2008）精辟地论述了桑基鱼塘模式：桑基鱼塘由淡水、陆地和蚕丝三个子系统组成。桑基鱼塘中的塘基陆地子系统，只具有作物的初级生产品，即桑叶；鱼塘淡水子系统则具有初级生产品即浮游植物，还有次级生产品即鱼；蚕丝子系统，即养蚕产丝，蚕丝子系统充当前两个子系统的联系环节。例如基面种的桑叶，用来喂蚕；蚕丝子系统的产品除丝货外，其初级产品蚕沙（屎）和蚕蛹可投入鱼塘中喂池中的浮游生物和鱼；鱼粪、水生物的代谢产物及其死亡后的残体等有机物，有的在微生物作用下分解成无机养分，供浮游生物生长需要，有的沉淀成塘泥，塘泥在冬季戽泥而回到基面，以肥桑树。物质和能量通过桑叶、蚕沙和蚕蛹、塘泥进行反复交换，把三个子系统联结成一个完整的农业生态系统。三个子系统间互相依存，互相促进，彼此不断循环往复，从而保持了生态平衡③。有试验表明，每 5 000 千克桑叶喂蚕，蚕粪喂鱼，可增加鱼产量 25 千克，倘若林下再养鸡，可年产鸡粪 1 200 千克，相当于给桑园施标准氮肥 18 千克，磷肥 17.5 千克。

5. 农产品加工与养殖业结合。《农业部关于大力实施乡村振兴战略加快推进农业转型升级的意见》指出："……支持合作社等新型农业经营主体发展保鲜、储藏、分级、包装等初加工设施，推动初加工、精深加工、主食加工和综合利用加工协调发展……引导和促进农产品及加工副产物资源化循环高值梯次利用。"由此可见，实施农产品加工业提升行动主要有两个目的，一是切实提升农产品及加工副产物业竞争力，二是实现物质循环利用能量多级降损，构建梯次开发利用模式。其中农产品加工与养殖业结合则是物能梯次开发利用的最好实现方式。其原理及关键技术如下：

（1）模式原理。农产品加工与养殖业结合多元产业融合发展生态模式是按照生态学之物质循环及能量降损原理，所设计的一类针对农业生产的动植物产

① 胡兴宜，杨新忠，王剑南，等．抑螺防病林林下经济经营模式研究［J］．湿地科学与管理，2013（9）：6-9.

② 杨新忠，易长权．公安县林渔复合经营模式经济效益研究［J］．湖北林业科技，2013（12）：32-35.

③ 叶显恩，周兆晴．桑基鱼塘，生态农业的典范［J］．珠江经济，2008（7）：94.

品及其物料进行加工并与养殖业结合的多级物能利用模式。在这一模式下，农产品加工是农业生态系统物质循环和能量流动合理导向的重要环节，具体到系统内物能流转情况，一方面，农产品加工可以减少农业生态系统物质和能量的损失，减少系统外有机物质富集造成的资源浪费，提高农产品效益。另一方面，基于农产品加工与养殖业的耦合，可以将农业废弃物实现资源化利用，实现农业产业的增值，放大食物链的价值效能。

（2）模式组分。基于物能流转的需要，这一模式的实现必须"加＋养"结合，即为加而养，以养改加，加为主体，养为支撑。基于此这一模式主要由以下几个组分构成：农产品及其废弃物，牲畜及其排泄物，农产品加工技术，养殖技术。

（3）模式设计。模式一：种植油菜发展油菜花乡村旅游，油菜籽加工榨油，油菜饼种植高粱，高粱加工酿酒，酒糟喂牛，肉牛商品化加工（或奶牛生产鲜牛奶，鲜牛奶加工成奶制品），牛排泄物养殖蚯蚓，蚯蚓初加工为禽类饲料，深加工为保健药品，蚯蚓粪供给作物肥料。模式二：农作物秸秆加工制备青贮饲料，青贮饲料喂猪，猪粪进入沼气池，沼渣种植桑树，桑葚加工为酒类饮品，桑叶养蚕，蚕沙喂鱼，塘泥种桑，鱼塘发展休闲渔业。

（4）模式管理。该模式的稳健运行需要注意两方面问题：一是合理选择有效搭配，确保上下级物种间物能得以有效传递；二是采取措施最大化物能系统外输出的同时，也要确保物能系统内的传递及补充，才能源源不断地维持系统的运行。

三、家庭农场多元产业模式

2016 年中央 1 号文件指出："……着力构建现代农业产业体系、生产体系、经营体系，实施藏粮于地、藏粮于技战略，推动粮经饲统筹、农林牧渔结合、种养加一体、一二三产业融合发展，让农业成为充满希望的朝阳产业。"此后历年中央 1 号文件均强调必须注重三产融合发展，特别是党的十九大报告提出，要实施乡村振兴战略，促进农村一二三产业融合发展，构建种养加协同发展模式。2018 年中央 1 号文件进一步强调，要通过"大力开发农业多种功能，延长产业链、提升价值链……实施农产品加工业提升行动……实施休闲农业和乡村旅游精品工程……发展乡村共享经济、创意农业、特色文化产业"等措施构建农村一二三产业融合发展体系，不断提高农业质量，让农民成为有吸引力的职业，让农村成为安居乐业的美丽家园。系列文件显示，农业产业必须实施一二三产业融合发展，才能实现其高质量发展，才可能形成农业强、农村美、农民富的强大支撑。

可见，家庭农场依托长江经济带区域特色、资源优势、文化差异，因地制宜推进农业产业多元化、多样化、特色化多元融合，并注重把绿色发展贯穿于一二三产业融合发展各环节、产业兴旺全过程，构建以绿色发展引领产业融合发展的多元产业模式，在乡村振兴背景下更具有实践意义。

1. 以生物多样性为内核的种间互利共生模式。

（1）模式内涵。生物多样性是指"地球上所有生物（动物、植物、微生物等）、它们所包含的基因以及由这些生物与环境相互作用所构成的生态系统的多样化程度"……农业生物多样性（agrobiodiversity）是以自然生物多样性为基础，以人类的生存和发展为动力而形成的人与自然相互作用的多样性系统，是生物多样的重要组成部分……生物多样性不仅孕育了有价值的动物、植物，而且可以提高植物的生产力、生态系统养分的存留，提高生态系统的稳定性（Tilman，2000）[1]。农业生态系统中，除了提供粮食、纤维、燃料和带来经济收入，生物多样性还发挥着许多生态功能，如保持营养物质的自然循环、控制小气候、水文调节、分解有毒物质及调控环境中的微生物等。农业生态系统的生物多样性，可以调节环境的多样性，提高天敌密度，更好地发挥天敌的作用[2]。互利共生是不同种的两个体间的一种互惠关系，可增加双方的适合度……如真菌帮助植物吸收营养（特别是磷），同时从植物体获取营养维持菌体的生活[3]，进一步地如豆科作物与根瘤菌、蜜蜂与植株的关系就是典型的生物种群互利共生。家庭农场生产实践中如果能利用好生物间的互利共生作用，不仅可以节约较多成本，而且对生态环境的保护、优质农产品的生产意义重大，如减少化肥农药抗生素的使用，创造更具市场竞争力的优质农产品及可观的经济价值。

（2）案例介绍——生物相克避害生物防治。生物相克避害生物防治是指农业生产实践中利用有害生物的天敌来防治有害生物的方法。我国传统农业有悠久的生产实践，早在隋唐五代时期，先民就已经积累了利用生物多样性开展生物防治的经验，后贾思勰的《齐民要术》集其大成，详细列举了一些作物的抗灾免虫性能，如"朱谷、高居黄、刘猪獬、道愍黄、聒谷黄、雀懊黄、续命黄、百日粮，有起妇黄、辱稻粮、奴子黄、黍棗支谷、焦金黄、鴟履仓——也叫麦争场，此十四种，早熟、耐旱、免虫……石柳阅、竹叶青，一名胡谷、水黑谷、忽泥青、冲天棒、雉子青、鸥脚谷、雁头青、揽堆黄、青子规，此十种晚熟、耐水；有虫灾则尽矣"。

---

①　TILMAN D. Causes，consequences and ethics of biodiversity [J]. Nature，2000（405）：208 - 211.

②　朱有勇. 农业生物多样性与作物病虫害控制 [M]. 北京：科学出版社，2014：2 - 3.

③　刘德江. 生态农业技术 [M]. 北京：中国农业大学出版社，2014：44.

牛翠娟等（2015）归纳了 4 种类型的天敌：①从另一个地理区域引入天敌，这区域常常是有害生物的起源地，其有害生物数量低于 EIL（经济损害水平——造成经济损失的最低病害发生率）。该类型通常称为经典的生物防治或输入。②与输入类似，但需要阶段性释放防治生物，因为其不能持续地贯穿一年。一般仅能防治几代有害生物，称为接种。③释放土著天敌以增补现存种群，需要多次进行，通常与快速的有害生物种群生长时期一致。④一次大量释放天敌以杀害当时存在的有害生物，但不期望提供长期的防治①。归纳起来，家庭农场农业生产实践中生物防治大致可以分为以虫治虫（在黄瓜、番茄等蔬菜种植过程中，以智利小钝绥螨和丽蚜小蜂防治红蜘蛛、白粉虱，瓢虫对蚜虫有抑制作用，稻螟赤眼蜂寄生稻纵卷叶螟的卵从而制约虫害种群，捕食螨是红蜘蛛的天敌）、以鸟治虫（在林业病虫害生物防治中，利用灰喜鹊防治松毛虫，粉红椋鸟防治草原蝗虫，啄木鸟防治天牛、吉丁虫、透翅蛾、蝽虫等害虫）、以草治虫（鱼藤酮能阻断昆虫的正常能量代谢，喜树碱是目前发现的最有效的植物性昆虫不育剂，胡椒科植物中的胡椒酰胺类物质具有神经毒素的作用，鱼藤、雷公藤等植物的提取物能抑制某些病菌孢子的发芽和生长或阻止病菌侵入植株，川楝素对昆虫活性主要有拒食、胃毒及一定的生长发育抑制作用，可有效防治菜青虫、小菜蛾、杆菌蜡类等多种害虫②）、以草治草（林下种植紫云英、毛苕子对杂草、蛞蝓、花蕾蛆的生长有抑制作用，同时具有土壤固氮作用）、以虫治草（甜菜白带野螟可防治水花生、反枝苋、绿苋、牛磺膝、白三叶草等有防治作用）、以菌治草（胶孢炭疽菌对大豆菟丝子有防治效果、镰刀菌对埃及列当植株有防治效果）和以菌治虫（如细菌类以苏云金杆菌、松毛虫杆菌、青虫菌等芽孢杆菌防治菜青虫、棉铃虫、玉米螟、三化螟、稻纵卷叶螟、稻苞虫、松毛虫等害虫；真菌类以白僵菌防治螨虫；青霉菌对革兰阳性微生物产生抑制作用）几大类。

具体实践中，病虫害生物防治不仅可产生巨大的经济价值，而且伴生的生态价值更是不可估量，如 2009 年洪湖水花生应急事件爆发后，引进生物天敌水花生叶甲 3 万多头实施生物防治，不到 3 个月时间基本控制了洪湖水花生蔓延泛滥的现象，彻底解决了水花生泛滥造成的农业、渔业生产和水域生态环境系列问题；再如 2011—2017 年，广西在甘蔗地连续实施放蜂治螟 300 万亩次，取得了显著的经济效益及生态效益，据测定相比常规防治区，甘蔗亩产增加 29%，每亩增糖 78.7 千克。此外，《农民日报》2018 年 5 月 11 日以《种下紫

---

① 牛翠娟，娄安如，孙儒泳，等．基础生态学［M］．北京：高等教育出版社，2015：326.
② 薛达元，戴蓉，郭泺，等．中国生态农业模式与案例［M］．北京：中国环境科学出版社，2012（12）：115.

云英，告别除草剂》为题，报道了湖南澧县梦溪镇涝北村柑橘园林下种植紫云英创造良好经济效益与生态效益的报道。其基本原理即病虫害生物防治——以草治草，果园生草这一果园土壤管理和生态环境调控方法除了能培肥地力保墒外，还具有挤占其他杂草生存空间，抑制其生长，直接减少除草剂的使用，及为害虫天敌创造适宜的栖息和生存环境，增加天敌的种类和数量，如涵养天敌防治螨类害虫和蚜虫，进而减少杀虫剂使用等系列功能，在病虫草害防治等方面具有重要的作用。此外毛苕子、白三叶、紫花苜蓿、百脉根、绿豆、黑豆、沙打旺等豆科类，及禾本类的黑麦草、鸭茅草、野燕麦等均是果园生草的优势草种，在有效抑制杂草及病虫害方面，在保土增肥和防晒保温方面，均具有较大的挖掘潜能。

（3）案例介绍——生物种间相互促进。生物种群之间的相互促进关系包括互利共生（豆科植物与根瘤菌）、原始合作（寄居蟹和海葵）和偏利关系（植物枝条与其上的地衣或苔藓）。事实上，这种种间相互促进的关系，源于物质、能量、信息的交换及栖息场所的选择而展开，尤其是食物联系将基于正相互作用而被进一步强化，进而加强两个物种间的依存关系，促进两个相邻营养级生长发育。骆世明举例指出，豆科作物与禾本科作物间作，橡胶与茶树间作，果树与农作物间作，泡桐、枣树与小麦的林粮间作，四大家鱼的混养、稻田养鱼、养萍、鱼塘养鸭，能够实现对环境资源在时间上和空间上的充分利用，以及控制有害生物，改善环境条件等[①]。因此，家庭农场农业生产实践中通过间作、套作、混种、混养来建立种间互利合作关系，是实现增产增收的有效途径。

如前述果园生草案例，可以进一步加环创设多组种间相互促进关系：柑橘种植与紫云英互利共生（根瘤菌固氮培肥地力供给柑橘营养）；紫云英与其他杂草互利共生（植物异株克生，抑制杂草生长并保土增肥）；柑橘种植与林下养蜂互利共生（蜜蜂传花授粉提高坐果率，果园提供蜜源及庇护作用）；紫云英与捕食螨互利共生（紫云英营造的生态环境为捕食螨提供良好的栖息环境，有助于控制叶螨发生）；蚂蚁与植物互利共生（柑橘等植物花外蜜腺为蚂蚁提供食物源，蚂蚁为植物提供物理防御，减少其虫害）；柑橘种植与林下养鸡互利共生（鸡对果园虫害、草害具有控制效果，鸡粪有助于增加土壤有机质）；柑橘种植与大蒜种植互利共生（大蒜化感作用有助于对柑橘蚜虫等虫害形成化学趋避作用，果园边缘种植大蒜不与果园竞争资源）。

2. 以循环生态休闲旅游为核心的多元产业模式。休闲农业是贯穿一二三产业，融合生产、生活和生态功能，紧密联结农业、农产品加工业、服务业的

---

① 骆世明．农业生态学［M］．北京：中国农业出版社，2009：34.

新型农业产业形态和新型消费业态。发展休闲农业能将农业从单一的食品保障功能向原料供给、就业增收、生态涵养、观光休闲、文化传承等多功能拓展，带动农产品加工业、服务业、交通运输、人文创意等相关产业发展，满足城乡居民休闲消费需要，而且在推进乡村振兴与繁荣、有效拓展农民就业增收空间、促进城乡一体化发展等方面均具有显著的功能价值。

循环生态休闲农业旅游是生态循环农业与生态旅游业相结合的新型交互业态，是以物质的循环利用及能量的逐渐降损为内核而构建的多产协调发展模式，这一休闲旅游模式融合了农村自然环境、农业资源、田园景观、人文风情、传统习俗等多要素资源，并把农业生产、新型农业技术应用与游客品鉴体验等融为一体，为游客提供观光、旅游、养身、采摘、品鉴、教育等服务项目为一体的乡村旅游活动。王显成等（2015）认为这一模式具有产业经营的双重性，生活自然性与生产智能性，多功能性与相互关联性，区域差异性与经济互补性，及较强的观赏性、参与性与体验性①。可见，循环生态休闲农业是乡村旅游的主角，并将随着供给侧结构性改革的深入推进及乡村振兴战略的实施，成为调整农业产业结构并促进传统农业向现代农业迈进的重要支撑，在农业强、农村美、农民富实践过程中具有融合多产协同发展的正向作用，借此长江经济带家庭农场据地利而兴办循环生态休闲农业大有可为。

（1）模式组织与结构。循环生态休闲农业由旅游系统和生态农业系统构成，依托生态农业旅游资源，将自然景观、民俗文化、农事体验和空间环境等元素整合在一起转化为合理经济收入，实现经济效益和生态效益统一的一种经营模式。该模式整合了种植业、养殖业、加工业、旅游业等产业，实现了一二三产业的融合发展。

（2）案例介绍——上海前卫村。上海前卫村位于上海崇明区竖新镇，被称为"上海市生态第一村"，联合国"全球生态 500 佳"提名奖、全国造林绿化千佳村……该村基于"生态农业、良性循环、强国富民、持续发展"的理念，着力发展生态农业特色经济和农家乐为主的农业旅游经济，全面建设农业生态示范村和发展综合性生态农业旅游，形成了生态农业、生态文化、生态环境和生态科技等相结合的现代化发展体系，并努力向着精品农村、精神家园、互动参与、深度体验、价值叠加的农业生态示范旅游方向发展。具体做法如下：

一是确定了"种、养、沼"三结合的物质循环利用模式和"农、工、商、旅、教"全面规划发展的立体生态农业模式，实现了资源化、生态化和无害化。二是开辟了有机稻米种植区、有机农产品加工区、特种水产养殖区等种养

---

① 王显成，乔海燕，张国丽．循环生态农业旅游的适用模式与实用技术［M］．北京：中国农业出版社，2015：14 - 15.

殖区，并开展了挖洋芋、摘花生、采橘子、推石磨、摇水车、弹棉花、纺织等农事活动以不断满足游客观光向体验转变的需求。三是建设了一个占地18 000平方米的全国科普环境教育基地，内设世界木化石、中国奇石、中国根雕、中国知青艺术中心、科教科普培训中心、航空航海军事模型等展馆。通过实施三大举措，前卫村较好地整合了自然景观、民俗文化、农事体验和空间环境等元素，实现了经济再生产的目的、环境保护的目的、寓教于乐的目的、乡土文化文化传承的目的……多要素潜能得到最大限度的开发和利用。

3. 以多级厌氧智能发酵装置为关键技术的多元产业模式。据测算，全国每年产生禽畜粪污约38亿吨，可提供氮肥1 300多万吨，相当于目前全国化肥氮的一半；另外，我国目前年产秸秆9亿多吨，其中有1/3被浪费掉，8 000多万吨废渣污染环境。但无论是禽畜粪污还是农作物秸秆，不仅不是废弃物，反而是放错地方的资源，富含大量的物能，只要科学利用将产生巨大的经济与生态价值。当前，禽畜粪污与农作物秸秆资源化利用，是实现畜牧业及种植业向绿色生产转变的根本出路，实现的关键技术是厌氧发酵。该方法不仅能为家庭农场提供清洁能源，解决经济带农村地区燃料短缺或者大量焚烧秸秆导致环境污染的问题，同时也解决了禽畜养殖排泄物污染环境的问题，进一步地可以变废为宝供给种植业、养殖业沼渣沼液之物能，实现禽畜粪便的资源化利用（图6-3）。

（1）模式组织与结构。该模式是基于物质循环利用能量逐级降损为内核的物能资源化利用一体化解决方案，由种植业、养殖业、加工业等多个结构模块科学架构而成。其中农作物秸秆青贮饲养生猪，或作为沼气发酵原料，及种植腐生真菌；生猪排泄物进入发酵室发酵生成"三沼产物"，或供给蝇蛆养殖饵料；沼气作为能源使用，沼液沼渣作为优质有机肥供给种植业，或沼渣养殖蚯蚓、种植腐生真菌，蚓粪作为优质有机肥供给种植业；蝇虫及蚯蚓供给养殖业，或深加工制备生物制品。这一模式下，可以整合园艺种植、池塘养鱼、大棚种植、禽畜饲养及加工业多个模块，驱动物能高效利用。

（2）经济效益分析。"三沼产物"之沼气可作为能源开发利用、农产品保鲜利用，沼液沼渣可作为营养饲料和有机肥使用，达成变废为宝之目的。据测算，建一座8立方米"一池三改"户用沼气池，年产沼气300立方米，能基本满足3~5口之家全年生活用能，年提供沼肥30吨左右，相当尿素300千克、磷肥500千克、钾肥200千克。测算农户每年可节省燃料费和电费250~300元，减少化肥和农药使用量25%左右，节支150~200元，利用沼液喂猪可节约饲料15%，施用沼肥后粮食产量可提高25%左右，种养业可增效300元左右。沼气池给农户带来的直接经济收益在1 000元左右，两年即可收回成本，

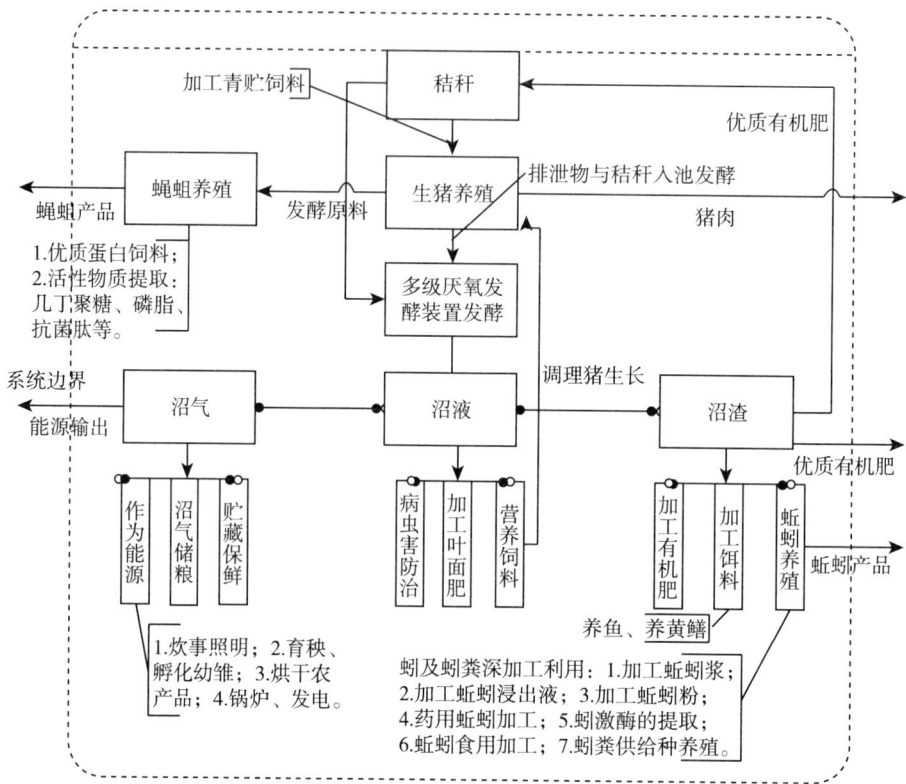

图 6-3　以沼气为纽带的多元产业模式

使用年限按 20 年计算，每年分摊的成本不到 100 元，可使每户人均增收 200～300 元①。而这还仅仅是"三沼产物"小规模单一利用所产生的经济效益，而基于多级厌氧智能发酵装置的规模化、多元化"三沼产物"利用，所带来的经济效益将呈几何倍数增长，如一个万头猪场年产沼气约为 7.3 万立方米，可发电约 110 兆瓦时，其内含的经济及生态价值更是不可计量。

4. 以农业废弃物综合利用为内核的多元产业模式。农业废弃物是指在种植业、林业、禽畜或水产养殖生产过程中，与种植业、林业、畜牧业和渔业产品生产、加工相关的活动中，以及农村居民日常生活中或为日常生活提供服务的活动中产生的丧失原有价值的，或者原所有人、持有人已经抛弃、准备抛弃或必将抛弃的物质或能量②。

---

① 黄玉明，李月红. 基于沼气综合利用的生态农业循环经济模式 [J]. 农业工程技术（新能源产业），2012（1）：22-23.

② 朱建国，陈维春，王亚静. 农业废弃物资源化综合利用管理 [M]. 北京：化学工业出版社，2015：9-10.

据农业农村部统计资料显示，我国每年秸秆产量高达 9 亿吨，但综合利用率平均不到 40%，所产生物能浪费相当于 7 亿亩土地的投入产出和 6 000 亿元的收入被白白损失掉，同时由于就地焚烧和随意丢弃等不合理处置方式，还带来了更为严重的环境污染问题。与此同时，我国禽畜养殖废弃物年产量约为 38 亿吨，不仅大量的氮、磷等营养元素未被有效地资源化利用，反而由于排放处理规划不到位等原因给环境带来了严重的点面源污染危害。因此，从根本上寻找一种秸秆与禽畜排泄物资源化利用的实现方式，达成种间物能利用效能的最大化，进而协调人类和自然的关系，消解经济发展与环境保护之间的矛盾，转变农业增长方式和自然环境保护方式，促进农业可持续发展，在实行最严格的生态环境保护制度、大力推进生态文明建设的今天，越来越重要和急迫。

从资源经济学的角度来讲，农业废弃物是放错位置的资源，并非真正意义上的无用废物，而是富含物质和能量的一种特殊农业资源，具有能源化利用、肥料化利用、饲料化利用及材料化利用的经济效益、社会效益与生态效益，在乡村振兴特别是农村人居环境整治三年行动背景下，长江经济带家庭农场综合利用好农业废弃物具有改善农村人居环境、建设美丽宜居乡村的重大意义。下面，本节将以农作物秸秆为农业废弃物物能转化始点论述以农业废弃物综合利用为内核的家庭农场多元产业模式，具体线路模式有四条。一是能源化利用模式：秸秆气化或厌氧发酵；二是肥料化利用模式：秸秆直接还田或秸秆间接还田；三是饲料化利用模式：秸秆制备发酵饲料；四是材料化利用模式：秸秆制造地膜或制造建筑材料；五是基料化利用模式：养殖蚯蚓或种植食用菌。各种模式间再科学加环接口技术，将形成以秸秆综合利用为核心的多元产业模式，其多元化利用方式如图 6-4 所示，加环多产融合发展模式如下：

从图 6-4 可知，基于饲料化、能源化、肥料化、材料化和基料化利用目的的差异，秸秆多元化利用路径众多，相互间再加环链接则将进一步产生新的利用方式，三产融合发展明显。下面，本节将以"玉米秸秆-青贮饲料-生猪养殖-厌氧发酵-食用菌种植-蚯蚓养殖-禽畜养殖-桑树种植-蚕桑养殖-稻田种养"为技术线路论述基于秸秆综合利用为始点的三产融合发展模式。

（1）玉米青贮。分为秸秆青贮（果穗收获后将其秸秆用作青贮原料）、茎叶青贮（茎秆和叶片茎叶用作青贮原料）、全株青贮（包括果穗在内的地上全株用作青贮原料）、果穗青贮（将籽粒、穗轴、包叶、穗柄作为青贮原料）。玉米青贮要确保最大限度地保持其营养物质，并提高其适口性和消化率，关键技术有玉米秸秆的适期刈割或收割（如果穗青贮可在蜡熟期至黄熟期，即干物质含量为 25%～35%，霜后也可在乳熟期收割；秸秆青贮则在果穗收割后叶片一半以上为绿色时及时刈割）、原料含水率的调节（以 50%～70% 为宜）、切

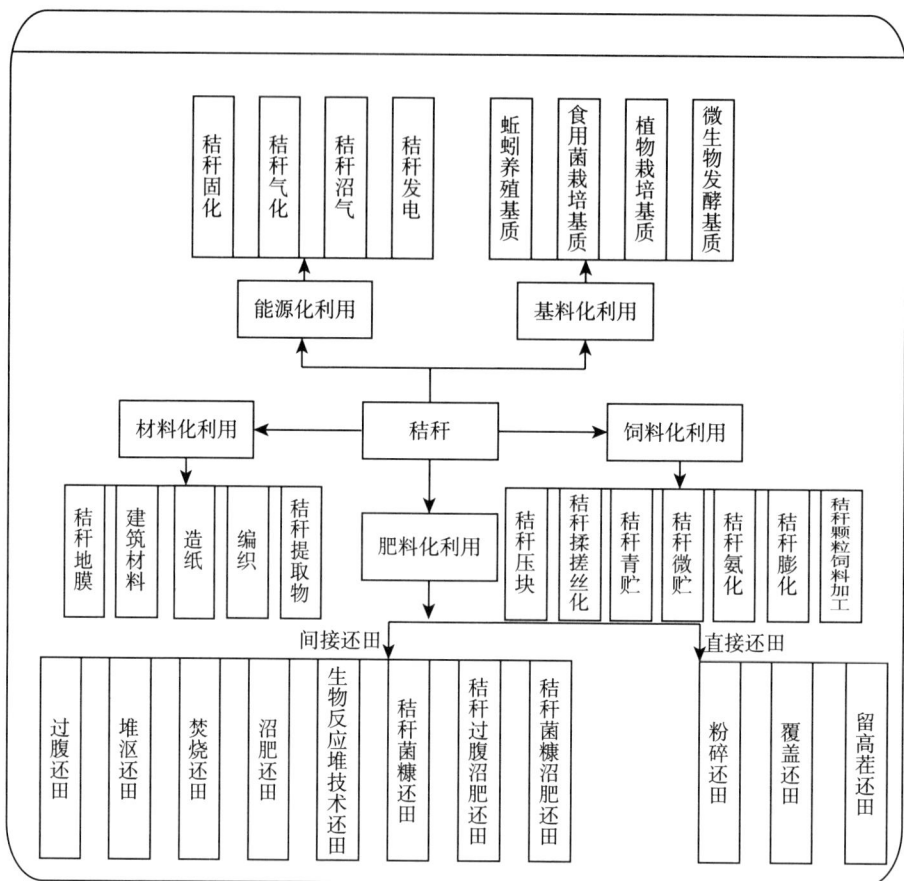

图6-4 秸秆"五化"利用模式

碎（如秸秆青贮长度控制在0.5～2厘米）、填装及压实（为避免空隙存有空气而腐败，切碎秸秆在青贮设施中都要装匀和压实，而且压得越实越好，尤其是靠近壁和角的地方不能留有空隙，以创造厌氧环境，便于乳酸菌的繁殖和抑制好气性微生物的生存）、密封与管护（将原料装至高出窖面30～70厘米，用塑料薄膜覆盖，再覆泥30～50厘米，确保窖顶呈屋脊状利于排水，同时贮藏后注意管理，防止二次发酵）。所制备青贮饲料除直接喂养家畜外，亦可商品化销售。

（2）生猪养殖。生猪除食青贮饲料可能不习惯，可将少量青贮饲料放在食槽底部，上覆精料饲喂，并逐渐增加青贮饲料量直至习惯，并达到青贮饲料与精饲料最佳混合饲喂投入产出比即可。

（3）厌氧发酵。利用玉米秸秆及生猪排泄物厌氧发酵生产"三沼产物"，厌氧发酵关键技术有发酵温度控制（中温30～40℃、高温50～60℃）、pH及碱度（最佳 pH 范围为 6.8～7.4）、发酵搅拌（使用多级厌氧智能发酵装置，控制继电器开闭合各级发酵间的阀门，使上一级发酵间沼渣沼液经连接管、扩散装置在重力作用下坠入下一级发酵间，实现发酵间零能耗的自然搅拌）。秸秆厌氧发酵不仅可以延长食物链，而且可以改变农村能源结构，节约不可再生矿物质能源的消耗，并有助于保护农村生态环境，同时还可以实现秸秆最佳效益的综合利用，创造显著的生态经济。

（4）食用菌种植。厌氧发酵沼渣所含的有机质、腐殖酸、粗蛋白、钾、磷以及各种矿物质均能满足蘑菇生长需要。沼液喷施食用菌能增产 37%～140%，沼渣酸碱度适中、质地疏松、保墒性好，是人工栽培食用菌的上好培养基料。因此沼渣食用菌具有成本低、效益高和省料等优点，其关键技术有原料配方（湿沼渣及粪草混合发酵原料 77.0%，干稻草 14.2%，油菜壳、玉米秸秆、干野草 6.2%，菜籽饼肥 1.2%，磷肥 0.6%，石膏、石灰各 0.4% 左右。湿沼渣和干生料按 41.8 千克/立方米备料）、建堆发酵（一是建堆前 2 天，先将干稻草、长作物秸秆、干野草砸成 30 厘米左右长，油菜秆、玉米秆敲打破碎并浇水浸透。饼肥用沼液或清水泡碎。湿沼渣在建堆前一天或建堆时从池中取出均可；二是堆料至宽 2 米，高 1.5 米，长度不限；三是间隔 5 天、4 天、3 天翻堆，在第一次翻堆时将石灰粉撒入，第二次翻堆将 pH 调至 7～8 为宜，第三次翻堆后在料堆四周和场地喷 0.5% 生态农药杀虫，并用塑料薄膜密封 6～10 小时；四是确保堆料温度达到 58～62℃，堆料中心温度高达 70℃，并保持此温度 8～12 小时，然后降温直至培养料发酵过程全部结束）、食用菌种植棚体及床体架设（棚架高度以人可进入棚内管理、播种、采摘等操作方便为宜）、播种管理（依据气温高低适时调节棚内温度，确保棚内始终处于食用菌适宜的环境温度）。

（5）蚯蚓养殖。食用菌渣含有大量的菌丝体，富含氨基酸、纤维素、碳氢化合物和微量元素，是蚯蚓养殖的上佳基料。菌渣所含有机物质在蚯蚓消化道分泌的各种生物酶作用下，能水解为碳水化合物、脂肪、蛋白质以及较稳定的纤维素和几丁质。因此利用沼渣、菌渣、生猪粪便及玉米秸秆制备饲料养殖蚯蚓效益较高，目前已成为多产融合发展的关键接口技术。其关键技术有蚯蚓饲料加工（含水率控制在 40%～50%，pH 控制在 6.5～8.0，温度控制在靶向发酵温度阈值即可）、养殖床管理。

（6）禽畜养殖。蚯蚓含有丰富的蛋白质（含量高达 70%），并含有丰富的维生素 A、B 族维生素、维生素 E，及各种矿物质和微量元素，是鸡、鸭、鱼、猪等禽畜的优质饲料，蚯蚓粪更是高级的园艺肥料，可激活农作物生理过程酶的活性而促进作物生长发育。根据测定，采用蚯蚓作添加饲料，一般肉用鸡提早 7～10 天上市，雏鸡成活率提高 10% 以上，鸭生长速度加快 27.2%，鸡鸭的产蛋率均提高 15%～30%，生猪生长速度加快 19.2%～43%，母猪泌乳量增多，所养仔猪增重快。一头奶牛每天喂蚓 250 克，产奶量提高 30%[①]。故而，在青贮饲料利用的基础上，兼用蚓（粪）发展种植、养殖具有巨大的经济及生态效益。进一步地，孙振均等（2004）描述了用蚯蚓（粪）喂罗非鱼的实验：采用 5 米×4 米×2 米封闭式六面体网箱 9 个，用 15%蚯蚓代替 15%鱼粉，15%蚓粪代替 15%的麸皮的优化配方料水库网箱养罗非鱼，与 15%鱼粉料配方组比较，实验组比对照组增产 1 562.53 千克/公顷，增产 33%[②]。

（7）栽桑养蚕。在蚯蚓养殖基础上，进一步整合厌氧发酵、食用菌种植下脚料等物能，可发展桑基鱼塘形成以桑叶养蚕，以蚯蚓（粪）、蚕沙、蚕蛹及沼渣沼液、菌渣等作鱼饵料，以塘泥、沼渣沼液作为桑树肥料的业态模式，最大程度开发利用陆生子系统和鱼塘水生子系统所蕴含的物能效益。首先，围绕桑叶、桑果、桑枝、桑树皮、桑根、桑菌、桑籽油等，推动桑的全要素利用，全方位开发药品、食品、饮品、保健品，进军大健康产业，打造完整的产业链，即从桑黄、葚果酒、葚叶茶到药品、食品、饮品、保健品，多元化利用使桑产业从各个环节、不同产业融入现代农业，并实现三产融合发展；其次，大力发展蚕养殖业，围绕蚕蛹、蚕蛾、蚕丝、蚕沙开发深加工产品；再次，开发利用基面、池塘、塘泥等资源要素，发展生态种植和养殖，如基面兼种蔬菜、花卉、水果，或实施林下种植和养殖，科学加环接口技术实现物能效能的最大化利用与开发。

（8）稻田种养。稻田种养是以水田稻作为基础，在水田中放养鱼虾蟹贝或水禽，充分利用稻田光热水及生物资源，通过水稻与水产动物交互作用而形成的一种立体复合生态种养农业模式。该模式通过种养结合、生态循环，实现水稻种植与水产养殖协调绿色发展，具有一水多用的效果。生产实践中，稻田种养关键技术有水稻的生态种植及动物的生态饲养，具体模式有稻田养鱼、稻虾共作、稻蟹共生、稻鳅共生、稻鸭共生五大类 19 种典型模式。

下面，本研究介绍农业废弃物综合利用模式下的稻田种养模式：沼液沼渣、蚕沙、蚯蚓及蚓粪等是稻渔种养的优质有机肥或饵料，并基于厌氧发酵等多环节物能转换的实现，有助于传统稻渔种养模式转型升级，为"老办法"注入"新基因"。如"超级稻＋再生稻＋鱼＋观光"，或"稻＋高产禾花鱼＋瓜果＋观光"，其中"鱼"可鱼则鱼、可虾则虾、可蟹则蟹、可螺则螺，形成稻田田基有果蔬花卉、水上有稻、水中有鱼（鱼分层混养）、水底有螺虾、泥中

---

① 邵淑华. 沼渣养殖蚯蚓新技术 [J]. 中国农业信息，2016（4）：98.

② 孙振均，孙永明. 蚯蚓反应器与废弃物肥料化技术 [M]. 北京：化学工业出版社，2004：266.

有鳅的立体开发模式，打造一田多用、一水多效、一季多收、一业多益现代稻田养鱼升级版。在此基础上，基于农村好山好水的自然风光及好鱼好米好果蔬的吸引，家庭农场要大力发展渔稻生态种养观光产业模式，让游客参与钓鱼、下田捉鱼、烧烤田鱼、品鉴果蔬鱼米等活动，拉长稻鱼产业链，增加稻鱼产业附加值，推动"三产"融合发展。该模式首先要对田基进行硬化加固加高，并在田间开挖鱼坑、鱼沟，以改善稻田基础设施，起到预防田基崩塌且保水保肥的作用，同时也解决了水稻需要浅灌而养鱼需要水深的矛盾，进一步地使水稻产生边行优势，增强透光性，升高稻田水温而便于水稻分蘖及鱼虾生长，最终意义上实现种植、养殖与观光旅游的互利多赢，实现产业"接二连三进四"。

5. 以庭院生态经济为内核的多元产业模式。据调查，我国农家庭院占土地面积的 6%～10%，而这部分土地的产值是高产农田的 5.92 倍。据估算，我国农村庭院总占地面积 360 万公顷，相当于日本全国耕地面积的一半，充分发掘这部分面积的生产潜力具有很重要的实际意义[①]。庭院生态经济是指农户以庭院（包括庭、院、园三个立体空间层次）为基础，以家庭种植、养殖、加工等生产经营活动为主，对土地、空气、光热、动植物废弃物等资源多层次深度利用，以获得收入的经济类型（邱凌，1994；郑旌涛，1989）。曾流行于江苏、浙江、安徽等长江经济带区域的由张履祥所著的《补农书》介绍了一种经典的庭院农业生态系统：在农舍前种植树木，农舍后种竹木；农舍边设置园圃；在水滩和空隙地种植树木和薪柴；在水塘中养鱼，水塘上面搭棚种瓜果，同时还可饲养家禽牲畜。

庭院生态经济模式（图 6-5）的基本原理是：充分利用自然资源（太阳光能，水，空气，植物品种的喜性偏好，季节更替）的时空分布设计立体种植体系；利用植物、动物、微生物的食物链环，设计物质循环利用无废弃物生产系统；利用延长产业链提升附加值原理，设计种植、养殖、加工生产链[②]。该种经济模式的主要特征是将资源的高效利用与农户的经济效益及农村庭院生态治理有机地结合起来，是农村社区层面资源开发、经济建设和环境治理的最小单元[③]。这一经营模式主要有种植业、养殖业、加工业，有的以一业为主，有的种养加三产融合，其类型主要有庭院生态立体种植型、庭院高效养殖型、庭院综合加工型、庭院休闲增值型、庭院集约化种养型、庭院种养加游三产融合

① 张季中. 农业生态与环境保护 [M]. 北京：中国农业出版社，2013：130.

② 林卿，张俊飚. 生态文明视域中的农业绿色发展 [M]. 北京：中国财政经济出版社，2012：126.

③ 崔卫芳. 三江源庭院生态经济发展模式与效益评价 [D]. 杨凌：西北农林科技大学，2013.

发展型，朱有勇总结了其典型模式：一是"四位一体"庭院模式（以太阳能为动力，沼气为纽带，在农户庭院或田园，将种植系统、养殖系统和厌氧发酵系统有机结合起来），二是"三结合"模式（以沼气为纽带，将沼气池、猪舍、日光温室建成三位一体的结构），三是"五配套"模式（一个沼气池、一个果园、一个暖圈、一个蓄水窖和一个看营房），四是南方"三位一体"庭院模式（以农户庭院为基础单元，利用房前屋后的山地、水面、庭院等场地，建设禽畜舍、沼气池、果园）①。进一步地，朱彦彬（2005）以北方"四位一体"模式为例，分析了庭院经济模式的效益，得出一个"四位一体"生态农业模式年效益高达 14 800 元的结论。此外"四位一体"模式还具有"改善生态环境、改善农村卫生状况、改良土壤理化性状、提高作物抗病虫能力、减少农药施用量"的环境生态效益②。

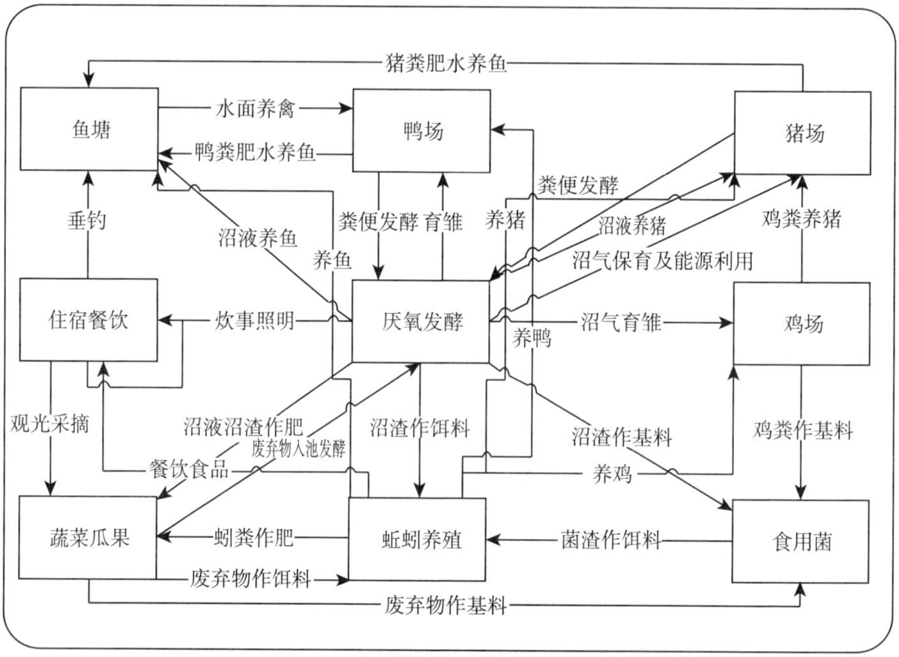

图 6-5　庭院生态经济模式

随着庭院生态经济内涵外延持续拓展及实践模式的更新迭代，到目前为止庭院生态经济已涵盖了农村庭院的生态环境建设、庭院景观调控、庭院园艺、庭院养殖业、庭院农产品加工业、庭院服务业、庭院科普教育等业态，对推动

---

① 朱有勇．农业生物多样性与作物病虫害控制［M］．北京：科学出版社，2014：168-169.
② 同①172.

三产融合发展及乡村的振兴与繁荣发挥着重要的支撑作用。

综上，在农业供给侧结构性改革、农村人居环境整治及乡村振兴等系列重大战略背景下，庭院生态经济不仅能有效解决农村环境污染问题，而且在物能的高效利用、产业链条增值等方面均具有显著的效益。下面本节将以家庭农场为模式设计边界，尝试于"种养沼"模式下探讨庭院生态经济的关键技术及价值。

庭院生态经济模式可将畜禽养殖、水产养殖、厌氧发酵、蚯蚓养殖、食用菌种植、瓜果蔬菜种植等生产组分依据食物链原理有机组合，形成一个闭合的物质循环利用与能量逐级降损系统。如家庭农场用鸡粪经青贮或干燥处理后饲喂生猪；粪入池厌氧发酵，沼气能源化利用，沼液沼渣喂鱼、养殖蚯蚓，或作栽培食用菌、果树优质有机肥；鱼塘水面饲养鸭、鹅等喜水家禽，喜水家禽粪便肥水生饵养鱼；塘泥为瓜果蔬菜供给养分，果园林下养殖蚯蚓，林中养蜂采花授粉制蜜；猪粪、鸡粪、菌渣制备蚯蚓饵料，蚓粪为种植业供给优质肥料，蚯蚓作为养殖业猪、鸡、鱼饲料；庭院举办农家乐，供给民宿、餐饮、垂钓、采摘、观光服务，及农业教育、技术培训、社会实践、亲子社区、农夫市集等服务内容（图6-6）。

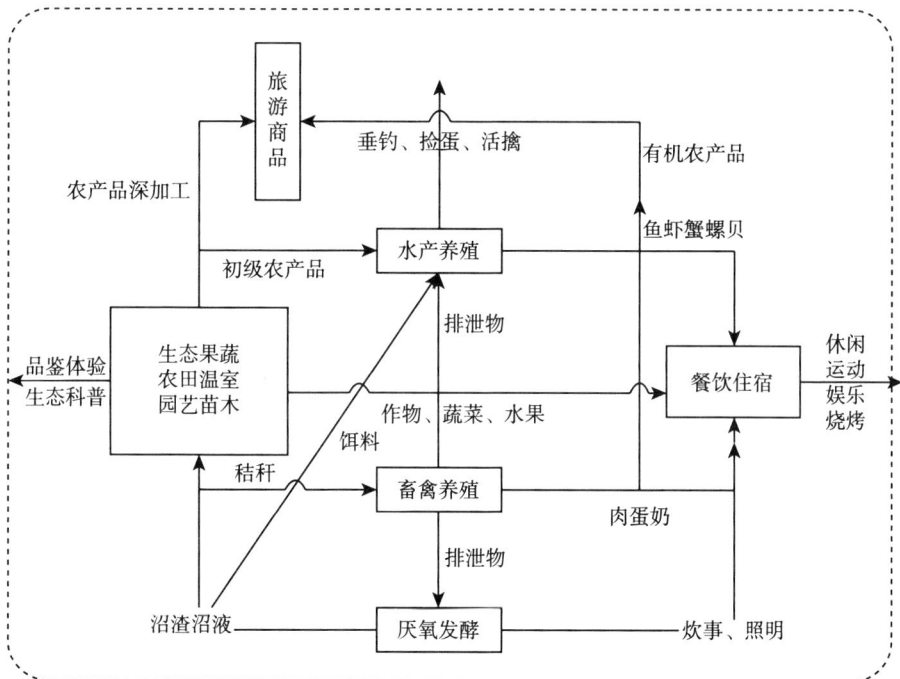

图6-6　以庭院品鉴体验为核心的多元产业发展模式

第四节 长江经济带家庭农场生产经营三类模式集成研究[①]

德国农业经济学家约翰·冯·杜能（Johan Heinrich von Thunnen）研究发现，农业土地利用类型和农业土地经营集约化程度不仅取决于立地自然条件，更重要的是取决于生产力发展水平和经济发展状况，即距离城市（消费市场）的远近将对农业产生影响，故而以城市（市场）为中心，农业生产用地存在利用方式的分圈层形态属性（杜能圈），其经济关系符号化为：单位面积土地最大利润（P）=农产品市场价格（V）-农业生产成本（E）-运费（T）。换言之，为了从土地获得最大的纯收益，农地经营方式必须随着距城市（消费市场）距离的变化而变化，杜能在"孤立国"形态下提出了以城市为中心、由里向外的六个同心圆圈层结构，即自由式农业圈、林业圈、轮作式农业圈、谷草式农业圈、三圃式农业圈、畜牧业圈"。

长江经济带横跨上海、江苏、浙江、安徽、江西、湖北、湖南、重庆、四川、云南及贵州11个省（市）。不仅区域跨度大，覆盖了三大地区和六个粮食主产区，而且区位立地条件迥异、农业资源禀赋差异大、人口规模和消费需求与特点不尽相同、经济社会发展水平差异显著，导致长江经济带区域间农业发展模式存在较大差异，必须因地制宜选择并构建具有区域农业生产经营适应性的技术及模式，才可能取得预期的绩效，进而推进农业供给侧结构调顺调优及乡村之全面振兴与繁荣。那么基于家庭农场的视角，经济带土地利用方式及其农业生产经营模式应该如何构建呢？我们认为借鉴杜能圈理论，构建以城市（消费市场）为中心的家庭农场发展模式具有可适性，即以距离城市（消费市场）远近为参考标准，分为微观距离、中观距离、宏观距离三类家庭农场发展模式（即以圈带相结合、以市场为导向、以特色为支撑的农业发展模式），分别对应构建微观距离家庭农场发展模式——都市型家庭农场特色农业小镇模式，中观距离家庭农场发展模式——产业规模型农业模式，宏观距离家庭农场发展模式——"互联网＋物色农业"模式，其结构如图6-7。

[①] 鉴于前述章节已经详细描述了长江经济带家庭农场现代化生态化融合发展的系列技术及模式，本节将重点基于经营模式的视角论述三类家庭农场发展模式，换言之，前述技术及其模式融构于三类经营模式范畴下。

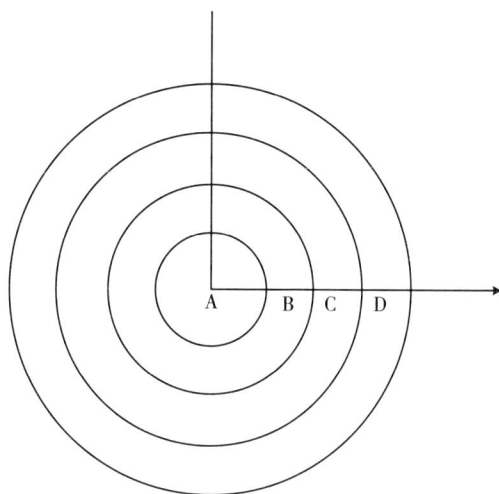

A. 城市（消费市场）　B. 微观距离模式　C. 中观距离模式　D. 宏观距离模式

图 6-7　长江经济带家庭农场三类发展模式

一、微观距离家庭农场发展模式——都市型家庭农场特色农业小镇模式

（一）对都市型家庭农场特色农业小镇的理解

都市型家庭农场特色农业小镇，顾名思义，即都市型农业＋家庭农场＋特色农业小镇，是一种以家庭农场为基础单元主导的，融合多种产业、多种功能的微观农业生产经营组织载体，其集都市农业"以生态绿色农业、观光休闲农业、市场创汇农业、高科技现代农业为标志，以园艺化、设施化、工厂化为生产手段"的内涵与外延于一身，融特色农业小镇"生产、生活、生态、生计、生机"的特点于一体，是对农业供给侧结构性调整背景下新型农业经营主体集群发展、生态发展、现代化发展创新载体的再认识与再实践，是家庭农场农业生产与经营技术及模式集成的高级阶段和综合开发模式，是聚集特色产业、新业态和发展要素并实践现代农业综合体的最重要载体。因而，在大城市发展备受诟病的当下，富有内在气质的都市型家庭农场特色农业小镇必将受到越来越多的关注，也必将成为越来越多的人生产与生活的选择。

基于都市型农业＋家庭农场＋特色农业小镇的组合结构，都市型家庭农场特色农业小镇融汇了都市型农业、家庭农场与特色农业小镇的特征，并实现了最大程度的集成与融汇。其特征可以初步概括为"六合"①。

---

① 此"六合"系借鉴陈剑平院士领衔的现代农业综合体发展战略研究课题组提出的现代农业综合体"八合"特征。

1. 多种类型家庭农场的联合。 随着农业与二、三产业融合程度的全面深化，现代农业发展"接二连三进四"多元产业融合发展趋势性变化明显，"农业＋"注定必将成为未来农业发展的关键词。作为农业供给侧结构性调整的主体力量，长江经济带家庭农场沿着关联产业延伸与发展的势头将愈加迅猛，并渐次催生出生产型家庭农场、经营型家庭农场与服务型家庭农场，进而基于家庭农场类型的日益丰富而持续拓展及拉长产业链条，长江经济带都市型家庭农场特色农业小镇也将基于家庭农场要素整合效能的提升、全产业链整合的延长、多功能价值整合的拓展、城乡空间边界模糊的深化，而将在人才汇集与资源整合、科技支撑与科普教育、农产品生产加工与经营消费、科普教育与文化创意、养生观光与休闲度假等方面融合特征日益显著。同时，在双向互推作用下，基于都市型家庭农场特色农业小镇资源要素的聚集与市场虹吸效应的增强，家庭农场多类型分化程度及其内生效能提升指数将得以不断提升，其与生俱有的主体作用及农业供给侧结构性调整的引导力将显著提升。综上，都市型家庭农场特色农业小镇核心细胞或者说是基础构建单元是具有经营主体的家庭性、农业生产的专业性、发展规模的适度性、经营绩效的高效性、经济地位的法人性五大特征的各类型家庭农场，其"以农、林、牧、渔等特色农业生产、加工、经营为基础，以乡土文化、农作生产、农村生活为引线，以现代农业、生态林业、休闲养生、旅游度假和特色农镇建设为贯穿，充分融入科技、文化、创意、创业等发展要素，建筑与田园优化配置，实现生产、生活、生态融合的农业持续发展，实现城市与乡村和谐共荣、互惠互利的创新载体。[①]"各类型家庭农场根据小镇产业布局在不同产业链及产业链条不同生态位上进行分工合作，变单打独斗为联合共赢，在赢得自己发展空间的同时，更为小镇特色农业发展创造强大的内生动能，增强对农业供给侧结构性调整的引导力和推动力。

2. 农业多功能性开发的耦合。 农业的功能性是伴随着经济社会的发展而变化的，表征为因时间空间的不同而不同，即农业文明时期注重原始功能的体现，工业文明时期农业功能出现衰退及流失，生态文明时期农业多功能性重新回归。农业多功能性（agricultural multi-functionality）这一概念源于日本"稻米文化"，后来出现在联合国重要文献中并经其推动逐渐成为国际农业发展战略的重要内容。它是指农业不仅具有生产和供给农产品获取收入的经济功能，还有社会功能（劳动就业和社会保障）、政治功能（保持社会和政治稳定）、文化功能（保护文化的多样性和提供教育、审美与休闲）及生

---

① 现代农业综合体发展战略研究课题组．现代农业综合体：区域现代农业发展的新平台［M］．北京：中国农业出版社，2017：431.

态功能（对生态环境的支撑和改善）。都市型家庭农场特色农业小镇，是基于特定时间（农业现代化＋农业供给侧结构性调整＋乡村振兴）、地域（近地城市或消费市场）而形成的一种家庭农场现代化生态化集群，或者说是一种现代农业综合体，而诱导其形成的关键核心因子是城镇化进程的持续推进、协同农业产业化不断升级对农业多功能性的表达。如长江经济带龙头之上海是世界上规模和面积最大的都会区之一，其与江苏、浙江、安徽所共同构成的长江三角洲城市群已成为国际公认的世界六大城市群之一，因此，龙头内聚着推进城镇化进程的磅礴动能，更产生了大量向往小镇生活的人群，这类人群渴望呼吸清新、无霾的空气，观赏清水绿岸的美景，品尝安全、营养、鲜美的农产品，体验寓教于乐的农耕文化……而这些诉求则全然对应着农业多功能性。都市型家庭农场特色农业小镇是农业多功能性的集大成者，融农业生产、农村生活、绿色生态于一体，形成了都市拉动农业发展的强劲动力，成就了都市农业丰富多彩的发展模式。此外，隶属龙头省（市）的上海松江家庭农场模式、浙江宁波家庭农场模式、安徽郎溪家庭农场模式列居全国最有影响力前五位，不仅创造了独具特色的家庭农场发展模式，而且基于市场化的精准生产、规模化的经营、社会化服务的导入，极大地拉伸了农业产业链，创造了全产业链家庭农场经营模式，而且赋予了都市农业鲜活的亮点。而这些亮点其实就是农业多功能性的汇聚，也可以说是农业多功能性构筑了都市型家庭农场特色农业小镇生产、生活、生态、生计和生机的特征，并体现为社会、政治、生态、休闲、娱乐、教育以及文化等功能。

3. 农业全产业链发展的整合。都市型家庭农场特色农业小镇是对传统农业经营模式的颠覆，其一改传统农业固守一个环节而孤立为战的模式，致力于农产品生产、加工、物流、销售全产业链的整合，同时基于"农业＋"思路，致力于农业与第三产业的嫁接与整合，最大限度地拉伸及延展了农业与餐饮、民宿、文旅、康养、科教等涉农产业的融合，表现出不同生产经营类别的家庭农场极大的发展融合性，相互间密织了一张以产业融合为主线的发展网络，使农业全产业链高度融合。因此，从根本上来讲，都市型家庭农场特色农业小镇之农业全产业链发展是"通过产业渗透、产业交叉和产业重组等，激发产业链、价值链的分解、重构和功能升级，引发产业功能、形态、组织方式和商业模式的重大变化……通过形成新技术、新业态、新商业模式，带动资源、要素、技术、市场需求在农村的整合集成和优化重组，甚至包括农村产业空间布局的调整[①]"。在农业全产业链发展模式下，因为临近都市的便利，特色农业

---

① 宗锦耀. 农村一二三产业融合发展理论与实践［M］. 北京：中国农业出版社，2017：48.

小镇基于大农业观、多功能性、高附加值，及血缘、地缘、家缘、城缘等特征，发展家庭农场不仅局限于完成产业链上，如种养、品种培育、高效育肥、科学采摘等前端关键过程，还延展到产业链中端，如农产品加工、分销及物流、品牌推广、食品销售，甚至融合生产、生活、体验和生态功能的以农业生产经营为内容的观光、休闲、旅游、科普、康养等环节，形成了产业边界模糊化和产业发展一体化的融合发展，综合表征出交叉、渗透、融合、重组、创新和衍生的明显特征。

4. 城乡发展资源要素的结合。都市型家庭农场特色农业小镇基于城缘及全产业链、多功能特性所架构的外促内驱作用，明显具有要素富集、要素整合与加快要素流动的功能，在整合区域空间内不同经济主体之间的生产、消费、贸易、服务利益过程中，能最大化要素市场、产品市场、服务市场的相互渗透、交叉程度，打破传统产业体系的技术边界、业务边界、市场边界、运作边界、服务边界，将城乡涉农要素富集起来、整合起来、流动起来，使农业经济要素高效配置并与市场需求变化深度融合，表征为劳动力、资本、技术、信息等农业生产经营要素的活力得到最大限度的激发，促进其从单一的生产功能向创新功能提升，从单一的一产主导向"接二连三进四"融合转变，从单一的产业功能向城市服务功能拓展，进而驱使小镇区域产业结构向多样化、复杂化、科学化、高效化蝶变。

5. 农业科技支撑体系的复合。农业科技支撑体系是现代农业高质量发展的基石，主要包含现代农业科技创新、现代农业科技推广、现代农业科技应用三方面。都市型家庭农场特色农业小镇农业多功能性和产业融合发展特征明显，其经济功能（生产和供给农产品获取收入）、社会功能（劳动就业和社会保障）、政治功能（保持社会和政治稳定）、文化功能（保护文化的多样性和提供教育、审美与休闲）及生态功能（对生态环境的支撑和改善）等多元价值功能的实现，需要聚合现代农业科技支撑体系之创新、转化、传输、存储、检索、扩散和应用，从现代农业科技供给、中介、需求三方面完善都市型家庭农场特色农业小镇农业现代化，以构建其完备的农业多功能性，进而有效提升农业的层级和水平，推进农业经济发展进程；产业融合发展就是基于价值链的分解、重构和功能升级目的而致力于产业的渗透、交叉与重组，实现不同空间、不同产业、不同业态、不同功能跨界连接，因此，产业融合是有序上升的，非无序下降的。而要确保产业链的生产、加工环节向前、向后不断有序有价值的延伸，其重点是将农业科技成果的研发、扩散与转化应用纳入小镇创新链与价值链中，进而基于人才的引进、技术的攻关、项目的推广而整合了农业科技支撑体系三大方面的内容，将对都市型家庭农场特色农业小镇的发展起到强有力的支撑作用。

6. "三生融合"理念的综合。2018 年 5 月召开的全国生态环境保护大会正式确立了习近平生态文明思想，该思想集中体现了生态兴则文明兴、生态衰则文明衰的深邃历史观，绿水青山就是金山银山的绿色发展观，良好生态环境是最普惠的民生福祉的基本民生观……系统回答了"为什么建设生态文明、建设什么样的生态文明、怎样建设生态文明"等重大理论和实践问题，归纳起来就是"既要加快生产发展，又要确保生态文明，更要创造生活富裕"，致力于打造具有特色的生产空间，营造山清水秀的生态空间，构建充满乡韵的生活空间。都市型家庭农场特色农业小镇以地域基于农村、组织面向城乡、功能服务城乡的定位，及其农业产业聚集的平台、农产品加工和销售的平台、经济文化资源连接城乡的平台等资源聚集优势，整合了产业发展与创新创业要素，统筹了物质生活与精神生活需求，兼顾了自然生态与社会生态效能，实现了对小镇资源、产业、交通的整合，及对环境、文化、习俗的融合，构筑了生产发展、生态文明、生活富裕"三生融合"绩效最大化的实现机理。

（二）都市型家庭农场特色农业小镇建设策略

都市型家庭农场特色农业小镇的魅力在于不同类型的家庭农场基于产业链或价值链的耦合集聚在一起，产业链条上既有从事种植、养殖的，也有从事生产经营服务的，更有融合一二三产业，打造风景观光、生态康养、垂钓采摘、科研示范、风情建筑、娱乐购物、酒店住宿、健身饮食及农耕体验等于一体的小镇综合项目，最大化了要素的多元整合、全产业链的耦合、功能价值的延展、城乡空间的互动所形成的支撑与动力。构建宜人、宜居、宜业、宜游生态特色小镇，一方面既要深挖产业特色、人文底蕴、生态资源禀赋；另一方面更要通过产业链延伸、产业功能拓展和现代农业发展要素集聚、技术扩散、组织制度创新，跨界集约资本技术和资源要素，推进小镇产业链"接二连三进四"，达成农业供给侧结构性调整完美匹配，最终实现农业现代化农村繁荣、农民富裕之乡村振兴。此外，小镇具备充当城市发展后花园的优势，也具有向城市转型的条件，小镇要聚集发展优势，加快城乡融合发展，在基础设施建设、公共服务水平提升上跟进城市发展步伐，在形态上保留乡村风貌，留住乡愁四韵又满足城市居民消费需求。

都市型家庭农场特色农业小镇的规划、设计及实践是一项系统工程，必须运用相关理论予以指导。如迈克尔·波特（Michael E. Porter）的产业群理论，该理论认为在一个特定区域的一个特别领域，集聚着一组相互关联的公司、供应商、关联产业和专门化的制度和协会，通过这种区域集聚形成有效的市场竞争，构建出专业化生产要素优化集聚洼地，使企业共享区域公共设施、市场环境和外部经济，降低信息交流成本和物流成本，形成区域集聚效应、规模效应、外部效应和区域竞争力[①]；弗朗索瓦·佩鲁（Francois Perroux）的增长极理论，该理论认为一国或地区经济发展在时间和空间上是非均衡分布的，一些主导部门和具有创新能力的行业集中于一些地区，以较快的速度优先得到发展，并形成发展极，再通过其吸引力和扩散力不断增大自身规模并对所在部门和地区产生支配作用，从而不仅使所在部门和地区迅速发展，也可以带动其他部门和地区的发展；德国城市地理学家克里斯塔勒（Christaller，Walter）和德国经济学家廖什（August Lüsch）提出了中心地理论，根据该理论，城市的基本功能是为周围的地区提供商品和服务。显然，都市型家庭农场特色农业小镇的规划、设计及实践应该引入产业群理论，将不同类型家庭农场整合到价值链上形成产业集群；应该引入增长极理论，基于一产、二产或三产的发展壮大而扩散至其他产业；应该引入中心地理论，将小镇打造成城乡资源要素汇聚地、城市居民亲山乐水地、农村居民发家致富地。为此，在都市型家庭农场特色农业小镇建设路径构建过程中，本书靶向长江经济带农业供给侧结构性调整要求，进行精准设计，具体路径如下。

1. 精准推进消费需求转型升级，全面拓展农业多功能性，不断提升小镇消费市场供给能力。 2010 年我国人均 GDP 为 30 808 美元，2016 年攀升至 54 139 美元，2018 年更是接近 66 006 美元，此意味着我国正由中低收入国家向中高收入国家迈进，而且迈进的步伐极其迅猛。而在这样一个关键转变期，城乡居民消费需求及其结构随之发生了显著的变化，表征为对绿色安全、有机高端、个性化与品牌化农产品消费需求快速上升，而品种偏低的大路货、低端消费需求明显降低。此外，2010 年城镇居民恩格尔系数（Engel's coefficient）为 35.7%，农村居民为 41.1%，2017 年全国居民恩格尔系数则下降至 29.39%，进入了联合国划分的 20%～30% 的富足区间，这一变化表明，城乡居民食品支出总额占个人消费支出总额比例呈现明显下降趋势，表明城乡居民对非食品消费之商品购买、文化服务和生活服务享受等非商品支出呈显著上升趋势，诸如对涉农的休闲旅游、康养远足、农耕体验、科普教育等项目的需求性明显增长，甚至包括对清新的空气、碧绿的水、长青的山的诉求，食品消费需求的安全营养高端化，及非食品消费比重的节节攀升，合力表征出这样一个事实：国人消费需求及其消费结构已经出现明显变化。这一态势下，农业供给侧必须及时感知并传导需求侧变化态势，调整生产及服务品质与结构，不断满足消费需求的变化。

都市型家庭农场特色农业小镇地处长江经济带近地城市或消费市场，可能是最先感知消费需求变化的地区，靶向消费需求精准产业设计，生产适销对路

---

① 陈丽梅. 浅析中国的产业集群 [J]. 商情，2012（40）：117.

的农产品，提供个性化的"一对一"消费服务，在农业供给侧结构性调整态势下及乡村振兴宏大背景下尤为急迫。综上，消费需求转型升级促使都市型家庭农场特色农业小镇规划与设计必须多元化拓展农业多功能性。现代农业扮演着社会、政治、生态、休闲、娱乐、教育以及文化等多种功能角色，农业多功能性价值的开发逐渐成为传统农业转型升级以及农业现代化全面推进的重要依托，同时农业多功能性价值的开发更是农业供给侧结构性调整必须精准把握的方向，具体而言，农业多功能性具有如下几方面：食物保障功能、原料供给功能、就业增收功能、生态保护功能、观光休闲功能、文化传承功能。基于此，小镇规划设计及生产经营必须靶向农业的多功能性和多元化农业产出及服务类型，增强需求供给能力。

（1）基于生态学理论基础的食物保障功能价值实现策略分析。在当下消费需求及其结构转型升级并导向绿色安全、有机高端的背景下，农业包括种植业、畜牧业、渔业在内的各种农产品供给必须精准掌握消费需求变化，即农产品生产与涉农经营服务必须注入农业生态化的基因。首先，不仅要将模式设计置于长江经济带近地消费市场及融合程度日趋深化背景下，而且要依据立地自然资源条件、社会经济发展条件，科学地选择构成生物链的组成部分，及选用合理的生态农业技术，合理安排生物链上各组分比例关系，进而从宏观上布局设计小镇生态农业产业化模式，特别是要把因地制宜发展特色农业作为优化小镇产业布局的抓手，逐步形成有市场竞争力的产业集群，促进小镇农业逐渐形成区域化布局、专业化发展和产业化经营格局。其次，微观层面家庭农场应该且必须在生产服务过程中引入生态系统结构理论、食物链理论、生态位理论、生物多样性理论、生态经营理论指导农事生产经营活动，将生态农业接口技术、庭院生态农业技术、高效立体种养技术、农业水肥资源综合利用技术、农村能源综合开发利用技术、农产品质量安全生产技术、农业生态环境治理技术合理组织运用到农业生产各环节，构建既要注重与传统农业精华相结合，又要依靠现代科技、经营模式的生产经营体系，进而生产包括粮食、肉类、蔬菜、水果及水产等在内的绿色、安全、营养的农产品，在不断提升农业食物保障能力的同时，更要增强对消费市场中生态、环保、优质的农产品需求的供给能力，不断满足需求侧的消费需求。

（2）基于产业链的原料供给功能价值实现策略分析。农业的原料供给功能是指农业为工业发展提供原料。都市型家庭农场特色农业小镇基于地域环境及其综合定位的考量，其原料供给功能是指产业链前端的生产型家庭农场为产业链中后端加工型家庭农场提供面向城乡居民生活需要的食物、加工工艺等（如基于晾晒、风干、腌制、酿造、发酵等传统物理化学办法及现代化农产品流水线加工设备和先进的生产加工工艺的粮食加工、饲料加工、榨油、酿造、制糖、制茶、烤烟、纤维加工以及果品、蔬菜、畜产品、水产品等）。都市型家庭农场特色农业小镇是面向城乡服务现代农业综合体，小镇集农业、休闲、体验、交流、交易、物流、加工、展示、推广、研发等功能于一体，所属家庭农场主要从事农业生产、农产品加工、住宿餐饮、养生养老、旅游休闲、农事体验、观光采摘，甚至创意创业、山地运动等业务。为此，小镇产业链条上前端家庭农场对中后端加工型家庭农场所供给的原料偏重休闲类产品的开发与生产，诸如特色美食、纪念品、工艺品制作的原料。基于此，小镇家庭农场农业多功能性的原料供给产业链的设计，必须切实做好三方面的工作：一是做好小镇农产品加工业的顶层设计。即要精准靶向小镇发展休闲农业旅游的定位，依据立地自然及经济社会发展要素精炼几条具备产前、产中、产后辐射带动效能的产业链，构架小镇产业骨架，为家庭农场多元化融合发展奠定基础。此外，尚需依据产业设计与布局定位构建完备的科技支撑体系、职业农民培训教育体系、食品安全与环境控制体系、发展要素多元化整合体系等支撑系统，为小镇及其家庭农场提供科技、人才、教育、资金等发展要素支撑。二是加强加工专用品种的选育及其原料基地建设。即集成发展诸如中草药、茶、葡萄、草莓、番茄、香料、马铃薯、豆类及花卉原料生产家庭农场基地联盟，构建从产前辐射产中、产后的全产业链，为香料加工、工艺品制作、美食生产类加工家庭农场源源不断地供给优质原料。三是加快科技进步，提高农业原料加工利用率。都市型家庭农场特色农业小镇较传统农业发展更靠近前沿，农业发展过程中基于对技术、土地、人才、资金需求的各种转变可能会在此集中体现，在无借鉴的基础上，小镇需加大对科研院所的横向联合及其人才的引进，通过科技攻关、技术扩散等形式提高原料加工利用率，创造可持续的产业价值盈利空间。

（3）基于社会学理论的农业社会功能实现策略分析。除了经济功能外，农业还具有提供就业岗位、劳动保障及带动社会发展等社会功能，但这部分外溢的社会功能或者社会效益不是货币形式或市场机制的表达，因此，农业生产者很难获得相应的报酬，生产者私人收益自然小于其农业生产活动所带来的收益，进而"量"上缩减生产规模或者"质"上降低生产标准成为生产者"理所当然"最经济的选择，但是这种选择于国于民而言是最不经济的被动接受，因为数量上缩小生产规模可能导致粮食供给失稳，质量上降低标准可能影响农产品品质，特别是在消费需求转型升级背景下无助于农业供给侧结构性调整的顺利推进，同时也无助于农业多功能性最大程度的开发，这就必然要求借助包括政府调控在内的非市场力量加以干预。基于此，都市型家庭农场特色农业小镇社会功能价值开发策略如下：一是增加投入补贴。表现为引流贷款贴息补贴、农用生产资料价格补贴、农田水利与水土保持补贴等补贴项目汇聚小镇家庭农场农业生产活动，但要避免人为的政策偏好，谨防农场主形成以奖扶为目的的生产导向，而异化补贴政策积极目的，导致不公。二是转变农业生产方式。既要优化一产，深化二产，也要强化三产，更要"接二连三进四"实现多产融合发展。优化一产就是要积极推进家庭农场种养结构调整，加快优质特色农产品供给，不断满足消费需求升级，增强社会发展后劲支撑；深化二产就是要引导家庭农场大力发展农副产品精深加工，延展产业链增加就业岗位；强化三产就是要发展现代农业服务业，开发农业新业态，创造农业生产之外的更多劳动保障机会；多元化融合发展就是要沿着产业链不断提升产业价值，于产业发展、环境保护、乡村治理、文化传承等层面促进小镇发展。三是激活要素市场。就是要进一步围绕休闲农业定位，引入共享农业模式高效整合技术、土地、资本、劳动力、信息等发展要素，加快推进家庭农场生产要素共享市场步伐，加快释放农业就业收入和潜力，增强小镇发展内生动能。四是建立农民社会保障机制。表征为建立覆盖养老、农业生产、就业、医疗等方面的社会保障体系，确保家庭农场主生产经营无后顾之忧。

（4）基于生态学理论的生态保护功能实现策略分析。现代农业生产是自然再生产过程和经济再生产过程共同表达的结果，其过程涉及生物有机体（植物、动物和微生物）、自然环境（土、水、光、热）及劳动手段三类要素共同作用，在三类要素相互影响作用农业生产过程中，科学引入食物链、生态位、生物多样性及生态经营等理论，注重要素配置的科学及均衡，既能创造显著的经济效益，也能产生显著的生态效益，实现经济效益与生态效益的双赢，反之，则可能产生经济效益但不生态，导致严重的环境问题。都市型家庭农场特色农业小镇最显著的特色之一是基于良好的生态及人文环境而氤氲的休闲特质，如果没有良好的生态环境，则供人们休闲、体验、娱乐、疗养的新型农业生产经营业态或消费业态将存无所依。为此，从三个方面切实强化生态农业理念及相关技术对家庭农场的渗透与扩散，进而通过农业生产实践、农业景观建设、农村生态环境保护，进一步增强小镇的田园特色，构建自然与人文相融合的农业景观，有效保护自然资源，减少甚至消灭环境污染，提高环境质量、经济效益和生态效益，最大化小镇农业多功能性内核价值。一是宣传形式多元化，革新生态发展认知；二是技术扩散形式多路径化，提升生态农业实践能力；三是生态补贴多要素化，构建正向激励机制，让农业经营主体享受经济及生态实惠。

（5）基于外部性理论的观光休闲功能实现策略分析。农业具有正向和负向外部性，观光休闲农业是外部经济的一种表现形式，它是利用农田地形地貌及其所属种养而形成的美景或游乐体验条件，以吸引游客观赏或游玩的一种休闲农业与乡村旅游项目，如云南元阳梯田、江西婺源花海等。基于外部性理论的分析，可知农业观光休闲功能是一种附带产物，其原本溢出价值为零或小于农产品产出价值，但基于人们消费需求结构的变化而原本溢出价值逐渐上升，甚至一度超过农产品产出价值，并逐渐衍生为一种依附第一产业的农业多功能性新兴业态。都市型家庭农场特色农业小镇以家庭农场农业生产为基础，并基于农业游、林果游、花卉游、渔业游、牧业游等模式的设计与打造，把分散在不同地理空间的相关要素组合起来，形成一系列特定的活动过程，进而于农业生产环节成功内嵌观光休闲功能，为游客提供观光、游览、休闲、娱乐等活动价值体验。基于小镇涉农产业功能定位，进一步规范化发展（统一布局，避免无序发展）、差异化经营（人无我有，人有我新）、文化性挖掘（根植农耕文化及传统习俗）、体验性设计（耕、种、管、收、品各环节综合设计）、综合性配套（吃、住、行、游、购、娱功能设施完备）、信息化建设（引入"互联网＋"思维）是最大化小镇观光休闲功能的基本策略。

（6）基于外部性理论的文化传承功能实现策略分析。农业的文化传承功能是指农业在保护文化的多样性、提供教育和审美等方面的功能[①]。具体而言，农业文化功能就是基于农业生产实践而产生的农业科技、农业思想、农业制度与法令、农事节日习俗、饮食文化等记忆层面、文本内容和现实生活三类遗产，这三类遗产具有保护文化的多样性和提供教育、审美与休闲的功能，能够提高农业、生态与传统社会的可持续性。本质上讲，都市型家庭农场特色农业小镇隶属于休闲农业类型，进而其外形抑或内涵必须突出各种不同的文化特点，才能基于其文化传承功能而聚集人气。如小镇丰富的乡土文物、民俗古迹、劳作过程可以为游客提供一个农业生态科普园地，让每个进入小镇的人不仅仅是赏景、购物、品美食，更是在接受某种文化的熏陶，因此，小镇必须注重旅游文化建设，深入挖掘休闲农业的文化内涵，营造旅游文化氛围，建立一套具有城乡融合特色的旅游文化体系。那么该体系如何建设呢？概括起来主要有两方面的内容。一是加强农业文化的挖掘与保护。首先通过统一规划，发挥小镇管理职能，出台农业文化保护相关制度，将挖掘与保护工作置于制度框架下深入开展；其次要通过多渠道宣传保护工作，使小镇居民了解农业文化及其重要性，使公众从思想意识层面形成对农业文化保护工作重要性的全方位认知，进而提升农业文化保护工作的践行效度；最后要根据不同农业文化所蕴藏的文化意蕴进行深度挖掘，注重挖掘农耕文化精粹，注重历史文化的挖掘和保护，注重传统农耕文明与现代农业技术的结合，注重文化发展与人居环境建设的同步提升，同时用不同形式进行表述，如研究论文、宣传画册、故事、文艺作品，并将这类文化印记与小镇农业生产过程、农产品、工艺品进行具象化对接，让农业文化具象化为看得见、摸得着、尝得到

---

① 朱朝枝，曾芳芳. 农业多功能性与产业发展［M］. 北京：中国农业出版社，2017：133.

的感知体验。二是强化农业品牌文化的建设。一要确保硬件与软件双管齐下，表征为既要大力推进农耕博物馆、农耕遗迹、美丽庭院、干净人家和农村环境改观、房屋改善、厨房改良、厕所改造等为内容的硬件建设，还要强化人们生活观念改变、农业文化品牌挖掘与保护意识等为内容的软件建设，精心打造文化品牌，彰显新农村文化特色，增强新农村文化底蕴，建设美丽乡村。二要在活动与场景上共同发力，即构建与农事体验活动、农产品品鉴及购买活动相匹配的环境，表征为既要将活动与场景中的体验、购买紧密结合，又要将农耕文化、农产品及其文化理念贯穿活动的全流程，使消费者在活动中不自觉地进行消费，构建消费者品牌认同感。三要通过体验与观光获得身心享受，即要通过亲山近水、美食品鉴、农事体验、科普教育、休闲度假等方式多元化激发消费者视、听、味、嗅、触感觉，全面构建消费者对小镇的认可，并将这种认可在记忆层面幻化为舌尖的记忆、农事活动体验的记忆、知识文化传承的记忆。

2. 借力城乡要素富集优势，着力发展高附加值农业，促进小镇现代农业发展提质增效。据测算，通过一产与二、三产业的有效融合，粮、油、薯可增值2～4倍，畜牧产品、水产品可增值3～4倍，果品、蔬菜可增值5～10倍[①]，可见，通过三产融合发展显著地提高了农产品附加值。基于此，农业供给侧结构性调整要实现农业增效、农民增收，都市型家庭农场特色农业小镇可通过引入现代生产要素，充分发挥小镇城乡结合资源要素富集优势，着力发展新型农产品加工业、休闲农业和乡村旅游、"互联网＋"农业在连接生产和市场中的作用，并基于边际效益最大化的考量延伸产业链、打造供应链、提升价值链，尽可能拉长农业产业链条细分出更多环节和空间，创造价值增值可能。由此可见，小镇要发展高附加值农业，借助城乡资源要素富集优势，并基于现代生产要素的有机导入，着力构建三产融合发展的产业体系是一条可行的路径。简言之，都市型家庭农场特色农业小镇高附加值农业建设目标可设定为农业增效、农民增收、小镇繁荣，实现方式是三产融合发展，实现手段是现代农业生产要素、经营要素的有机导入。具体实现路径如下。

（1）以农业为基础，发展新产业、新业态，促进农村一二三产业融合发展。党的十九大报告指出，构建现代农业产业体系、生产体系、经营体系，促进农村一二三产业融合发展。为此，小镇及其家庭农场发展高附加值农业要凭借其富集的资源要素以绿色发展理念为引领，转变农业发展方式，实现农业提质增效，大力推进农业现代化。农业产业及其关联二三产业是小镇及其家庭农场发展的根本，要依据立地条件找准产业关键中枢，重点要基于更高效、更生

---

① 宗锦耀．农村一二三产业融合发展理论与实践［M］．北京：中国农业出版社，2017：1.

态、更智慧的农业延展产业链，为高附加值农产品的生产和加工构建产业基础。同时，针对有工矿、商贸、旅游基础的小镇，要充分发挥其资源优势，推进农业与新工业、互联网、旅游、养老等深度融合，建设现代农业公园、综合体等新业态，深度推进三产融合发展。

（2）以科技为支撑，发展现代农业产业，为农业插上科技的翅膀。小镇发展高附加值农业首先要破除三个方面的问题：一是解决农业产业体系各生产环节基于农产品质量、产量提升及降低生产成本与促进绿色发展而对技术的需求；二是提升商贸物流及加工销售等在内的无缝连接体系建设；三是解决小镇及其农产品品牌质量提升和产品差异化发展问题。三方面问题的解决归根结底需要以科技兴农、品牌强农为抓手，需要科技的力量促进农业转型升级，推动农业拉长产业链、拓展功能链、提升价值链。基于此，小镇要通过市场化运作方式，重点创新农业科技成果与成果转化方式，将城市富集的农业科技研发优势、成果转化优势及其扩散推广便利纳入小镇高附加值农业产业体系中，吸引更多科研机构、科研人员对接小镇现代高附加值农业产业体系建设。特别是要靶向产业体系薄弱环节、重点领域与价值聚集环节实施科技攻关，紧紧围绕发展现代农业，围绕农村一二三产业融合发展，推动农业拉长产业链、拓展功能链、提升价值链，向农产品精深加工和综合利用要效益，逐步构建起以农业科技为支撑的现代化农业产业体系。

（3）以产业链为抓手，缔结家庭农场产业化联合体，向产业链要效益。一个高附加值农业产业体系的形成，需要具有不同分工职能的运行主体联合参与，一个高附加值农产品的形成，历经耕、种（养殖）、管、收、加工、营销各环节的精心呵护。可见，无论高附加值农业产业体系的构建，抑或高附加值农产品的打造，所涉及的主体、环节众多，所需具备的条件和要求更多、更高、更复杂，没有系统化设计的完整产业链，没有一体化的龙头带动，仅靠分散的力量很难实现，农业供给侧结构性改革有且只有在高度组织化、高效率的一条龙组织或企业牵引下，才能实现全产业链的综合效益。都市型家庭农场特色农业小镇是以家庭农场为产业运行的主体，因此，在产业设计、运行过程中，家庭农场经营主体将主导并完善产业链各环节。分散在小镇各地的家庭农场基于经营理念、能力及偏好的差异，很难精准把控完整产业链的构建，进而势必弱化产业链整体功能价值。热力学第二定律表明：孤立系统的一切自发过程均向着其微观状态更无序的方向发展，如果要使系统恢复到原先的有序状态是不可能的，除非外界对它做功。因此，要将各个家庭农场的无序力量整合为符合产业发展要求的矢量，就必须施加外力规范家庭农场发展，包括经营理念、产品结构、产品质量、服务质量等内容在内的全过程规范，基于此，构建家庭农场产业化联合体——家庭农场合作社就尤为必要和重要（具体内容参见研究报告第七章第七节内容）。其重要作用体现在小镇以家庭农场为主体的产业链，才能实现从源头到终点的全产业链闭合环，才能最大化闭合环上每个环节的应用效益和综合效益，进而推动最大化高附加值农业及其产品经济效益、生态效益与社会效益，增值产业链多功能价值。

3. 产业整体规划统一设计，实现产业"接二连三进四"，培育和发展小镇现代化农业集群。农业产业化具有以市场为导向、多种经营主体为基础、产业融合发展、责权明晰等特点，农业产业化设计就是要依据立地条件，将上述特点最大化彰显，以获得显著的价值效益，具体而言，就是对区域农业产业的发展方向、发展目标、发展思路、发展重点（环节重点和区域重点）和发展途径进行系统设计，获取最大的经济效益、社会效益和环境效益。都市型家庭农场特色农业小镇产业选择及其运行质量，直接反映了小镇经济发展水平，甚至是小镇可持续发展的经济支柱，科学合理地整体规划小镇产业，构建"接二连三进四"产业发展集群，在一定程度上决定着小镇发展的质量水平。卢勇（2009）系统描述了产业设计的基本程序，即资源判断-市场分析-项目设想-项目规划-项目企业群-产业形成。此外，刘家富（2019）认为农业产业规划设计的内容主要有规划的背景和依据、规划的范围和期限、指导思想、基本原则和发展目标、发展定位和潜力分析、产业布局、重点项目、目标任务、保障措施。综上，都市型家庭农场特色农业小镇产业设计主要针对大面积的生产基地包括种植业、养殖业、加工业及旅游观光、康养休闲等进行设计与规划，包括主产业、副产业的可行性研究、生产布局设计、工程设计、实施监督等。其设计的基本原则是依据小镇靠近市场、贴近需求、灵活多样、特色丰富，但土地与产量规模有限，及家庭农场经营主体的家庭性、农业生产的专业性、发展规模的适度性、经营绩效的高效性、经济地位的法人性的特点，而充分整合都市旺盛的多样性需求，巨大而集中的人口基础，密集而强劲的购买能力，雄厚的科研实力，健全的农技扩散机制，密集的资本与信息……构筑小镇产业发展强劲动力。其产业设计基本架构核心关键点如下：厚实基础——最大化农业产业立地条件资源，多元融合——多功能核心家庭农场基地建设，科技支撑——培育小镇及农场发展新动能，"互联网＋"——探索O2O流通模式，标准与检测——构建农产品及服务安全保障体系，金融助力——多元融资组合支持小镇建设，凸显休闲——注重生产、生活、生态"三生"休闲模式构建，凸显绩效——满足经济绩效、生态绩效与社会绩效实现的多元诉求。

4. 引入共享农业发展模式，跨界跨时空协同发展，提高小镇涉农资源要素配置效率。总体而言，长江经济带都市型家庭农场特色农业小镇或地处城乡接合地带、近郊区地带、远郊区地带、郊区景点旅游带，或都市远郊区的边缘地带，其一方面必然受到都市需求多样化的带动而具有消费市场的近地性；另一方面小镇也具有利用城市人才、技术、资本、信息密集的可能性，而将城市的消费力与城市的资源要素供给力有机整合于小镇现代农业的发展全过程，这是都市型家庭农场特色农业小镇产业设计运行必须首先考虑的关键核心问题。农业的弱质性不仅表现在深受自然及环境的影响，还表现在天然缺失资本规模与盈利能力优势、知识构建与能力素质多元的禀赋，如何助力小镇充分发挥临近城市的近水楼台作用，即小镇如何整合周边富足的资源为我所用就显得十分重要且必要。

共享农业是促成农业要素配置合理化的一种现代资源配置方式，是农业生产服务社会化、规模化的一种模式，是诱导农业标准化分工的产业。不仅如此，还将基于其共享内涵与外延的持续扩大而不断扩展农业经营与服务的规模，促进农业分工经济的长足发展，真正意义上做强我国农业产业，补齐现代化建设农业产业这一短板。可见，都市型家庭农场特色农业小镇构建城乡资源要素高效整合的共享模式，具有高效利用资源市场、科技市场、产业市场、消费市场、资本市场及政策市场的便捷性，能显著激活要素自由流动，放大要素聚集效能，引导小镇产业提质增效。具体而言，小镇共享农业模式构建主要涉及如下几方面：设备共享、农技共享、人力共享、土地共享、物流共享、信息共享、渠道共享、金融共享（具体建言参见第七章第四节）。在共享农业模式构建及运行过程中，需要注意以下两点问题。

（1）提高产业链上家庭农场分工水平。共享农业借助网络平台把闲置的农业资源或者农业服务有偿分享给其他农业经营主体，并从中获得报酬，需求者通过使用供给者的资源创造价值的一种新农业经济模式。如基于"农机帮"平台形成的大型农机具共享，基于"云种养"平台形成的以农技问诊为内核的农技共享……这一模式下，基于需求与供给的协同适配，供给方与需求方资源、技术、能力会逐渐导向各自最核心、最擅长的领域，而将非核心或者价值增值有限的领域剥离出来进行外包，其结果将逐渐形成这样一种格局：供需双方专业化程度逐渐提高，产业链分工水平高度发达，各环节价值增值最大化。都市型家庭农场特色农业小镇产业链上各环节的生产经营主体是家庭农场，实现最大化小镇产业效能，就必须提高家庭农场分属小镇各产业及其各环节的分工水平。因此，在共享农业模式下，小镇要通过"有形之手"及"无形之手"靶向各个家庭农场特点，精准构建产业规划设计正向激容机制，引导生产型家庭农场、服务型家庭农场、经营型家庭农场找准各自产业链上的生态位，依靠产业外在拉力与自身内在推力的协同优化实现跨时空发展，不断深化分工合作效能，推动小镇产业链不断向前端延伸带动原料基地建设，向后端延伸建设物流营销和服务网络，构筑资源要素共享模式下的全产业链发展业态及其利益共享联结机制。

（2）提高小镇资源要素共享交换能力。共享农业模式下，资源要素共享交换效率受供需双方内在素质能力与第三方外在条件保障情况的影响。其中，供给方内在素质能力表征为农业生产技术精湛、农业生产设施设备丰富、经营能力突出、资本资源充足、人力资源富有、房屋土地宅基地富余等方面；而需求方则必须认识到位，愿意让渡非核心价值而借力发展核心功能价值；外在条件保障则包括共享平台、信息网络、基础设施等在内的第三方条件，其中，共享平台即以资源整合和配置为核心功能的互联网平台，提供供需双方信息认证、撮合、评价、交易、客户服务，是整合碎片化闲置资源的整体。此外，基于小镇外向型发展定位设计，小镇富余的资源要素需要面向城市居民开放，其中，共享平台就是链接城乡供需两端的重要载体，没有共享平台城市居民的长尾需求就无法实现有效聚合，乡村旅游供给也无法与城市旅游需求对接和交易，解决乡村闲置资源、满足城市居民旅游需求就是一句空话，因此，小镇切实强化共享平台及其所需配套设施的建设是提高资源要素共享交换能力的关键。综上，有且只有供给方、需求方提高了认识，共享平台夯实了基础，小镇共享农业模式才可能实现预期目标，小镇闲置资源的利用效率才能提高，其重要作用不仅能让小镇"沉睡的资产"重现生机，预防农村空心化，而且有助于推进小镇乡村旅游供给侧结构性改革，实现乡村振兴的积极探索。

5. 突显特色、因地制宜，创建小镇区域公用品牌，打造小镇品牌价值高地。都市型家庭农场特色农业小镇基于长江经济带近地消费市场独特的地理环境及相对优越的经济环境的浸染，加之独一无二的人文环境、社会环境所形成的积淀，使小镇形成了自己独特的气质及特有农产品。因此，小镇要紧紧围绕地方特色因地制宜做品牌，并基于市场需求从农产品生产、加工、品牌使用和宣传等方面做文章，全面提升小镇市场竞争力，打造小镇品牌价值高地。其品牌建设主要有两个层面的关注点。一是小镇宏观层面：首先要加强小镇区域公共品牌顶层设计与系统规划；其次要完善农产品区域公用品牌使用监管体系，严防公用品牌沦为公地悲剧；再次要建立高效的品牌营销机制，最后制定农产品区域公用品牌宣传推广策略。二是家庭农场微观层面，品牌建设必须把握五大法则：一要快速抢占产地和品类公共资源，以快制胜做行业标杆；二要用文化塑造品牌为品牌立魂；三要从内涵到品质到形象全面构筑差异化；四要引领发展为行业立标准；五要在生产经营全过程中大胆借鉴、叠加、互补及融合它属元素实现杂交创新①。

---

①　根据娄向鹏所著《品牌农业：从田间道餐桌的食品品牌革命》一书第五章"创建厨房餐桌食品品牌的八大法则"改编。

二、中观距离家庭农场发展模式——产业规模型农业模式

相较于微观距离家庭农场富集城市（消费市场）资源优势的便利，中观距离家庭农场劣势明显，但却具有其自身的优势，表现为土地富集连片，适宜规模化、产业化经营，加之农业生产气候及环境较好现农产品质与量具有比较好的优势，故中观距离家庭农场农业生产经营活动必须充分发挥自我优势，弥补没有消费市场和没有资源要素近距离供给的缺憾，立足于发展规模化的粮食、蔬菜、养殖产业。而在发展策略上要突出三大特点：一是规模化布局家庭农场完备产业链，二是提升家庭农场农产品生产质量，三是做大家庭农场农产品生产数量。

（一）产业化布局家庭农场产业链

产业化以市场为导向，是生产、加工、流通、销售等环节的一体化，具有生产专业化、布局区域化、经营一体化、服务社会化和管理企业化等基本特征。产业链则是产业关联程度的表达，是农业竞争力的内核，用于描述不同产业的企业之间的结构关系及价值关系，在一个完备的产业链中，必然存在上游企业向下游企业供给产品或服务，下游企业向上游企业反馈市场信息的上下游关系和相互价值交换关系，体现为信息流或价值流在多维主体间的耦合。因此，产业化指单独一家企业对产品进行量产并面向市场，而产业链则是各个产业部门之间基于一定的技术经济关联，并依据特定的逻辑关系和时空布局关系客观形成的链条式关联关系形态。

在农业供给侧结构性调整及乡村振兴背景下，中观距离家庭农场推动区域农业经济高质量发展，必须在农业产业化经营的基础上完备家庭农场生产经营产业链，促使农业产前、产中、产后诸多环节统一联结成一个有机的产业生态系统，众多家庭农场分属产业链上不同的生态位，继而实现农业的种养加、产供销、农科教、工商贸、文体娱于一体化的生产经营模式。长江经济带中观距离家庭农场构建"农业产业化＋产业链"生产经营模式，是立足于现阶段的基本国情和农村经济社会实际所做出的现实选择，其对于建设现代农业、繁荣农村地区经济，以及增加农民收入意义重大。靶向家庭农场"农业产业化＋产业链"模式的构建，中观距离家庭农场具体发展策略如下。

1. 以市场为准则，构建家庭农场现代农业产业体系、生产体系、经营体系。农业供给侧之所以出现质量走低、大路货泛滥、数量激增、库存高企等问题，很大程度上源于农业供给侧忽视市场需求，当前农业供给侧结构性调整就是要从根本上改变这种"忽视市场的生产主义导向"的问题，将农业生产与农产品市场需求对接起来、联系起来、密固起来，强化市场需求对农业生产的推拉作用，使农业生产行为及其结果精准靶向消费市场动态变化趋势。

家庭农场以市场为准则或导向，根本上就是要构建并完善三方面体系：具有家庭农场特点的现代农业产业体系建设、现代农业生产体系建设及现代农业经营体系建设。其一，现代农业产业体系的构建与完善必须精准靶向家庭农场五大特征，致力于现代产业组织体系的构建，该组织体系由许多专业化、社会化的生产型、服务型、经营型家庭农场，按照一定的分工和联系共同构建，并致力于现代农业生产、加工、销售、服务等某一环节的工作，以此节约交易成本，获得更多的经济效益。其二，大力发展农业生产性服务业，即借助共享农业模式引入先进的生产要素，涉及土地资本、人力资本、金融资本、科学技术、先进装备及组织管理等现代生产要素，并通过资源的优化组合实现要素的集约投入和深度开发，形成有利于家庭农场效能最大化实现的新要素组合序列，弥补中观距离先天弱势，进而促进农业全要素生产率和农业综合素质的稳步提升。其三，引入现代经营管理理念，构建高效率的市场化运作机制，促进家庭农场生产经营行为的科学化，致力于降低生产成本，优化产业内部竞争，共享利益价值链条。其四，引入现代农业产业经营与管理思维，优化产业布局，合理调整资源利用方向，逐步建立起各具特色的优势产区，实现各种农业资源与市场的价值化连接和产业化运行。其五，充分发挥农业多功能性，推动中观距离农业产业逐渐由传统农业向农业现代化全面推进，农业社会功能、政治功能、生态功能、休闲功能、娱乐功能、教育功能及文化功能多点面发展，大尺度挖掘中观距离农业产业增值空间。

2. 以价值最大化为目的，合理化布局家庭农场产业链生态位。基于家庭农场的视角，农业生产价值最大化主要有两方面内涵，一是农业生产资源要素利用效能的最大化，二是农产品梯次加工价值的增值，两方面价值的最大化，很大程度上与家庭农场产业链上生态位布局合理关系密切，表征为产业链上合理布局家庭农场才能最大化农业资源各阶段、各形态下的功能价值，也只有生态位布局合理农产品才能梯次实现粗加工、精深加工价值的增值。

（1）基于产业链的视角合理布局不同类型家庭农场，最大化家庭农场对资源要素的利用效能。不同利用方式下，农业资源具有不同的价值体现，即便农业废弃物在不同利用方式下也有不同的价值功能，如以生猪养殖为业的家庭农场以生猪价值为目标，视生猪排泄物价值为零，但以种植为业的家庭农场则视生猪排泄物为宝，不仅可以通过沤制、堆制农家肥，还可以通过沼气发酵生成沼渣、沼液、沼气，以蚯蚓养殖为业的家庭农场可以用沼渣饲养蚯蚓；而种植业家庭农场可能视为边角料而利用价值不高的秸秆，不仅可以被以养殖业为主的家庭农场用作制备饲料，同时也可以用作肥料发酵的原料……可见，产业链条上要沿着产业链前端、中端及末端的生产流程合理化、系统化布局不同类型的家庭农场，使上一环节家庭农场的废弃物被下一环节家庭农场高效利用，或者同一家庭农场内部不同产业间实现物能的循环梯次降损利用，即将不同类型及具有不同功能的家庭农场（业态）靶向适配于产业链上，确保生态位构建精准。

（2）基于农产品梯次加工价值增值为目的的家庭农场合理化生态位布局。农业生产主要目的是获取农产品，而且只有精准生产符合市场需求的农产品才能变现为经济价值及实现农业经济效益的最大化。如，不具备市场需求的农产品、有市场需求的初级农产品及精深加工农产品的市场价值是截然不同的，市场购买力旺盛的精深加工产品市场价值可能是初级农产品市场价值的几何倍。因此，合理化产业链上家庭农场的生态位，并构建合理的利益联结机制是中观距离家庭农场协同发展的关键。

3. 以现代要素为抓手，推动家庭农场生产经营现代化生态化。农业生产是生物有机体同自然环境之间不断进行物能交换和转换的过程，同时也是人们有目的地利用、改造生物生理机能和自然环境条件而反复进行社会再生产的过程，因此，农业生产的本质是自然性生产和社会性生产的结合，进而农业生产之经济价值、社会价值、生态价值和文化价值才能实现。很显然，现代农业更需要整合农业生产的自然性和社会性，即在农业生产生物立地条件的利用、改造过程中，既要坚守发展方式生态化的方向，构建去化肥、去农药等石化要素的发展路径，实现发展方式生态化转型，同时更要多元化跨时空整合自然、经济、社会资源要素，在产前、产中、产后多环节注入现代社会最新文明成果及其科技成果，助力农业生产全过程的现代化。因此，农业现代化是现代农业发展的基本特征，生态化是现代农业发展的基本方向，农业现代化与生态化实现耦合则是农业供给侧结构性调整及乡村振兴最坚实的支撑。

作为中观距离农业生产的主力军，家庭农场发展现代农业必须在农业生产全过程引入现代化生态化要素，推动农业生产过程现代化方向的生态化。

（1）要通过舆论宣传、教育培训、示范引领、政策扶持等多种举措，使得家庭农场主破除"经验农民"思想藩篱，树立"知识农民"认知，以此认识好、理解好现代农业、生态农业的内在机理、生产优势和发展效益，将现代要素有机植入农业生产。一是全社会要充分借助媒体的力量强化宣传，既要深入田间地头，也要进驻各家各户开展家庭农场现代化生态化转型发展的精准宣传，在舆论引导上多角度切入、多元化跟进，实现现代要素的精准扩散；二是要大力实施职业农民培育，不断改造"老农"，吸引"新农"，引进"智农"，切实加强现代农业、生态农业之理念、技术及模式的宣传教育，培养现代农业经营者，使"新三农"真正掌握农业和管理科学技术；三是要培育发展典型，通过示范带动作用发动一批、影响一批、造就一批家庭农场转型发展，形成区域转型发展的热潮，树立现代农业发展风向标；四是要研究、制定、出台家庭农场转型发展的精准政策，包括土地流转、财政补贴、农业保险、农技培训、产品销售等在内的政策，从政策制定及实施层面聚焦现代农业发展要素，推动现代农业发展，更为重要的是各项政策要相互协同，打好组合拳，发挥组合拳的效益。

（2）要通过政策大力引导发展农业生产性服务业，将分散的家庭农场纳入发达的农业产业分工协作网络。其重大意义在于，不仅有助于整合集成消费者对农业或农产品的需求信息，并通过产业链、供应链、价值链等现代产业组织方式将其传导给农产品生产者、加工者，更重要的是可以实现技术入户、扩散，可以跨时空整合农业发展资源，可以解决农业劳动力非农化、老龄化问题，可以更高效地推进农业生产，更有助于构建现代农业生产经营体系。因此，中观距离家庭农场类型必须多样化，既要有生产型的、经营型的，也要有服务型的，既要开展阶段性服务也要发展全程性服务，既要发展专业性服务也要发展综合性服务，既要发展公益性服务也要发展经营性服务，才能实现分工优势互补，将现代农业要素植入农业生产全程，推进中观距离家庭农场农业生产与服务业深度融合发展，促进区域现代农业稳步发展。其中，致力于为农业生产提供产前、产中、产后服务的服务外包及共享农业模式是农业生产性服务业的点睛之笔，中观距离家庭农场在发展类型分化过程中，要在共享农业模式下大力推进农业技术的外包，人力资源的外包，农产品生产、加工及销售的外包，构建环节性的、全程性的农业生产性服务外包体系，聚力于推进现代化生态化现代农业大发展。

（二）做大家庭农场农产品生产产量

做大产品产量至少有五方面益处：一是增强议价筹码减少价格被盘剥概率，二是牢固供需关系实现长期合作，三是降低物流成本提高盈利空间，四是稳定生产规模实现规模效益，五是聚合资源创造新的利润点。中观距离家庭农场没有微观距离家庭农场临近消费市场可发展服务型主导产业的优势，但有发展规模农业产量取胜的条件，如规模化粮食蔬菜种植、禽畜养殖点对点供给消费市场，可农超对接、农社对接、农校对接，其不仅可以保护"菜园子"生产，也可以保障"菜篮子"消费，充分提高家庭农场生产积极性，提供消费者急需的农产品，实现农民、消费者互利双赢。而双赢局面达成的前提条件无疑是中观距离家庭农场规模化经营，即有足够的农产品品类及其产品产量支撑消费市场。进一步，在人民生活水平日益提高的当下，农产品消费尽管已经由数量为王转变为质量为王，看似消费市场更多地关注农产品质量，比如偏好生态的、绿色的、营养价值高的等，但基本的事实是，没有数量（产量）的保障何来有质量的发展，有数量才有质量。可见，中观距离家庭农场必须在保障农产品产量增长的同时，切实提高农产品质量，发挥优势而赢得发展空间。需要补充强调的是，在农业供给侧结构性调整背景下，产业发展必须精准分析地区产业发展规划及消费市场的需求，切勿唯产量而产量，实则必须精准掌握需求侧变化而靶向有需求的农产品，想方设法提增产量，换言之，这里强调的产量是有"质量"的产量。

基于中观距离家庭农场区域定位，其提高农产品生产产量可组合采取如下策略。

（1）持续深入推进土地制度改革，落实承包地三权分置制度，厘清权利主体、权利边界和相互权利的关系，保障平等经营权。同时探索建立合理的农地退出机制，让离开农村进城务工的农民无后顾之忧。

（2）大力发展农业生产性服务业。农业生产性服务业在提高农业生产效率、提高农业附加值、延伸农业外部功能、拓宽农民增收渠道、调整农业产业结构、转变农业经济发展方式等方面具有重要意义[①]。姜长云研究表明，农业适度规模经营路径主要有两条，一是通过农地经营权流转，培育新型农业经营主体；二是在支持普通农户发展的同时，大力发展农业生产性服务业[②]。罗必良进一步研究表明，农地规模经营与服务规模经营是实现农业规模经营的两条并行不悖的路径，从土地规模经营转向服务规模经营，是现阶段顺应中国农业经营方式转型发展的重要路径[③]。尽管上述专家是基于规模经营的视角论及农业生产性服务业，但其中已经表明农业生产性服务业具有显著的促进农业经济发展的功能，特别是佐证了本部分关于中观距离家庭农场产业规模型农业模式构建的准确性。其表征为，本身具有适度规模经营特点的家庭农场是农地规模经营的典型代表，该模式提出中观距离家庭农场大力发展农业生产性服务契合服务规模经营观点。因此，中观距离家庭农场大力发展生产性服务不仅降低了服务成本，起到规模经济的作用，同时也大大降低了产业链中信息不完全和不对称的现象，减少了农业生产、销售过程中的不确定性，提高了区域农业生产效率。归纳起来，中观距离家庭农场大力发展农业生产性服务业的基本思路如下：一是加大区域宣传力度，引导农场主转变观念，重视发展农业生产性服务业；二是搜集、整理、完善农业信息，并构建完备的农业信息服务体系；三是大力发展农村金融，建立健全公益性、盈利性的农业服

---

① 朱涛，夏宏. 农业生产性服务业发展研究［M］. 北京：社会科学文献出版社，2018：1.

② 姜长云. 多维视角下的加快转变农业发展方式研究［M］. 北京：中国社会科学出版社，2017：21.

③ 罗必良. 论服务规模经营：凑够纵向分工到横向分工及连片专业化［J］. 中国农村经济，2017（11）：14‐15.

务组织；四是完善农业科技推广体系，畅通农技扩散渠道，特别是建立健全农业现代服务教育培训体系；五是强化农村道路、信息等基础设施建设，及高标准农田建设。显然，中观距离家庭农场大力发展农业生产性服务是一项系统工程，涉及基础设施等在内的硬件建设，也包括认知革新、能力培养在内的软件建设，需要系统规划设计与实施。

（三）提升家庭农场农产品生产质量

与微观距离家庭农场特色小镇近消费市场、便捷三产融合发展和宏观距离家庭农场借力互联网优势发展特色农业不同的是，中观距离家庭农场富集土地规模优势致力于发展规模农业。中观距离家庭农场优势的最大化开发，除数量属性上最大化外，还必须最大化农产品质量属性。然而，农产品质量的提升是一项系统工程，涉及农技扩散、品牌建设、人才培养等诸多方面的问题，下面将作概述性阐释。

（1）推进农业生产标准化，提高区域农产品质量。规模化农业有质量的发展，其关键在于农业生产全过程的标准化，前端包括农资要素采购的统一，中端涉及耕、种、管、收各环节质量标准的统一，末端涉及物流及销售渠道的统一。具体而言就是要引入现代经营管理理念和技术手段，对家庭农场种养、加工进行规范化、系统化改造和建设，从经营者理念更新上、农技能力提升上改变传统农业粗放、随意和人为性弊端，形成具有现代经营管理特征的可量化、可控制和可复制的现代农业经营模式。其中重要工作涉及农资采购标准的建立及统一，农业耕、种、管、收生产流程标准的建立与统一，及农产品质量标准的建立、完善及统一，同时基于标准执行工作要求，不断推广农业标准化技术，将农业生产技术应用到产业链的各个环节，实现从田间到餐桌的标准化与统一，使标准为家庭农场的发展护航。

（2）打造农业品牌，提升中观距离家庭农场农产品竞争力。农产品较高的可替代性，容易使其"好酒也怕巷子深"，导致一些优质农产品藏在深山人未识，既没有体现市场价值也没有发挥其优质农产品的自然属性。没有品牌的支持，大量农产品烂在地里时常发生，如2018年5—7月，湖北枣阳桃子、江苏宿迁香瓜、云南昆明大蒜、福建平潭海带等农产品一度深陷滞销困境。而有品牌护航则是另一幅景象，"国联水产"基于"世界标准，好虾龙霸"的品牌定位和"源于全球对虾样板基地"的价值支撑，使其一跃成为中国第一虾；"沁州黄"基于"精耕农田到精耕消费者心田"的品牌价值构建，成功提升了小米的产品形象，走出了一条农业价值营销之路，成为高端小米第一品牌；"湘村黑猪"基于"湘村的猪，儿时的味"品牌价值定位，使其成功跻身高端猪肉市场……两相比对，品牌化无疑是农产品提质增效的重要实现方式，不仅有助于诠释农产品的自然属性，而且基于经济、社会、文化等因子的注入，有助于系统化构建其全新的消费品牌价值，推动农产品价值增值。基于此，中观距离家庭农场同品牌类产品要联手致力于统一品牌价值定位、传播方式的构建（但要谨防品牌"公地悲剧"发生），要综合运用价值营销、情感营销、角色营销、参与营销等方式实现品牌活化，提高区域家庭农场农产品知名度及产品市场覆盖率，构建具有中观距离家庭农场独特气质的品牌营销价值实现体系。

（3）培养高素质农民，为区域农业高质量发展提供人力支撑。随着城镇化进程的加快推进，中观距离农村劳动力大量单向流入城市，不仅导致农村人口空心化问题日益严峻，而且农村大量土地弃耕抛荒现象态势加剧，农业后继无人，特别是有知识、懂技术的高素质农民严重短缺，未来"谁来种地"的问题严峻。家庭农场适度规模化，对解决进城务工农民弃耕抛荒的作用明显，其不仅源于家庭农场主的经营能力、创业胆识突出，而且一般具有相对较高的知识文化，还源于其认知及能力综合体征出的现代性特质，有助于改变传统农业耕作方式，加快推进农业现代化进程。基于其显著的比较优势，中观距离家庭农场承担着区域农业现代化发展的重任，农场主肩负着"谁来种地"的历史责任，故要切实强化中观距离家庭农场主能力素质的培养，造就一批高素质的农业生产经营者队伍，最大化此类人才对农业供给侧结构性调整、现代农业发展及乡村振兴的支撑作用。具体应该注重四方面能力素质的培养：标准化的生产能力、市场化的经营能力、现代化的生活能力、生态化的发展能力[①]。李显刚（2018）介绍的日本农业经营主体能力提升经验，本文认为对中观距离家庭农场主能力素质培养与提升有借鉴意义，故转引如下（图6-8）。

借鉴日本经验，基于中观距离家庭农场主的高素质农民能力素质培养，必须以高素质农民职业化为目标建立职业规范，发展职业教育，同时以职业化为基础，强化职业富民的引导、管理和保障体系建设，使农民职业教育与培训常态化、普适化，造就一大批"新三农"。

（4）加大农业资源保护力度，推动区域绿色兴农。党的十八大以来，以习近平同志为核心的党中央高度重视绿色发展，全面统筹山水林田湖草系统，全方位开展乡村生态保护建设，着眼于实现百姓富和生态美的统一，走习近平新时代中国特色农业绿色发展之路，这对加快和推进农业农村现代化意义重大而深远。中观距离家庭农场农业生产经营全过程必须置于这一宏大背景下，补齐生态短板，增强生态产品供给能力，实现结构调整优化与乡村生态宜居双赢目标。从宏观层面上讲，除了落实农业功能区域制度外，还必须健全横向生态保护补偿机制，探索通过三产融合、技术扩散、人才培训等方式

---

① 李显刚. 新型农业经营主体实践研究 [M]. 北京：中国农业出版社，2018：245-246.

构建运行机制。微观层面上讲，就是要加大宣传力度，确保农场主构建绿色发展认知，并通过能力改造与提升、服务外包与资源共享等路径实现其生态化种养技术能力的提升，加之激励约束机制所构建的推拉效应，全面推动农场主基于中观距离立地条件，逐步走上生产、生活、生态、和谐、发展的道路，并全面兼顾经济、社会、生态三大效益，切实提升中观距离家庭农场产业规模型农业发展效能。

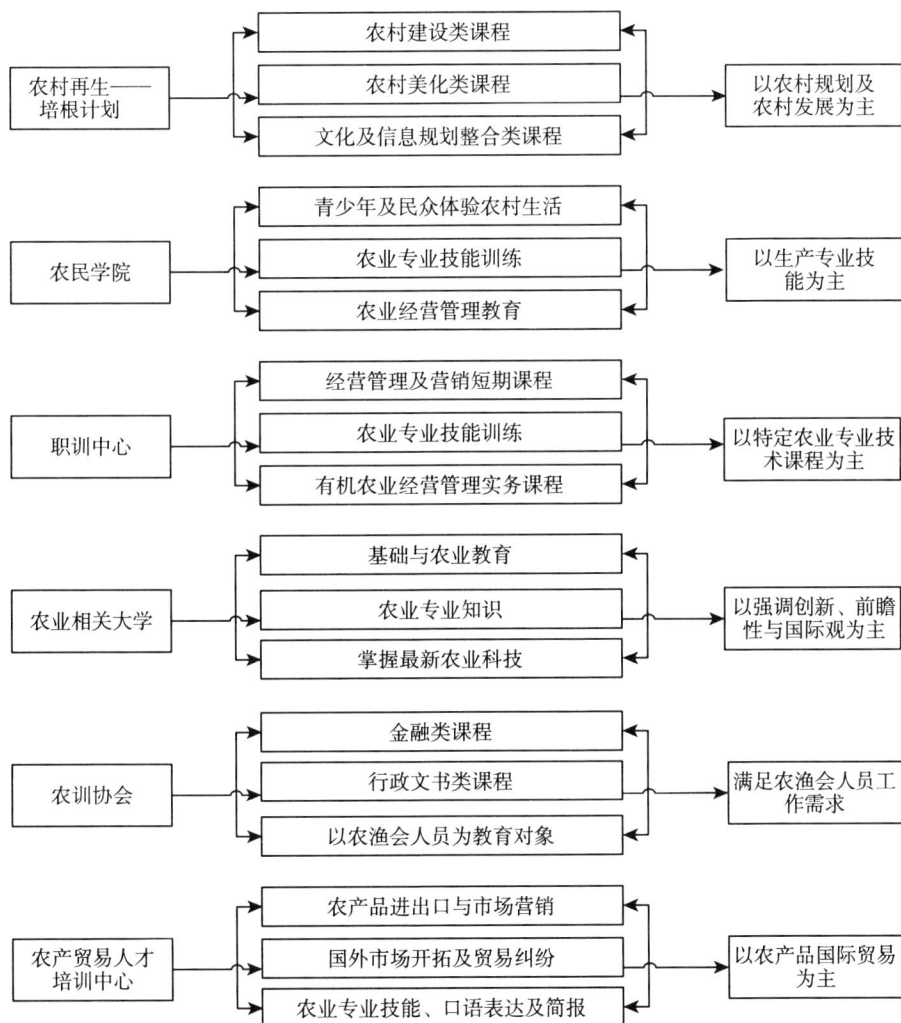

图6-8 日本农业经营主体能力提升的主要实施机构及职能①

① 李显刚. 新型农业经营主体实践研究［M］. 北京：中国农业出版社，2018：195.

三、宏观距离家庭农场发展模式——"互联网＋特色农业"模式

宏观距离家庭农场一般地处山地，既不临近消费市场也不具备规模化经营的优势，但却有独特的山地资源条件、良好的生态环境及极具地域特色的传统文化，表征为广大山区蕴藏着极为难得的无污染农业水体资源和清洁农业生态环境，所生成的农产品具有天然、绿色、安全的特点，有些农产品甚至已经达到有机农产品的标准①，加上浓郁的地方传统文化的浸润，这些农产品集聚了市场畅销农产品于一身的优势。基于此，宏观距离家庭农场如何取长补短，发展区域农业经济？可根植立地条件发展特色农业，走"特色＋绿色"错位发展道路。如同上述，中观距离家庭农场农产品所面临的"好酒也怕巷子深"的问题，即便宏观距离家庭农场农产品如何优质价廉，但基于距离的原因，将更甚于中观距离家庭农场而"好酒更怕巷子深"。那么宏观距离家庭如何走出深巷？如何实现特色农产品市场价值的转化？则必须注入"特色＋绿色"的"双色"基因，并依靠合理的运行机制和有效的市场交换能力实现突围。在万物互联及物流体系日益发达的背景下，宏观距离家庭农场生产经营行为引入"互联网＋"思维，走"互联网＋特色农业"发展道路可能是区域农业经济发展最适宜的路径选择。需要作说明的是，鉴于宏观距离家庭农场所在区域技术、认知等要素欠缺所形成的制约，"互联网＋特色农业"借势"互联网＋"更多在销售阶段，当然不排除个别情况对农业生产、加工、流通、市场、经营、管理、服务一体化演进的全面介入。

"互联网＋"代表着一种新的经济形态，是创新 2.0 下，互联网与传统行业融合发展的一种新形态、新业态，即充分发挥互联网在生产要素配置中的优化和集成作用，将互联网的创新成果深度融合于经济社会各个领域，提升实体经济的创新力和生产力，从而形成更广泛的、以互联网为基础设施和实现工具的经济发展新形态，进而催生出产业跨界融合、创新驱动、重塑结构、尊重人性、开放生态及连接一切的六大特征②，对促进实体经济健康可持续发展意义重大。"互联网＋特色农业"模式有两个前置条件，一是农业要有特色，要么是有自然资源，要么是有文化积淀，或者有叫得响的特色农产品，否则模式存无所依；二是基础设施建设配套完整，表现为通信基础设施健全，农产品物流园、物流仓配分拣中心齐备，致力于实现物流企业对乡镇配送 100％全覆盖，

① 现代农业综合体发展战略研究课题组. 现代农业综合体：区域现代农业发展的新平台［M］. 北京：中国农业出版社，2017：345.

② 现代农业综合体发展战略研究课题组. 现代农业综合体：区域现代农业发展的新平台［M］. 北京：中国农业出版社，2017：314.

县、乡、村三级物流体系的建设，解决农产品"最后一公里""最先一公里"末端配送难题。基于此，归纳起来，宏观距离家庭"互联网＋特色农业"模式主要有如下几类：基于自然条件的"互联网＋特色农业"家庭农场发展模式，基于传统文化的"互联网＋特色农业"家庭农场发展模式，基于特色美食的"互联网＋特色农业"家庭农场发展模式，基于专属原料的"互联网＋特色农业"家庭农场发展模式。

（一）基于自然条件的"互联网＋特色农业"家庭农场发展模式

一般而言，宏观距离家庭农场所在区域要么森林茂密，要么水量丰沛，或者兼而有之，总体生态环境良好但也比较脆弱，这既为发展特色农业生产奠定了自然条件基础，也为科学化、生态化的农业生产提出了要求。绿水青山既是自然财富、生态财富，又是社会财富、经济财富，如何在既不有损自然环境又要在持续优化自然环境的基础上发展农业生产，此无疑必须推动形成绿色发展方式，妥善解决人与自然和谐共生问题，其基本的思路是：必须贯彻绿色发展理念，坚决摒弃损害甚至破坏生态环境的增长模式，加快形成节约资源和保护环境的空间格局、产业格局、生产方式、生活方式，把经济活动、人的行为限制在自然资源和生态环境能够承受的限度内，给自然生态留下休养生息的时间和空间①。具体策略如下：一要立地自然条件靶向消费需求，发展特色农业生产（如重庆南川米、巫溪洋芋、彭水紫薯、酉阳花田贡米、忠县忠橙、奉节脐橙、渝北梨橙、铜梁蜜柚、黔江猕猴桃、荣昌猪、潼南柠檬、永川秀芽……）；二要引导区域产业集中连片经营，实现规模发展（如重庆永川百里优质水果长廊6万亩黄瓜山梨）；三要发展生产性服务业，推进农技入户扩散（如无人机作业、农技专家大院）；四要构建"绿色＋特色"农业生产模式，生产绿色农产品；五要强化现代信息技术的推广应用。

与消费市场有较大距离的宏观距离家庭农场所在区域，看似穷山恶水且发展动力贫乏，实则所到之处之山山水水就是金山银山，其缺的不是资源而是发现资源的眼光，利用资源的能力（山西昔阳大寨村在七沟八梁一面坡、穷山恶水的环境中，不仅创造了"农业学大寨"的历史辉煌，现如今更打造了一个层层梯田庄稼葱绿、田田池水波光旖旎、人造森林郁郁葱葱、处处果园硕果累累的城市公园）。借助"互联网＋"可以构建有区域自然条件特色的农业产业，甚至据其天时、地利重组区域农业产业，下面几个案例就是类似地区借力互联网特色发展的经典创举。如基于天猫品牌的营销直播和线上线下互动交易，黑龙江优质扶贫农产品：口感黏糯的鲜食玉米、味道醇厚的现磨豆浆、软糯筋道

---

① 中央宣传部. 习近平新时代中国特色社会主义思想学习纲要 [M]. 北京：学习出版社，人民出版社，2019：171.

的富硒大米、消炎保健的蒲公英茶等，这些优质农产品在 2019 年"双 11"迅速蹿红，将这些"藏在深巷"的农产品近距离推介到消费者餐桌，实现了田间到餐桌的无缝衔接。又如以山地、丘陵和黄土塬为主的三门峡独具农业发展优势，盛产火红的朝天椒、绿油油的蔬菜、又大又红的红富士等系列优质农产品，借助互联网的东风已经驶入发展的快车道，三门峡特色农产品线上销售正持续创造着无限可能，其中，涉农电商突破 2 100 家，农产品电商交易突破 10 亿元，推动区域农业供给侧结构性调整，优质深度转型发展。再如得益于海拔高、日照长、空气好、土壤洁、水质优等自然优势，四川阿坝州黑水县产出了高品质的特色农产品，如青豌豆、葡萄、青红脆李、中蜂蜜、中药材、早实核桃、生态土豆、各类菌菇及藏香猪等，并基于与惠农网、美农科技等电商企业的合作，建立起了电商平台、社区拼团、视频卖货等多样化的线上销售渠道，实现了产销对接、消费扶贫、特色展销等一系列落地促销活动，打造了精品农货，突出了藏区特色，使具有黑水特色的"线上＋线下"融合发展的农产品版图全面铺开，黑水生态蔬菜、色湾藏香猪、早实核桃、凤尾藏鸡、道地药材、黑水中蜂等一大批黑水优质农产品畅销市场，成为黑水农业经济转型发展的加速器。

（二）基于传统文化的"互联网＋特色农业"家庭农场发展模式

乡村承载着中华文化的根基，是璀璨中华文化的发祥地，其所孕育的农耕文化包含优秀的思想观念、人文精神、道德规范，具有凝聚人心、教化群众、淳化民风的重要作用。文化是软实力更是生产力，农村传统文化既有精神价值塑造的功能，也有创造经济价值的功能，更能促进社会功能的完善与提升，致力于农业供给侧的调顺调优与乡村的全面振兴与繁荣。在农业供给侧结构性调整及乡村振兴进程中，农村经济社会的发展离不开对文物古迹、传统村落、民族村庄、传统建筑、农业遗迹、灌溉工程、戏曲曲艺、民间文化、名人轶事、历史传说、民族文化等具象的保护与传承，表征为要在特色农产品生产、销售过程中善借本土传统优秀文化之力，用本土文化塑造农产品价值，使品牌增值助力农业增效、农民增收、农村繁荣。如大寨人充分挖掘"农业学大寨"本土优秀传统文化，成功将政治品牌"大寨"这一无形资产转化为经济品牌，创造了大寨核桃露、大寨牌衬衫、大寨铝塑管、大寨醋、大寨黄金饼等 30 多种商品品牌，收获了巨额的财富。

宏观距离家庭农场如何将本土优秀传统文化基因导入农业生产经营行为，或者如何深挖传统文化？首先要重塑乡村文化生态，重点聚焦传统优秀文化的识别、整理与复活，将本土建筑文化、历史记忆、地域特色、民族民俗融入乡村建设全过程，深挖历史古韵，弘扬人文之美，重塑诗意闲适的人文环境和田绿草青的乡村风貌，进而厚植特色农产品品牌价值创造的生境生态。其次要聚焦农产品内在品质或外在形象的构建，深挖风土人情、嫁接传统文化，以精准构建农产品与传统文化的关联界面，在视觉上、味觉上、情感上致力于寻找农产品源自传统文化的根，为特色农产品正名。再次要多讲品牌故事，用情感制造源自文化深处的溢价，为农产品提档升级，铸就金身，如湘村黑猪"乡情与亲情，自然与回味"款款深情基调的融入，奠定了高端猪肉品牌成功铸就所具有的内在文化基因。最后要建立创意品牌识别符号，致力于内在品质外在化，外在形象品质化、差异化，基本思路是：包装功效媒体化——说到，更让人看到；包装国际背景化——紧跟潮流，与时俱进；包装整合系列化——共性与个性协调统一；包装复古经典化——新传统，新古典[①]。基于传统文化元素，构架特色农产品内在品质与外在形象的案例不胜枚举，宏观距离家庭农场深挖本土传统文化，对打造特色农产品大有裨益。如基于康熙皇帝赐名"沁州九号黄"之故，沁州黄小米抢占公共资源，用康熙皇帝做品牌代言人，将皇家的代表色黄色设为品牌主色，设计了以皇家重器为原型的"米鼎"标志，使小米成为大品牌，创造了极高的经济价值与社会价值。更甚，在第十七届农交会农遗良品展区上，基于山东省夏津县古桑树群开发的桑葚果干、桑葚膏、桑叶茶、桑葚果酒等系列产品，及基于文成公主远赴西藏故事的蒙顶山贡茶等91项中国重要农业文化遗产地的近200种优质农产品，在这里诠释着中华优秀农耕智慧，借势传统文化很好地实现了品牌宣传推广，提高了特色农产品知名度。

（三）基于特色美食的"互联网＋特色农业"家庭农场发展模式

长江经济带聚自然之大美而物华天宝，不仅盛产瓜果蔬菜、海产干货、活禽生鲜、特色农副产品等名优特农产品，而且川菜、湘菜、徽菜、苏菜、浙菜，八大菜系占据其五，实则是一条美食带，诸如云南过桥米线、贵州花溪牛肉粉、四川夫妻肺片、重庆麻辣火锅、湖南口味虾、湖北热干面、江西酒糟鱼、安徽臭鳜鱼、浙江西湖醋鱼、江苏鸭血粉丝汤、上海蟹黄小笼包……一大批色香味俱全的舌尖美食不仅形成了中华美食特殊的味蕾记忆，而且成就了经济带响当当的美食金字招牌。长江经济带之所以能扛起美食金字招牌，在很大程度上源于经济带丰富的农产品产出，可以说是种类繁多、品类纷呈的农产品成就了其金字招牌的美誉，其在支撑长江经济带成就美食天堂的同时，更支撑起了区域经济社会的跨越式发展，对引导区域农业供给侧结构性调整及乡村之全面振兴与繁荣，形成了强大的内生效能。基于此，长江经济带宏观距离家庭农场要充分挖掘并构建本地特色美食所具有的经济潜能，让这种潜能渐渐转化

---

① 娄向鹏. 品牌农业：从田间到餐桌的食品品牌革命［M］. 北京：企业管理出版社，2013：96-98.

为一种推动自身生产经营行为，持续做大做强的地域优势。

需要强调的是，在生产、加工、流通、销售及服务全产业链上，家庭农场的比较优势侧重于农产品生产，所构架的"互联网＋特色美食"发展路径应该以此为遵循。那么，实践中宏观距离家庭农场应当怎样借势特色美食并基于"互联网＋"要素组织开展生产经营行为呢？

1. 梳理本地特色美食，编制美食数据库。宏观距离地区经济社会发展程度不及微观距离地区，但就是这一相对的劣势却保存了大量富集地域特色的美食，这些美食不仅在所在地区妇孺皆知，乃至在更大的范围内依旧富有美誉，如乐山跷脚牛肉、钵钵鸡，万州烤鱼、奉节鲑子鸡，黔江鸡杂……甚至还有大量的美食依旧藏在深闺人未识，急需挖掘、推广、保护与传承。而首要的工作是系统梳理地区美食，用文字、图片、音频、视频介绍其材料来源、制作工艺、营养价值、地理分布及其衍生的发展历史、风俗习惯、民间传说，编制完备的美食数据库，将地区美食网络化、信息化，既有利于美食宣传和推广，也有助于地区家庭农场靶向美食原材料调整生产，做大美食上游产业。鉴于本项工作的专业性及系统性，建议地方政府面向专业力量招标开展编制工作。数据库完备后，相关职能部门或行业协会要精准分类，指导家庭农场靶向特定美食原材料发展农业生产，确保家庭农场致力于消费市场中有旺盛需求的农产品的生产，进而调整区域农业产业结构，助力经济社会的发展。

2. 抢占公共资源，以快制胜做龙头。"橘生淮南则为橘，生于淮北则为枳"，言下之意，由于生长的地理位置、土壤、水质、气候的不同，农作物及家禽、家畜、水产基于独特的品种、生长环境形成了独特的质量、口感与风味，宏观距离家庭农场基于美食导向的生产行为，必须抢占优质和特色产地资源，"占为己有"品牌化，将稀缺的产地资源与品类资源"农场化"，做美食原材料供给品类代表，树立地区行业龙头地位。实践中，家庭农场要积极争取政策法律保护，并基于"互联网＋"优势赢得美食原材料经营者、美食餐饮经营者及终端消费者的青睐，形成品牌、产地和品类资源的专有化、固有化，让地域美食名品资源与家庭农场紧密捆绑，增强家庭农场专属品牌与地域特色农产品的黏附力，形成类似买小米就买"沁州黄"、喝牛奶就喝"蒙牛"、吃水饺就吃"三全"的商品与品牌联想记忆，在产业下游环节及消费者心中，抢注区域美食原材料非你不可的制高点。

3. 发展农村自媒体，变现粉丝流量经济。在"互联网＋"背景下，人人都可以利用互联网参与到内容的创作与分享之中，基于自媒体更新迅速、受众黏性高、内容接地气、粉丝变现率高等特点，特别是农村自媒体创作的优质、新鲜、符合市场需求的内容能帮助平台积攒海量的流量，并可进一步通过内容创作引流电商，达成变现的效果，而这些特点有助于宏观距离家庭农场弥补远离消费市场的不足。实践中可以借西瓜视频、抖音、微信等平台发布生产劳作、生活休闲等短视频或资讯，以展示及推介美食制作的靶向原料，再通过粉丝的黏附获得流量，实现粉丝向电商平台的引流，完成流量变现。如四川农村四哥基于竹笋美食，致力于竹笋产业的生产、加工及销售，创造了可观的经济效益；广西巧妇9妹依托当地丰富的物产创造了年入1 000万元的骄人成绩；粉丝5 000万人的第一网红李子柒更是集社会效益与经济效益于一身，其基于千万级的粉丝量孵化出了"李子柒"系列专属品牌，实现了粉丝向电商平台的引流，完成了流量变现，创造了极大的经济效益、社会效益。基于此，宏观距离家庭农场要革新认知，要联动地区经济社会发展及区域资源优势，充分利用互联网资源传播特色美食及传统文化的信息，致力于特色农产品的生产与经营，在远离消费市场的情况下，大力发展互联网经济，实现弯道超车发展。

（四）基于专属原料的"互联网＋特色农业"家庭农场发展模式

农业具有为工业发展提供专属原料的功能，如种植棉花可以为纺织工业提供原料，种植甘蔗可以为制糖工业提供原料，种植花生可以为食品工业提供原料，种植中草药可为制药业提供原料，发展禽畜养殖可为肉食品加工业提供原料，发展渔业可以为鱼产品加工提供原料……一方面，所生产农产品引流加工业对缓解乃至解决农产品生产过剩、促进农业供给侧结构性调整顺利推进有重要意义；另一方面，对促进三产融合发展、现代农业体系构建乃至农民增收也具有显著的意义。

1. 做好区域农产品加工业的顶层设计。首先要在全面分析宏观距离地区自然资源条件及经济社会发展需求基础上，辨明地区发展专属加工原料的优势劣势、机遇挑战，系统规划加工业顶层设计，明确发展的方向、领域与重点；其次在顶层设计框架下出台专属原料生产供给激励措施，引导家庭农场规模化种植、养殖专属加工原料，护航产业健康发展。

2. 加强加工专属品种的选育及原料基地建设。品种选育及基地建设是专属原料模式构建的基础，没有质量出众的品种产业，谈发展无疑是空中楼阁，没有规模化标注化的基地，则不能延伸带动下游加工业的发展，因此，模式构建必须深耕品种的选育与原料基地的建设，既保障加工业对质量的需要又保障其对数量的需求，才能完成产业链布局，打通上下游通道，畅通宏观距离家庭农场可持续发展通道。

3. 引入共享农业提高资源共享效率。宏观距离家庭农场鉴于地域的偏僻性，农业生产所需的劳动力、资金、技术等生产要素或缺，生产实践可能存在资源短缺导致规模弱小分散，无力支撑加工业对原材料数量的需求，同时，基于家庭农场认知的滞后性及种植、养殖技术的非全面性、非科学性，所生产的原材料可能达不到加工层级质量要求，进而在供给与需求间产生数量与质量的非均衡匹配。因此，在宏观距离家庭农场自身发展要素短缺的情况下，基于"互联网＋"思维引入共享农业可能是促进区域农业高质量发展的有效路径。共享农业具有跨时空高效整合资源要素的功能，其基于"使用但不占有"的理念可以近距离亦可远距离利用可利用资源补自身之短，表征为可靶向整合外部资源弥补家庭农场劳动力不足、技术缺乏、农机具欠缺等农业生产要素的不足，也可通过家庭农场间横向连片购买农作物病虫害集中防治服务，以提高疾病灭杀及防控效果。

长江经济带农业供给侧结构性调整表面上是去库存而要做数量型文章，实则是要提高供给侧精准需求、侧消费需求变化的生产能力，要在生产能力上做质量型文章。在我国社会主要矛盾已经转化为人民日益增长的美好生活需要和不平衡不充分的发展之间的矛盾背景下，农业领域不断满足人民对绿色、健康农产品的消费需求，乃至不断丰富农业多功能性，强化其生态、休闲、娱乐、教育以及文化传承的功能，进而不断提高人民群众的获得感、幸福感，不仅是时代发展的需求，更是农业产业自身现代化发展的内在自觉性。那么，农业供给侧如何调整结构，如何走上实现自身质量型转型发展之路？本研究认为，长江经济带农业供给侧借助家庭农场生产经营行为的现代化生态化，在农业生产各环节有机导入现代化生态化基因，在以消费市场为中心的地理空间上，不同距离层级间家庭农场选择靶向适配的发展模式，将上述现代化生态化农业生产技术及经营模式植入其间，引导其传统农业生产方式、经营方式变革，并渐渐将这种发展思路扩散、引导其他农业经营主体，未来基于家庭农场现代化生态化技术及模式构建所催生的引导力，不仅将促进农业供给侧结构日益优化，实现乡村的全面振兴与繁荣，而且对当前我国社会主要矛盾的破解将发挥积极作用。

第七章　长江经济带农业供给侧
结构性调整建言

——基于家庭农场发展需求与供给均衡的视角

通过对新型农业经营主体的比较研究，可以建立起这样一种认知：家庭农场是现代农业组织体系的基础（家庭农场联合组建农民专业合作社，合作社构建"农业龙头企业＋农户"的合作体），是我国未来农业经营体系构建微观组织培育及发展的方向，将在农业供给侧结构性调整，乃至农业强、农村美、农民富之乡村振兴全面实现过程中发挥重要的组织优势。通过对家庭农场技术层面模式的集成构建分析和家庭农场经营层面模式的集成构建探讨，显示整合多元化的发展要素是家庭农场基础性作用构建乃至最大化彰显的有效路径。因此，在新型农业经营主体家庭农场发展壮大过程中，智力、金融、政策、农技等农业发展要素的多元化协同，在特定的历史条件下乃至基于特定发展目标的实现，势必具有农业产业发展的内生需求性及合理性。然而，这种支持与帮扶必须剔除姜长云所言的"特殊偏好"，因为"溺爱"环境下的成长是缺乏可持续性动能的。鉴于新型农业经营主体是现代农业发展的领头羊，是推进农业发展方式转变的生力军，故而在现代农业发展过程中，对新型农业经营主体给予适当的引导、鼓励或支持，有其必要性和合理性。但是，这种支持应该更多给予功能导向，如增强创新能力，推进农业标准化、品牌化发展和提升质量、效益、竞争力，支持新型农业经营主体带头人的培养、培训，并鼓励其发挥对小农户发展的示范带动作用，而非基于对新型农业经营主体的"特殊偏爱"和"选择性支持"。这也是产业政策从选择性政策向功能性政策转变的客观要求[①]。

研究表明，为家庭农场插上现代化生态化的双翼，是提升其自我发展能力，进而引领微观组织发展并夯实现代农业经营体系的重要举措。为此，如何给予帮扶，及帮扶的力度几何等问题则成为扶持发展的关键。通观全文，研究导向这样一个基本事实：现代化生态化、适度规模化的新型农业经营主体家庭

---

① 姜长云. 乡村振兴战略：理论、政策和规划研究［M］. 北京：中国财经经济出版社，2018：71.

农场是农业供给侧结构性调整及乡村振兴的微观基石，进一步，这一命题内涵及外延共同揭示出以下几个关键词：生产生态化、经营现代化、规模适度化、服务社会化、融入产业化、经济市场化、合作组织化、支持制度化。显然，围绕"八化"健全支持体系则成为促进家庭农场跨越式发展的重要抓手。基于此，下文将基于长江经济带"微观距离家庭农场发展模式——都市型家庭农场特色农业小镇模式，中观距离家庭农场发展模式——产业规模型农业模式，宏观距离家庭农场发展模式——'互联网＋特色农业'模式"三类划分方式而靶向家庭农场"八化"培育及能力提升之供给与需求现状展开论述。

第一节 构建绿色发展体系助力
家庭农场生产生态化

习近平总书记指出："我们既要绿水青山，也要金山银山。宁要绿水青山，不要金山银山，而且绿水青山就是金山银山。"这一科学论断告诉我们，绿色是永续发展的必要条件，竭泽而渔及焚林而田必然导致来年无鱼无兽，其原因在于人因自然而生，人与自然是一种共生关系，人类发展活动必须尊重自然、顺应自然、保护自然①，正如恩格斯所指出的，"我们不要过分陶醉于我们人类对自然界的胜利。对于每一次这样的胜利，自然界都对我们进行报复"。《自然辩证法》所列举的美索不达米亚、希腊、小亚细亚昔日毁林开荒获得良田万亩，但如今却成为不毛之地，乃至楼兰古城、于阗古国、且末古城、临戎古城均系屯垦开荒、盲目灌溉而过度利用和干预自然资源成为远古的记忆，再如，近代以来发生的洛杉矶光化学烟雾事件、伦敦烟雾事件、日本核泄漏事件，乃至农药、化肥、除草剂、激素、地膜在现代农业生产过程中的大量使用所引发的一系列舌尖上的安全问题，不仅严重影响了公众的生活，而且付出了十分惨重的生态环境代价，甚至将导致一种文明的消失。综上，包括农业生产在内的社会实践既要发展更要保护，因为"环境就是民生，青山就是美丽，蓝天也是幸福"，进而"要像保护眼睛一样保护生态环境，像对待生命一样对待生态环境，把不损害生态环境作为发展的底线"（习近平，2015）。

在近百年的发展过程中，农业生产领域基于人口的增长而盲目扩张所导致的系列环境污染事件频频发生，非环境友好型的石化农业更是获得了空前的发展空间，不仅造成水土流失持续加剧，土地沙漠化、盐碱化不断恶化，而且洪涝、干旱、赤潮、沙尘暴、泥石流等自然灾害频繁发生。更严重的情况有由于

---

① 中共中央宣传部．习近平新时代中国特色社会主义思想三十讲［M］．北京：学习出版社，2018：108．

氮、磷等元素的大量使用，致使水体富营养化，进而造成太湖、巢湖、滇池蓝藻危机频发事件；有山东潍坊用"神农丹"剧毒农药种植生姜事件；有 2014 年春耕农作物大量施肥，氨、氮含量超标造成武汉水污染事件；以及长期大剂量使用各种剧毒农药造成天敌丧失，害虫抗药性倍增，多数地区虫害连年大面积暴发，粮食单产和总产大幅度降低，农业生产面领着前所未有的发展瓶颈。

前文长江经济带家庭农场可持续发展影响要素分析进一步表明，制约家庭农场引导力最大化实现的首要影响因子是农业生产化学化，其不仅导致农业生产环境备受污染，而且所生产农产品大路货泛滥，不能满足消费市场需求。因此，面对农业生产发展的张力与生态环境局限的压力之双重紧箍咒，"共抓大保护，不搞大开发"的长江经济带现阶段农业生产发展方式亟须转变发展路径，走绿色发展生态农业之路，通过农业生产生态化的实践，着力推进农业生态环境的保护与治理，实现农业可持续发展与环境保护的双赢。具有现代农业组织体系基础构建力的家庭农场在农业发展道路紧箍咒破解过程中，必须勇挑"共抓大保护，不搞大开发"之重担，在农业生产全过程中有机植入生态化因子，构建农业生产生态化发展格局，此不仅是家庭农场自身发展的必然选择，更是家庭农场引领区域农业生产生态化发展的历史担当。

一、家庭农场生产生态化可行性分析

（1）家庭农场的主要收入是通过生产商品化农产品来获得，因此，要获得较好的自我发展就必须坚持市场导向，根据消费市场的需求精准组织生产，进而获得较好的经济效益，反之则难能取得预期的经济效益，甚至可能盈不抵亏而经营失败。当前，随着生活水平的提高，人们已经不再简单地满足于"吃饱饭，穿暖衣"式的低层次需求，对农业多功能价值的开发需求已是不争的事实。表征为农产品不仅要绿色、健康、安全、营养而生态，所构建的农业生产体系更要养眼、养心、养肺、养脑而怡情，并更倾向于精神层面的消费需求，渐渐引领消费市场转型发展趋势性变化明显，家庭农场必须及时感知这一消费需求的变化趋势，积极主动调整生产经营导向与市场靶向对接。唯有如此，才能不断更好地满足中高端消费需求，创造家庭农场良好的经济效益、生态效益、社会效益乃至文化效益，实现家庭农场农业生产多功能价值的全面开发与利用，家庭农场可持续发展的能力才可能得到提升，引领农业供给侧结构性改革的动能才将更加强劲。

（2）相较于小农户引入现代物质技术装备等资源要素既缺乏经济实力，也没有规模经济支撑的实际，适度规模化经营的家庭农场兼具两方面的优势，即基于生产经营发展的需要具备资源要素整合与配置的内生动能，表征为在农业资源配置、农业技术采用、农业制度最大化方面更积极主动；基于要素齐备形成的生产条件禀赋，利于其实现农业绿色发展稀缺资源要素的合理配置。所以，上述两点是家庭农场这一组织形式之内部结构与生俱有的优势，在引导家庭农场生产生态化过程中，要更加积极主动地予以靶向推动。

（3）从党和国家领导人的重要讲话到各级政府所出台的政策措施，从学界理论研究到生产实践，从农产品绿色健康消费需求到生态农产品供给缺口加剧，无不表明：推动农业绿色生态发展是大势所趋，具有供给与需求的内在一致性。

（4）据经济日报中国经济趋势研究院在全国范围内开展的抽样调查显示，家庭农场主高中及以上学历人数占比达到 7.70%，并且高学历的人数在逐年增加，因此，高素质人才的逐渐加入给新型农业经营主体家庭农场生态化发展带来积极影响，因为高学历人员相较传统农民更具备宽阔的眼界，多元的文化知识，乃至敢干敢闯的勇气，这类人员基于市场需求的变化，在农业生产中更愿意引入生态化的农业技术及模式而推动生产生态化。

（5）家庭农场生态化是结构调整及乡村振兴的触发器。当前，城市对农村资源要素的虹吸导致农村空心化趋势明显，一些村庄甚至沦为无人村（《中国统计摘要 2010》数据显示，全国每年平均会减少 7 000 个村民委员会），农村各项事业难以为继趋势明显。农业供给侧结构性调整及乡村振兴的关键需要各类乡村人才勠力同心，乡村人才的振兴需要大量年富力强的"新三农"留在农村，建设农村，但城镇化的虹吸导致大量农民离开农村进城务工，使大量农田撂荒闲置，无数家园断壁残垣，农村破败荒芜态势加剧。那么，应该如何破解农村衰败颓势？如何引流人才回乡助力结构调整及乡村振兴？问题的关键在于农村如何创造有吸引力的工作岗位。其中，培育和发展有中国特色的现代化生态农业可能是最行之有效的办法，其不仅在于生态农业是高效的、安全的农业，还在于可以带动农民在家门口就业破解农村人口空心化问题，吸引人才返乡创业。为什么这样讲？以美国为代表的农业模式是集约化、规模化、化学化农业，其不仅容易造成环境污染、生物多样性下降及舌尖上的安全等问题，而且该模式基于工业元素的导入而不再需要大量的劳动力致使农民大量失业，失业农民涌入工业车间流水线或建筑工地，这确实解决了用工难问题，但这也仅仅是阶段性的需求与被需求的契合，因为长远地看，随着用工成本逐渐抬升，工业流水线工人被机器替代越来越普遍，届时涌入车间的打工一族失业则注定是必然的结果（该模式只适应人口偏少的国家）。因此，随着工业的突飞猛进，在我国农村人口众多且农村耕地有限的情况下，特别是在乡村振兴之农村空心化问题迫切需要治理的情况下，我们应当发展优质高效的生态农业，因为生态农业不仅可以丰富生物多样性，生产出符合中外有机认证标准的安全食品，同时需要大量劳动力在家门口就业。生态农业不仅能让所生产的农产品绿色健康，而且也解决了化学农业发展带来的生态环境问题，乃至解决乡村振兴的问题，还解决工业产业缩减用工可能带来的失业问题，可谓一举多得。可见，家庭农场生态化是时代发展之所需，是农村重大问题破解与国家重大战略实施的契合点。

二、长江经济带三类家庭农场生产生态化政策实现体系

综合分析表明，无论微观距离家庭农场、中观距离家庭农场还是宏观距离家庭农场，农业生产生态化均是其必然的选择路径，而所引导其生态化发展的政策组合拳应该且必须具有内在的一致性，所不同的可能仅仅是作用力的差异，或政策实施时点的迥异，因此，关于长江经济带三类家庭农场生产生态化政策体系的构建，下面将予以统一论述，若有差异处则予以差异化分述。

（一）构建导向三类家庭农场生产生态化的农业外部性正向激容机制

外部性又称为溢出效应、外部影响、外差效应或外部效应、外部经济，指一个人或一群人的行动和决策使另一个人或一群人受损或受益的情况。而农业外部性，则是指某个农业经济单元的经营行为对社会上其他经济单元所产生的非市场性影响，具有外部经济性与外部不经济性之分。其中，农业外部性经济（positive externality）是某个农业经济行为个体的活动使他人或社会受益，而受益者无须花费代价，如农业经营主体基于经济效益最大化追求所衍生出的生态、社会效益与文化功能等多元价值；外部不经济（negative externality）是由马歇尔1919年提出，特指某个经济行为个体活动使他人或社会受损，而造成负外部性的人却没有为此承担成本，如现代农业大量使用农药化肥对生态环境造成的破坏，乃农业废弃物不恰当处理所造成的点面源污染。很显然，农业外部经济导致农业收益外溢于其他产业，增加了农业发展成本，而农业外部不经济基于农业废弃物污染防治成本与其他产业的转嫁，变相节约了农业成本。但这种成本"外推型"发展方式长此以往不仅将导致产业经济系统结构被破坏、功能下降，甚至崩溃，而且生态系统也将不可幸免，最终危及人类的生存与可持续发展。

作为最具活力的新型农业经营主体家庭农场在适应市场追求经济效益最大化的过程中，基于市场及政策失灵的结果，必然存在如下问题：当家庭农场农业经营行为的私人收益小于农业生产活动所带来的收益时，该经营行为就不会为那些将不能兑现的收益而扩大其投资，表征为要素的投入仅将局限于经济报酬的最大化，而生态效益、社会效益、文化功能则将不被纳入考量范畴。尽管于农业生产行为而言，这是一种近乎明智的选择，有利于自身经济效益的最大化，但这却并不一定利于经济、社会、环境及文化等多功能的持续发展，乃至

资源要素效能的最大化利用，甚至还可能给社会带来负面影响，产生行为外部不经济问题，表征为无节制耗能、无视环境污染、无节制生产成本外部化等方面，其连锁反应将传导影响整个国民经济的健康发展。因此，在家庭农场生产经营过程中，必须注重生产生态化等外部正向功能价值的开发与利用，因为外部生态化不仅可以带来宜人的农业景观、保持生物多样性、吸收二氧化碳、涵养水资源、净化水质和空气质量等生态效益功能价值，而且还具有为工业发展提供原材料、劳动力及产品消费市场的经济效益，以及确保农业劳动力充分就业等社会效益，同时还具有记录和延续农耕文明乃至传统文化、民间文艺的文化功能……可见，家庭农场农业生产生态化正向激容机制的构建具有综合性极强的正向辐射效能。

人们在追求自身利益最大化的经济活动中，往往不会使自己的经济行为自觉遵守可持续发展的准则，这就需要借助制度对人的行为进行约束、激励、规范、引导。事实表明，农业外部不经济根源于资源的低效配置，是市场失灵或政策失灵或二者共同失灵交叉诱变的结果，其中市场失灵处置办法可通过政策调整、价格机制（征税及补贴）和总量管控等方式予以调整，而行政管理处置办法则可以通过设定污染限制量或技术约束加以实现。基于此，长江经济带三类家庭农场生产生态化外部经济正向激容机制，必须着眼于市场需求及政策失灵两方面加以构建。

（1）构建长江经济带三类家庭农场农业外部不经济性成本内在化的体制机制，推动三类家庭农场向环境友好型发展。如规定污染最大允许排放阈值，建立靶向市场经济发展特点的价值体系，倡导负责任的取与予。

（2）构建长江经济带三类家庭农场外部收益内在化体制机制，形成农场生产生态化发展的动力机制，建立家庭农场可持续发展的动力机制。如对家庭农场农业收益外部化行为实施补贴，给予生产经营行为免费的社会化服务。

（3）加大助推农业生产生态化农技的研发推广，加速长江经济带三类家庭农场外部性内在化，构建家庭农场物能高效利用生产体系。如物能高效利用模式的创新推广，减排降耗技术的研发推广。

（4）构建长江经济带有差别化的绿色农产品生产、流通、销售体系，构建认定生态农业的认证制度。如打造区域性或国家层面的大数据追溯平台，构建绿色农产品流通销售专用渠道，建立健全生态农业指标体系、生态农业核查制度、生态农业公开信息制度、生态农业诚信记录制度、生态农业认证激励制度和生态农业认证程序制度等。

（5）制定生态农业基本法，建立保护农产品生态生产、认证管理及生态标识的各种政策和法规，特别是畅通生产与销售渠道，将生态农产品认证收归国有，实行统一管理、统一认证、统一推广。

（二）构建导向三类家庭农场生态化的生产经营公共服务体系

当前，尽管消费市场及国家政策导向基本形成了绿色发展的主导性认知，生产生态化实践亦如雨后春笋般蓬勃发展，但是鉴于生态农产品生产成本高且市场辨识度低等原因，导致绿色农产品应有价值及其生产过程的正向外部性无法在市场价格中得到体现，表征为家庭农场绿色发展的私人收益小于非绿色发展经营者的收益，使绿色发展动力不足，故而构建农业绿色发展扶持体系是必要且必需的，而其中给予家庭农场生产经营行为必需的公共服务则成为引导其健康发展的重要支撑体系。农产品生产性公共服务包括环保教育及培训、病虫害防治服务、动植物检疫服务、农业资源保护服务、养殖污染防治服务、农村清洁能源推广服务、农田灌溉系统服务、秸秆综合利用服务、乡村道路等基础设施建设，而农产品销售公共服务包括绿色生态产业标准化建设、"三品一标"农产品服务、绿色生态品牌建设服务、绿色农产品市场进入专用渠道建设等方面。

通过一系列生态农业公共服务体系的建设，及生态农业科技制度、经济制度、法律制度、监测制度、宣传教育制度的完备，可在降低家庭农场生态化生产成本的同时，系统指导其如何开展生态农业建设，并引导全社会正视生态农业及其产品价值，真实还原生态农业及其产品应有的内在价值，即构建家庭农场绿色发展的生态化激励机制，在最大程度上推动三类家庭农场生产生态化可持续发展。

综上，基于农业外部性正向激容机制及生产经营公共服务体系的视角，针对长江经济带家庭农场中小规模养殖场"三沼产物"二次污染问题，建议构建如下靶向措施：一是尽快建立并完善家庭农场沼气工程规划、建造、维护、监管等各项管理制度，构建靶向生态宜居要求的沼气工程管理体制机制，同时建议研究制定"三沼产物"资源化利用财政补贴专项，或购买服务折价机制，构建精准家庭农场需求的正向激励机制；二是建立健全家庭农场沼气工程后续服务体系，建议通过政策优惠、资金扶持等措施培育并激励第三方社会化力量服务"三沼产物"资源化利用工程，引导其在沼气工程建设集中区域设置前沿服务及管理机构，将区域沼气工程运营、管理、服务纳入常态化的社会化服务管理体系；三是多举措正向引导专业技术力量靶向家庭农场种植业、养殖业生产需求，开展"三沼产物"综合利用实验、示范和推广，不断拓宽"三沼产物"综合利用技术及渠道，开发新的利用途径，实现养殖场"三沼产物"高值利用；四是靶向家庭农场中小规模养殖场，开展"三沼产物"综合利用精准宣传，培育农场主"所有农业产出皆为资源"的观念，强化"三沼产物"综合利用率；五是依托第三方力量强化中小规模养殖场"三沼产物"综合利用技术培训，尤其要注重基于"三沼产物"的三产融合发展认知革新及能力提升培训，将其引入生态宜居背景下的现代种养结合多元化发展轨道。

第二节　构建现代农民能力提升体系助力家庭农场经营现代化

农业现代化包括技术层面的现代化和经营管理层面的现代化，其内涵与外延随着时代的发展而不断地被丰富与完善，因此，农业现代化是一个动态的、系统的、多维度的实践过程。就现阶段而言，农业现代化就是用先进的工业技术、生物技术、信息技术及现代经济管理技术等知识改造及提升农业生产技术水平与经营管理水平，以获得农业产业较高的经济效益、社会效益和生态效益的过程，关键是现代生产技术的革新与农民现代生产能力的提升。故而，农业现代化水平的实现程度与农民素质高低呈正相关，尤以农业经营管理的现代化影响最甚。

农业经营管理的现代化是指现代经济和管理科学的新理论、新方法在农业经营管理过程中的科学运用，如产业的设计、区域的规划、要素的配置、会计的核算、品牌的管理等。现代农业经营管理是一门经济及管理科学知识集成度高、涉及面广的综合性学科，对农民素质能力的要求较高。其原因在于无论是"蒜你狠""姜你军""火箭蛋"等农产品价格一路攀升的风光无限，还是"蒜你贱""被将军""伤心蛋"等产品滞销的价跌伤农无数，均源于农民素质能力的低下和缺乏大市场观盲目生产，没有进行产业综合设计致价值链缺失，及没有品牌化经营致产品辨识度低等系列经营管理要素的缺失而导致，诸如此类基于经营管理要素的缺失致农业经济效益低下的案例举不胜举，其破坏作用在微观层面不仅会对家庭经济造成无可挽回的损失，在中观及宏观层面将对一个区域乃至一个国家经济社会的发展产生不同程度的负面影响，因此，提升农民能力素质的现代化极为重要，特别是对具有现代农业经营体系微观构建基石作用的家庭农场主而言，其现代经营管理能力的提升尤为必要和重要。

2017年6—8月，本文借鉴传统中医"望闻问切"四诊法理念，兵分三路蹲点考察了重庆永川、大足、荣昌，四川泸县、大邑5地10镇87名"新三农"家庭农场主日常生产生活现代化生态化情况。其中，"老农"23人，"新农"40人，"知农"24人；所采用"望闻问切"四诊法之"望"是指观察"新三农"日常农业生产行为习惯及其作业方式，"闻"是指听取区域村民对被观察对象的综合评价，"问"是指与被观察对象交谈、采集信息，"切"是指在汇总"望、闻、问"信息的基础上综合研判被观察者并得出具有普遍性的结论。在为期近3个月的观察期内，本文分类识别并采集到了大量信息，经"把脉"被观察对象及地区间的差异性（微观距离、中观距离、宏观距离）综合研判汇总如下。

一、三类家庭农场主之"老农"现代化经营能力分析

"老农"是指一直生活在农村从事农业生产活动，并以农业产出作为唯一或主要生活来源，且具备丰富的农业生产实践经验和精耕细作传统的一类农民群体。这一群体整体年龄偏大，体能欠佳，现代农业科技认知薄弱，能力缺失，但对农耕却抱有极大的热情，加之精耕细作经验丰富，长期以来是农业生产环节的主体力量，对粮食连年增产乃至农业农村的发展贡献巨大。正如《求是》评论员文章所指出的：推进供给侧结构性改革是一场关系全局、关系长远的攻坚战，既充满希望又伴随阵痛，既非常紧迫又艰巨复杂[①]。因此，要打赢这场攻坚战，就必须在促进数量平衡的同时，更加注重提升供给体系的质量和效率，即既要产量更要质量。很明显，忽视质量注重数量的"老农"对于农业现代化而言，很大程度上仅仅具有纯劳动力支出的意义，其具有内生的自给性和封闭性，在供给侧结构性改革持续深入推进的背景下，"老农"虽然秉承了传统农耕精华，但其生产经营行为严重缺失现代性，导致其很难适应经济社会发展的新常态，很难作用于供给体系质量和效率的提升，及农业结构调好调顺调优的新要求，原因在于"老农"受限于传统认知的囿囿，农事生产的目的主要在于满足自身对"量"的需求变化，而对"质"的满足则认知缺失，表征为生产经营现代性缺失，这种认知进一步诱导其摒弃了对现代农业技术的关注、学习乃至受纳，这也是农业生产质量走低、三量齐高、价格倒挂等供需矛盾存在的原因之一。

综合研判采集数据，"老农"生产经营过程现代化认知现状及与农业供给侧结构性改革内生动能培育存在的主要限制因子如表7-1所示。

表7-1 "老农"农业经营现代化认知现状

观察点	存在的问题
认知 （认知守旧， 观念落后）	①"老农"带有显著的草根性，尽管有朴实吃苦的特点，但也有残留的农民意识，表现为缺乏产业角色定位意识，满足于自给自足；②农业产业价值认识模糊，停留于自身"吃饱饭、穿暖衣"层面，农业"安民功能"意识浓厚，缺乏对产业经济效益、社会效益、生态效益全面综合的辨判；③农事生产安排以区域资源禀赋及传统农耕习惯为基础，缺乏面向市场需求组织农事生产的意识，农业发展方式呈现粗放性；④农业生产经营方式固守传统，且固执己见，现代性的农业生产经营方式构建落后；⑤农产品销售随行就市、随波逐流，通过产业设计与规划，提升农产品价值的认知缺失；⑥产业类别局限种植业或养殖业，种植、养殖类别及品种的选择遵循传统，对市场的需求变化及农业科技的进步不敏感；⑦传统精耕细作认知与石油农业认知相互渗透，既坚守了传统农耕精华，也被动吸纳了石油农业的不足；⑧在"优质不一定优价"的当下，"老农"还停留于重农产品数量的发展阶段，没有意识到产业链、农产品品牌化以及产品与市场的渠道关系

---

① 王冀川. 现代农业概论［M］. 北京：中国农业科学技术出版社，2017：3.

（续）

观察点	存在的问题
胆识 （谨小慎微， 畏首畏尾）	①因土地制度切割形成的小农经济体制，在一些方面羁绊了"老农"产业化、规模化和专业化发展的胆识，表现为规模化发展意识薄弱，固守一亩三分田，流转意识淡薄，致农业经营规模化缺失，且造成农业比较效益与抗风险能力低；②新方法、新工具、新模式、新品种导入农业生产经营过程畏首畏尾，怕失败输不起致其裹足不前；③剩余农产品，即便是专营商品化农产品仅通过利益让渡的方式在产业链中分享劳动收益①，获取"环节性收益"，并规避风险，而不敢迎头闯市场获得更多的"环节性收益"；④寄希望于非农收入养家糊口而放弃农耕，但又不敢真正放弃农民身份而失去安身立命的稻草，致使农业兼业化明显，并长期存在
知识 （知识贫瘠， 眼界狭隘）	①现代农业生产、经营管理知识欠缺；②眼界狭隘，生活呆板
农技 （农技低下， 能力贫困）	①因循守旧传统农业技术，现代种植、养殖技术短缺，农业生产主要靠手工劳动，效率低、产出少；②农林牧渔不同部门间"物能"有效整合技术缺失，表现为整合食物链、产业链等多环节、多部门的接口技术缺失
资讯 （信息闭塞， 辨判困难）	①口口相传式的原始市场信息传播方式致"老农"对市场变化预判能力低，给农业生产带来很大的盲目性，致使区域产业结构趋同明显，缺乏显著的新颖性；②农资购买信息不畅，农产品销售信息闭塞；③先进的农业生产作业方式获取信息不畅；④资讯短缺致其认识与操作各类市场的能力低下，力不从心而丧失发展机遇；⑤信息闭塞致其如何将自身的农业发展定位于整体市场结构中并获得一定份额的能力低下
资金 （资金短缺， 融资无门）	①自有资金有限，不能应对农业投资周期长、风险大的特点；②融资能力贫困，渠道不畅；③获得政府财政补贴的路径不明，或资质不达标
教育 （学历低下， 培训短缺）	①被观察对象中，"老农"中有45%的受教育水平止步于初中，有55%系小学毕业，有高中、大学教育背景者为零，表征出受教育水平低下；②职业培训覆盖面过窄，所观察者中仅5%的"老农"接受过农技培训，且培训无系统性、持续性，功效不大

观察结果统计显示（表7-1），"老农"生产经营过程现代化认知落后，及与农业供给侧结构性改革内生动能培育所存在的最大限制根源在于认知的守旧与观念的落后，如在产业价值理解、产业角色与目标定位、生产方式选择、产品销售等方面综合表征出传统农业强烈的自给性与封闭性特质，这种认知进一步诱使"老农"既不想也不敢多途径融资进行规模化经营、品牌化推广、市场化生产，而满足于日出而作、日落而息的循环往复所形成的自给性与封闭性之中。众所周知，思想是客观存在并反映在人的意识中经过思维活动而产生的结果②，它是对事物宏观的、理性的认识，是对办什么事以及怎样办好事的理

---

① 《求是》评论员. 做好推进供给侧结构性改革的大文章 [J]. 求是，2017 (7)：4.

② 卢勇. 现代农业产业设计经营与管理 [M]. 北京：中国农业大学出版社，2009：5.

解和认识。简言之，只有人的思想认识到位了，行动才能精准发力，四两拨千斤。因此，包括从事农业生产在内的各项工作，其发展的关键是以什么样的认知及思路去看待问题、破解难题，并以什么样的责任意识和意志品质去定位角色以持续获得发展动能。故而，"老农"对供给侧结构性改革适应能力的提升，必须着重于"老农"认知贫困问题的破解：首先必须切实强化对"老农"现代农业生产技术、经营管理技术、科学文化知识、国家方针政策等认知的革新与能力的培训，长此以往，"老农"农业生产能力素质的提升才具备可能性，才可能着眼于产品产业结构的优化，绿色生产方式的推行，新产业、新业态的壮大，科技创新驱动的强化等农业供给侧结构性改革等主要任务而转型农业生产方式，才能确保"老农"既成为农业供给侧结构性改革为何改、改什么、怎么改的宣传者，又成为传统农耕精华与现代科技的田间实践者，渐渐成长为生产经营型农民，或者专业技能型农民，或者社会服务型农民的中坚力量，进而不断激活农业农村的内生发展动能，补齐农业农村发展的短板，助力农业供给侧提质、增效。

二、三类家庭农场主之"新农"现代化经营能力分析

"新农"是指曾经生活在农村或根在农村而后又离开农村的一类人群，如创业成功或进城务工致富者，或挤过高考独木桥、事业有成者等，这一类人群或有知识、有文化，或有远见、有胆识，或有资本、有人脉，其共同的特征是胸怀乡愁、志在千里，想返乡创业实现人生价值，作用供给侧结构性改革的优势明显，但对生产经营过程现代化认知欠佳及与农业供给侧结构性改革内生动能培育所存在的限制因子也是显著的，如表7-2所示。

表7-2 "新农"农业经营现代化认知现状

观察点	存在的问题
认知 （认知保守， 观念滞后）	①"新农"尽管有朴实吃苦的特点，但有残留的农民意识，同时间或表现出忽有忽无的浅层次现代性，表现为产业角色定位意识模糊，农业生产以"挣钱"为价值导向，缺乏对产业经济效益、社会效益、生态效益全面综合的辨判与关注；②农事生产安排以区域资源禀赋及自身能力为基础，缺乏面向市场需求组织农事生产的意识，或者意识薄弱且力有不济；③农业生产经营方式固守传统明显，些许有现代性的农业生产经营方式构建不能满足现代农业发展的需求；④农产品销售随行就市、随波逐流，通过产业设计与规划提升农产品价值的认知及能力不强；⑤产业类别不再局限于种植业或养殖业，但三产融合发展程度低，且种植、养殖类别及品种的选择跟风明显，对市场的需求及农业科技的进步敏感性偏低；⑥传统精耕细作认知与石油农业认知相互渗透，既坚守了传统农耕精华，也被动吸纳了石油农业的不足；⑦在"优质不一定优价"的当下，"新农"注重农产品质量的提升，但没有意识到产业链、农产品品牌化以及产品与市场的渠道关系

（续）

观察点	存在的问题
胆识 （谨小慎微， 跟风明显）	①新方法、新工具、新模式、新品种导入农业生产经营过程跟风明显，基于技术、模式等元素有差别化地开发农业产业，处事谨小慎微；②商品化农产品通过利益让渡的方式获取"环节性收益"并规避风险是为常态，而不敢迎头闯市场获得更多的非"环节性收益"；③多产联动发展胆识缺乏，与关联产业缺乏有机联系，前后向关联度及分工协作水平低，致劳动效率低，交易成本高
知识 （知识面窄， 眼界受限）	①现代农业生产知识，现代企业管理知识，市场拓展知识及获得和处理生产、经营与销售信息的知识缺乏；②信息化、精准化技术知识短缺
农技 （农技偏低， 能力欠佳）	①生态农业节水、节能技术、设施农业技术、特种肥料及施用技术，物能循环利用等现代种植、养殖技术短缺，仅传统农业技术间杂低层次现代农业技术；②农林牧渔不同部门间"物能"有效整合技术缺失，表征为整合食物链、产业链等多环节、多部门的接口技术缺失
资讯 （信息不灵， 入市困难）	①具备区域市场供需信息获取及预判能力，但更大范围内资讯的获取及辨判力有不济，易致供需失调，市场风险增加；②具备一定的互联网知识，但整合线上线下资源实现"互联网＋现代农业"的能力较弱；③整合所得信息，如何将自身的农业发展定位于整体市场结构中并获得一定份额的能力偏低
资金 （资金匮乏， 融资单一）	①自有资金有限，不能应对农业投资周期长、风险大的特点；②融资能力不强，渠道单一
教育 （学历偏低， 培训短缺）	①所观察对象中，"新农"中有33%接受过高中教育，有65%系初中毕业，有大学教育背景者为2%，显示出受教育水平整体依旧偏低；②职业培训覆盖面过窄，所观察对象中"新农"仅有15%接受过培训，使产业的引导与培育水平低下，且有针对性的咨询与辅导缺失

一方面，与"老农"凭体力、凭劳动自给自足之不同，"新农"更显著的价值在于能借助其积淀的资源禀赋，实现价值增值或价值再造，因而其价值实现过程无论是作用农业产业的整体发展，还是对供给侧结构性改革的深入推进均更具有深远的影响力。另一方面，"新农"虽根在农村或曾经生活在农村而"根源于农"，但基于求学、务工、经商等因素而又离开农村所产生的对农事生产一知半解的实际，显示"新农"具有不同生活境遇产生的多属性认知及能力特点。因此，"新农"农业生产经营现代化认知革新及作用农业供给侧结构性改革之适应能力提升的方法，与作用"老农"的方法相比，既有趋同也有相异。首先，趋同点仍然必须着眼于"新农"认知层面的革新教育。尽管"新农"在一定程度上去除了"老农"浓厚的自给性和封闭症，但是农民意识依然存在，特别是对农业供给侧结构性改革内生动能培育的认

知不强，农事生产跟风的盲目，如进行农业生产时不顾及生态效益而唯利是图，农业技术或模式的选择认识不到位，及对生产类别的选择忽视市场需求而跟风明显……故而需要进一步通过教育培训宣传引导之，加快推动"新农"认知的现代化以适应供给侧结构性改革特点的认知革新进程。其次，鉴于"新农"的关注点更在于农产品或服务，而不在于低层次劳动力价值的获取，或者偏好农业社会化服务，为农业产前提供优质种子、生态肥料、安全农药及可降解农膜，产中提供耕种技术、栽培技术、病虫害防治技术，产后提供销售、运输、加工等服务，提升"新农"对农业供给侧结构性改革的适应性，须侧重于其经营管理能力的提高、农业政策的宣讲、现代农业发展趋势及热点的解读、现代农业生产技术及模式的培训……既要注重认知的革新，更要注重能力素质的培养，较短时间内双管齐下，进而才能最大化"新农"对各类资源的整合能力，才能持续提升其对深化供给侧结构性改革的作用力。

三、三类家庭农场主之"知农"现代化经营能力分析

近年来，随着国家各项惠农、支农政策的出台，一大批青年学子正毅然而决然地奔赴农村，满怀激情书写着个人发展、农业发展、农村发展的新篇章。据《中国统计年鉴 2015》数据显示，2014 年我国涉农专业全日制毕业生为134 780 人，其中研究生为 19 443 人、本科生为 59 796 人、专科生为 55 541人，到2015 年涉农本专科毕业生达到 117 208 人，较 2014 年增加了 1 871 人，呈现显著的增长态势[①]。毫无疑问，正是这一类人群的增加，造就了大批"知农"奔赴希望的田野。由此可见，"知农"则是指扎根农村从事农业生产或服务的全日制涉农或非涉农专业毕业生（含研究生），这一类人群不仅有知识、有文化，而且创新能力较强、眼界宽广，具备成为现代农业生产的投资者和农业经营的决策者之素质能力，未来他们可将成为农业生产先进科技的示范者和现代农业的引领者，是农业供给侧结构性改革的中坚力量。美中不足的是，尽管"知农"助力现代农业发展的优势明显，表征为眼界宽广现代性强且绿色发展认知到位，但也存在农事生产或服务实践经验短缺，资金与人脉等各要素资源积累不足的劣势，具体而言主要存在以下几方面的限制因子，见表 7-3。

①　中华人民共和国国家统计局. 中国统计年鉴 2015 [M]. 北京：中国统计出版社，2015（9）：702-705.

表 7-3 "知农"农业经营现代化认知现状

观察点	存在的问题
认知 （认知现代， 倾向激进）	①农事生产安排以区域资源禀赋及自身能力为基础，面向市场需求组织农事生产的意识需进一步提升；②执著于现代农业技术及模式的运用与构建，但却忽视了对传统农耕精华的有机架构；③重书本知识的实践，俯身倾听"老农"意见的意识偏低，存在"传统的即为落后的，现代的即为先进的"偏颇认知；④吃苦耐劳品质逊色"老农"，自我定位于"脑力劳动者"角色，对农事生产各环节亲力亲为把控程度不够
胆识 （瞻前顾后， 妄自尊大）	①现行制度下，"知农"躬耕希望的田野不能消除其对目前及未来的不安及担心，身心羁绊于诸如社保、住房、安身、立命等重大社会命题的解决，处于向左还是向右的彷徨中，而不能全然放开手脚从事农业生产；②在现代农业技术及模式运用与架构上具有先天的热忱，但是排斥传统农耕精华，易致技术或者模式的"水土不服"
知识 （学科专一， 知识狭隘）	①传统农耕精华或缺；②侧重于某一领域知识的掌握，系统的产前、产中、产后之三产融合发展知识短缺
农技 （农技较强， 能力较强）	受教育背景的限制，"知农"专业知识各有侧重，或精通种植、养殖技术，或擅长市场营销与经营管理，或通晓信息技术与物联网技术，或熟练农产品梯次加工技术，但具备三产融合发展的复合技能建构不完备，表征为对产业间的后向关联和前向关联物质技术关系缺乏应有的认识与理解①
资讯 （信息闭塞， 判辨困难）	①具备区域市场供需信息获取及预判能力，但更大范围内资讯的获取及辨判能力不济；②具备一定的互联网知识，但整合线上线下资源，实现"互联网＋现代农业"的能力较弱；③依据所得信息，如何将自身的农业发展定位于整体市场结构中并获得一定份额的能力偏低
资金 （资金短缺， 融资单一）	①自有资金有限，不能应对农业投资周期长、风险大的特点；②融资能力欠佳，渠道不畅；③获得政府财政补贴的路径不明，或资质不达标
教育 （针对性弱， 培训短缺）	①被观察对象中，"知农"中有71％接受过中专教育，有21％接受过大专教育，有8％接受过大学本科教育；②职业培训覆盖面过窄，被观察"知农"中仅有21％接受过培训，且培训无系统性、持续性，功效不大

上述观测结果显示，较之于"老农""新农"，"知农"认知更具科学性、生态性，能力素质更具现代性，这对供给侧结构性调整及现代农业的发展意义重大，但是"知农"也存在明显的局限，如认知偏激进、胆识既瞻前顾后又妄自尊大，并且也存在学科知识面偏窄、资源整合能力偏弱、实践经验不足等方

---

① 中国社会科学院语言研究所词典编辑室. 现代汉语词典［M］. 北京：商务印书馆，1998：1194.

面的问题，因此"知农"的农业供给侧结构性改革内生动能培育的限制因子是显性无疑的，进而在大批涉农及非涉农专业毕业生涌入农业领域的背景下，切实强化"知农"对农业供给侧结构性改革适应能力的培养，具有时代发展的急迫性和重要性。与"老农""新农"适应能力提升方法不同的是，"知农"适应能力的提升除了新知识、新方法、新政策的培训及宣讲外，还更需侧重于对"知农"生产生活外部环境的营造，如建立创业扶持发展基金、健全政策扶持体系、完善社会保障制度等方面。总之，不仅要从农业生产角度帮扶"知农"，还要从生活层面化解"知农"后顾之忧，消解"农地所承担的保障功能远远大于其生产功能"认知，建构"土地的固定性和保值增值功能成为农民最好的风险保障"认知[1]，才能让"知农"安心扎根希望的田野，才能成为最具成长性的高素质农民，农业供给侧结构性改革才能基于这一中坚力量的牢固支撑而不断深入发展。

四、三类家庭农场主之"新三农"经营能力提升策略

综上，基于主体特征的细分与辨判，"新三农"适应性提升的着力点明显各有侧重，如"老农"侧重于现代农业技术认知的革新与能力的提升，"新农"侧重于实用农技应用能力的提升，"知农"侧重于资源整合能力的提升……那么，如何提升"新三农"对农业供给侧结构性改革的适应能力？或者如何持续地增强"新三农"对农业供给侧结构性改革的正向影响？如何才能基于"新三农"认知的革新而培养造就一支懂农业、爱农村、爱农民的"三农"工作队伍，助力乡村的振兴与繁荣？这不仅是农业农村提质、增效工作需要通盘考虑的问题，也是供给侧结构性改革内生动能培育限制因子破解的当务之急，更是新时代乡村振兴需要仔细规划的问题。实践中，基于高素质农民科技文化水平和综合素质提高的需要，开展以农民职业素养、现代农业生产经营、美丽乡村建设、农业支持保护政策、现代农业创业、农产品电子商务等农业农村公共知识为主要内容的引导性培训，是增强"新三农"农业供给侧结构性改革适应能力的基本着力点和突破口。为此，本文认为"新三农"综合素质的全面提升，既需要有切实可行的宣传措施给予引导，也需要有充裕的资金予以支持，还需要有健全的保障体系加以支撑，乃至实用农业技术的内化培训实践，才能实现对"老农"的提升、对"新农"的吸引、对"知农"的储备，一大批有文化、懂技术、会经营的高素质农民，才能基于"新三农"培育措施的落地成长为中国现代农业发展的主要依靠力量。

---

　　① 程佳，孔祥斌，李靖，等．农地社会保障功能替代程度与农地流转关系研究：基于京冀平原区 330 个农户调查［J］．资源科学，2014（1）：17 - 25.

具体建议内外协同健全培养体系，助力"新三农"认知革新及能力培养的现代化生态化，进而增强其农业供给侧结构性改革内生动能培育之适应能力的提升。

（一）精准分析问题、靶向需求、夯实基础，构建"新三农"发展支撑体系

1. 广泛宣传，营造"新三农"主动适应供给侧结构性改革及乡村振兴的舆论氛围。 一方面要充分利用农村移动互联网、广播电视、墙体广告、宣传栏、村委会公告栏等宣传阵地，强化农业生产经营现代化生态化语境下乡村振兴及农业供给侧结构性改革内涵要义、目标任务、实现方式及重大意义等内容的宣传，确保宣传内容入耳更入心入脑，使"新三农"基本建立起农业供给侧结构性改革为何改、改什么、怎么改的认知，做到农事生产方向正确、目的明确，成功融入农业供给侧结构性改革之时代洪流。另一方面，要充分利用基层干部或农村能人的影响力，建立起网格化的"一村一员一课堂"宣传体系，重点宣传现代农业生产经营、农产品市场营销、农产品电子商务、家庭农场经营管理、农民专业合作社管理以及农作物和蔬菜高产栽培技术和病虫害防治等知识，以此强化"新三农"对农业供给侧结构性改革的认知及实践能力。

2. 靶向"新三农"主体特征，构建完善的培训教育体系。 一是创新体系，实现培训教育由零敲碎打向整体推进转变。目前，农民培训机构现状一盘散沙，各自为战，零敲碎打，想到什么就培训什么，出现什么问题就搞点什么培训，少有依据现代农业发展需要进行系统规划，构建系统化的职业农民培育体系。农业供给侧结构性调整适配人才及乡村振兴人才支撑要求必须依据农民培训工作基础和产业发展要求，围绕"一懂两爱"农民培育注重系统谋划、资源整合、多方联动，在加强高素质农民培育体系建设上下功夫，形成农科教、产学研一体化新格局。重点是要以高等院校为依托，以农广校为延伸框架，以田间学堂为前端派出机构，构建一体化的农民培训机构体系，以整体推进培训工作有质量的发展。二是创新模式，实现由统包干向分段式培训转变。农业供给侧结构性调整及乡村振兴需要多类型多层次人才支撑，如基于类别划分的懂农业、爱农村、爱农民人才，或基于质量划分的高级、中级、初级人才，或基于特征划分的老农、新农、知农人才，因此农民培训必须注重分类施教，根据生产经营型、专业技能型、社会服务型等标准，及农民知识、能力、年龄等因素差异，因材施教，分类指导。而传统培训机构无一例外统包干，不加区别对待，培训效果差强人意。在"高等院校-农广校-田间学堂"创新体系下，高等院校负责培训体系建设，包括师资队伍管培、人才培养方案制定、培训教材编撰、培训需求性调研，及高素质农民高级人才的培养；农广校偏重理论及高素质农民中级人才的培养，田间学校偏重实践及高素质农民初级人才的培养。分

段式培养模式下，高等学校全程介入农广校、田间学堂培训过程，适时给予业务指导，并肩负培训效果评估考核的职责。

基于上述分析，结合长江经济带龙尾重庆实际，我们提出筹建农民培训学员（或乡村振兴学院）建议，具体情况如下。

（1）建议以重庆职教城为依托组建重庆农民学院。理由如下：一是重庆职教城有各类本科、专科院校近20所，在校学生总数10余万人，各类教育教学资源丰富，能满足系列乡村人才培训需求；二是永川着力打造以"圣水湖市级现代农业园区""黄瓜山市级现代农业园区""八角寺市级现代农业园区"为龙头的"3＋N"农业园区发展模式，区域可培训农民及可利用培训资源丰富；三是《重庆市推进乡村人才振兴工作方案2018—2022年》（渝人社发〔2018〕232号）将永川确定为乡村人才振兴试验示范区，要求永川探索可复制、可推广的成熟经验，此为重庆农民学院在永组建提供了契机。

（2）建议以重庆文理学院卫星湖校区为基地组建重庆农民学院。理由如下：一是重庆文理学院是重庆职教城唯一一所本科院校，区域综合实力最强，具有支撑农民培训所需的条件及实力；二是重庆文理学院目前办学重心在红河校区，卫星湖校区较多教学资源利用不充分，存在资源的闲置浪费，这部分资源用于农民培训乃物尽其用，并能倍增其价值功能；三是重庆文理学院林学与生命科学学院、特色植物产业协同创新中心等涉农研学机构位于卫星湖校区，加上卫星湖校区地处永川"圣水湖市级现代农业园区""黄瓜山市级现代农业园区"关键连接点，优越的自然及地理环境为农民培训实践教学创造了得天独厚的条件。

（3）建议多部门联合完善管理体制。建议由重庆市委组织部、重庆市教育委员会、重庆市农业农村委员会、重庆市人力资源和社会保障局及重庆文理学院联合组建重庆农民学院管委会，管委会负责重庆农民学院重大决策、政策安排、监督考核等事宜，管委会主任由市委、市政府分管农业农村工作主要领导担任，市农委、市教委、市人社局、重庆文理学院主要领导任副主任；管委会下设院务会，负责农民学院发展规划、专业设置、经费管理等日常工作，并建议由重庆文理学院副校长任重庆农民学院院长。

（4）建议整合农广校、农家书屋资源完善组织体系。建议将分布各地的农广校业务内容整合到重庆农民学院业务范畴框架下，构建重庆市农民培训中间支撑体系，同时建议利用培训收入整合农家书屋与农技推广机构资源，在每个建制村建设一所田间学堂，构建农民培训前端固定基地，以此搭建系统化的、条理清晰的农民培训框架组织体系。

（5）建议统一教学资源，统一培训标准。为确保教学质量，全市农民培训教学课程设置、师资队伍管培、讲义教材选编等资源统一由重庆农民学院向农广校及田间学堂配送，所培训效果全程接受农民学院监控。

3. 建立高素质农民创业扶持发展基金，构建有利于"新三农"谋事创业的财政支农体系。 建议在财政支农资金中列支高素质农民创业扶持发展基金专项，对获得财政支农资金支持的"新三农"，可以选择规定时间内按比例偿还扶持资金，也可以通过认领指导发展3～5家新型农业经营主体的方式作为扶持资金抵偿条件。一方面，扶持基金可以进一步提高支农资金的指向性和精准性，将资金导向有利于供给侧结构性改革的发展方向；另一方面可以聚集并产生"星火燎原"的效应，带动一大批想谋事创业的"新三农"致力于长江经济带农业农村的改革与发展，培育并增强农业供给侧结构性改革的内生动能。

4. 建立完善的高素质农民保障体系，解决"新三农"后顾之忧。 对认定为合格高素质农民的"新三农"，建议依据其晋级级数（折合接受培训教育及农业生产实践情况评定级数）分类纳入城市居民社保体系，并有针对性地偏重主体需求进行社保制度设计。如"老农"侧重于养老、医疗方面的保障制度安排，"新农""知农"侧重于农村宅基地购买权的开放，及"五险一金"社保体系的覆盖与完善。同时建议科学评定"新三农"农业生产经营现代化生态化能力，并参考事业单位支撑评定办法给予能力等级评定。

5. 大力发展服务外包业，充分发挥外包承接方优质资源对"新三农"的引领示范作用。 首先，要通过加快培育农业生产社会化服务组织体系的建设，聚焦现代农业生态农业，有针对性地扶持壮大农技外包服务供给主体，并探索建立适应"新三农"及农技服务供给主体发展要求的农业生产经营新机制，着力提高覆盖全程、综合配套、便捷高效的耦合政府、农业科研院所、农民民间组织、农村供销合作社以及涉农企业等多元服务主体资源禀赋的新型农业社会化服务体系建设效能，进而切实提高农业农村的现代化建设水平；其次，要根据"新三农"科技增收能力偏低、市场经营能力欠佳、专业生产能力不足的实际情况，借助农技外包承接主体优质资源推动农业生产的集约化、专业化、组织化和社会化发展，使"新三农"在接受农技外包服务过程中潜移默化地变革传统认知，促成其现代农业生产综合素质的渐次增强。

（二）恢复升学农转非市民两类地权，引导城市资源扎根农村促进规模发展

受战争年代"农村包围城市"、建设年代"农业支援工业"、改革年代"农民服务市民"等惯性作用影响，农村资源净流向城市是不争的事实。这种持续的单向净流出渐次导致农业边缘化、农村空心化、农民贫瘠化问题突出，进而成为"三农"内生发展动能缺失的关键影响因子。而欲打破这种资源偏态流动格局，单纯依靠市场调控基本是不可能的，及单纯依靠政府也将显得极其困难，而唯其关键是面上最大限度地解放城乡居民所固有的资源潜能。资源的稀缺性表明，城乡融合发展应该是资源多元化的"面源流动"，而非偶有个别资源的"点源流动"。进一步地，城乡资源双向流动的关键是人力的流动，只有人力自由流动了，与之匹配的城乡融合发展资金投入、知识更新、能力提升、管理优化才可能水到渠成。

众所周知，乡村振兴是农村的全面发展和繁荣，不仅包括经济、社会的进步，也包含文化、文明的振兴，还包括环境、生态的改善。因此乡村振兴既需要真金白银的硬投入，更需要靶向精准的政策软环境，特别是在农村资源要素净流出具有历史及现实因子交互作用诱致的背景下，更需要健全城乡资源要素双向流动的体制机制，和构建城市资源要素可持续流向农村的体制机制，才能从根本上培育并生成"三农"发展的动力，农业适度规模化经营所需资本、土地、人才等要素才能聚合形成生产力，进而相互激荡迸发出磅礴动能。

综上，在《中华人民共和国农村土地承包法修正案（草案）》框架下，本文建议恢复长江经济带各省市 1985—2005 年升学农转非市民农村土地承包权及使用权，宅基地资格权及使用权，力图基于两类权利的有条件开放及其权利主体的新拓展，引导经济带城市资源下乡发展适度规模经营，为农村改革与发展注入"新三农"新鲜血液，促进农村的改革、农业的发展、农民的富裕。具体制度设计内容如下。

1. 制度设计的意义。受城乡分治背景下的二元经济社会体制影响，包括人口、资源等要素在内的农村空心化问题日益严峻，并导致"三农"内生发展动能缺失而整体呈现出发展"失活"的现状，成为"三农"发展乃至乡村振兴的最大障碍。借此，本制度设计具有以下三方面的作用：一是基于有条件赋权机制的可持续构建，有助于扭转农村资源要素净流出的格局，形成城乡资源要素双向流动的长效机制，助力破解"三农"发展资源要素短缺问题；二是基于资源需求与供给最优配置的制度设计，有助于破解农地弃耕抛荒、庭院荒芜废弃乡村"失活"的境况，重构"秀美、宜居、活力"的乡村精气神；三是基于人力、智力、财力的可持续输入，有助于培育"三农"发展的内生动能，特别是有助于构建家庭农场等适度规模化的经营体系，聚集形成乡村振兴的磅礴动力，助力农业强、农村美、农民富发展。

2. 为什么选择升学农转非市民。

（1）升学农转非人数多且有资源禀赋。统计数据显示，1985—2005 年，20 年间我国累计毕业大学生 2 022.18 万人，按农业户口和非农业户口各占 50％的比例计算，农村户口毕业大学生至少也有 1 000 万人，长江经济带富足的人力资源禀赋使其拥有显著的比较优势。目前，这部分升学农转非人员广泛活跃在经济带各行各业，并且在各行各业具有举足轻重的作用，所可支配的社会资源明显优于其他类别人员，被视为精英阶层。可见，引导这部分人员下乡亦家亦业具有广泛的人员基础，及资源可支配优势。

（2）升学农转非市民有文化、富远见。大学不仅是对个体知识文化的系统教育，也是个体素质与涵养改变的重要载体，同时更有助于培养个体的创新能力及眼界，因此，接受过高等教育的人具有明显区别于未接受过高等教育人群的特质。通过两类权利可获得性的引导，让这部分人带着资源下乡真正融入"三农"，势必将以其特有的禀赋能力及亦家亦业的需求促进农村经济社会的发展。

（3）升学农转非市民满怀乡愁。乡愁是对家乡的感情和思念，是对故土的眷恋。出于对故土家乡历史及现实状况的深切感受，及基于故乡与城市发展差异的比较，升学农转非市民乡土情怀不会随着时间流逝而黯淡，反而将愈加浓烈。因此，以乡情乡愁为纽带，通过制度设计引导既年富力强，又满怀乡愁，对沃野千里具有认同感的这类人员返乡创业，契合了人类共同而永恒的乡愁情感，并将基于这份乡愁情感的迸发而促进乡村的振兴与繁荣发展。

3. 政策体系设计。

（1）权利前置机制。

①依法启动收回承包期内承包方全家迁入设区的地，并转为非农业户口人员的耕地和草地（目的在于为有意愿下乡的升学农转非市民置备承包地和宅基地）。

②启动全家入城定居、就业，做好自愿放弃农村承包地、宅基地权利的农业户口人员的补偿安置工作，并适时全面启动全家入城定居、就业的农业户口人员承包地、宅基地的收回改革工作（目的同上）。

③统一规划农村房舍新建再建地（为升学农转非市民下乡集中新建再建房舍，及其房屋20年使用权届满后村集体商业化利用做好前置规划）。

④出台升学农转非市民下乡获得两类土地权利的基本条件，如升学农转非市民牵头为该村引进一家农业龙头企业，或直接投资100万元发展实业，或流转100亩土地发展规模经营，并带动10家小农户致富，或作为村委会发展顾问提供决策建言并能产生时效（所列标准仅供参考）。

（2）权利实现机制。

①村委会在公共专用平台统一发布本集体组织可面向升学农转非市民发包的土地和宅基地信息，市民与村委会在基本条件的基础上双向选择，并签订协议。

②升学农转非市民可在原农业户口所在地获得两类权利，亦可异地竞争获

得，但不得改变承包地农业经营性质，及房屋修建不得突破原宅基地归属面积。

③升学农转非市民设定为 1985—2005 年毕业人员（年富力强，干事创业有激情），土地承包权及使用权设定为 10 年，宅基地资格权及使用权设定为 20 年（所列期间仅供参考）。

④两类地权具体包括土地承包权、使用权，宅基地资格权、使用权。

⑤以发展顾问作为两类权利获得的资格条件，需升学农转非市民全周期建言献策，且所提供的发展建议之实效性须经所在村全体村民集体决议，以作为两权获得与否的前提。

（3）权利退出机制。

①权利期届满，土地承包权、使用权丧失，但市民可向村集体流转使用权，并具有同等条件下土地承包权、使用权优先获得的权利（任何情况下市民不享有基于土地产生的国家对农业的补贴，该权利归属村集体）；权利期届满，宅基地资格权、使用权丧失，但市民可向村集体租赁房屋使用权，并具有同等条件下宅基地资格权、使用权优先获得的权利。

②中途退出土地收归村集体组织，宅基地资格权归村集体组织，房屋使用权 20 年届满归村集体组织，但市民享有同等条件下优先回租的权利。

（4）权利与义务。

①两类权利期内，升学农转非市民享有承包地承包权及使用权，宅基地资格权及使用权，不享有土地溢价权，但权利期内及权利届满时享有宅基地及房屋以外的设施设备的所有权。

②两类权利期内，升学农转非市民不得改变承包地经营性质，不得突破原宅基地面积修建房舍；生产生活必须遵循"产业兴旺、生态宜居、乡风文明、治理有效、生活富裕"基本原则，主动担当起示范带头作用。

③为当地经济社会发展做出重大贡献者，所属机关事业单位工作人员可借此作为在所在单位晋级加薪的重要考核指标；无固定工作单位者借此可获得融资贷款等资源要素社会化整合利用的优先权及优惠权。

当前，随着"大众创业、万众创新"的深入推进，乡村振兴战略的稳步实施，及国家各种惠农支农政策组合拳效应的显现，农业领域正当仁不让地成为创新创业的沃土，不仅工商资本进入农业农村形势喜人，"互联网＋现代农业"新业态亮点纷呈，而且正以其强大的影响力改造着一批老农人，催生了一批新农人，吸引着一批大学毕业生、返乡农民工和退伍军人加入高素质农民队伍，形成了极具活力的"新三农"，为现代农业的持续健康发展注入了新鲜血液。这一背景下，长江经济带持续增强三类家庭农场"新三农"对农业供给侧结构性改革现代化的适应能力，则是现代农业动能成功转换、动力有效接续的关键，农业领域的重要部门或关键环节的调整才能持续深入推进，进而随着自身的和社会的其他条件的改善，我国农业也就不再是弱质或低效产业了①。可以预见，以"新三农"为主体的三类家庭农场高素质农民必将成为现代农业发展的主体支撑力量，推动着农业现代化及农村经济社会的持续、快速、健康发展，必将成为乡村振兴与繁荣的重要支撑力量。

第三节　构建服务规模经营体系助力家庭农场适度规模化

近年来，土地均分导致的农地细碎化与分散化所引发的农业经营边际效益递减趋势呈显著加剧态势。种种迹象表明，随着农地确权、三权分置、新型农业经营主体培育及供给侧结构性改革等系列政策措施的出台，经营规模扩大为手段及以经济绩效提高为目的的"三农"改革正深刻影响着农业产业作为一个部门经济的未来走向。抽丝剥茧，我们可以发现"去农业经营弱小分散弊病发展规模经济"成为此轮改革政策制定的基本导向。就我国目前农业边际生产率而言，发展规模经济无疑是正确的选择，无论对农业提质、增效，还是对乡村振兴均具有显著的意义。故而，在围绕三类家庭农场构建政策支撑体系之前，我们需要对"农业规模经营"这一经济现象要有深刻而清晰的认识，表征为规模经济的本质是什么？生成规模经济性的要素是什么？规模经济如何实现？

下面，本节将从要素投入数量之丰度与结构之效度两个水平上讨论农业规模经济问题。

一、鹰马龙毁约退租与农业共营制规模经营绩效差异比较

为解决"谁来种地"的问题，2008年四川省崇州市与鹰马龙农业龙头企业签订了桤泉镇3 000余亩农地整体租赁协议，力图借助资本的力量发展规模经济，遏制农业被边缘化持续加剧态势。但遗憾的是，被寄予厚望的鹰马龙于翌年单方面毁约退租，宣告以资本优势集结形成的农业规模经营以失败告终。农业龙头企业在生产经营过程中较之其他农业经营主体无疑更具备较高的素质和能力，表征为有雄厚的资金实力、有技术创新的能力、有市场开拓的能力。一般而言，"三力"能显著地增强农业龙头企业的盈利能力，带来

---

① 杨文钰. 农业产业化概论［M］. 北京：高等教育出版社，2015：17.

边际效益持续递增的规模经济效应，然而，鹰马龙规模经营却瞬息轰然倒塌，除受金融危机影响外，或许还有更深层的原因。李宁等将其归纳为三个方面：一是工资与监督成本巨大，二是鹰马龙完全承担了经营风险，三是缺乏农业剩余分享机制[①]。进一步，本文将转向与被逼出来的农业共营制改革做比对，以期探明导致其毁约退租背后规模不经济的根本原因。

在鹰马龙毁约退租事件发生后，农户不愿收回被退的农地，进而转向要求政府对此买单。为突破困局并维护农业生产和农村发展的稳定，崇州"被迫"进行新的改革试验，办法是将鹰马龙退租的农地划为 300～500 亩不等的连片地块，动员和引进种田能手进行水稻生产经营。近乎意外的是，"被迫的改革"竟然取得了突出的规模经济效益（2011 年青桥村土地股份合作社经营的 133 亩土地亩均分红达到 917 元，是农民自己种植年收入的 2～3 倍），在此基础上崇州进一步深化了对经营主体、服务主体的改革，创造了"1+1+1"式农业共营制模式。长江学者罗必良教授总结提炼了其改革的核心内容：以家庭承包为基础，以农户为核心主体，通过土地股份合作社推进农业的规模化，通过培育农业职业经理人推进农业的专业化，通过发育社会化服务推进农业的组织化，最终形成了多元主体共同经营的农业共营制模式[②]。其中，我们不难发现农业共营制之所以能催生规模经济，主要源于三个主导性要素被成功植入规模经营全过程：一是土地入股合作经营，催生了土地股份合作社，解决了"谁来经营"的问题；二是培养职业农民竞聘上岗，造就了农业职业经理人，解决了"谁来种地"的问题；三是多方参与农业服务社会化，发展了农业综合服务，解决了"谁来服务"的问题。此外，从"经营"到"种地"再到"服务"，整个农业生产全过程参与主体都是最懂农业且对农业天生抱有极大热忱的农人，无形中构建了有别于资本逐利天性驱动生成的农业投资欲望的激励相容机制，这一机制确保了农人愿意将人生精彩华章书写在希望的田野上，成为规模经济性生成的重要影响要素之一。综上，我们可以梳理出如下比对关系，见表 7-4。

表 7-4　鹰马龙公司与农业共营制异同比较

类别	鹰马龙公司	农业共营制
规模经营结果	规模经营失败，规模不经济	规模经营成功，具有规模经济性
规模经营特点	独建、独营、独担、独享、独赢	共建、共营、共担、共享、共赢

① 李宁，陈利根，孙佑海. 现代农业发展背景下如何使农地"三权分置"更有效：基于产权结构细分的约束及其组织治理的研究 [J]. 农业经济问题，2016（7）：23.

② 罗必良. 农业共营制：新型农业经营体系的探索与启示 [J]. 社会科学家，2015（5）：9.

（续）

类别	鹰马龙公司	农业共营制
规模经营差异点	①工资与监督成本高，表征为内部交易成本巨大；②独自承担经营风险，表征为风险共担机制缺乏；③缺乏农业剩余分享机制，无法调动生产积极性；④激励缺失，相互敲竹杠	①引导农地折资折股，建立土地股份合作社，构建了产权交易装置；②创新培育机制，建立农业职业经理人队伍，构建了企业家能力交易装置；③强化社会服务，建立农业社会化服务超市，构建了服务交易装置；④引入激励相融理念，开放农业合作剩余，构建了共谋发展共享机制
所投入要素差异点	①独营模式立地性欠佳；②分享剩余共享机制缺失	①共营模式顶天立地性强；②激励相融的农业共营
改进策略	①引入现代管理理念及方法，降低内部交易成本；②引入农业剩余共享机制，构建激励相融经营模式	进一步构建更加开放的资源要素跨时空分异整合模式

　　显而易见，针对 2009 年崇州地区前后规模经营的差异分析，诸如生物、光、热、水、空气、养分、土壤、土地，甚至工业、商业、城市、港口、铁路等生产要素是可以忽略的，影响比对主体生成规模经营绩效差异的分析视角应当切入对劳动力、资本、技术、管理四大要素的关注。首先鹰马龙规模经营需要雇佣大量农业产业工人，并将为此产生高额的人力成本，由于产业工人不具备农业剩余价值分享的权利，进而基于在自己的土地上为他人作嫁衣思想易于诱导生成群体性偷懒行为，引发产业工人逆向选择而导致公司经营绩效受损。为杜绝这种可能性发生，公司势必走向负向激励而采取强化监督手段的运用。但若此，一方面监督力度的强化势必加大监督成本，同时将持续恶化产业工人与公司的关系，进一步生成集体机会主义与负向激励强化的恶性循环，当这种"猫与老鼠"式的雇工与监督所诱导的成本累加突破维系平衡的临界点，则基于大量产业工人雇佣为手段的经营模式将很难再度维系。因此规模经营是否有经济性，在很大程度上源于激励和约束机制的是否有效。事实上，纠偏、遏制群体性偷懒集体机会主义，正向激励才是最佳的选择，农业共营制之所以取得了良好的规模经营绩效，与正向激励选择不无关系，甚至是关键性影响要素，因为正向激励有助于构建个体与集体的命运共同体，达成目标协同的一致性。此外，基于资本要素、技术要素的考察亦没有发现对二者规模经营绩效差异生成有任何本质上的影响。因此综合表明，鹰马龙缺少农业规模经营的管理能力及经营模式创新的能力是导致其失败的关键要素，而农业共营制却赢在对农业剩余激励共享要素的导入，既构建了共建、共营、共担的模式，也构建了农业剩余共享、共赢的机制，在现代管理方法的运用上更接地气，更符合家庭联产

承包制下农业规模经营的内生需求。此外，舒尔茨关于贫穷农业社会要素投入"贫穷而有效"的论述，也揭示了传统生产要素的供给和需求长期处于均衡状态亦无益于规模经济性的生成。在《改造传统农业》一书中，他写到"这种社会（传统农业社会，编者注）的农民年复一年地耕种同样类型的土地，播种同样的谷物，使用同样的生产技术，并把同样的技能用于农业生产"，但"他们多年的努力，使现有的生产要素的配置达到了最优化，重新配置这些生产要素并不会使生产增长，外来的专家也找不出这里的生产要素配置有什么低效率之处"①。那为什么农业要素配置"贫穷而有效率"的这些地区没有产生规模经济性？最理性的推断应该是这些"传统农业要素"根本无以"破坏"。舒尔茨讲的传统农业社会深陷效率低下的均衡状态，自然无益于规模经济性的生成，而最具"破坏性"的要素——农业中所应用的知识进步，显然是或缺的。综上，2009 年崇州前后规模经营的差异及舒尔茨"贫穷而有效率"的农业社会均显示，农业规模经营经济性的生成需要具有一定丰度的要素多元导入农业生产，单一的农业要素投入无以"破坏"其深陷的绩效低下均衡状态，农业规模经营不经济不可避免也无从避免。

二、永川水稻种植大户引入社会化服务前后绩效比对

2015 年，重庆市永川区被认定为中央财政支持农业生产全程社会化服务试点区县，以探究农业生产全程社会化服务要素的导入对农业生产绩效的影响。下面，本文将采取随机抽选的方式选取区域参加农业生产全程社会化服务的水稻经营大户若干作为测评主体，并基于农业生产设备、农技、人力、土地、物流、信息、渠道、金融等要素的导入，借助数据包络分析法（DEA）对水稻集中育秧、机耕、机插秧、机防、机收、机排灌、机烘等环节 2014 年、2015 年、2016 年三个年度大户规模经营绩效情况的考察，以辨明规模经营经济性生成的影响要素。

1. 测算方法。数据包络分析（data envelopment analysis，DEA）是 1978 年由美国著名运筹学家 A. Charnes 和 W. W. Cooper 对 DMU（决策单元）相对有效性提出的非参数统计方法。即假设有 n 个 DMU_j（$j=1$，$2 \cdots$，n），每个决策单元均有 m 种类型的产出 Y_j 和 s 种类型的投入 X_j，X_{ij} 为第 j 个 DMU 的第 i 种投入，Y_{rj} 为第 j 个 DMU 的第 r 种类型的产出。该方法主要通过包络生产过程中的所有生产决策单元，得到整个经济系统的生产前沿面，并根据距离函数计算出每个生产单元与生产前沿面的距离，从而对生产决策单元进行生产有效性评价。其具体测算方法如下：

---

① 舒尔茨. 改造传统农业 ［M］. 梁小明，译. 商务印书馆，2006.

首先假设有 n 个生产决策单元 DMU，即 n 个种粮大户，每个 DMU_j 都有 m 种投入和 s 种产出，分别用 X_j 表示投入，Y_j 表示产出。

$$X_j = (x_{1j}, x_{2j}, \cdots, x_{mj})^T$$
$$Y_j = (y_{1j}, y_{2j}, \cdots, y_{mj})^T, j = 1, 2, \cdots, n \qquad (1)$$

其中，$x_{ij} > 0$ 表示第 j 个 DMU_j 的第 i 种投入，$y_{ij} > 0$ 表示第 j 个 DMU_j 的第 r 种产出，且 $i = 1, 2, \cdots, m$；$r = 1, 2, \cdots, s$；$j = 1, 2, \cdots, n$。

评价第 $j0$ 个 DMU_{j0} 有效性的 C^2R 模型为：

$$(C^2R) \begin{cases} \min\theta = V_D \\ \sum\limits_{j=1}^{n} \lambda_j X_j + S^- = \theta X_0 \\ \sum\limits_{j=1}^{n} \lambda_j Y_j - S^+ = Y_0 \\ \lambda_j \geq 0, i = 1, \cdots, n \\ S^- \geq 0, S^+ \geq 0 \end{cases} \qquad (2)$$

式中，X_j 和 Y_j 分别为投入和产出指标，λ_j 为单位组合系数；θ 为模型测算出的相对效率值，S^- 和 S^+ 为松弛变量，且通过这三者来判断 DMU 的相对有效性；当 $\theta = 1$，$S^{-0} = 0$，$S^{+0} = 0$ 时，其对应的 DMU 是 DEA 有效；当 $\theta < 1$，且 S^- 和 S^+ 不全为 0 时，则对应的 DMU 是 DEA 无效（魏权龄，2004）。

2. 指标选择。 投入和产出指标选择是 DEA 评价的关键环节之一，其中产出指标为种稻亩产值，投入指标包括种稻面积和种稻成本，其描述性统计见表 7 - 5。

表 7 - 5　投入产出指标的描述性统计（2014—2016 年）

	指标	均值	中位数	标准差	最小值	最大值
产出指标	种稻亩产值（元/亩）	1 186.47	1 187.75	99.08	875.00	1 375.00
投入指标	种稻面积（亩）	490.06	313.00	509.07	37.00	2 354.19
	种稻成本（元/亩）	1 110.93	1 104.00	164.98	800.00	1 460.00

3. 测度分析。 基于上述评价模型和指标选择，利用 DEAP2.1 软件对永川区大户种粮效率进行测算，其测算结果如表 7 - 6、表 7 - 7 和表 7 - 8 所示。在 DEA 模型中，综合效率＝技术效率×规模效率，技术效率是衡量。在假设规模报酬不变的条件下，被评价的决策单元与生产前沿面之间的距离，即种粮投入产出结构是否符合种粮的总体要求并使种粮效益最大化，其值为 1 表示种粮投入和产出的结构合理。规模效率衡量的是规模报酬不变的生产前沿面与规模报酬可变的生产前沿面之间的距离，即种粮投入产出规模进行调整是否达到 DEA 有效。观察表 7 - 6 可知，综合效率均值仅为 0.782，表明 2014 年永川区大

户种粮综合效率是偏低的。其中盘如何、况其均的综合效率为1，说明这两个大户的种粮效率处于 DEA 有效的状态，其投入产出规模以及结构都达到了最优状态。而其他大户的综合效率值都小于1，表明他们的种粮效率处于 DEA 无效状态，亦即种植规模、生产成本投入需要优化调整。表7-7、表7-8如上推理。

表7-6 2014 年永川区大户种粮效率

大户	种植规模（亩）	生产成本（元/亩）	亩产值（元/亩）	技术效率	规模效率	综合效率	规模收益
周元贵	1 473.23	1 340.00	1 152.50	0.947	0.737	0.698	drs
黄泽兵	1 123.35	1 293.50	1 130.00	0.928	0.764	0.709	drs
刘红	1 101.93	1 455.00	1 130.00	0.928	0.679	0.630	drs
吴华锋	535.00	1 185.00	1 107.50	0.910	0.834	0.759	drs
余明田	599.17	1 315.00	1 085.00	0.891	0.751	0.669	drs
樊虹建	418.85	1 395.00	1 107.50	0.910	0.708	0.644	drs
谢德辉	340.86	1 293.50	1 152.50	0.947	0.764	0.724	drs
李刚	304.00	1 223.50	1 195.00	0.982	0.808	0.793	drs
管万林	277.97	1 228.50	1 117.50	0.918	0.804	0.738	drs
吴均权	209.88	1 256.00	1 217.50	1.000	0.787	0.787	drs
王德平	173.92	1 193.00	1 150.00	0.945	0.828	0.782	drs
蒲从学	108.00	1 238.00	1 195.00	0.982	0.798	0.784	drs
张换田	98.59	975.00	1 172.50	1.000	0.976	0.976	irs
朱宗才	96.00	1 095.00	1 130.00	0.928	0.902	0.837	drs
唐云	67.99	1 070.00	1 172.50	0.963	0.923	0.889	drs
盘如何	45.00	988.00	1 217.50	1.000	1.000	1.000	—
况其均	37.00	1 050.00	1 172.50	1.000	1.000	1.000	—
均值	412.40	1 211.41	1 153.24	0.951	0.822	0.782	

注：drs 表示规模收益递减，irs 表示规模收益递增；种植规模、生产成本的均值为算术平均值，技术效率、规模效率和综合效率的均值为几何平均值。

表7-7 2015 年永川区大户种粮效率

大户	种植规模（亩）	生产成本（元/亩）	亩产值（元/亩）	技术效率	规模效率	综合效率	规模收益
周元贵	1 379.44	1 108.00	1 125.00	0.832	0.905	0.753	drs
黄泽兵	350.74	1 050.00	1 187.50	0.907	0.982	0.891	drs
冯林	1 008.77	1 058.00	910.00	0.678	0.941	0.638	drs
刘红	2 354.19	1 126.00	1 125.00	0.830	0.893	0.741	drs
吴华锋	543.10	1 092.00	1 250.00	0.927	0.935	0.867	drs

（续）

大户	种植规模 （亩）	生产成本 （元/亩）	亩产值 （元/亩）	技术效率	规模效率	综合效率	规模收益
余明田	475.01	1 011.00	1 125.00	0.855	0.992	0.848	drs
樊虹建	418.85	1 038.00	1 187.50	0.898	0.987	0.886	drs
谢德辉	340.86	1 120.00	1 150.00	0.849	0.961	0.816	drs
李刚	304.00	1 109.00	1 125.00	0.834	0.973	0.811	drs
管万林	277.97	917.00	1 000.00	0.867	0.999	0.866	drs
吴均柱	369.00	1 065.00	1 150.00	0.865	0.981	0.849	drs
王德平	572.50	983.00	1 325.00	1.000	1.000	1.000	—
蒲从学	101.00	1 213.00	1 375.00	1.000	1.000	1.000	—
张换田	122.00	870.00	1 050.00	1.000	1.000	1.000	—
朱宗才	148.10	1 204.00	1 300.00	0.947	0.963	0.912	drs
姚贵强	539.00	1 153.80	1 250.00	0.918	0.900	0.826	drs
尹道华	608.00	1 008.00	875.00	0.658	0.979	0.644	drs
钟子华	311.00	1 068.00	1 187.50	0.905	0.978	0.885	drs
况其均	120.00	1 032.00	1 132.50	0.939	0.994	0.933	drs
刘其勇	190.00	1 171.00	1 261.00	0.923	0.961	0.887	drs
赵勇	150.00	1 350.00	1 040.00	0.756	0.871	0.658	drs
均值	508.74	1 083.18	1 149.10	0.871	0.961	0.837	—

注：drs 表示规模收益递减，irs 表示规模收益递增；种植规模、生产成本的均值为算术平均值，
技术效率、规模效率和综合效率的均值为几何平均值。

表 7-8　2016 年永川区大户种粮效率

大户	种植规模 （亩）	生产成本 （元/亩）	亩产值 （元/亩）	技术效率	规模效率	综合效率	规模收益
况其均	110.00	1 200.00	1 296.00	1.000	1.000	1.000	
王德平	668.00	1 200.00	1 296.00	0.966	0.690	0.667	drs
彭勇	154.00	1 200.00	1 263.60	0.961	0.817	0.785	drs
蒋诗均	315.00	1 380.00	1 263.60	0.938	0.603	0.566	drs
周元贵	1 800.00	1 195.00	1 242.00	0.926	0.693	0.642	drs
陈德伟	709.00	1 196.00	1 242.00	0.926	0.693	0.642	drs
谢德辉	218.00	1 460.00	1 350.00	1.000	0.620	0.620	drs
侯周宪	131.00	1 100.00	1 269.00	0.974	0.929	0.905	drs
罗永勇	660.00	1 070.00	1 188.00	0.888	0.772	0.686	drs
刘红	2 183.00	1 092.00	1 080.00	0.807	0.757	0.611	drs
张换田	134.00	800.00	1 296.00	1.000	1.000	1.000	—
罗永天	148.00	900.00	1 296.00	0.994	0.907	0.902	drs

（续）

大户	种植规模 （亩）	生产成本 （元/亩）	亩产值 （元/亩）	技术效率	规模效率	综合效率	规模收益
周希强	500.00	800.00	1 188.00	0.917	1.000	0.917	—
周之全	690.00	800.00	1 215.00	0.937	1.000	0.937	—
徐泽洪	135.00	800.00	1 296.00	1.000	1.000	1.000	—
汤相华	133.00	800.00	1 215.00	1.000	0.943	0.943	irs
梁均山	220.00	900.00	1 188.00	0.908	0.898	0.815	drs
李刚	521.00	1 000.00	1 336.00	1.000	0.825	0.825	drs
赵海	220.00	1 000.00	1 309.00	0.994	0.813	0.808	drs
余明田	1 080.00	1 200.00	1 250.00	0.931	0.690	0.642	drs
均值	536.45	1 054.65	1 253.96	0.952	0.821	0.782	

注：drs 表示规模收益递减，irs 表示规模收益递增；种植规模、生产成本的均值为算术平均值，技术效率、规模效率和综合效率的均值为几何平均值。

表 7-6、表 7-7、表 7-8 显示，大户规模效率均值 2014 年为 0.822、2015 年为 0.961、2016 年为 0.821，及综合效率均值 2014 年为 0.782、2015 年为 0.837、2016 年为 0.782，两项测度指标均呈现一个开口向下的抛物线走势，同时数据显示 2014 年、2015 年、2016 年三个年度区域大户种植规模均呈现不同程度的扩大趋势。进一步地，上述三项数据综合表明水稻种植大户基于农业生产全程社会化服务要素的诱导在持续做大种植规模的同时，规模经济性呈现一个先扬后抑的发展走势，一定程度上表明规模经营土地面积在超越了 100～140 亩阈值范围导致了规模不经济问题发生。尽管全程社会化服务在水稻集中育秧、机耕、机插秧等环节上所投入的生产设备、农技、人力、土地、物流、信息、渠道、金融等要素是均衡到位的，但是基于土地规模要素的投入较之生产设备、农技、人力等要素的投入规模或比重太大，整体上导致农业规模经营要素投入结构性失衡，致原本平衡的天平倾斜失衡，进而生成了规模经营不经济问题。进一步地，我们可以整理出如下比对关系，见表 7-9。

表 7-9　部分大户规模效益走势比对（2014—2016 年）

大户	年份	种植规模 （亩）	生产成本 （元/亩）	亩产值 （元/亩）	技术 效率	规模 效率	综合 效率	规模 收益	比对年度规模 效益走势
	2014	1 473.23	1 340.00	1 152.50	0.947	0.737	0.698	drs	
周元贵	2015	1 379.44	1 108.00	1 125.00	0.832	0.905	0.753	drs	开口向下抛物线形
	2016	1 800.00	1 195.00	1 242.00	0.926	0.693	0.642	drs	
	2014	304.00	1 223.50	1 195.00	0.982	0.808	0.793	drs	
李刚	2015	304.00	1 109.00	1 125.00	0.834	0.973	0.811	drs	开口向下抛物线形
	2016	521.00	1 000.00	1 336.00	1.000	0.825	0.825	drs	

（续）

大户	年份	种植规模（亩）	生产成本（元/亩）	亩产值（元/亩）	技术效率	规模效率	综合效率	规模收益	比对年度规模效益走势
刘红	2014	1 101.93	1 455.00	1 130.00	0.928	0.679	0.630	drs	
	2015	2 354.19	1 126.00	1 125.00	0.830	0.893	0.741	drs	开口向下抛物线形
	2016	2 183.00	1 092.00	1 080.00	0.807	0.757	0.611	drs	
张换田	2014	98.59	975.00	1 172.50	1.000	0.976	0.976	irs	
	2015	122.00	870.00	1 050.00	1.000	1.000	1.000	—	均衡有效
	2016	134.00	800.00	1 296.00	1.000	1.000	1.000	—	
况其均	2014	37.00	1 050.00	1 172.50	1.000	1.000	1.000	—	
	2015	120.00	1 032.00	1 132.50	0.939	0.994	0.933	drs	均衡有效
	2016	110.00	1 200.00	1 296.00	1.000	1.000	1.000	—	
谢德辉	2014	340.86	1 293.50	1 152.50	0.947	0.764	0.724	drs	
	2015	340.86	1 120.00	1 150.00	0.849	0.961	0.816	drs	开口向下抛物线形
	2016	218.00	1 460.00	1 350.00	1.000	0.620	0.620	drs	
余明田	2014	599.17	1 315.00	1 085.00	0.891	0.751	0.669	drs	
	2015	475.01	1 011.00	1 125.00	0.855	0.992	0.848	drs	开口向下抛物线形
	2016	1 080.00	1 200.00	1 250.00	0.931	0.690	0.642	drs	

注：drs 表示规模收益递减，irs 表示规模收益递增；种植规模、生产成本的均值为算术平均值，技术效率、规模效率和综合效率的均值为几何平均值。

由表 7-9 可知，除张换田、况其均外，2014—2016 年三个年度大户规模经营效率呈现先增后减的发展趋势，推演受市场波动等要素影响可能产生开口向下的抛物线走势，但综合考虑 2015 年开始的农业全程社会化服务要素的导入，则市场波动要素对规模不经济的解释就苍白无力了。因为大户水稻生产全程社会化服务完备聚焦了集中育秧、机耕、机插秧、机防、机收、机排灌、机烘等环节，在生产设备、农技、人力、土地、物流、信息、渠道、金融等方面无疑增强了发展动能，但遗憾的是却呈现了规模不经济的发展走势。那么是什么原因导致其规模不经济呢？一个有趣的现象是，张换田、况其均 100～140 亩的经营规模达成了规模效率为 1，综合效率为 1，表明这两个大户的种粮效率处于 DEA 有效的状态，他们的投入产出规模以及结构都达到了最优状态。换言之，张换田、况其均水稻种植的适度规模带来了规模经济性，特别是在农业全程社会化服务背景下，适度规模经济性优异。说明在其他要素配置一致的情况下，土地规模的适度可以带来规模经济，而规模的无限扩大则将带来要素投入结构的不平衡，导致规模不经济致边际生产率递减，或者说在土地单一要素不断扩大而其他要素未有同比例放大的情况下，将导致结构失稳而诱致不经济。由此可见，农业生产投入要素结构的失衡也将导致规模不经济，换言之要素投入结构之效度决定着规模经济性生成与否，表征为农业生产要素投入的结构决定了农业经济增长方式和效率，粗放型增长方式主要依靠物质资本、劳动力等量的投入及其扩张，集约型增长方式则主要依靠生产要素质量的提高和生产要素结构的优化组合。显而易见，两种要素投入的结构性差异所带来的效率边界是迥然相异的，并且是有根本性差异的。

综上，农业生产要素投入数量之丰度与要素投入结构之效度决定着规模经营效能的高或低，基于数量丰度与结构效度的资源优化配置将产生规模经济性，反之则规模不经济。言下之意，农业规模经济就是要素经济，本质上是农业多要素利用的精准协同，表征为要素投入数量的丰度与要素投入结构的效度，具有数量丰度与结构效度两个变量，是两者共同表达的函数。

三、农地规模经营与服务规模经营二重辨判

自 1984 年中央 1 号文件"鼓励土地逐渐向种田能手集中"宣告土地流转的解禁，到 2002 年 8 月颁布的《农村土地承包法》规定"通过家庭承包取得的土地承包经营权可以依法采取转包、出租、互换、转让或者其他方式流转"，农民土地流转权利得到法律的保护，再到 2016 年三权分置的提出，围绕破解长江学者罗必良教授归纳的农业领域所存在的土地细碎化、农户兼业化、劳动力弱质化、农业副业化、生产非粮化"五化"问题，国家政策逐渐形成了基于土地经营规模的扩大而实现问题解决的政策导向，但罗教授研究发现："尽管经过差不多 30 年的政策努力……我国土地分散化的经营格局不仅没有发生基本改观，反而有恶化的趋势。1996 年，经营土地规模在 10 亩以下的农户占家庭承包总数的 76.00%，2015 年的比重则高达 85.74%；1996 年经营规模在 10～30 亩的农户占农户总数的 20.20%，2014 年则只占 10.32%。"[1]毫无疑问，关于农地流转理论及政策实践所产生的积极意义是显著的，但这种缓慢推进农业规模经营所表现出的不适应性，不仅延缓了农业产业的发展，更对经济社会的发展形成了一定牵制，特别是在农业供给侧结构性改革及乡村振兴背景下，过于倚重土地流转而形成农地规模经营进而实现农业经营的规模效益显得尤其举步维艰，由此引发了实践者和研究者的广泛质疑。所引发的质疑主要有以下两方面：一是投入要素的多样性问题。农业经营是多要素的配置和运行，不同的投入要素具有不同的规模匹配要求，每一类规模经济都表现出不同的经济现象，土地的规模经营仅是农业规模经营的一个方面，因此土地规模与农业

---

① 罗必良. 论服务规模经营：从纵向分工到横向分工及连片专业化 [J]. 中国农村经济，2017
(11)：4.

经营效率并非唯一对应的正相关关系。二是农地资源的特殊性问题。中国特殊的人地关系决定了农地流转并非是一个简单的要素市场，也不是一个能够独立运作的产权市场，农地流转必然是内生较高的交易费用①。进一步地，罗必良教授认为"寄希望于农地的流转来解决规模问题或许是一个约束相对较多并且是缓慢的过程"，并得出如下结论："农业规模经营的路径探索必须从强调单一的土地要素转向注重多要素投入的均衡匹配……在开放的农业经营体系中，既可以通过扩大土地规模来改善农场组织的'农地规模经济性'，也可以通过农业生产性服务的纵向分工与外包来实现'服务规模经济性'。"②

综上，关于农业规模经营问题可以得出三个结论：①基于土地流转而形成农地规模经营不是实现农业规模经济的唯一路径；②基于土地的社会保障等功能，农地的流转受到经济社会发展程度及政策环境的多重影响；③基于规模经济乃分工经营的本质，专业化服务外包是实现农业规模经济的另一条重要路径，并且是一条经济社会及政策相对约束较少的路径。由此可见，农地规模经营与服务规模经营均是实现农业规模经济的两种可供选择路径，但鉴于农业规模经济是农业生产要素投入数量之丰度与要素投入结构之效度共同作用的结果之实际，及过于倚重农地规模经营将会面临较多的约束而影响规模经济生成的实际，因此，农业规模经济以服务规模经营为主体并兼顾农地适度规模化经营至少是当下较为可取的一种选择。换言之，农地规模经营将以适度规模经营（家庭农场）的量级出现，或者讲服务规模经营是农业适度规模经营（家庭农场）的发展一个重要方向。

进一步，胡新艳等认为，农业服务规模经营在微观农户行为层面表现为：农户将原本由家庭内部完成的部分农业生产环节剥离出去，成为农业生产环节的服务需求方，促使农业产业链纵向解构③。那么这种纵向解构绩效水平如何则成为农业服务规模经营模式构建成功与否的关键，下面我们将以日本农业规模经济生成模式为例，对这一问题加以探讨，力图为家庭农场适度规模经营提供经验借鉴。

日本是一个人多地少的岛国，农业自然资源较为稀缺，2011 年耕地面积456.1 万公顷，人均耕地 0.036 公顷（数据依据时年总人口求得）。显而易见，日本农业规模经济的资源硬约束相当大。在直接扩大土地经营规模进展迟缓背景下，日本采取不直接触动小农户的土地产权，走生产组织化或合作化的路

---

① ③ 胡新艳，朱文珏，罗锦涛. 农业规模经营方式创新：从土地逻辑到分工逻辑［J］. 江海学刊，2015（3）：79.

② 罗必良. 论服务规模经营：从纵向分工到横向分工及连片专业化［J］. 中国农村经济，2017（11）：4-6.

径，即鼓励农户将过去由自己从事的耕种、植保、收割等生产环节外包给外部专业化服务组织，使众多小农户服务需求聚合为社会化需求，既形成匹配于专业化服务组织的服务规模需求，又改善农户的分工效率[①]。具体而言，就是同一村落里各个分散的农户在协商的基础上联合起来，组成一个生产合作组织，在集中起来的土地上，充分利用劳动力和机械等生产性资源，实现农业生产过程部分或全面的合作[②]，表征为全面承接小规模兼业农户的耕种委托，统一安排生产活动，共同使用农业机械，统一引进和种植新品种，统一销售和统一分配。通过日本农学主流学派代表人物梶井功所认为的"发展生产组织与培育个别大型农户一样，都是扩大规模的途径"之方式，在着力推进农地规模经营40年却仍旧没有摆脱小规模农户为主的格局背景下，生产合作化——另外一种新的扩大经营规模的途径实现了由传统分散经营的小农经济向集约化、适度规模化的现代农业转变，创造了日本农业生产的规模经济性。更难能可贵的是，在这种生产合作化模式下，日本构建了"环境保全型农业"体系，在推进农业规模经营的同时，也实现了农业的生态化可持续发展，成为破解土地规模经营硬约束大及绿色发展的样板。此外，在"综合性持续农业"实践发展过程中，德国通过切实强化农村合作社生产组织化服务效能建设，着力为农民提供农产品生产、加工、销售及农业信贷等方面的服务，不仅实现了农业规模经济，提高了农业生产要素的产出率，而且有效弥补了其土地资源不足的束缚。

综上，日本及德国基于农业生产组织化服务体系的成功构建，有效地推动了农业经济规模化效益的生成。在当前土地规模经营约束较多的情况下，借助家庭农场适度规模化生产的比较优势，及农业服务主体资源要素共享的便利性，构建一种土地经营的适度规模化及农业服务规模经营的匹配化模式，不失为农业供给侧结构性改革深入推进的正确选择。

上述分析表明，推动长江经济带三类家庭农场发展规模经济，必须充分考量农业生产要素投入数量之丰度与要素投入结构之效度问题，特别是靶向政策支撑体系的构建必须一以贯之。

四、结论及建议

1. 结论：农业规模经济＝土地适度规模化＋服务规模经营。上述基于农业规模经济本质的分析表明，农业生产要素投入数量之丰度与要素投入结构之效度决定了农业规模经营经济与否。基于土地规模经营达成农业规模经济的视

① 胡新艳，朱文珏，罗锦涛. 农业规模经营方式创新：从土地逻辑到分工逻辑［J］. 江海学刊，2015（3）：76.

② 胡霞. 日本农业扩大经营规模的经验与启示［J］. 经济理论与经济管理，2009（3）：63.

角分析，由于土地流转约束相对较多的现实制约，围绕土地规模经营的系列要素投入难能形成规模经济性，表征出全要素生产率偏低而引发规模不经济问题。而基于服务规模经营的视角尤以日本生产组织化的成功实践表明，服务规模经营是达成农业规模经济与土地规模经营并行不悖的一条农业规模经济的重要路径选择。置于长江经济带农业生产实际环境下，上述分析进一步表明，在农地规模经营尚是一种美好愿景的情况下，农地规模经营将以适度规模经营（如家庭农场）的量级出现，或者说服务规模经营是农业适度规模经营（如家庭农场）发展的一个方向。由此，可以得出如下结论：在农业供给侧结构性改革背景下，建议长江经济带着重发展以家庭农场为主体的适度规模化经营，并在此基础上健全农业社会化服务组织体系建设，构建生产、加工、销售一条龙式的、集合农业管理、农业经济、农业技术、农用化工和植物保护等内容为一体的农业服务组织，通过服务的规模化引导农业经营的规模化，通过服务规模经济性的生成实现农业规模经营的经济性，即农业规模经济＝土地适度规模化＋服务规模经营。

2. 建议：服务规模经济＝区域专业化＋农业服务组织＋服务外包平台。第五章家庭农场可持续发展影响要素分析显示，不仅家庭农场社会化服务资源要素整合效能低下，整个农业生产环境还存在社会服务体系不健全、公益性质服务缺位、经营性组织服务单薄、合作性服务组织乏力等一系列问题，这些问题进一步导致家庭农场效能发挥受限。故而，大力发展农业生产性服务业有助于家庭农场作用农业供给侧结构性调整引导力的发挥。

罗必良教授关于服务规模经营的研究启示表明：①将农业家庭经营卷入分工，需要鼓励农户的专业化种植，在此基础之上培养不同生产环节的外包服务经营主体；②改善农业生产布局的组织化，支持区域农户参与横向分工以及连片种植的同向专业化；③构建区域性、多种类、多中心的具有适度交易半径的农业生产性服务交易平台①。言下之意，服务规模经济＝区域专业化＋农业服务组织＋服务外包平台。

（1）基于区域专业化打造的发展服务规模经济的建议。农业区域专业化是在农业地域内传统农业基础上，通过自然生态、技术、社会经济条件的综合作用，农业生产项目由多到少、由分散到集中的区域分工过程（农业部发展计划司农业区域专业化研究课题组，2003）。从国内外生产实践看，农业区域专业化生产是现代农业的主要生产方式，在欧美等发达国家农业生产实践中被广泛应用，如美国大豆生产、新西兰乳制品生产、东南亚橡胶产品生产、荷兰花卉

---

① 罗必良．论服务规模经营：从纵向分工到横向分工及连片专业化［J］．中国农村经济，2017（11）：14．

生产均采用区域专业生产方式。实践中，农业区域化生产实现的前提是农业生产要素的联合，包括土地、劳动力和资本的区域合作。据此，鉴于长江经济带经济社会发展实际，本文认为应当做好四个方面的工作：①进一步完善经济带农业基础设施建设。农业基础设施的健全与否对推进农业区域专业化发展的显著性作用是毋庸置疑的，完善农业基础设施应重视农业水利基础设施的修建与维护，增强灌溉设备，提高灌溉效率；要通过交通、市场、仓储以及农田生态环境、道路等基础设施的建设和完善，降低农产品的生产成本、流通成本；要注重提高农业技术及信息要素整合与共享的平台建设，切实提高农业全要素生产率。②积极探索并发展承包地集中经营模式。即以农村土地确权登记为基础，在村里成立合作社，将村民零散的承包地集中起来统一运营。村民以土地作为股金入股合作社，再引进家庭农场对承包地进行经营，所得盈利由村民、家庭农场、合作社三方按股权进行分红。③采取非均衡发展策略，坚持市场及区域农业生产要素禀赋导向。要依据市场偏好及区域资源禀赋，突出重点扶优扶强，大力优化农产品品种及品质结构，做大做强优势主导产业，切勿"四面出击"却非"四面开花"而致"四面楚歌"。④发展绿色经济，构建绿色农业生产体系。基于"天人合一"等人与自然和谐永续相处的逻辑，区域专业化必须发展既能合理利用又能有效保护资源环境的绿色农业，并构建生态农业正向激容体系。

需要强调是，上述四项措施作用微观距离家庭农场、中观距离家庭农场及宏观距离家庭农场的力度是不一样的，如微观距离家庭农场距离消费市场近，农业基础设施相较宏观距离家庭农场完善，且基于进城务工的便利而存在大量农田落荒闲置无人耕种，但却存在生态环境污染的问题。因此作用微观距离家庭农场的措施必须因势利导，进一步完善基础设施并基于市场化的手段引导土地集中规模经营，特别是要在农业生态环境治理上出台靶向政策。而宏观距离家庭农场不仅生产基础设施落后，而且远离消费市场，特别是土地细碎化问题短时期内难以解决，这种态势下，政策组合拳要基于良好的农业生态环境在基础设施建设上寻找突破口，并重点培植适度规模化经营主体家庭农场，逐渐引导区域农地经营适度规模化。而中观距离家庭农场适中的地理位置决定了政策均衡性、全面性，即力度的均衡与作用点的全面。

（2）基于农业服务组织的培育发展服务规模经济的建议。农业社会化服务组织是指着眼于农业生产耕、种、管、收等主要环节提供专业性生产服务的社会化服务主体。基于分工的深化，农业服务主体致力于帮助农户解决生产经营过程的系列难题，进而提高农户的生产效率，促进农户农业的集约化发展，常见的农业服务主体有专业服务公司、专业服务队、农民经纪人，及家庭农场、合作社、龙头企业等部分新型农业经营主体。长江经济带三类家庭农场培育路径如下：①健全基层公益性服务机构。加强镇、村级农业技术推广、动植物疫病防控、农产品质量监管等公共服务机构建设，加大财政投入力度，完善服务场所、检验检测设备、综合服务设施，落实农业技术人员，特别是中观及宏观距离家庭农场需切实强化政策支撑力度。②加快发展行业性服务组织。鼓励拥有经营网络的供销、邮政等系统在农村设立专业公司、服务组织和经营网点，支持开展托管服务、专项服务、连锁配送服务，形成系列化配套服务体系，为农民提供质优价廉的种子、化肥、农药等农资配送服务，乃至要构建微观距离家庭农场与中观、宏观距离家庭农场"一对一"协同发展模式，将农业服务业横向延伸到空间距离的每个点与面。③积极发展农业专业化服务组织。通过政府订购、定向委托、奖励补助、招投标等方式，引导经营性服务组织参与公益性服务，为农业生产提供植保、机耕、播种、收割、灌溉等专业化服务。对符合条件的农业经营性服务业务免征营业税。④提高新型农业服务主体发展水平。通过落实服务主体奖励和税收减免政策，促进农业发展的引导性资金优先支持新主体扩大服务范围和领域，以提供农产品销售、加工、运输、贮藏和农资购买等服务。⑤充分发挥龙头企业服务作用。通过落实奖励和贷款贴息政策，鼓励龙头企业采取"公司＋基地＋农户"等模式，围绕产前、产中、产后各个环节，开展农资供应、农机作业、技术指导、疫病防治等各类服务。⑥拓展农业服务项目政府购买范围。增加耕、种、管、收关键环节生产经营服务项目政府购买的范围，诸如适时推进高标准农田建设、农田水利建设、农业科技推广、农业灾害防控等方面公共服务政府购买的力度，以此支持服务主体发展壮大。

（3）基于服务外包平台的构建发展服务规模经济的建议。外包即为外部资源利用，其实质是降低成本、提高效率、充分发挥核心竞争力的一种资源整合管理模式，而农业服务外包则是这种资源管理模式在农业领域的一种有效延伸。为此，一方面要构建具有长江经济带三类家庭农场区域性的农业生产服务外包平台；另一方面要进一步深化农民手机应用技能培训力度，使农民手机应用技能和信息化意识得到大幅提升，真正融入"互联网＋现代农业"产业体系。

第四节　构建共享农业发展体系助力家庭农场服务社会化

农业供给侧种种问题经年累积所生成的系列矛盾，阻碍了农业产业内生动能的培育及动力的接续，矛盾生成的关键问题在于农业要素配置效率的"失活"。农业供给侧结构性改革内生动能的培育急需改革传统资源配置方式，全域适配并激活农业生产、经营、销售、管理与决策各环节所需的要素资源。基于此，共享农业应时应需而生，成为现阶段农业产业去库存、降成本、补短板的有效方式，被视为农业供给侧结构性改革内生动能培育的重要抓手，对引导农业生产提质、增效，加快推进农业现代化生态化进程，根本上实现农业产业由低水平供需平衡向高水平供需平衡跃升，将发挥巨大的作用。在这一轮共享经济席卷农业产业热潮当口，长江经济带三类家庭农场要借助自身适度规模化的比较优势，抢抓共享农业发展机遇，无论是基于资源要素供给者的层面还是需求者的层面，家庭农场需以更加开放的姿态拥抱资源要素共享新业态，并以更加市场化的认知自我革新而促进生产经营提质、增效，并基于共享农业全社会资源要素理性化流动配置的特性，主动肩负串联农业产业资源要素精准供给的担当，真正实现让要素流动起来，而且是理性化地流动起来，进而助力农业产业结构性改革的不断深入。实践中，长江经济带家庭农场融入共享农业还存在如下三方面的限制因子亟须破除。

一、加大三类人才培养力度，助力共享农业可持续发展

农业共享平台是共享农业的载体，因此平台建设信息的专业化与集成化程度，及平台使用的便捷性与实用性情况是平台建设及共享农业效能高低的关键。故而，共享农业发展的前置基础性工作是三类人才的培养：首先，农业信息采集的正确与否，及信息收录的科学与否，是共享农业平台建设的基础，因此，必须严格把控农业信息采集与收录人才培养关口，要在全日制涉农本专科专业下开设农业信息采集与收录主干课程，涉及职业道德及基于农田生物信息、农田气候信息及土壤信息的采集与处理，和基于设施农业环境监测与管理、农业感官智能分析需要的遥感技术（RS）、地理信息系统（GIS）、全球定位系统（GPS）、飞机测控、激光、电子检测技术的运用等知识的教育，并将其以培训教育的形式全覆盖至存量基层农技人员素质能力提升培训课程体系，以此从源头上夯实农业信息采集与收录人才的素质能力，捍卫农业数据的真实性。其次，要注重既擅长计算机技术、网络技术、通信技术、数据库建设技术，又知晓农民素质能力、偏好需求的复合型人才的培养，确保农业信息平台"姓农"，更"知农"。最后要多措并举强化农业信息检索及数据深度挖掘人才队伍的建设，重点强化这类人才数据检索、资源导航、决策优化与预判能力的培养。

二、加大投入推动共享平台及移动智能终端使用培训力度

市场经济环境下，交易必然伴随着交易成本的发生，而交易成本的高或低则影响着要素资源配置效率的或高或低。就农业生产而言，则对农业产业体系、生产体系、经营体系的优化，及土地产出率、资源利用率、劳动生产率的

提高均有不同程度的影响。因此，共享农业引导供给侧结构性调整内生动能培育效率的提升，就必须着眼于降成本，具体而言是降低要素共享交易成本——搜索成本、联系成本、签约成本等。基于此，要促成共享交易供给与需求双边共享事件高效率达成，就必须根据家庭农场农民能力素质偏低的实际共享链接网络。为此，共享事件无障碍化链接的实现需要夯实两方面的基础性工作：一是在现有共享平台优化整合的基础上，搭建更具"三农"需求性的综合农业共享平台，集成农用设备、人力资源、农业技术、土地资源、农村物流、农业信息等要素，实现农业共享的一站式服务，在资源集成优化的基础上，进一步推动平台的智能化和便捷化建设，打造"三农"与数字技术的无缝衔接；二是要加大对农场主等农民使用共享平台及移动智能终端设备的培训，确保移动智能终端使用无障碍化。尽管有关数据统计显示，截至 2016 年 12 月我国移动智能终端规模突破 13.7 亿台，但对于移动智能终端设备有关农业生产、经营、销售、管理与决策等环节信息的使用与共享频次还较低，"互联网＋农业"所具有的内生效能发挥尚不明显。因此，强化农业生产主体及经营主体对农业共享平台及农业共享资讯的宣传及使用培训，是做大共享农业、发展农业共享经济的关键，需要有关部门及组织工作重心深度下潜，切实加大农业主体基于移动智能终端设备的使用积极参与共享农业、融入共享经济。

三、健全共享农业的激励机制及法律保障体系

作为一种新兴的商业模式，共享农业极大地促进了农业要素的自由流动及农业经济发展，进而对传统农业经营模式产生了巨大的颠覆性作用，然而正基于其内生及外溢的新兴性，关于共享农业的激励机制及健全的法律体系构建却落后于形势发展所需。首先，要从国家层面建立针对农业信息供给主体与需求主体的农业信息共享激励机制，推动农业信息供需双边的常态化发展，可以是税收减免，也可以是财政补贴，还可以是精神嘉奖等正向的激励。此外，也可以是个人或组织信用扣分或负评的反向约束，为此需要完善我国信用体系的相关法律法规，建立完整详尽的失信惩罚机制[①]。其次，要在《国家信息化发展战略纲要》《全国农业现代化规划（2016—2020 年）》等系列信息化建设规划及纲要的基础上，进一步完善共享农业的法律体系建设，目前急需完善涉及共享农业商业模式监管、信息平台责任管控、产权新形态界定、公共服务鉴定与监督、共享平台数据安全管理等方面法律法规的制定，以加强市场公平竞争、安全有序的保护，确保共享农业有法可依，进而促进农业要素的自由流动、农业经济的可持续发展，生成农业供给侧结构性改革的内生动能。

---

① 马强. 共享经济在我国的发展现状、瓶颈及对策［J］. 现代经济探讨，2016（10）：23.

第五节 构建家庭农场三产融合
发展的产业化体系

2015 年中央 1 号文件首次提出推进农村一二三产业融合（又称农村三产融合）发展，随后 2015 年 12 月 30 日，国务院办公厅印发《关于推进农村一二三产业融合发展的指导意见》，提出通过"着力推进新型城镇化""加快农业结构调整""延伸农业产业链""拓展农业多种功能""大力发展农业新型业态""引导产业集聚发展"等融合方式推进农村三产融合发展；2016 年中央 1 号文件继续提出"大力推进农业现代化，必须着力强化物质装备和技术支撑，着力构建现代农业产业体系、生产体系、经营体系，实施藏粮于地、藏粮于技战略，推动粮经饲统筹、农林牧渔结合、种养加一体、一二三产业融合发展，让农业成为充满希望的朝阳产业"。之后发布的《中华人民共和国国民经济和社会发展第十三个五年规划纲要》更是将其列为农业现代化八大重大工程之一；2017 年中央 1 号文件基于拓展农业产业链、价值链的视角，再次提出推进农业、林业与旅游、教育、文化、康养等产业深度融合，进而壮大新产业新业态；2018 年中央 1 号文件从乡村振兴的高度进一步赋予了三产融合发展全新的内涵与外延……至此，农村三产融合发展被提升至全新的高度，被视为加快转变农业发展方式、探索中国特色农业现代化道路，及拓宽农民增收渠道、构建现代农业产业体系的重要举措。

近四年的中央 1 号文件毫无例外均提出一二三产业融合，足见三产融合发展对农业质量发展、绿色发展、高效益发展所具有的重大意义。那么，什么是三产融合发展？柯炳生认为就是农产品生产业、加工业和销售服务业的融合[①]，宗锦耀从狭义的角度认为是同一农业经营主体在从事农业生产的同时，在同一区域从事同一农产品加工流通和休闲旅游，进而分享农业增值增效收益的经营方式[②]，总体而言是通过产业渗透、产业交叉和产业重组，激发产业链、价值链的分解、重构和功能升级，引发产业功能、形态、组织方式和商业模式的重大变化[③]。不管基于怎样的理解，农村一二三产业融合发展的积极意义是显著的，仅从三产融合发展文件出台的频次及其融合发展行业及领域拓展的深度与广度可见，三产融合发展就是促进农业供给侧结构性改革及乡村振兴与繁荣发展的重要举措，除了有利于创造产业融合价值（据测算，通过一产与

---

① 柯炳生. 一二三产业融合的意义是什么 [J]. 农民日报科技培训，2018 (8)：33.
② 宗锦耀. 农村一二三产业融合发展理论与实践 [M]. 北京：中国农业出版社，2017：1.
③ 姜长云. 推进农村一二三产业融合发展新题应有新解法 [J]. 中国发展观察，2015 (2)：18.

二三产业的有效融合，粮油薯可增值 2～4 倍，畜牧水产品可增值 3～4 倍，果品蔬菜可增值 5～10 倍[①]），还有利于农民分享三次产业融合带来的红利，有利于吸引现代要素改造传统农业实现农业现代化，有利于拓展农业功能培育农村新的增长点，有利于强化农业农村基础设施互联互通促进新农村建设，有利于促进产业链增值收益更多留在产地、留给农民[②]。因此，在农业强、农民富、农村美建设发展过程中，三产融合发展必须作为联通农村多要素多领域的一种重要实现方式，及资源要素价值再提升的重要手段。此外，调研样本显示，长江经济带家庭农场似乎"偏爱"单一化的种植或养殖，基于食物链或产业链的种养融合家庭农场所占比例仅为调研样本的 12.3%，这在一定程度上解释了为什么家庭农场内生效能未能最大化发挥的问题，反向佐证了三产融合发展的积极意义。

总体而言，三产融合发展有六种模式，即农业内部有机融合模式、全产业链发展融合模式、农业产业链延伸融合模式、农业功能拓展融合模式、科技渗透发展融合模式、产业集聚型发展融合模式。较之传统"单产"发展模式，六种模式下的产业融合均可极大地释放农业部门内生动能，促进农业经济的发展。家庭农场作为现代农业产业体系的最优微观组织，自是责无旁贷地肩负有推进三产融合发展的重要使命。那么长江经济带家庭农场如何肩负起融合发展的重任？六种融合发展模式如何实践于经济带家庭农场这一经营主体？显然需要制定有靶向性和导向性的家庭农场三产融合发展政策支撑体系，尽可能地调动资源要素助力其发展，才可能切实有效地致力于家庭农场三产融合发展体系的构建。

一、科学编制家庭农场三产融合发展规划，做好顶层设计

国家层面要依据农业供给侧结构性改革着力点及乡村振兴落脚点，做好家庭农场新主体融合发展规划，编制三产融合发展指导意见，明确家庭农场三产融合发展主线及方向，如以第一产业为基础，重点推进农业、林业与旅游、教育、文化、康养等产业深度融合，三产融合态势下使农业不仅能养胃，更能养眼、养心、养肺、养脑，打造集可游、可养、可居、可业的乡村景观综合体。同时，要精准靶向家庭农场三产融合发展的关键环节制定配套实施方案，形成完整的政策支撑体系，如制定产业融合发展配套的人才培养、金融帮扶、税收支持、财政倾斜、担保服务、险种创新等相关配套策略，最大限度调度和盘活

---

① 宗锦耀. 农村一二三产业融合发展理论与实践 [M]. 北京：中国农业出版社，2017：1.

② 苏毅清，游玉婷，王志刚. 农村一二三产业融合发展：理论探讨、现状分析与对策建议 [M]. 中国软科学，2016（8）：18.

资源要素促进家庭农场融合发展。同时，长江经济带地方政府要跟踪服务，即要依据区域自然及经济社会发展资源禀赋，及家庭农场发展需求情况制定更加精准的扶持办法，如系统开展认知理念革新的培训教育，及资源、技术、模式的上门服务。

二、强化三产融合发展宣传教育，实施关键技术推广普及服务

各级政府要用群众的语言、思维深入到群众中去，通过各种渠道加强三产融合发展认知的宣传教育，提高家庭农场主对一二三产业融合的发展意义、模式及关键技术的认知，引导农场主逐渐改革传统"单产"农业经营思维模式，及深入开展三产融合发展模式及关键技术的学习实践，让农场主能够理解、接受、参与和实践，进而开拓思维激发亿万民众的智慧，拓宽产业融合发展渠道。如，从农业生产单环节向全产业链拓展，从农业内部向农业外部拓展，进而推动产业化升级，促进一二三产业在相互连接的关键技术环节上不断多向度拓展延伸，形成"三链"闭环，促使"三链"效益最大化，进而构建起农场主基于农业经济价值、社会价值、生态价值及文化价值等多功能价值多元化开发利用的三产融合发展认知及实践能力体系。

三、设立专项资金扶持家庭农场三产融合发展

高效整合现有涉农资金，安排一部分资金发展家庭农场三产融合专项，所设立专项资金主要用于家庭农场三产融合发展培训、基建、补贴、投资、贴息、担保及咨询服务支出等方面。

四、构建社会化服务体系，靶向农场"三产融合"

完备的社会化服务体系有助于资源高效整合，特别是获得发展的机会将显著提高。欧美农业发达国家之所以发达，在很大程度上与其完善的农业社会化服务体系有关，如美国建立了农业教育、科研、推广"三位一体"服务体系，为家庭农场发展提供保障。德国构建起了以合作社为主体的功能齐全的农业服务体系，为农民提供农产品生产、加工、销售及农业信贷等方面的服务。加拿大通过对农业社会化服务体系中的各层级进行相应管理，保障农业社会化服务体系的正常有序运行，为家庭农场的发展提供了良好的外部环境。为此建议有关部门基于"互联网＋"的思维高效整合共享农业业态，拓展农业社会化服务功能而大力发展农业服务组织体系建设，培育高效的、契合全要素、全过程、全产业链的现代农业发展需求的家庭农场服务组织。

第六节　构建家庭农场靶向市场化需求的经营体系

为应对 2004 年从食物净出口国转变为净进口国所带来的一系列粮食安全问题，我国取消了农业税实施农业补贴、启动稻谷最低价收购及玉米临时收储等系列政策，相关农业政策的出台不仅创造了粮食产量"十二连增"，而且实现了农民收入突破万元大关，增幅连续多年高于 GDP 增幅和城镇居民收入增幅。然而，过度的市场机制和政策调控是一把双刃剑，连续多年的农业市场干预政策带来了诸多问题，特别是农业供给侧的数量和总量之结构性问题愈发偏离合理区间，表征出粮食生产量、进口量和库存量"三量齐增"，农业生产要素物质成本、人工成本、土地成本"三本齐升"，更进一步表征为"农业要素投入结构长期失衡""农业产业链协同存在梗阻""宏观调控机制化建设滞后"三大问题并存，且盘根错节交互影响。大量实证分析表明，系列问题出现的根本原因在于"有形之手"与"无形之手"的调控失灵，特别是"有形之手"对农业经济过度干预影响最甚。

一、农产品市场失灵归因诊断

2018 年，正值蔬菜瓜果上市旺季，广东、海南的芒果、菠萝，云南、贵州的部分蔬菜，及江苏等地的甜瓜等相继出现滞销"卖难"，但与此同时，鲜活农产品在城市终端却价格不菲，与生产地无人问津形成了鲜明对比。大量事实表明，农产品滞销似乎是一个破而不解、历久弥新的问题，但这一论断必须置于市场失灵或政策失灵或市场与政策双重失灵前提之下，因为，市场机制的健全及政策措施的有效运作能有效预防及化解各类农产品滞销，特别是"市场之手"基于其内生的存在即合理性而对农业产业的发展更具正向引导力，进而推动供给侧靶向需求侧而达成具有持续性的良性互动。上述蔬菜瓜果卖难买难从市场失灵层面分析，原因在于产业链条不健全、产销信息不对称、管理体制不完善三大症结形成了市场机制有效运作的"肠梗阻"。农业农村部市场与经济信息司司长唐珂认为：农产品市场波动主要原因是供需不平衡。诚然，基于市场、信息等因素的影响，加之农产品易腐烂、难储运的特点，及我国农业生产、加工、储藏、物流和消费的产业链条不健全现状，容易出现局部地区个别品种"卖难"及"买难"。

农业供给侧结构性改革背景下，需要重新定义政策与市场作用农业生产效率的比例关系，特别是要放活市场，让市场真正成为资源要素配置的最优手段，根本上破解市场失灵所导致的系列问题。市场失灵是指通过市场配置资源不能实现资源的最优配置，进而无法实现帕累托效率。就"三农"而言，市场失灵表现为无法最优地分配商品和劳务，及土地市场的失灵、金融市场的失灵、农产品市场的失灵、农业技术市场的失灵等方面。因此农业供给侧结构性改革的目的之一就是要实现帕累托最优，构筑公平与效率的"理想王国"。为此，基于数量结构与质量结构的视角，精准放活市场并靶向市场需求生产适销对路的农产品，构筑有市场需求性的经营体系是家庭农场等农业经营主体必须高度关注的问题，而在目前农业供给侧结构性改革及乡村振兴稳步推进的背景下，如何构筑起有效的市场化经营体系，是上述问题解决的核心关键。

二、三类家庭农场市场化体系构建措施

长江经济带三类家庭农场如何在生产和需求之间找到平衡点以减少市场剧烈波动影响？整合各类观点及项目研究结论，发现需要紧紧围绕产业链条不健全、产销信息不对称、管理体制不完善三大症结完善市场化机制建设。政策建言如下。

1. 构建农场主生产经营行为市场化培训引导体系。受传统自给自足惯性思维影响，本以商品化生产经营为目的的家庭农场潜意识里却潜藏着不按市场规律组织生产的认知，在经济市场化高度发展的今天，这一认知显然有悖经济发展规律，特别是宏观距离家庭农场主依据传统和仿效他人亦步亦趋耕作态势明显。因此，采取措施强化三类家庭农场主生产经营行为市场化认知及能力的培训，引导家庭农场发展壮大而作用农业供给侧结构性改革深入推进意义显著。一是创新体系，实现由零敲碎打向整体推进转变。长江经济带三类家庭农场所在区域农民培训机构现状是一盘散沙，各自为战零敲碎打，想到什么就培训什么，出现什么问题就搞点什么培训，少有依据现代农业发展需要进行系统规划，构建系统化的职业农民培育体系。乡村振兴人才支撑要求必须依据农民培训工作基础和产业发展要求，围绕"一懂两爱"农民培育注重系统谋划、资源整合、多方联动，在加强高素质农民培育体系建设上下功夫，形成农科教、产学研一体化新格局。重点是要以高等院校为依托，以农广校为延伸框架，以田间学堂为前端派出机构，构建一体化的农民培训机构体系，以整体推进培训工作有质量的发展。二是创新模式，实现由统包干向分段式培训转变。乡村振兴需要多类型多层次人才支撑，如基于类别划分的懂农业、爱农村、爱农民人才，或基于质量划分的高级、中级、初级人才，或基于特征划分的"老农""新农""知农"人才，因此农民培训必须注重分类施教，根据生产经营型、专业技能型、社会服务型等标准，及农民知识、能力、年龄等因素差异，因材施教，分类指导。而传统培训机构无一例外统包干，不

加区别对待，培训效果不尽人意。在上述"高等院校-农广校-田间学堂"创新体系下，高等院校负责培训体系建设，包括师资队伍管培、人才培养方案制定、培训教材编撰、培训需求性调研，及高素质农民高级人才的培养；农广校偏重理论及高素质农民中级人才的培养，田间学校偏重实践及高素质农民初级人才的培养。分段式培养模式下，高等学校全程介入农广校、田间学堂培训过程，适时给予业务指导，并肩负培训效果评估考核的职责。进而基于培训体系的健全及运行切实提高家庭农场主市场化认知及能力，同时还要在全社会加大宣传达成共识，引导家庭农场主深化对市场化的认知，并树立标杆，以生产经营行为市场化有突出成就的家庭农场主榜样，以榜样的力量形成号召力。

2. 强化农场主信息发布、收集、分析及预判能力培训。当前，受家庭农场主知识及信息整合能力偏低因素影响，生产端家庭农场和农产品主销区的产需信息沟通渠道不通畅（甚至无所谓沟通渠道存在），导致市场需求与生产供应无法进行有效衔接，农场主盲目跟风生产、凭传统习惯生产、凭个人偏好生产成为常态，其结果不是"菜贱伤农"就是"价高伤市"，不仅导致生产者家庭农场无利可获而消减生产，消费者也将陷入无菜可买的境地。因此，建议国家层面或长江经济带区域层面构建农产品供需信息发布及趋势预测平台，并通过手机免费定制与推送服务给予家庭农场精准指导，构筑农产品适销对路的信息网络体系。

3. 出台家庭农场生产经营行为市场化奖扶办法。市场主体是理性并趋利的，具有趋利避害的内生本能，在引导及培育家庭农场主生产经营行为市场化过程中，从融资扶持、技术服务、产品销售、农业保险、品牌宣传等方面给予农场主引导性的奖扶，对推进农场主生产经营行为市场化具有正向激励作用。但奖扶办法的实施要避免人为的政策偏好，如避免农场主形成以奖扶为目的的生产导向，而异化奖扶政策积极目的，及避免给其他市场主体形成冲击，导致不公。但基于三类家庭农场所处地理位置的差异性，奖扶办法应该体现差异性，即微观距离家庭农场享受奖扶政策的难度要大于中观距离家庭农场，中观距离家庭农场享受奖扶政策的难度要大于宏观距离家庭农场，如在系列项目申报的要求及指标投放上应该有差别地向后两者适当倾斜，这样才可能有利于三类家庭农场在市场中同台竞争。

4. 强化产地市场基础设施建设。加强家庭农场农产品产地市场建设，特别是田头市场建设，提升农产品流通能力与效率。家庭农场、合作社或行业组织要加强冷链物流建设，推进农产品产地初加工补助项目，推广适度规模的产地贮藏保鲜设施，加强果品、蔬菜、水产品、禽蛋等产地预冷，低温贮藏，低温运输和低温销售相关技术标准和专有设施装备等标准研究，支持第三方冷链物流企业加快发展，提升产地市场农产品商品化处理能力[①]。鉴于宏观距离家庭农场距离消费市场较远，可能基于道路不畅、信息闭塞等因素形成的掣肘，所生产的农产品无法及时在市场中销售变现，而建立运行机制完备的产地市场及其配套设施，则能较好地解决售卖及储存问题，不至于售卖难而滞销、烂于田地，导致宏观距离家庭农场产生较大经济损失。

5. 创新农产品流通方式。推动农产品电子商务发展，鼓励发展订单农业，探索拍卖交易模式。积极推进长江经济带三类家庭农场与社区、企业、学校对接，通过多种方式促进产区和销区、基地和市场形成稳定的购销关系。新零售背景下，目前较流行的农产品销售方式有八种：①农产品＋可视农业。基于互联网、物联网、云计算以及雷达技术和现代视频技术，让消费者透视农作物或可食动物生长过程，增加消费信心，让消费者放心地购买、去消费的模式、手段和方法。②农产品＋微商。农产品微商营销是一种基于微信及移动支付而产生的新型营销方式，其核心是直供模式、信任代理、熟人经济等模式。③农产品＋餐饮。④农产品＋网络直播。⑤农产品＋众筹。⑥农产品＋社群。基于情感、信任、产品、利益等共同兴趣或目标体系的消费群体所形成的相对紧密的组织而精准实施农产品营销的一种模式。⑦农产品＋直销店。⑧农产品＋认养。

三类家庭农场要依据农产品特色及区域物流设施情况选择适合自己的一种模式，以密切农场与消费者的联系，建立起有信赖关系的"生产＋销售"模式。

6. 构建有助于家庭农场三产融合发展的管理及服务体制。三产融合发展有利于推动家庭农场种植业、养殖业向下游延伸，推动生产、储运、加工、销售、旅游、文创融合发展，使家庭农场生产和市场相匹配，充分挖掘农业的产业价值，建立以增加农场主收入为核心的现代农业市场化经营体系，但目前三产融合发展更多地停留于政策或宣传层面。为此建议：首先，农业农村部组建三产融合发展工作组，在全国层面推进三产融合发展规划的制定、机制体制的构建、政策措施的实施，及监督指导地方三产融合工作开展情况。其次，经济带9省2市农业管理部门要积极引导农业社会服务组织针对家庭农场生产实际，开展家庭农场三产融合发展服务及指导，逐步推动家庭农场形成农产品生产、加工、流通一体化的社会化服务体制。最后，区域三类家庭农场内部及与其他经营主体要协同发展，构建技术、渠道等要素共享的传帮带联动机制，在区域层面上最大化三产融合发展效能。

---

① 农产品"卖难"如何破解？[N]南昌日报，2018-06-12.

第七节 构建农业产业化联合体推动
现代农业生产组织化

为了生存，人类从事农耕；为了克服人的自然能力的局限，人类寻求协作与分工；为了安全和改进生产效率，人类寄身于不同的组织载体[①]，其奥妙一如石磊所言，组织的优势在于它的结构效益或要素组合效益。农业天生的弱质性更加呼唤组织的庇护。

一、农业生产组织化主体选择

为提高农业综合效益和增加农民收入，我国于 20 世纪 90 年代初创新发展了农业产业化经营，即通过联结农业再生产的产前、产中、产后环节，引导分散的农户小生产转变为社会化大生产，以此解决小农户与大市场的矛盾。此外，基于农业产业化经营的农业组织体系建设，农业产业化经营的妙处还在于可以高效地将农业产前、产中和产后三个部门联合起来，构建一体化的融合经营组织体系架构，进而有助于稳固农业生产者（特别是农业微观组织）与相关企业（农业龙头企业）之间的合作关系，构建合作共赢命运共同体，进而表征出组织资源要素高效整合的能力。

但大量事实表明，组织具有但并不必然具有资源要素高效整合的内生效能，仅就"龙头企业＋合作社＋小农户"产业化经营组织而言，就存在资源要素整合效能低下的问题，其根本原因在于小农户存在显著的经营缺陷：土地细碎化、非农兼业化、劳动力弱质化、经营能力贫弱化、组织依附边缘化，造成"龙头企业＋合作社＋小农户"农业产业化的总体水平不高，且处于相对不稳定状态。故而，要进一步提升农业产业化经营组织效能，重构农业经营组织合作主体链条在小农户经营缺陷显现背景下愈显必要和重要。在"龙头企业＋合作社＋"这一模式下，龙头企业依托雄厚的资金实力和政府的扶持政策，可以充分发挥产业组织优势，联合其他新兴农业经营主体组建农业产业化联合体，实现产加销一体化经营，进而成为农业产业化联合体的领头羊。农民专业合作社是同类农产品的生产经营者或者同类农业生产经营服务的提供者、利用者，是自愿联合、民主管理的互助性经济组织，是龙头企业与其他新兴农业经营主体的链接纽带，特别是新修订的《农民专业合作社法》的出台将进一步激发合作社内生效能，完备释放链接纽带作用。显然，在"龙头企业＋合作社＋"模式下，龙头企业与合作社组织优势明显，有助于进一步强化农业产业化联合体

[①] 石磊. 中国农业组织的结构性变迁 [M]. 太原：山西经济出版社，1999：1.

组织体系建设，而应当予以持续的保留与发展，因此，该模式可持续发展的关键是小农户的替代与更新。

已知家庭农场是新型农业经营体系的主体，是最具活力的微观构建基础，似乎家庭农场就是生而取代小农户的，因此家庭农场取代小农户构建"龙头企业＋合作社＋家庭农场"的农业产业化联合体是其与生俱来的特性所决定的，甚至是与生俱来的责任。在这一模式下，龙头企业根据市场需求与合作社签订契约，合作社按照契约规定的品种、数量、质量组织家庭农场从事专业化、商品化生产。农产品成熟后由合作社验级、收购，而后由公司进行加工和销售[①]。家庭农场以自身适度规模化经营的专业优势，及吸纳现代机械设备、先进技术、经营管理方式等现代农业生产要素的比较优势，并以合作社为依托，与公司建立利益联结机制。一方面增强了家庭农场与公司的谈判地位，有效约束公司的机会主义行为，保障家庭农场农产品的销路；另一方面，通过合作社的生产监督和集中收购，确保公司对加工原料质量和数量的需求。借此，以家庭农场为农业产业化联合体微观基础，可以让各类新型农业经营主体发挥各自优势、分工协作，促进家庭经营、合作经营、企业经营协同发展，发挥最大效能，加快推进农业供给侧结构性改革，及对乡村的全面振兴与繁荣将构建良好的基础。

二、探索出台《农业产业化联合体促进法》

农业产业化联合体是龙头企业、农民专业合作社和家庭农场等新型农业经营主体以分工协作为前提，以规模经营为依托，以利益联结为纽带的一体化农业经营组织联盟，在农业供给侧结构性改革及乡村振兴背景下具有构建现代农业经营体系、推进农村一二三产业融合发展、提高农业综合生产能力、促进农民持续增收等多方面的积极意义。然而，实践中基于道德、法制、利益等多方面的因素，在"龙头企业＋合作社＋家庭农场"模式下，容易出现契约观念淡薄、利益分配不均等问题，出现基于利益盘剥而毁约压价的"退体"行为，不仅直接导致龙头企业、合作社及家庭农场合作关系终结，而且可极大地伤害农民生产积极性，甚至带来极大的经济损失，这种一次性的利益博弈行为在"公司＋小农户"的合作关系中屡见不鲜。因此，为强化对农业产业化联合体及其成员的保护，进一步规范联合体的组织和行为，特别是基于对联合体弱势群体家庭农场利益分配的保护，长江经济带家庭农场有必要出台《农业产业化联合体促进法》（以下简称《促进法》）。具体建议重点加强联合体设立与登记管理、联合体成员权利与义务规范、联合体利益分配机制建设、联合体合并分立解散

---

① 白晓．"家庭农场＋合作社"的合作经营机制探析［J］．山东青年，2016（6）：154－155．

及清算机制建设、联合体扶持措施及法律责任等方面的规范。

1. 联合体设立与登记管理。为防止一些联合体成员不履行约定的出资、交易等义务，损害联合体整体利益，特别是防止家庭农场在联合体中的民主权利和经济利益得不到有效保护情况发生，建立农业产业化联合体设立及登记管理制度，将联合体纳入行政主管部门有效监控范畴之下。

2. 联合体成员权利与义务规范。为防止龙头企业基于信息等资源禀赋因素，存在对农产品压价转嫁风险、不履行合同跑路等行为，及家庭农场、合作社价高他卖等非契约行为的发生，《促进法》应重点规范成员本应享有的民主权利和经济利益，确保联合体成员真正成为现代农业发展的参与者、受益者，防止被挤出、受损害。

3. 联合体利益分配机制建设。为确保"龙头企业＋合作社＋家庭农场"联合体健康发展，应重点完善以订单带动、利润返还、股份合作等形式为内容的利益分配及联结机制建设，确保联合体各方形成公平分配的利益联结机制，促进联合体长期稳定合作，形成利益共享、风险共担的责任共同体、经济共同体和命运共同体，引导农民步入现代农业发展轨道，同步分享农业现代化成果。

4. 联合体合并分立解散及清算机制建设。联合体是基于资源要素整合、经济利益共享为联结所形成的价值再造利益体，联合体的合并、分立、解散涉及众多利益关系，并形成各种利益博弈而可能影响契约关系的稳健维系，及诱导各类法律关系产生。因此，在联合体合并、分立、解散过程中需要妥善处置好要素及利益的分配，并形成公开透明的结算机制，以指导联合体的健康发展。

5. 联合体扶持措施及法律责任。农业产业化联合体是为了解决千家万户小生产与大市场不能有效对接的难题，有助于引领我国农村一二三产业融合发展，为农业农村发展注入新动能，被视为现代农业建设的重要力量。而基于其显著的作用，则需要从配套政策优化、金融支持强化、用地保障完善、社会化服务机制健全等方面给予扶持，帮助联合体之龙头企业增强带动能力、提升农民合作社服务能力、强化家庭农场生产能力，构建具有强大三产融合发展的农业现代化联合体。此外，对内对外要明晰联合体及成员的法律责任，做到关系明确，责任清楚。

第八节　构建靶向家庭农场发展
需求的政策支撑体系

1987 年中央 5 号文件《把农村改革引向深入》指出，"在京、津、沪郊区、苏南地区和珠江三角洲，可分别选择一两个县，有计划地兴办具有适度规模的家庭农场……"这是我国国家层面的官方文件中第一次提及家庭农场；2008 年《中共中央关于推进农村改革发展若干重大问题的决定》再次提出："有条件的地方可以发展专业大户、家庭农场、农民专业合作社等规模经营主体"，认为家庭农场是规模经营主体，有助于适度规模经营发展，但并未有相应的政策配套跟进；2013 年中央 1 号文件时隔五年后再次提及家庭农场，并对其性质进行了全新的界定（新型生产经营主体），同时从土地流转、政策和法律环境创造、农业补贴倾斜、教育培训提升等方面提出了促进家庭农场发展的对策。

此后，历年中央 1 号文件均对发展家庭农场提出了相应的扶持政策，如2014 年中央 1 号文件从工作指导、土地流转、落实支农惠农政策、强化社会化服务、人才支撑等方面提出了促进家庭农场发展的具体扶持措施；2015 年中央 1 号文件提出要着力培育新型农业经营主体，鼓励和支持承包土地向家庭农场流转，发展多种形式的适度规模经营；2016 年中央 1 号文件提出发挥多种形式农业适度规模经营引领作用，积极培育家庭农场等新型农业经营主体；2017 年中央 1 号文件提出完善家庭农场认定办法，扶持规模适度的家庭农场，支持农技推广人员与家庭农场开展技术合作；2018 年中央 1 号文件基于乡村振兴战略的视角提出实施新型农业经营主体培育工程，培育发展家庭农场、合作社、龙头企业、社会化服务组织和农业产业化联合体，发展多种形式适度规模经营。至此，家庭农场被纳入了乡村振兴战略体系，在农村的全面振兴与繁荣实现中被打上了新时代的印迹。

即便如此，关于促进家庭农场发展的政策支撑依旧比较欠缺，并且政策分散性突出而体系化供给有待强化，尚需进一步体系化完善支持政策。本书作者在田野调查时也表明，最大化家庭农场作用农业供给侧结构性调整的引导力，亟须进一步精确分析新型农业经营主体需求，构建相应的政策支持体系，持续加大对家庭农场的支持力度，如加大农业基础设施的投入，扶持水利、电力、交通、通信等建设，改善家庭农场生产条件，增强抵御自然灾害和抗风险能力，及增加对家庭农场的直接补贴，新增补贴向规模经营倾斜，切实减轻农场主的负担，乃至需要建立农业项目优先制度，将农村土地整理、标准农田建设、农业综合开发、农业产业化和特色农业产业化示范基地建设等涉农项目，尽可能与家庭农场的土地流转规模经营相结合，优先且重点安排项目资金等[①]。实践中，从战略的角度考量，长江经济带亟须构建家庭农场现代化生态化作用农业供给侧结构性调整与乡村振兴的协调机制，因地制宜，出台家庭农

---

① 安徽财经大学，中华合作时报社联合专题调研组．中国家庭农场发展研究报告［R］．中国合作经济，2018（1）：33．

场现代化生态化发展的促进政策，成立家庭农场生态化现代化发展促进联合会。

一、构建家庭农场现代化生态化作用农业供给侧结构性调整与乡村振兴的协机制

农业现代化生态化既是手段又是目的，更是农业资源要素高效友好利用的重要实现方式。短期来看，发展现代化生态化农业是推进农业供给侧结构性调整的重要抓手，是破解产业发展内生动能内卷化的重要实现方式；长远地看，发展现代化生态化农业也是乡村振兴产业兴旺等要求实现的重要发展支撑，是实现农业强、农村美、农民富的关键抓手。因此可以这样理解，农业的现代化生态化发展始于产业内卷化的自我调整，过程于农业供给侧结构性的调整，止于乡村的全面振兴与繁荣。可见，农业的现代化与生态化目标导向于乡村振兴，乡村振兴产业兴旺必须依靠现代化生态化农业为支撑。

家庭农场作为现代农业发展的重要新主体，在现代农业产业体系、生产体系、经营体系构建与发展过程中扮演着重要的微观组织基础作用，因此家庭农场生产经营过程的现代化生态化同构于乡村振兴宏伟目标体系构建之中，推进家庭农场生产经营过程的现代化生态化就是致力于乡村的振兴与繁荣。为此，无论是基于农业内生发展动能的培育，还是基于农业供给侧结构性改革深入推进的考量，从战略的层面构建家庭农场现代化生态化作用农业供给侧结构性调整与乡村振兴的协调机制，致力于形成农业发展、农民富裕、农村繁荣协调发展，已经内生为产业发展的自觉及必须。因此，靶向家庭农场现代化生态化发展需求，要从农场主现代化生态化生产经营能力提升、农场资源要素整合、生态农产品生产与销售协调机制建立等方面构建作用农业供给侧结构性调整与乡村振兴的协同机制。如导向家庭农场现代化生态化发展的各种政策、资源不仅要聚焦农业供给侧结构性调整目标的达成，更要面向乡村的全面振兴与繁荣，特别是要构建生态农业破解农产品质量不高（农业供给侧问题）及农村人口空心化问题（乡村振兴问题）的实现机制，其中都市型家庭农场特色农业小镇，既要侧重于充分利用三产融合发展优势畅通供需渠道，不断提升满足人们对生态绿色农产品消费需求的能力，更要充分利用产业链、食物链强化物能的循环梯次利用，聚焦生产绿色健康农产品。产业规模型农业既要侧重于农民生态农业技术及模式运用能力的提升，致力于达成农产品数量目标与质量目标双重提升，又要充分利用现代科学技术及传统农耕精华改善农业农村生产生活环境，创造高质量的就业岗位，吸引"新三农"返乡创业。"互联网＋特色农业"既要侧重于现代科学技术对农民生产实践的渗透与扩散，又要注重解决生态农产品生产与销售之间信息传达不畅的矛盾，同时又要大力发展高效生态农业创造

众多优质工作岗位，吸引更多能人返乡创业解决人口空心化问题。

二、探索建立家庭农场发展促进联合会

基于农业发达国家普遍采用家庭农场这一生产经营方式的视角，及我国家庭农场经营主体的家庭性、农业生产的专业性、发展规模的适度性、经营绩效的高效性、经济地位的法人性而使家庭农场具备成为现代农业发展微观组织基础的特质。在着力推进农业供给侧结构性调整及乡村振兴背景下，必须重新发现和认识家庭农场的重要性，进一步厘清家庭农场发展的方向及整体性规划。显然，系列工作的推进需要专门的组织介入，而成立国家层面或长江经济带区域层面的组织尤其必要和重要。

家庭农场发展促进联合会要精准分析家庭农场阶段性发展的需求，靶向土地制度优化设计、农场主素质能力提升、政策需求与供给、社会化服务体系完善、农产品物流体系优化、发展生态农业、发展现代农业等方面开展基础性服务工作，努力将家庭农场农业生产、农业管理、农业经济、农用化工和植物保护等多方面的需求性同构于一体，分阶段和战略地制定家庭农场发展规划，或者定期开展涉农信息（如食品产业、农林水产业）的调研、搜集、发布与交流活动，为家庭农场健康发展提供信息支持，或推广家庭农场发展典型案例，或定期组织召开农产品品牌经营研讨会、农业技术交流会、农产品市场行情研讨会，促进家庭农场与不同产业、不同地区潜在客户、伙伴的交流与合作。此外，家庭农场发展促进联合会还须肩负农资统购、农产品销售、农场主培训教育等方面的任务，全方面为家庭农场发展起好保驾护航的作用。家庭农场发展促进联合会要定位于乡村振兴的高度细化人才培养、要素整合、社会化服务等方面实际，及家庭农场系列农产品标准的制定，推动长江经济带三类家庭农场现代化生态化发展。

三、探索出台三类家庭农场促进专项法规

作为促进农业现代化发展，特别是构建现代农业经营体系的重要微观主体，家庭农场是创新农业经营体制机制的重要举措，是转变农业发展方式、实现农业增效和农民增收的重要抓手，对培育高素质农民推进农业供给侧结构性改革及乡村振兴作用明显。截至目前，国家及地方虽然出台了众多促进家庭农场发展的指导性意见，对加快家庭农场发展起到了一定的促进作用，但是基于指导性意见的法律强制执行效力的缺失，实践中家庭农场发展政策支撑力度欠佳比较普遍，特别是"支持意见满天飞但落地就是难"尤为明显。为此，国家层面探索出台家庭农场发展促进法规，在乡村振兴背景下引导三类家庭农场健康发展越来越重要且急迫。具体法律框架建议由如下几部分构成。

1. 关于认定条件和登记办法的规定。 如涉及家庭农场的登记条件、准入条件、申报程序等认定事项，及家庭农场退出和清算的条件及程序。

2. 关于权利与义务的规范。 如涉及独立经营的权利，教育培训的权利，现代化生态化经营的义务，联动小农户发展的义务，指导国家农业产业结构性改革调整生产经营行为的义务，助力乡村振兴的义务。

3. 关于示范家庭农场评定的规定。 如涉及区县级、省市级、国家级的标准及配套支持措施，及示范资格取消的规定。

4. 关于家庭农场社会化服务支持体系的规定。 如农场主高素质农民素质能力提升、资源要素整合的社会化服务等政策支持。其中，宏观距离家庭农场发展要素相对或缺，既要引导第三方力量介入供给服务，也要扶持那些发展有建树的家庭农场向周边同行供给服务，乃至要引导第三方力量联合有能力供给社会化服务的家庭农场结成服务协同体，致力于为区域家庭农场供给更多更全面优质服务。

5. 关于以家庭农场为基础的农业经营组织体系建设的规定。 如涉及家庭农场合作社、"合作社＋家庭农场""农业龙头企业＋家庭农场""农产品市场＋家庭农场""职业经理人＋家庭农场""龙头企业＋合作社＋家庭农场"的规定。

6. 关于家庭农场财政扶持的规定。 重点将家庭农场纳入财政支农政策扶持范围，通过贷款贴息、项目补助、定额奖励等形式，对家庭农场改善生产经营基础设施、添置农业机械、购置加工设备、应用先进实用的新品种新技术、拓展市场营销等进行奖励或补助，及家庭农场融资、担保、保险等金融保险服务创新。相较于微观及中观距离家庭农场，宏观距离家庭农场需要依据立地条件充分调研其需求性，需要给予更多资源要素的支持，做到"扶上马再送一程"。

7. 关于家庭农场法律责任的规定。 如健康安全农产品生产的责任，资源环境保护的责任，农业供给侧结构性调整的责任，乡村振兴的责任。特别是涉及健康安全及环境保护的行为，必须责权利分明。

8. 关于健全管理服务指导机制的规定。 农业部门要建立完善家庭农场的认定报备和统计制度，健全家庭农场名录库和分类档案，对家庭农场实施动态化、信息化管理，对农场经营者资格、劳动力结构、收入构成、培训情况、经营规模、农村土地承包经营权流转期限、经营状况、管理水平等进行跟踪检测及服务，建立丧失认定条件家庭农场退出机制，杜绝"僵尸家庭农场"存在。工商部门要完善家庭农场登记注册的具体程序规范，并建立与农业部门之间的信息共享机制。